建筑工程技术经济

主　编　厉　娥
副主编　王会恩　田政锋
主　审　李辉山

重庆大学出版社

内容简介

本书通过介绍建筑工程技术经济的基本概念、基本要素和基本工具,重点阐述了建筑工程技术经济确定性和不确定性的分析方法、工程项目的财务评价和经济费用评价,以及技术改造和设备更新的技术经济分析,并在价值工程理论基础上进一步阐述了价值工程在工程建设中的应用。

本书以实用性、适用性、系统性为主旨,紧贴工程实践,采用国家最新的参数标准,为便于学生掌握知识故配以大量课后习题,使理论知识与实际应用相结合。全书以文字为主,图表并用,便于讲授和学生掌握,适用于高职高专土建类各专业教学使用,也可作为有关技术人员的参考用书。

图书在版编目(CIP)数据

建筑工程技术经济 / 厉娥主编.—重庆:重庆大学
出版社,2015.3(2020.3 重印)

ISBN 978-7-5624-8888-0

Ⅰ.①建… Ⅱ.①厉… Ⅲ.①建筑工程—技术经济学
—高等职业教育—教材 Ⅳ.①F407.9

中国版本图书馆 CIP 数据核字(2015)第 040367 号

建筑工程技术经济

主　编　厉　娥
副主编　王会恩　田政锋
主　审　李辉山
策划编辑:鲁　黎
责任编辑:陈　力　姜　凤　　版式设计:鲁　黎
责任校对:关德强　　　　　责任印制:张　策

*

重庆大学出版社出版发行
出版人:饶帮华
社址:重庆市沙坪坝区大学城西路 21 号
邮编:401331
电话:(023) 88617190　88617185(中小学)
传真:(023) 88617186　88617166
网址:http://www.cqup.com.cn
邮箱:fxk@ cqup.com.cn (营销中心)
全国新华书店经销
POD:重庆新生代彩印技术有限公司

*

开本:787mm×1092mm　1/16　印张:28.75　字数:628 千
2015 年 3 月第 1 版　　2020 年 3 月第 4 次印刷
ISBN 978-7-5624-8888-0　定价:69.00 元

▶前 言

高职高专教育是高等教育的重要组成部分,是培养适应生产、建设、管理、服务一线需要的高素质技能型人才。本书编写以"必需、够用、实用、好用"为原则,依据我国建筑业面临的新形势和新要求及 21 世纪高等职业教育规划教材的编写要求,克服理论课内容偏深、偏难的弊端,根据高等职业技术教育教学改革的目的和要求,针对高职高专生源的特点而编写。

本书力求深入浅出、通俗实用,以揭示工程技术与经济效果的内在联系为基本出发点,以工程项目的技术与经济、功能评价为基本内容,论述了工程经济相对完整的学科体系。本书内容包括:建筑工程技术经济的基础知识、工程建设项目的资金筹措和经济预测、工程经济的确定性评价方法、工程经济的不确定性和风险分析、财务评价和经济费用效益评价、技术改造和设备更新的技术经济分析及价值工程等内容。书中结合我国的实际情况,在相关情境中引入了大量的实例及工程案例,并附有大量的练习题,便于学生在掌握基础知识的同时,加深学生对知识的理解和加强学生实践技能的训练。全书内容全面,重点突出,实用性强。

本书在编写过程中,参阅了国内外许多专家学者关于工程经济的著作和论述。在本书的审稿过程中,兰州理工大学的李辉山教授提出了宝贵的意见和建议,在此表示诚挚的谢意。

本书由酒泉职业技术学院厉娥担任主编,王会恩、田政锋任副主编,兰州理工大学李辉山教授担任主审,其中,情境一、三、四、五由厉娥编写,情境二、七由王会恩编写,情境六由田政锋编写,全书由厉娥统稿。

在本书编写过程中,得到了酒泉职业技术学院领导的高度重视和大力支持,参加本书编审的人员均为教学骨干,保证了本书的编写能够按计划有序地进行,并为教材编写提供了良好的技术保障,在此表示衷心的感谢。

虽然在主观上力求谨慎从事,但限于编者的学识、经验,疏漏之处在所难免,恳请广大同行和读者不吝赐教,以便今后修正提高。

编 者
2014 年 10 月

▶目 录

▶学习情境一
建筑工程技术经济的基础知识

📖 学习内容

建筑工程技术经济的相关概念;建筑工程技术经济的发展历程;建筑工程技术经济的研究对象及内容;工程项目寿命周期的阶段及主要环节;投资的概念、构成及其估算;工程项目成本分析的概念、构成及其估算;销售收入、税金、利润及其构成;工程现金流量的概念及现金流量图的绘制;资金时间价值的概念及其应用;资金等值计算公式;复利系数表及线性内插法;Excel 在资金时间价值计算中的应用。

🎓 学习目标

1. 知识目标

(1)掌握工程、项目、建筑工程技术经济的概念;

(2)掌握工程项目寿命周期的阶段及主要环节;

(3)掌握投资的概念、构成;

(4)掌握成本费用、经营成本的概念;

(5)掌握现金流量的概念;

(6)掌握现金流量图绘制的要点;

(7)掌握资金时间价值的概念;

(8)掌握资金等值计算的基本公式;

(9)熟悉成本费用、销售收入、税金与利润的关系;

（10）熟悉复利系数表；

（11）熟悉线性内插法。

2. 能力目标

（1）能正确理解建筑工程技术经济的含义；

（2）能正确绘制现金流量图；

（3）能正确运用资金等值公式进行相关计算；

（4）能利用复利系数表确定复利系数值；

（5）能利用线性内插法的原理进行相关计算。

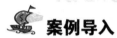 **案例导入**

　　作为世界上规模最大的水电站，三峡水电站也是中国有史以来建设最大型的工程项目。三峡水电站 1992 年获得全国人民代表大会批准建设，1994 年正式动工兴建，2003 年开始蓄水发电，于 2009 年全部完工。中国长江三峡工程开发总公司副总经理曹广晶表示，无论从社会效益还是从经济效益来讲，三峡工程都是一个非常好的工程。

　　2009 年 9 月 18 日，三峡电站作为世界上最大的水电站，被世界著名科普杂志《科学美国人》列入"世界十大可再生能源工程"。

　　思考： 三峡工程究竟给人们的生活带来了哪些改变呢？

　　进一步分析： 三峡工程有三大效益，一是防洪，二是发电，三是航运。从防洪来讲，过去只能加固堤防，年年修堤，防御洪水。三峡大坝是解决长江中下游防御洪水的一个骨干性工程，或者是一个根本的措施。有了三峡工程，长江中下游或江汉平原这些地区，能够有一个稳定的生活环境，不再受到洪水的威胁，这是三峡工程带来的巨大的社会效益。当然，三峡工程的直接经济效益就是发电，一年的发电量大约是 1 000 亿度，对地区经济起到了巨大的带动作用，比如，宜昌、重庆以及整个库区的发展。除此之外，三峡工程对于国产制造业、装备业，水电建设，人才、技术的带动也是巨大的。

学习任务一　基本概念

建筑工程技术经济是一门研究建筑工程领域工程技术进步与经济增长之间相互关系的学科。即为实现一定投资目标和功能而提出的在技术上可行的方案、生产过程、产品和服务，从经济性的角度出发，研究如何进行分析、计算、比较和论证的方法学科。它是从经济角度研究在一定社会条件下的再生产过程中即将采用的各种技术措施和技术方案的经济效果。

工程建设是一项系统工程，涉及众多复杂的要素，工程管理和技术人员在了解和掌握设计和构建实现建设目标的技术方案的基础上，必须通过经济研究和分析，对技术方案在经济上是否合理进行判断。这种在工程建设的全过程中，应用经济分析和评价指标，对各种设计方案、工艺流程方案、设备方案的科学决策就是建筑工程技术经济的任务。

一、建筑工程技术经济的概念

(一)相关概念

1. 工程

国际上对"工程"(Engineering)一词有着普遍且基本一致的解释。权威性的不列颠百科全书(Encyclopedia Britannica)对"工程"的解释为："将科学应用于最有效地转化为自然资源，造福人类。"美国工程师职业发展理事会对"工程"的定义为："将科学原理创造性地应用于设计或开发结构、机器、装置、制造工艺和单独或组合地使用它们的工厂；在充分了解上述要素的设计后，建造或运行它们；预测它们在特定运行条件下的行为；确保实现预定的功能、经济地运行以及生命和财产的安全。"各种权威性的现代英语词典，如牛津高阶学者当代英语词典(*Oxford Advanced Learner's Dictionary of Current English*)、美国遗产词典(*American Heritage Dictionary*)等，也都给出了相似的定义。

"工程"一词在汉语中的解释，《辞海》中有两个：一是将自然科学的原理应用到工农业生产中去而形成的各学科的总称。如土木建筑工程、水利工程、冶金工程、机电工程、化学工程、海洋工程、生物工程等。这些学科是应用数学、物理学、化学、生物学等基础科学的原理，结合在科学实验和生产实践中所积累的技术经验而发展出来的。主要内容有：对于工程基地的勘测、设计、施工，原材料的选择研究，设备和产品的设计制造，工艺和施工方法的研究等。二是指具体的施工建设项目。如南京长江大桥工程、京九铁路工程、三峡工程等。

在现实生活中，"工程"一词往往还冠以重要和复杂的计划、事业、方案等，如"希望工程"和"菜篮子工程"等这类经济和社会发展工程。

因此，工程是指自然科学或各种专门技术应用到生产部门而形成的各种学科的总称，其目的在于利用和改造自然来为人类服务。工程一般有两个方面的含义：一是指土木建筑和其他生产、制造部门用比较大而复杂的设备来进行的工作，如土木工程、机械工程、化学工程、采矿工程等；二是投入较多的人力、物力来完成的工作，如 211 工程、希望工程等。建筑工程技术经济的工程一般主要指第一种含义。

一项工程能被人们所接受，要满足两个条件：一是技术上可行；二是经济上合理。要想建造一个技术上不可行的项目是不可能的，因为其建造的内在客观规律人们还没有掌握；另一方面，一项工程如果只讲技术可行，而忽略经济合理性就违背了工程建造的最初目的。为最大限度地满足市场和社会的需要，实现工程技术服务于经济的目的，就应该探究工程技术和经济的最佳结合点，在资源有限的条件下，获得投入产出的最大效益。

2. 科学技术

关于技术（Technology），不列颠百科全书中的解释为："将科学知识应用于实现人类生活的实际目的，即改造人类环境。"

《辞海》中对技术的解释也有两种：一是泛指根据生产实践经验和自然科学原理而发展成的各种工艺操作方法与技能。二是除操作技能外，广义的还包括相应的生产工具和其他的物质设备，以及生产的工艺过程或作业程序、方法。应当说，《辞海》中的解释在包括了不列颠百科全书中解释的基本内容的同时，还增加了根据技术从生产实践发展出来的内容，因此更全面。

由此可知，技术是指将科学研究所发现或传统经验所证明的规律转化成为各种生产工艺、作业方法、设备装置等，解决如何实现的问题。也可以这样理解技术是生产和生活领域中，运用各种科学所提示的客观规律，进行各种生产或非生产活动的技能，以及根据科学原理改造自然的一切方法。技术一般包括自然技术和社会技术方面，自然技术是根据生产实践和自然科学原理而发展形成的各种工艺操作方法、技能和相应的生产工具及其物资设备。社会技术是指组织生产和流通技术。

科学是关于事物的基本原理和事实的有组织、有系统的知识。科学的主要任务是研究世界万物发展变化的客观规律，它解决了一个为什么的问题。

实际上，当今国际上普遍解释的工程是一个整体上的概念，是系列技术的有机集成，如汽车工程是包括内燃机技术、热力学、材料科学和技术、空气动力学等多种技术和技术科学有机集成的总和。在这个意义上，工程就是技术，工程科学（Engineering Science）就是技术科学（Technological Science），工程和技术两个词在很多情况下是可以互换使用的。我国目前常常使用"工程技术"一词，其意义随情况不同可有多种解释，它的英语为 Engineering Technology，在国外没有这种用法。工程和工程科学包括的领域是广泛的，土木建设工程（Civil Engineering or Construction Engineering）只是许多工程领域中的一个。

综上所述,工程技术是为实现投资目标系统的物质形态的技术、社会形态的技术和组织形态的技术等,不仅包括相应的生产工具和物资设备,还包括生产的工艺过程或作业程序及方法,以及劳动生产方面的经验、知识、能力和技术。

3. 经济

经济的概念有 4 个方面的含义:

1)社会生产关系

政治经济学认为经济是指生产力和生产关系的相互关系和相互作用,是社会生产关系的总和,研究的是生产关系运动的规律。人类社会发展到一定阶段的社会经济制度,是政治和思想等上层建筑赖以存在的基础。

2)国民经济

它是国民经济的总称,如国民经济学和部门经济学(建筑经济学),是研究社会和部门(建筑业)经济发展规律的科学。

3)人类的经济活动

人类的经济活动即对物质资料的生产、交换、分配和消费活动。

4)节约或节省

对投入资源(人、财、物、时间等)的节约和有效利用。如在工程建设中,完成同样效用的工程耗费更少的费用,建成更多、更好的工程,即降低单位效用的耗费。

建筑工程技术经济中的"经济"主要是指在工程建设寿命周期内为实现投资目标获得单位效用而对投入资源的节约。一般更多的是工程项目或其他社会经济活动中的"相对节约""相对节省",即项目的经济合理性问题。

本书以特定的工程项目为背景,研究各种工程技术方案的经济效益和影响因素、评价准则和评价指标,通过对不同方案经济效果的计算,以求找到最优的经济效果的技术方案,作为决策者进行工程技术决策的依据。

(二)建筑工程技术经济的定义

1. 工程与经济的关系

工程建设是在技术和经济两个基本条件构成的环境中进行的,两个基本条件缺一不可,相互促进、相互制约。经济是技术进步的目的和动力,技术是经济发展的手段和方法。建筑工程技术经济的研究目的就是如何实现工程技术的先进性与经济的合理性两方面的统一,以保证项目的成功建设。

1)工程技术与经济互为基础和条件

技术是变革物质代谢过程中的手段,是科学与生产联系的纽带。技术变革了劳动手段、劳动对象和劳动工具,改善了劳动环境,使我们能够更加合理和有效地利用资源,提高了劳动生产率,推动了社会经济的发展。同时,应该认识到,任何一项新技术的产生都是由经济上的需要引起的,在一定社会经济条件下才能得以推广和应用。国家、行业、企业乃至工程建设项目中技术及技术方案的选择和发展,很大程度上都会受到经济实力的制约。如某城市筹建和论证了近20年的地铁项目,最终被沿市内主要交通干线的空中轻轨建设方案代替,其主要原因就是受到城市综合经济实力的制约。

2)经济是工程技术的目的,经济发展为工程技术的进步提供了新的要求和发展方向

技术是人类改造自然、改善生活的手段和方法,其产生具有经济目的。随着经济的发展和人类生活水平的提高,人们的需要也在不断增加,对生产和生活提出了新的要求,如智能建筑、绿色建筑等,工程技术循此方向而进步和发展。因此,在工程技术与经济的关系中,经济始终居于支配地位,工程技术进步为经济发展提供服务。

3)工程技术与经济的协调发展

技术与经济之间的关系可能会出现两种情况:一种情况是,技术进步通常能够推动经济的发展,技术与经济是协调一致的;另一种情况是,先进的技术方案有时受到自然、社会条件以及人等因素的制约,不能充分发挥作用,实现最佳经济效果,技术与经济之间是矛盾的。建筑工程技术经济的任务就是研究工程技术方案的经济性问题,建立起工程技术方案的先进性与经济的合理性之间的联系桥梁,使二者能够得到协调发展。

2. 建筑工程技术经济

1)经济学

经济学是研究如何使用有限资源的生产资源得到有效利用,从而获得不断扩大、日益丰富的商品和服务。正如萨缪尔森所说:"经济学是研究人类和社会是怎样进行选择的,也就是借助或不借助货币,使用有其他用途的稀缺资源来生产各种物品,并且为了当前和未来的消费,在社会的各个成员之间或集团之间分配这些物品。"

2)建筑工程技术经济

建筑工程技术经济是工程与经济的交叉学科,是研究工程技术实践活动经济效果的学科。即以工程项目为主体,以技术-经济系统为核心,研究如何有效利用资源,提高经济效益的学科。

随着现代社会经济活动的日益增加,企业组织或个人投资者经常面临着工程项目建设决策及投资决策等问题。例如,企业为提升竞争力或扩大生产能力,可能要开设新的项目或生产线,对于不同方案如何进行选择呢?比较的标准和方法是什么?新的建设项目其最合理的建设规模是多少?如何考虑项目从设计到建成投产过程中的各种不确定因素?对个人投资者来说,当积累一定数额的资金后,以何种方式保证其保值增值?是进行固定资产投资还是股票或基金投资?这些问题有以下特点:第一,每个问题都涉及多个方案,实质是要研究多方案选择问题;第二,每个问题研究的核心都是经济效益,实质是要研究经济效益评价

的标准和方法;第三,每个问题都是站在现在,研究未来的情况,其实质是研究不确定因素对决策的影响。在这诸多的复杂情况下,要作出正确的决策,仅仅依靠工程技术的知识是不够的,还必须具备经济学的知识,运用工程经济的原理和方法进行科学决策。

二、建筑工程技术经济的产生和发展

(一)国外建筑工程技术经济的形成发展

19 世纪以前,科学技术的发展速度缓慢,对社会经济发展的推动不是很显著。1800 年后,随着科学技术的迅猛发展,以蒸汽机为代表的新技术的兴起与推广改变了世界,20 世纪初科学管理的问世,人们对技术效率与经济效益研究的重视,使工业发达国家迎来了经济的繁荣。

1886 年美国的亨利·汤恩(Henley Town)发表了《作为经济学家的工程师》,并提出了要把对经济问题的关注提高到与技术同等重要的地位。1887 年,美国铁路工程师惠灵顿(A. M. Wellington)在其所著《铁路布局的经济理论》(*The Economic Theory of Railway Location*)一书中第一次把项目投资同经济分析结合起来,并对工程经济下了第一个简明的定义:"一门少花钱多办事的艺术"。惠灵顿作为一名铁路建筑工程师,他认为资本化的成本分析法可应用于铁路最佳长度或路线曲率的选择,从而开创了工程领域中的经济评价方法。

惠灵顿的学说对后来的工程学家和经济学家的思想和研究都产生了重大的影响。1920 年,古德曼(O. B. Goldman)在《财务工程》(*Financial Engineering*)一书中,第一次提出把复利公式应用于投资方案评价,并提出工程师最基本的是结合成本限制,以使工程项目达到最大的经济性,他批评了当时研究工程技术问题不考虑成本、不讲求节约的错误倾向,从而将工程学中的经济性问题提高到了学术研究的高度。

真正使建筑工程技术经济成为一门像系统化科学的学者则是格兰特教授。1930 年格兰特(E. L. Grant)教授出版了被誉为建筑工程技术经济经典之作的《工程经济原理》(*Principles of Engineering Economy*)一书。格兰特教授不仅在该书中剖析了古典建筑工程技术经济的局限性,而且以复利计算为基础对固定资产投资经济评价的原理作了阐述,讨论了判别因子和短期评价理论和原则,同时指出人的经验判断在投资决策中具有重要作用。他的许多理论贡献获得了社会公认,被誉为"建筑工程技术经济之父"。这本书于 1976 年出了第 6 版,被美国很多大学作为教材使用。

至此,建筑工程技术经济获得了各种认可,作为一门独立的系统学科而存在。第二次世界大战之后,建筑工程技术经济受凯恩斯主义经济理论的影响,研究内容从单纯的工程费用效益分析扩大到市场供求和投资分配领域,取得了重大进展。1978 年布西(L. E. Bussey)在《工业投资项目的经济分析》一书中,全面系统地总结了工程项目的资金筹集、经济评价、优化决策以及项目的风险和不确定性分析等。

1982 年里格斯(J. L. Riggs)出版了《建筑工程技术经济》,把建筑工程技术经济的学科水平向前推进了一大步,书中系统地阐明了货币的时间价值、时间的货币价值、货币管理、经营决策和风险与不确定性等内容。

在日本,与建筑工程技术经济相近的学科被称为"经济性工学",是在第二次世界大战后出现,并在 20 世纪五六十年代主要发展和完善起来的一门新兴学科,其研究的内容和建筑工程技术经济基本相似。在英国,与建筑工程技术经济相近的学科称为"业绩分析",它主要研究企业经营活动中的贷款、管理等问题。在法国,类似建筑工程技术经济的学科则称为"经济计算",它相当于西方的工程项目评价。

与此同时,公用事业投资决策、固定资产更新决策、多阶段投资决策及多目标决策等不同类型的项目投资经济评价与决策方法也相继建立起来,计算机与概率论及数理统计等数学方法在投资经济分析中也得到了应用。由于建筑工程项目投入资金额较大,风险较高,投置决策关系重大,工程经济的理论和方法被世界各国广泛应用于建筑工程领域,从而也带来了建筑工程技术经济的发展。

(二)我国建筑工程技术经济的发展情况

我国建筑工程技术经济作为一门独立的学科主要经历了以下阶段:

第一阶段:创建阶段。从 1962 年正式定名"技术经济"学,并制定了全国技术经济研究规划纲要开始,一直到十年内乱前,是第一个发展时期,也是这门新学科的创建时期。在这个时期里,具有中国特色的技术经济学理论方法体系开始形成,而且有着自己的特点,这些特点是:以马克思主义和毛泽东思想的经济理论为指导;以社会主义基本经济规律、国民经济按比例发展规律和价值规律为依据;以多快好省建设社会主义的要求为目标;以定性和定量相结合的方法为手段;以结合中国社会主义现代化建设为具体实际基础;以认识和正确处理技术同经济之间的实际矛盾关系为目的。

第二阶段:停滞时期。主要是 20 世纪 70 年代,工程经济研究机构被撤销,建筑工程技术经济的研究工作全部停止,而且遭到彻底的批判,这个时期就是全面破坏停滞时期。

第三阶段:快速发展时期。党的十一届三中全会以后,技术经济学获得了新生,进入了历史上最好的发展时期。1978 年 11 月成立了中国技术经济研究会,许多省市和部门也都成立了工程经济研究会;1980 年中国社会科学院成立了全国第一个工程经济研究所,很多部门相继成立了工程经济研究机构;许多理工科大学开设了工程经济课程,不少文科大学也开设了工程经济课。一些大学和研究机构专门培养了工程经济专业博士生、硕士生和大学生。这个时期,建筑工程技术经济理论方法体系得到了不断的改进和完善,形成了较完整的学科体系,属于快速发展时期。在社会主义市场经济条件下,工程经济这门学问越来越重要,研究工作正向深度和广度发展。建筑工程技术经济在实际中应用越来越广,建筑工程技术经济分支学科越来越多。

进入 21 世纪,中国作为最大的发展中国家,日益成为世界关注的中心。瞬息万变的国际格局变化给我们带来了前所未有的机遇与挑战,同时也为我们带来了新的契机。我国正处于快速、稳定发展时期,与国际接轨日益密切,跨国、跨省的大规模工程必不可少,可以预见,建筑工程技术经济将会发挥越来越重要的作用。

三、建筑工程技术经济的研究对象、内容、方法和程序

(一)建筑工程技术经济的研究对象

以较少的劳动消耗获得较多的劳动成果,是人类在物质资料生产实践中遵循的一条基本规律。人类社会的发展是以经济发展为标志的,而经济发展依赖于技术进步。任何技术的采用都必然消耗人力、物力、财力等各类自然资源以及无形资源。这些有形和无形资源都是某种意义下的稀有资源,例如,对于人类日益增长的物质生活和文化生活的需求,再多的资源都是不足的。另外,同一种资源往往有多种用途,人类的各种需求又有轻重缓急之分。因此,如何把有限的资源合理地配置到各种生产经营活动(或者说竞争机会)中,是人类生产活动有史以来就存在的问题。随着科学技术的飞速发展,为了用有限的资源来满足人类需求,经济学家们绞尽脑汁去探讨怎样最优地统筹安排稀有资源的利用,充分发挥稀有资源的功能,以期"人尽其才,物尽其用,财赢其利,货畅其流"。

建筑工程技术经济是以工程为主体,以技术 — 经济系统为核心,研究如何有效利用工程技术资源,促进经济增长的科学。它是一门技术学与经济学交叉的学科,是应用经济学的一个分支。它是从技术的可行性和经济的合理性出发,运用经济理论和定量分析方法,研究工程技术投资和经济效益的关系,例如,各种技术在使用过程中,如何以最小的投入取得最大的产出;如何用最低的寿命周期成本实现产品、作业或服务的必要功能。它不研究工程技术原理与应用本身,也不研究影响经济效果的各种因素自身,而是研究这些因素对工程项目产生的影响,研究工程项目的经济效果,具体内容包括了对工程项目融资、经济评价、优化决策,以及风险和不确定性分析等。建筑工程技术经济是一门应用理论经济学基本原理,研究技术领域的经济问题和经济规律,研究技术进步与经济增长之间的相互关系的科学,是研究技术领域内资源的最佳配置,寻找技术与经济的最佳结合以求可持续发展的科学。

(二)建筑工程技术经济的研究内容

1. 可行性研究与建设项目规划

研究和分析方案的可行性,如可行性研究的内容与发放,项目规划与选址、项目建设方案设计。

2. 工程项目的投资估算与融资分析

研究如何建立筹资主体与筹资机制,分析各种筹资方式、成本和风险,具体包括建设项目投资估算、资金筹措、融资结构和资金成本。

3. 投资方案选择

实现一个投资项目往往有多个方案,分析多个方案之间的关系,进行多种方案选择是工程技术经济学研究的重要内容,包括方案比较与优化方法、方案的相互关系与资金约束、投资方案的选择等。

4. 项目财务评价

研究项目对投资主体的贡献,从企业财务角度分析项目的可行性,包括项目财务评价的内容与方法、项目财务效果评价指标。

5. 项目费用效益分析

研究项目对国民经济和社会的贡献,评价项目对环境的影响,从国民经济和社会角度分析项目的可行性。

6. 风险和不确定性分析

由于各种不确定因素的影响,会使项目建成后期的目标与实际状况发生差异,可能会造成经济损失。为此,需要识别和估计风险,进行不确定分析。具体包括不确定性分析、投资分析及其控制和风险管理的工具等内容。

7. 建设项目后评价

项目后评价是在项目建成后,衡量和分析项目的实际情况与预测情况的差距,为提高项目投资效益提出对策和措施。因此,需要研究采用什么样的指标和方法进行建设项目后评价。

(三)建筑工程技术经济的分析方法

建筑工程技术经济是一门工程与技术、技术与经济相结合的学科,其分析方法一般有:

1. 理论联系实际的方法

建筑工程技术经济是西方经济理论的延伸,具体研究资源的最佳配置,因此,要正确运用建筑工程技术经济的分析方法,将经济学中的基本理论和工程项目的具体问题相结合,根据工程项目所处的不同发展阶段,具体问题具体分析。

2. 定量与定性分析相结合的方法

建筑工程技术经济中,对问题的分析过程,是从定性分析出发,通过定量再回到定性。

3. 系统分析和平衡分析相结合的方法

工程项目通常都是由许多个子项目所组成,每个项目的运行都有自己的寿命周期,因此,要有全面、系统的分析方法。

4. 静态评价和动态评价相结合的方法

确定投资机会或对项目进行初步选择是可用静态分析,也可用动态分析,而动态分析则更科学、更准确地反映项目的经济情况。

5. 统计预测与不确定性分析相结合的方法

在对工程项目实施分析时,各项指标只有依靠预测来获得,评价结论的准确性与预测数据的可靠性有着密切关系。统计预测方法主要在横向和纵向两个方面提供预测手段。由于影响未来的因素是众多的,许多因素处在发展变化之中,还需要对项目的经济指标作不确定性分析。

(四)建筑工程技术经济的分析过程

建筑工程技术经济既不同于技术科学研究自然规律本身,又不同于其他经济科学研究经济规律本身,而是以经济科学作为理论指导,研究工程技术方案的经济效益问题。建筑工程技术经济的任务不是发明新的技术方案,而是对成熟的技术和新技术进行经济性分析、比较和评价,从经济的角度为技术的采用和发展提供决策依据。

建筑工程经济分析是工程建设项目进行目标确定、资料收集与整理、方案对比、建模、综合论证、与评价标准的比较、决定方案是否采纳并执行等过程来完成。工程经济分析的一般过程,如图 1.1 所示。

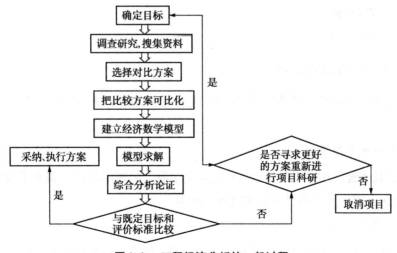

图 1.1　工程经济分析的一般过程

(五)工程经济分析的原理、原则和程序

1.经济效果的评价原理

工程经济分析就是研究技术方案、技术规范和技术政策等技术实践活动的经济效果问题。

经济效果是人们在使用技术的社会实践中所得与所费的比较。可用效率型指标表示,即

$$经济效果 = \frac{收益}{费用} \tag{1.1}$$

或用价值型指标表示为

$$经济效果 = 收益 - 费用 \tag{1.2}$$

人们从事任何社会实践活动都有一定的目的,都是为了获得一定的效果,建筑生产活动也不例外。社会实践的效果随实践效果的性质不同而异,有技术效果、经济效果、军事效果、艺术效果、教育效果等,所有这些效果都有一个共同特征,都要依据一定的经济环境,有投入物和产出物。而经济效果的评价就是指在特定环境下以货币计量的一定资源消耗和社会有用成果的对比分析,评价的基本标准为

$$E_1 = \frac{V}{C} > 1 \tag{1.3}$$

$$E_2 = V - C > 0 \tag{1.4}$$

$$E_3 = \frac{V - C}{C} > 0 \tag{1.5}$$

式中　E_1, E_2, E_3——经济效果;

　　　　V——劳动收益;

　　　　C——劳动耗费。

2.工程经济分析的基本原则

在评价技术方案的经济效果时,必须用系统的观点正确处理各方面的矛盾关系,主要贯彻以下原则:

1)资金的时间价值原则

建筑工程技术经济中一个最基本的概念是资金具有的时间价值。如果不考虑资金的时间价值,就无法合理地评价项目的未来收益和成本。

2)现金流量原则

衡量投资收益用的是现金流量而不是会计利润。现金流量是项目发生的实际现金的净得,而利润是会计账面数字,按"权责发生制"核算,并非手头可用的现金。

3)增量分析原则

增量分析符合人们对不同事物进行选择的思维逻辑。对不同方案进行选择和比较时,应从增量角度进行分析,考察增加投资的方案是否值得,将两个方案的比较转化为单个方案的评价问题,使问题得到简化,并容易进行。

4)机会成本原则

机会成本原则就是指排除沉没成本,计入机会成本。企业投入一些自己拥有的资源,但这并不意味着自有要素的使用没有成本,将楼房出租或出售给其他企业就能够取得一定的收益,这种收益构成了企业使用自有要素的机会成本。沉没成本是决策前已支出的费用或已承诺将来必须支付的费用,这些成本不因决策而变化,是与决策无关的成本。

5)有无对比原则

"有无对比法"将有这个项目和没有这个项目时的现金流量情况进行对比;"前后对比法"将某一项目实现以前和实现以后所出现的各种效益费用情况进行对比。

6)可比性原则

进行比较的方案在时间上、金额上必须可比。因此,项目的效益和费用必须有相同的货币单位,并在时间上匹配。

7)风险收益的权衡原则

投资任何项目都是存在风险的,因此,必须考虑方案的风险和不确定性。不同项目的风险和收益是不同的,对风险和收益的权衡取决于人们对待风险的态度。但有一点是肯定的,选择高风险的项目,必须有较高的收益。

3. 工程经济分析与评价的基本程序

一个完整的工程经济分析活动可分为以下 4 个阶段:

1)调查研究、确定目标

工程经济分析活动的第一阶段就是通过调查、搜集与技术实践活动有关的资料和信息,分析经济环境中凸显和潜在的需求,确立研究目标。有了明确的目标,可以为具体工程的建设指明方向,也可为最终衡量项目建设的成败提供评价标准。目标是根据问题的性质、范围、原因及任务设定的,而问题来自于某种需求,也就是由需求形成问题,由问题产生目标,然后,依据目标寻求解决方案。目标可分为国家目标、地区或者部门目标、项目或企业目标。目标内容可以是项目规模、某种技术改造方案等。目标的确定应具体、明确,例如,在数量、质量、规格、期限等方面应具有具体的标准和要求。

2)寻找关键因素

关键因素就是实现目标的制约因素,只有找到了主要矛盾,确定了系统的各种关键要素,才可能采用有效措施,为技术活动实现最终目标扫清障碍。关键因素的寻找,是从众多影响因素中分析原因产生的结果,通过抓住主要矛盾来实现,从而确定决定性因素,这样所采取的措施才能有针对性和目的性。

3)建立方案

由于各可行方案实现的基础不同,往往不能够直接比较。因此,需要对不能直接比较的指标进行处理,通过建立方案为达到已确立的目标,可采取不同的途径,提出多种可供选择的方案。例如,降低人工费可采用新设备,也可采用简化操作的方法;新设备可降低产品的废品率,但同样的效果也可通过质量控制方法取得。

4)评价方案

前面所提出和建立的方案往往在技术上是可行的,但在收益一定时,只有费用最低的方案才能成为最佳方案。这就需要对备选方案进行经济效果评价。

评价方案,首先要使不同的方案具有可供比较的基础,因此,要根据评价的目标要求来建立方案评价的指标体系,才能将参与分析的各种因素定量化;其次,将方案的投入和产出转化为统一的用货币表示的收益和费用,最终通过评价方案的数学模型进行综合运算、分析对比,从中选出最有方案。决策者的满意与否成为方案最终能否实施的决定性因素。

(六)学习建筑工程技术经济的意义

1.学习建筑工程技术经济的必要性

1)工程师应掌握必要的经济学知识

通过工程经济的学习,有助于工程师增强经济观念、树立经济观点、建立经济意识、掌握经济分析和经济决策的方法和技能,运用工程经济分析的基本理论和经济效果的评价方法,将建设工程管理建立在更加科学的基础之上。学习工程经济分析,是十分必要的。这也是社会主义现代化建设对新一代工程师提出的要求。正如里格斯教授在《建筑工程技术经济》[①]中所述:"工程师的传统工作是把科学家的发明转变为应用的产品。而今,工程师不仅要提出新颖的技术方面,还要能够对其实施的结果进行熟练的财务评价。""缺少这些分析,整个项目往往很容易成为一种负担,收益不大。"这也是工程类专业学生学习建筑工程技术经济的原因。

2)进行工程经济分析可以提高社会资源利用效率

人类社会经济的快速发展,面临的是资源有限的世界,应尽可能合理分配和有效利用现有的资源(包括资金、原材料、劳动力和能源等),来满足人类的需要。因此,如何使产品以最低的成本可靠地实现必要功能是必须考虑和解决的问题,而要进行合理分配和有效利用资源的决策,则必须同时考虑技术与经济各方面的因素,进行工程经济分析。

3)进行工程经济分析可以降低项目投资风险

工程项目的建设是在未来进行的,在项目正式建设前进行各种备选方案的论证和评价,

---

① J. L. 里格斯.建筑工程技术经济[M].吕微,等,译.北京:中国财政经济出版社,1989.

可使决策科学化。一方面,这样的论证和评价可以在投资前发现问题,并及时采取相应措施;另一方面,这样的论证和评价可以及时分析不可行的方案并加以否定,避免不必要的损失,实现投资风险最小化的目的。不进行科学的决策和多方案的评价选优,其结果就是造成人力、物力和财力的浪费。只有加强工程技术经济分析,才能降低投资风险,为每项投资获得预期的收益提供保障。

4)进行工程经济分析可以提高产品竞争力

尽管一般工业产品是在生产过程中制造出来的,但是产品的技术先进程度和制造费用在很大程度上是由过程设计人员在产品设计和选择工艺过程中就已基本确定。如果工程技术人员在产品设计、选择工艺时不考虑市场需要的生产成本,产品就没有市场竞争力,生产这种产品的企业也就失去了存在的基础。通过学习工程技术经济学的理论和方法,工程技术人员将会有意识地在产品设计及制造过程中既注意提高其性能和质量,又注意降低其生产成本,做到物美价廉,达到提高产品竞争力的目的。

2.建筑工程技术经济在项目管理中的地位

在工程项目管理中,建筑工程技术经济的应用可分为两个层次:一方面,可根据建筑工程技术经济的理论和方法,在项目策划、设计、实施过程中,结合项目的特点,通过多方案的评价,选择技术上先进、经济上合理、财务上可行的方案;另一方面,可根据国家和有关部门制定的各项政策、法律规范,进行工程项目的有效管理,保证项目最佳效益目标的实现。因此,建筑工程技术经济的知识已成为现代项目管理人员必备的基础知识。在我国现行的诸多建设领域的执业资格考试中,建筑工程技术经济(工程经济基础)是一门必考的基础课程见表1.1。

表1.1　对建筑工程技术经济知识有考试要求的执业资格考试

序号	执业资格名称	管理部门	实施时间
1	监理工程师	建设部	1992.07
2	房地产估价师	建设部	1995.03
3	造价工程师	建设部	1996.08
4	资产评估师	财政部	1996.08
5	结构工程师	建设部	1997.09
6	一级建造师	建设部	2003.01
7	设备监理师	国家质量监督检验检疫总局	2003.10
8	投资建设项目管理师	国家发展和改革委员会	2005.02

学习任务二 工程项目的寿命周期

一、工程项目的寿命周期

(一)工程项目周期概念

工程项目的寿命周期(Project Life Cycle)是指工程项目的产生、使用直至消亡的整个寿命过程。对于不同地区、不同规模、不同种类的工程项目,其寿命周期所包含阶段和环节或多或少有所不同,对于工程项目寿命周期的划分也有着各种各样的划分模式,但大都基本相似。在这里,我们将工程项目的寿命周期划分为以下 3 个阶段:

1. 初始阶段(Inception Phase)

初始阶段即工程项目的前期策划、评估和决策阶段。这个阶段的重点是对工程项目进行可行性研究、论证并作出决策。其主要环节包括项目构思(Idea)、机会研究(Opportunity Study)、初步可行性研究(Pre-feasibility Study)、可行性研究(Feasibility Study)、项目决策(Project Decision) 等。

2. 实施阶段(Realization Phase)

实施阶段即工程项目的设计和施工阶段。这个阶段的重点是工程项目的计划、设计、施工及验收。其主要环节包括项目计划(Project Planning)、项目设计(Project Design)、项目施工(Construction)、项目竣工验收(Final Acceptance) 等。

3. 使用阶段(Operation Phase)

使用阶段即工程项目的生产、营运、发挥效用的阶段。这个阶段的重点是对工程项目进行经营、物管及评价。其主要环节包括项目营运(Project Operation)、使用评价(Post-Occupancy Evaluation) 等。

工程项目寿命周期如图 1.2 所示。

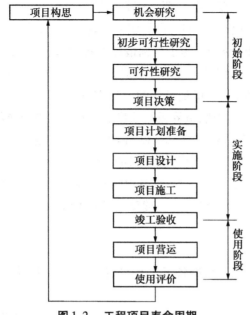

图1.2 工程项目寿命周期

(二)世界银行贷款项目的项目寿命周期

世界银行贷款项目,是指将世界银行贷款资金加上国内配套资金结合使用进行投资的某一固定的投资目标。世界银行每一笔项目贷款的发放,都要经历一个完整而较为复杂的程序,每一个世界银行贷款项目,都要按照该程序经历一个从开始到结束的周期性过程,也就是一个项目周期(Project Cycle)。世界银行贷款项目周期包括6个阶段,即项目选定、项目准备、项目评估、项目谈判、项目执行与监督、项目的后评价。在每个项目周期中,前一阶段是下一阶段的基础,下一阶段是上一阶段工作的延伸和补充,最后一个阶段又产生了对新项目的探讨和设想,这样形成一个完整的循环圈,周而复始。

1. 项目选定(Project Identification)

项目选定是项目周期的第一个阶段。在这个阶段,借款国需要确定既符合世界银行投资原则,又有助于借款国实现其发展计划的项目。世界银行将参与和协助借款国进行项目选定,收集项目基础资料,确定初步的贷款意向。在我国,与这一阶段相似的国内程序是项目的立项阶段。

2. 项目准备(Project Preparation)

在项目被列入世界银行贷款规划后,该项目便进入项目准备阶段。这一阶段一般持续1～2年。项目准备过程,就是通过详细而认真的研究与分析,将一个项目概念或初步设想进一步深化为一个具体而完整的项目目标,从而使借款国政府能够确定是否有必要且有可能实施这个项目,同时也让世界银行能够决定是否有必要对该项目进行详细的评估。

项目准备阶段的一个主要任务和要求就是对项目进行详细的可行性研究,以准备出多种可供选择的初步方案,并比较它们各自的成本和效益。世界银行认为,每一个项目都是一项具有长期经济生命的重大投资,为了得到最佳方案,应该不惜工本、花费大量资金和时间进行可行性研究。这样做可获得的收益将是其支出的若干倍。通过可行性研究对更有希望的方案进行更详细的调查,直至得到最佳的设计方案,并提出"项目报告"(Project Report,PR)。与国内项目建设程序相比,世界银行项目准备阶段相当于项目可行性研究阶段。

项目准备工作,主要由借款国自己来做,但世界银行也直接或间接地对借款国提供帮助,目的在于加强借款国准备和实施开发项目的总体能力。在这一阶段,世界银行要派出有关专家和项目官员组成的项目准备团,对借款国的项目准备工作进行检查、监督和指导,随时了解项目准备工作进展情况,同时通过搜集项目有关资料,为下一步评估工作做好准备。

3. 项目评估(Project Appraisal)

当借款国自己所进行的项目准备工作基本结束,世界银行就要对项目进行全面详细的审查,开始项目评估。

对于一些大型复杂的项目,世界银行一般还要求对项目进行预评估。项目预评估实际上是从项目准备到正式评估之间的一个短暂过渡。它的目的是搜集详细资料并进行分析,从而使正式评估工作变得既简单又可靠。预评估内容和要求与评估的内容和要求相一致。如果项目准备工作出色,预评估工作顺利,世界银行可根据情况作出无须再评估的决定,预评估也就成为项目的正式评估。

项目评估,是项目周期中的一个关键阶段。项目评估的目的和任务,就是要对项目前一阶段的准备工作以及项目本身的各个方面进行全面细致的审查,并为项目执行和项目后评价奠定基础。

项目评估工作,是项目周期中世界银行第一次全面和直接参与项目的阶段,评估工作由世界银行职员及聘请的专家承担。世界银行要在这一阶段与借款国政府及项目单位讨论项目规模、内容、项目成本、执行安排、项目融资、采购、支付及审计安排等一系列问题,并将这些内容基本确定下来。这一阶段的工作一般需 2 ~ 4 周时间,评估内容包括技术、组织机构、经济和财务、社会 4 个主要方面。项目评估工作的结束标志着项目整个前期准备工作基本结束,项目开始向执行期过渡。与国内项目建设程序相比,世界银行的项目评估相当于国内项目立项批准之前的评估阶段。

4. 项目谈判(Project Negotiation)

项目谈判是世界银行与借款国为保证项目成功,力求就所采取的必要措施达成协议的阶段。经过谈判所达成的协议,将作为法律性文件由双方共同履行。

项目谈判内容概括为两个方面:

1)贷款条件与法律条文的讨论与确认

在正式谈判前,世界银行都事先将贷款的法律性文件 —— 贷款协定及项目协定草本提交给借款国,协定文本中包括了贷款金额、期限、偿还方式等内容及有关的法律条文。谈判时,双方要对这些内容进行确认,并对有关的时间安排、资金分配、项目描述及一般性法律条文进行磋商并最终加以确认。协定中的一般性法律条文属于标准条款,一般都是世界银行和借款国双方一致认为是顺利执行项目所必须采取的措施或双方必须履行的义务。

2)技术内容的谈判

技术内容的谈判包括两项内容,其一是项目本身技术方面的有关内容、数据的最终确认及评估时遗留问题的澄清与确定,包括对评估报告内容作必要的澄清与修改等。其二是双方就为保证项目的顺利执行所应采取的特殊措施,如项目培训计划的安排、技术援助的设计、项目组织机构的设置与运行安排、项目执行计划的制定及要求、项目所附带的政策条件及要求等。谈判结束时,除了形成明确规定借款国和世界银行双方各自法律义务的贷款协定谈判确定稿外,评估报告经过修改也将成为最后的确定本。同时,双方将签署一份谈判纪要,记载双方谈判的大致经过和有关情况以及贷款文件中未载入的有关事项。

谈判结束后,借款国政府及借款单位需对经过谈判的贷款文件加以确认,表示接受。世界银行方面则要将谈判后经过修改的评估报告连同行长报告和贷款文件等,一并提交其执行董事会。执行董事会在适当的时候开会讨论是否批准该项贷款业务。如果批准了这项贷款,则贷款协定就由双方代表签署。协定的签订,标志着项目正式进入执行阶段。

5. 项目的执行与监督(Project Execution and Supervision)

项目的执行,就是指通过项目资金的具体使用以及为项目提供所需的设备、材料、土建施工以及咨询服务等,将项目目标按照设计内容付诸实施的具体建设过程。执行的主要内容包括项目招标采购、贷款资金支付与配套资金提供、技术援助与培训计划的执行等。

在项目执行过程中,世界银行除提供必要的帮助外,还对项目执行的整个过程进行监督,监督范围涉及技术、经济、组织机构、财务、社会等各个方面,监督的依据是项目评估报告。监督方法包括审查项目进度报告、世界银行项目官员到借款国进行实地考察和检查等。

6. 项目的后评价(Project Post-Evaluation)

项目后评价阶段的主要目的和任务是在项目正式投产 1 年以后按照严格的程序,采取客观的态度,运用求实的分析方法对项目执行的全过程进行认真回顾与总结,考察并衡量项目的执行情况和执行成果,对世界银行和借款国双方的执行机构和项目人员在执行中的作用、表现及项目的实际效果进行客观评价,总结经验教训,为改进以后工作和新项目的实施提供参考和服务。世界银行对项目后评价工作的基本要求是客观而真实的。首先,由项目主管人员根据实际情况在项目竣工后写出"项目竣工报告"(即"项目完成报告"),详细介绍项目执行各方的有关情况,然后由世界银行独立的业务评价局对报告进行评审,并在报告基础上对项目的执行成果进行独立和全面的总结评价。

二、工程项目寿命周期的阶段

(一)初始阶段(Inception Phase)

多数工程项目从一个构思开始,由政府机构、行业主管部门、投资机构或企业根据国家、地区、部门的经济发展战略或市场需求提出投资意向。它主要是从宏观上或市场需求的角度分析投资项目建设的必要性,企业根据这种意向,结合企业发展和经营规划,提出具体投资项目的设想,包括对拟建项目的轮廓性设想,这是机会研究阶段。机会研究比较粗略,主要根据积累的已有工程数据和情报资料。

通过机会研究,认为项目有生命力值得继续研究时,才进行初步可行性研究。初步可行性研究的主要目的是:分析机会研究的结论,并在现有详细资料的基础上作出投资决定;决定是否需要进行下一步的可行性研究;确定有哪些关键问题需要进行辅助性的专题研究等。初步可行性研究结束后,一般要向主管部门提交项目建议书。

可行性研究较初步可行性研究的基本内容相同,只是研究的详细程度、深度与精度不同,对项目投资的必要性、可行性,以及为什么要投资、何时投资、如何实施等重大问题,进行科学论证和多方案比较。这一阶段的工作量相对于整个项目周期不大,但却十分重要,它对项目的长远经济效益和战略方向起着决定性的作用。可行性研究完成后,主管部门或银行要组织专家或委托专业咨询公司进行评估,以进一步提高决策的科学性。

(二)实施阶段(Realisation Phase)

可行性研究报告经批准后,进入项目的计划准备和设计阶段。

1. 计划准备、设计阶段

伴随着项目的研究、决策,项目的总体计划,包括资金、专业组人员、进度等逐步细化、明确,作为项目实施的依据。一般项目进行两个阶段设计,即初步设计和施工图设计。技术上比较复杂而又缺乏设计经验的项目,在初步设计阶段后加技术设计。

初步设计是根据可行性研究报告的要求所作的具体实施方案,目的是为了阐明在指定的地点、时间和投资控制数额内,拟建项目在技术上的可能性和经济上的合理性。并通过对工程项目所作出的基本技术经济规定,编制项目总概算。初步设计不得随意改变被批准的可行性研究报告所确定的建设规模、产品方案、工程标准、建设地址及总投资等控制指标。如果初步设计提出的总概算超过可行性研究报告总投资的一定比例限量或其他主要指标需要变更时,应说明原因和计算依据,并报可行性研究报告原评审批准机构同意。

技术设计是根据初步设计和更详细的调查研究资料编制的,进一步解决初步设计中的重大技术问题,如工艺流程、建筑结构、设备选型及数量确定等,以使建设项目的设计更具体、更完善,技术经济指标更好。

施工图设计阶段,施工图设计完整地表现建筑物外形、内部空间分割、结构体系、构造状况以及建筑群的组成和周围环境的配合,具有详细的构造尺寸。它还包括各种运输、通信、管道系统、建筑设备的设计。在工艺方面,应具体确定各处设备的型号、规格及各种非标准设备的制造加工图。在施工图设计阶段应编制施工图预算。

建设准备阶段,初步设计已经相关部门批准的项目,可列为预备项目。政府的预备计划,是对列入部门、地方编报的年度建设预备项目计划中的大中型和限额以上项目,经过从建设总规模、生产力总布局、资源优化配置以及外部协作条件等方面进行综合平衡后安排和下达的。就企业而言,项目列入企业计划应做好资金、人员等的配置,以及其他相关准备活动。建设准备的内容主要包括征地、拆迁和场地平整;完成施工用水、电、路等工程;组织设备、材料订货;准备必要的施工图纸;组织施工招标投标,择优选定施工单位等。条件成熟后即可报批开工报告,对于大型项目,按规定进行了建设准备和具备了开工条件以后,建设单位要求开工则须经政府相关部门审核后批准。

2. 施工及验收阶段

建设项目经批准新开工建设,项目便进入了建设实施阶段。这是项目决策的实施、建成投产发挥投资效益的关键环节。施工活动应按设计要求、合同条款、预算投资、施工程序和顺序、施工组织设计,在保证质量、工期、成本计划等目标的前提下进行,达到竣工标准要求,经过验收后,移交给建设单位。当建设项目按设计文件的规定内容全部施工完成后,便可组织验收。通过竣工验收,可检查建设项目实际形成的生产能力,它是建设过程的最后一道程序,是投资成果转入生产或使用的标志。

(三)使用阶段(Post-Occupancy Phase)

项目的营运是项目建成投产发挥投资效益的环节,通常项目的营运期较长,由相关专业人员管理。

项目的使用评价的目的是对项目所有要素进行全面而彻底的评价。出于各种原因,都需要对建设项目的功能表现进行评价,例如,作为反馈,设计人员可修改某种建筑类型的设计基础数据,同时项目组织也可评价他们的机构效率。使用阶段评价的基本思想是建筑的设计和建造,是支持和改善使用者的活动和目标。由使用者或评价者实际测得或主观感觉到的该建筑的实际功能表现与明确而详尽的预期标准相比较,功能表现概念提供了一个客观的评价方法。使用评价加上改进建议,可用于类似项目的前馈和反馈。使用评价包括项目审核、合同履行评价、使用者需求研究。

1. 项目审核(Project Audit)

项目审核包括下列内容:项目目标概述;对项目原要求的所有修改及修改原因汇总;合同／协议条款的说明;组织架构,所使用的专业技术／技能的针对性和适用性;总控制计划—项目计划和实际取得的"里程碑"和关键活动的说明;项目过程中取得的重大进展,遇到的重大难题及其解决方案;简要总结优势、弱势和应汲取的经验教训,根据费用,进度和计划,技术能力,质量,安全、卫生和环保等方面的要求对有效地实施项目进行回顾;达到业主建设要求的情况;可用于未来项目的任何改进;项目审核还必须有费用和工期研究,包括以下内容:费用和预算控制以及索赔程序的有效性;核准的和最终的费用;计划的与实际的费用(如"S"曲线)和原预算与决算的分析;索赔的影响;必要记录的补充和完善,以便进行项目的财务结算;确认由于对业主原来建设要求的改变和(或)由于其他原因而引起的工期拖后和费用差异;原始的和最终施工计划的简要分析,包括规定的和实际的竣工日期并说明所有变更的原因。

2. 合同履行评价(Performance Study)

工程进度程序化控制的评价;人工工时汇总,包括计划的与实际的人工分解和是否有充足的人力资源用于有效地完成工作;满意和不满意的工作表现的确认;行业关系问题;对员工士气和动机的一般性评价及说明;专业人员和承包商的表现评定(保密),作为将来参考。

3. 使用者需求研究(User Needs Study)

从使用者的观点来评价建筑的性能,重要的是要更多地了解他们满意的标准,这直接受到对客观因素的认识和评价的影响。当实际结果大于或等于期望值时,可以说满意。外界因素与个体之间会相互作用,也会相互影响。例如,那些把重点放在使用者行为上的使用评价研究致力于对设计进行全面的调查研究,因此,在使用者的使用评价中必须慎重选择进行比较的各种变化因素,包括如经济的、生态的、技术的及功能的完好性的标准等。

学习任务三 工程经济分析的基本要素

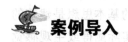 案例导入

某一工程项目预计投资 2 800 万元,投资后预计每年可获得总收入 480 万元,预计每年的总支出为 280 万元,试问这一工程项目是如何预测出投资的资金额、总收入的资金额及每年总支出额?

思考:1. 对于工程项目的投资、收入等经济分析要考虑多种因素的影响;

2. 对不同的工程项目进行经济分析时考虑的因素不尽相同。

进一步分析:工程项目的建设首先是一个投资活动,要对其经济效益与社会效益进行分析与评价。对于投资主体而言,经济效益首先具有相对重要的意义,如果项目不能取得良好的经济效益,投资方就会受到损失。投资、成本费用、销售收入、税金及利润是工程建设项目

经济分析的基本要素,是工程经济分析的基础。

一、投资及其估算

(一)投资的概念

投资是人类最重要的经济活动之一,一般有广义和狭义两种理解。狭义的投资是指为建造和购置固定资产、购买和储备流动资产而事先垫付的资金及其经济行为。

广义的投资则是指一切为了将来的所得而事先垫付的资金及其经济行为。工程技术经济学中所说的投资主要是指狭义投资。狭义投资是所有投资活动中最基本的,也是最重要的投资。投资活动是投资主体、投资环境、资金投入、投资产出、投资目的等诸多要素的统一。

简单来说,投资就是为了获得可能的、不确定的未来值而作出的确定的现值牺牲。工程技术经济中的投资是为了保证项目投产和生产经营活动的正常进行而投入的活劳动和物化劳动价值的总和。

(二)工程造价

从需求的角度看(投资者的角度),工程造价指建设一项工程预期开支或实际开支的全部固定资产投资费用。工程造价就是工程投资费用,建设项目工程造价就是建设项目固定资产投资,从供给角度看(承包商)工程造价就是工程的价格,为建成一项工程,预计或实际在相关市场等交易活动中所形成的建筑安装工程的价格和建设工程总价格。

建设程序要分阶段进行,在不同阶段要多次性计价,以保证工程造价的确定与控制的科学性。这样的多次性计价是逐步深化、逐步细化和逐步接近实际造价的过程。

(三)投资的构成

建设项目(Construction Project)是指按一个总体设计组织施工,建成后具有完整的系统,可独立形成生产能力或使用价值的建设工程。一般以一个企业(或联合企业)、事业单位或独立工程作为一个建设项目。凡属于一个总体设计中的主体工程和相应的附属配套工程、综合利用工程、环境保护工程、供水供电工程及水库的干渠配套工程等,都统作为一个建设项目;凡是不属于一个总体设计,经济上分别核算,工艺流程上没有直接联系的几个独立工程,应分别列为几个建设项目。

建设项目总投资是指投资主体为获取预期收益,在选定的建设项目上所需投入的全部资金。建设项目按用途可分为生产性建设项目和非生产性建设项目。生产性建设项目总投资包括建设投资(含固定资产投资、无形资产投资、递延资产投资等)、建设期借款利息和流动资产投资3部分。而非生产性建设项目总投资只有固定资产投资,不包括流动资产投资。固定资产投产与建设项目的工程造价在量上相等。我国现行建设项目总投资构成见表1.2。

表 1.2　　建设项目总投资构成表

建设项目总投资的构成		工程造价的构成		
1	固定资产投资（工程造价）	设备及工器具购置费	设备购置费	设备原价
				设备运杂费
			工器具及生产家具购置费	
		建筑安装工程费用	直接费	
			间接费	
			利润	
			税金	
		工程建设其他费用	土地使用费	
			与项目建设有关的其他费用	
			与未来企业生产经营有关的其他费用	
		预备费	基本预备费	
			涨价预备费	
		建设期贷款利息		
		固定资产投资方向调节税(暂停征收)		
2	流动资产投资－流动资金(营运资金)			

1. 固定资产投资

固定资产投资是指项目按拟定建设规模(分期建设项目应为分期建设规模)、产品方案、建设内容进行建设所需要的费用。它包括设备及工器具购置费、建筑安装工程费用、工程建设其他费用、预备费、建设期贷款利息及固定资产投资方向调节税(暂停征收)。

1)设备及工器具购置费用

设备及工器具购置费用是由设备购置费和工器具及生产家具购置费组成,如图 1.3 所

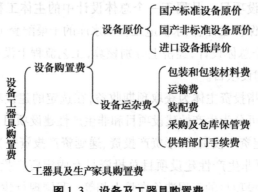

图 1.3　设备及工器具购置费

示。它是固定资产投资中的静态部分,也是固定资产投资中的积极部分。在生产性工程建设中,设备及工器具购置费用占工程造价比重的增大,意味着生产技术的进步和资本有机构成的提高。

（1）设备购置费的构成及计算

设备购置费是指为建设项目购置或自制的达到固定资产标准的各种国产或进口设备、工器具的购置费用,由设备原价和设备运杂费构成,其计算公式为

$$设备购置费 = 设备原价 + 设备运杂费 \tag{1.6}$$

式(1.6)中,设备原价是指国产设备或进口设备的原价;设备运杂费是指除设备原价之外的关于设备采购、运输、途中包装及仓库保管等方面支出费用的总和。

①国产设备原价的构成及计算。

国产设备原价一般指的是设备制造厂的交货价或订货合同价。国产设备原价分为国产标准设备原价和国产非标准设备原价。

国产标准设备是指按照主管部门颁布的标准图纸和技术要求,由我国设备生产厂批量生产的,符合国家质量检测标准的设备。国产标准设备原价有两种,即带有备件的原价和不带有备件的原价。国产非标准设备是指国家尚无定型标准,各设备生产厂不可能在工艺过程中采用批量生产,只能按订货要求并根据具体的设计图纸制造的设备。非标准设备原价有多种不同的计算方法,如成本计算估价法、系列设备插入估价法、分部组合估价法、定额估价法等。成本计算估价法是一种比较常用的估算非标准设备原价的方法。但无论采用哪种方法都应使非标准设备计价接近实际出厂价。

②进口设备原价。

进口设备原价是指进口设备的抵岸价,即抵达买方边境港口或边境车站,且交完关税等税费后形成的价格。进口设备抵岸价的构成与进口设备的交货类别有关。

进口设备的交货类别可分为内陆交货类、目的地交货类、装运港交货类。内陆交货类,即卖方在出口国内陆的某个地点交货。在交货地点,卖方及时提交合同规定的货物和有关凭证,并负担交货前的一切费用和风险;买方按时接受货物,交付货款,负担接货后的一切费用和风险,并自行办理出口手续和装运出口。货物的所有权也在交货后由卖方转移给买方。目的地交货类,即卖方在进口国的港口或内地交货,有目的港船上交货价、目的港船边交货价(FOS)和目的港码头交货价(关税已付)及完税后交货价(进口国的指定地点)等几种交货价。它们的特点是:买卖双方承担的责任费用和风险是以目的地约定交货点为分界线,只有当卖方在交货点将货物置于买方控制下才算交货,才能向买方收取货款。这种交货类别对卖方来说承担的风险较大,在国际贸易中卖方一般不愿采用。装运港交货类,即卖方在出口国装运港交货;主要有装运港船上交货价(FOB),习惯称离岸价格,运费在内价(CAF)和运费、保险费在内价(CIF),习惯称到岸价格。它们的特点是:卖方按照约定的时间在装运港交货,只要卖方把合同规定的货物装船后提供货运单据便完成交货任务,可凭单据收回货款。

进口设备采用最多的是装运港船上交货价(FOB),其抵岸价的构成可概括为

进口设备抵岸价 = 货价 + 国际运费 + 运输保险费 + 银行财务费 + 外贸手续费 +

关税 + 增值税 - 消费税 + 海关监管手续费 + 车辆购置附加费

(1.7)

a. 货价。一般指装运港船上交货价(FOB)。

b. 国际运费。即从装运港(站)到达我国抵达港(站)的运费。进口设备国际运费计算公式为

$$国际运费(海、陆、空) = 原币货价(FOB) × 运费率 \quad (1.8)$$

$$国际运费(海、陆、空) = 运量 × 单位运价 \quad (1.9)$$

c. 运输保险费。对外贸易货物运输保险是由保险人(保险公司)与被保险人(出口人或进口人)订立保险契约在被保险人交付议定的保险费后,保险人根据保险契约的规定对货物在运输过程中发生的承保责任范围内的损失给予经济上的补偿。这是一种财产保险。计算公式为

$$运输保险费 = [原货币价(FOB) + 国外运费]/(1 - 保险费率) × 保险费率 \quad (1.10)$$

其中,保险费率按保险公司规定的进口货物保险费率计算。

d. 银行财务费。一般是指中国银行手续费,可按下式简化计算为

$$银行财务费 = 人民币货价(FOB) × 银行财务费率 \quad (1.11)$$

e. 外贸手续费。是指按对外经济贸易部规定的外贸手续费率计取的费用,外贸手续费率一般取 1.5%。计算公式为

$$外贸手续费 = [装运港船上交货价(FOB) + 国际运费 + 运输保险费] × 外贸手续费率$$

(1.12)

f. 关税。由海关对进出国境或关境的货物和物品征收的一种税。计算公式为

$$关税 = 到岸价格(CIF) × 进口关税税率 \quad (1.13)$$

其中,到岸价格(CIF)包括离岸价格(FOB)、国际运费、运输保险费等费用,它作为关税完税价格。进口关税税率分为优惠和普通两种。

g. 增值税。是对从事进口贸易的单位和个人,在进口商品报关进口后征收的税种。我国增值税条例规定,进口应税产品均按组成计税价格和增值税税率直接计算应纳税额。即

$$进口产品增值税额 = 组成计税价格 × 增值税税率 \quad (1.14)$$

$$组成计税价格 = 关税完税价格 + 关税 + 消费税 \quad (1.15)$$

h. 消费税。对部分进口设备(如轿车、摩托车等)征收,一般计算公式为

$$应纳消费税额 = (到岸价 + 关税)/(1 - 消费税税率) × 消费税税率 \quad (1.16)$$

其中,消费税税率根据规定的税率计算。

i. 海关监管手续费。指海关对进口减税、免税、保税货物实施监督、管理、提供服务的手续费。其计算公式为:

$$海关监管手续费 = 到岸价 × 海关监管手续费率(一般为 0.3\%) \quad (1.17)$$

j. 车辆购置附加费:进口车辆需缴进口车辆购置附加费。其计算公式为

进口车辆购置附加费 =(到岸价 + 关税 + 消费税 + 增值税)× 进口车辆购置附加费率

$$(1.18)$$

【例题1.1】 从某国进口设备,总重 1 000 t,装运港船上交货价为400 万美元。如果,国际运费标准为 300 美元/t,海上运输保险费率为3‰,中国银行费率为5‰,外贸手续费率为1.5%,关税税率为22%,增值税的税率为17%,银行外汇牌价为1 美元 = 6.8 元人民币,对该设备的原价进行估算。

解:进口设备 FOB = 400 × 6.8 = 2 720(万元)

国际运费 = 300 × 1 000 × 6.8 = 204(万元)

海运保险费 = $\dfrac{2\ 720 + 204}{1 - 0.3\%}$ × 0.3% = 8.80(万元)

CIF = 2 720 + 204 + 8.80 = 2 932.8(万元)

银行财务费 = 2 720 × 5‰ = 13.6(万元)

外贸手续费 = 2 932.8 × 1.5% = 43.99(万元)

关税 = 2 932.8 × 22% = 645.22(万元)

增值税 = (2 932.8 + 645.22)× 17% = 608.26(万元)

进口从属费 = 13.6 + 43.99 + 645.22 + 608.26 = 1 311.07(万元)

进口设备原价 = 2 932.8 + 1 311.07 = 4 243.87(万元)

③设备运杂费。

设备运杂费是指设备原价中未包括的包装和包装材料费、运输费、装卸费及仓库保管费、供销部门手续费等。如果设备是由设备成套公司供应的,成套公司的服务费也应计入设备运杂费之中。

设备运杂费通常由下列内容构成:

a.运费和装卸费。国产设备由设备制造厂交货地点起至工地仓库(或施工组织设计指定的需要安装设备的堆放地点)止所发生的运费和装卸费;进口设备则由我国到岸港口或边境车站起至工地仓库(或施工组织设计指定的需要安装设备的堆放地点)止所发生的运费和装卸费。

b.包装费。在设备原价中没有包含的,为运输包装支出的各种费用。

c.设备供销部门的手续费。按有关部门规定的统一费率计算。

d.采购与仓库保管费。指采购、验收、保管及收发设备所发生的各种费用,包括设备采购人员、保管人员和管理人员的工资、工资附加费、办公费、差旅交通费、设备供应部门办公和仓库所占固定资产使用费、工具用具使用费、劳动保护费、检验实验费等。这些费用可按主管部门规定的采购与保管费率计算。设备运杂费按设备原价乘以设备运杂费率计算,其计算公式为

设备运杂费 = 设备原价 × 设备运杂费率 $\qquad(1.19)$

式(1.19)中,设备运杂费率按各部门及省、市的有关规定计取。

(2)工器具及生产家具购置费的构成及计算

工器具及生产家具购置费,是指新建或扩建项目初步设计规定的,保证初期正常生产必须购置的没有达到固定资产标准的设备、仪器、工卡模具、器具、生产家具和产品备件的购置费用。一般以设备购置费为计算基数,按照部门或行业规定的工具、器具及生产家具费率计算。其计算公式为

$$工器具及生产家具购置费 = 设备购置费 × 定额费率 \tag{1.20}$$

2)建筑安装工程费用

建筑安装工程费用由直接费、间接费、利润及税金组成。

(1)直接费

直接费由直接工程费和措施费组成。

①直接工程费。直接工程费是指施工过程中耗费的构成工程实体的各项费用,包括人工费、材料费、施工机械使用费。

A. 人工费:是指直接从事建筑安装工程施工的生产工人开支的各项费用,其内容包括:

a. 基本工资:是指发放给生产工人的基本工资。

b. 工资性补贴:是指按规定标准发放的物价补贴,煤、燃气补贴,交通补贴,住房补贴,流动施工津贴等。

c. 生产工人辅助工资:是指生产工人年有效施工天数以外非作业天数的工资,包括职工学习、培训期间的工资,调动工作、探亲、休假期间的工资,因气候影响的停工工资,女工哺乳时间的工资,病假在6个月以内的工资及产、婚、丧假期的工资。

d. 职工福利费:是指按规定标准计提的职工福利费。

e. 生产工人劳动保护费:是指按规定标准发放的劳动保护用品的购置费及修理费,徒工服装补贴,防暑降温费,在有碍身体健康环境中施工的保健费用等。

B. 材料费:是指施工过程中耗费的构成工程实体的原材料、辅助材料、构配件、零件、半成品的费用。其内容包括:

a. 材料原价(或供应价格)。

b. 材料运杂费:是指材料自来源地运至工地仓库或指定堆放地点所发生的全部费用。

c. 运输损耗费:是指材料在运输装卸过程中不可避免的损耗。

d. 采购及保管费:是指为组织采购、供应和保管材料过程中所需要的各项费用。包括采购费、仓储费、工地保管费、仓储损耗。

e. 检验试验费:是指对建筑材料、构件和建筑安装物进行一般鉴定、检查所发生的费用,包括自设试验室进行试验所耗用的材料和化学药品等费用。不包括新结构、新材料的试验费和建设单位对具有出厂合格证明的材料进行检验,对构件做破坏性试验及其他特殊要求检验试验的费用。

C. 施工机械使用费:是指施工机械作业所发生的机械使用费以及机械安拆费和场外运费。施工机械台班单价应由下列7项费用组成:

a. 折旧费:指施工机械在规定的使用年限内,陆续收回其原值及购置资金的时间价值。

b. 大修理费:指施工机械按规定的大修理间隔台班进行必要的大修理,以恢复其正常功能所需的费用。

c. 经常修理费:指施工机械除大修理以外的各级保养和临时故障排除所需的费用。包括为保障机械正常运转所需替换设备与随机配备工具附具的摊销和维护费用,机械运转中日常保养所需润滑与擦拭的材料费用及机械停滞期间的维护和保养费用等。

d. 安拆费:指施工机械在现场进行安装与拆卸所需的人工、材料、机械和试运转费用以及机械辅助设施的折旧、搭设、拆除等费用;场外运费指施工机械整体或分体自停放地点运至施工现场或由一施工地点运至另一施工地点的运输、装卸、辅助材料及架线等费用。

e. 人工费:指机上司机(司炉)和其他操作人员的工作日人工费及上述人员在施工机械规定的年工作台班以外的人工费。

f. 燃料动力费:指施工机械在运转作业中所消耗的固体燃料(煤、木柴)、液体燃料(汽油、柴油)及水、电等。

g. 养路费及车船使用税:指施工机械按照国家规定和有关部门规定应缴纳的养路费、车船使用税、保险费及年检费等。

②措施费。措施费是指为完成工程项目施工,发生于该工程施工前和施工过程中非工程实体项目的费用。其内容包括:

A. 环境保护费:是指施工现场为达到环保部门要求所需要的各项费用。

B. 文明施工费:是指施工现场文明施工所需要的各项费用。

C. 安全施工费:是指施工现场安全施工所需要的各项费用。

D. 临时设施费:是指施工企业为进行建筑工程施工所必须搭设的生活和生产用的临时建筑物、构筑物及其他临时设施费用等。

临时设施包括:临时宿舍、文化福利及公用事业房屋与构筑物,仓库、办公室、加工厂以及规定范围内道路、水、电、管线等临时设施和小型临时设施。

临时设施费用包括:临时设施的搭设、维修、拆除费或摊销费。

E. 夜间施工费:是指因夜间施工所发生的夜班补助、夜间施工降噪、夜间施工照明设备摊销及照明用电等费用。

F. 二次搬运费:是指因施工场地狭小等特殊情况而发生的二次搬运费用。

G. 大型机械设备进出场及安拆费:是指机械整体或分体自停放场地运至施工现场或由一个施工地点运至另一个施工地点所发生的机械进出场运输及转移费用,以及机械在施工现场进行安装、拆卸所需的人工费、材料费、机械费、试运转费和安装所需的辅助设施的费用。

H. 混凝土、钢筋混凝土模板及支架费:是指混凝土施工过程中需要的各种钢模板、木模板、支架等的支、拆、运输费用及模板、支架的摊销(或租赁)费用。

I. 脚手架费:是指施工需要的各种脚手架搭、拆、运输费用及脚手架的摊销(或租赁)费用。

J. 已完工程及设备保护费:是指竣工验收前,对已完工程及设备进行保护所需费用。

K. 施工排水、降水费：是指为确保工程在正常条件下施工，采取各种排水、降水措施所发生的各种费用。

（2）间接费

间接费由规费和企业管理费组成。

①规费。规费是指政府和有关权力部门规定必须缴纳的费用（简称规费）。其内容包括：

A. 工程排污费：是指施工现场按规定缴纳的工程排污费。

B. 工程定额测定费：是指按规定支付工程造价（定额）管理部门的定额测定费。

C. 社会保障费：包括按国家规定交纳的各项社会保障费、职工住房公积金以及尚未划转的离退休人员费用等，也称为"社保"。

养老保险费：是指企业按规定标准为职工缴纳的基本养老保险费。

失业保险费：是指企业按规定标准为职工缴纳的失业保险费。

医疗保险费：是指企业按规定标准为职工缴纳的基本医疗保险费。

D. 住房公积金：是指企业按规定标准为职工缴纳的住房公积金。

E. 危险作业意外伤害保险：是指按建筑法规定，企业为从事危险作业的建筑安装施工人员支付的意外伤害保险费。

②企业管理费。企业管理费是指建筑安装企业组织施工生产和经营管理所需的费用。其内容包括：

A. 管理人员工资：是指管理人员的基本工资、工资性补贴、职工福利费、劳动保护费等。

B. 办公费：是指企业管理办公用的文具、纸张、账表、印刷、邮电、书报、会议、水电、烧水和集体取暖（包括现场临时宿舍取暖）用煤等费用。

C. 差旅交通费：是指职工因公出差、调动工作的差旅费、住勤补助费，市内交通费和误餐补助费，职工探亲路费，劳动力招募费，职工离退休、退职一次性路费，工伤人员就医路费，工地转移费以及管理部门使用的交通工具的油料、燃料、养路费及牌照费。

D. 固定资产使用费：是指管理和试验部门及附属生产单位使用的属于固定资产的房屋、设备仪器等的折旧、大修、维修或租赁费。

E. 工具用具使用费：是指管理使用的不属于固定资产的生产工具、器具、家具、交通工具和检验、试验、测绘、消防用具等的购置、维修和摊销费。

F. 劳动保险费：是指由企业支付离退休职工的异地安家补助费、职工退职金、6个月以上的病假人员工资、职工死亡丧葬补助费、抚恤费、按规定支付给离休干部的各项经费。

G. 工会经费：是指企业按职工工资总额计提的工会经费。

H. 职工教育经费：是指企业为职工学习先进技术和提高文化水平，按职工工资总额计提的费用。

I. 财产保险费：是指施工管理用财产、车辆保险。

J. 财务费：是指企业为筹集资金而发生的各种费用。

K. 税金：是指企业按规定缴纳的房产税、车船使用税、土地使用税、印花税等。

L. 其他:包括技术转让费、技术开发费、业务招待费、绿化费、广告费、公证费、法律顾问费、审计费、咨询费等。

间接费的计算方法

$$间接费 = 基数 × 间接费费率 \qquad (1.21)$$

$$间接费费率 = 规费费率 + 企业管理费费率 \qquad (1.22)$$

(3)利润及税金

利润是指施工企业完成所承包工程获得的盈利。利润的计算公式为

$$利润 = 基数 × 间接费费率 \qquad (1.23)$$

其中,土建工程的基数为直接工程费和间接工程费之和,安装工程的基数为人工费。

税金是指国家税法规定的应计入建筑安装工程造价内的营业税、城市维护建设税及教育费附加等。

3)工程建设其他费用

工程建设其他费用,是指从工程筹建起到工程竣工验收交付使用止的整个建设期间,除建筑安装工程费用和设备及工器具购置费用以外的,为保证工程建设顺利完成和交付使用后能正常发挥效用而发生的各项费用。工程建设其他费用,大体可分为3类:固定资产其他费用、无形资产费用、其他资产费用。

(1)固定资产其他费用

①建设管理费。

建设管理费是指建设单位从项目筹建开始直至工程竣工验收合格或交付使用为止发生的项目建设管理费用。其内容包括5项费用,即建设单位管理费、工程监理费、工程质量监督费、招标代理费及工程造价咨询费用。

建设单位管理费是指建设单位发生的管理性质的开支,例如,工作人员工资、保险等。工程监理费是指建设单位委托工程监理单位实施工程监理的费用。工程质量监督费是指工程质量监督检验部门检验工程质量而收取的费用。招标代理费是指建设单位委托招标代理单位进行工程、设备材料和服务招标支付的服务费用。工程造价咨询费用是建设单位委托具有相应资质的工程造价咨询企业代为进行工程建设项目的投资估算、设计概算、施工图预算、标底、工程结算等或进行工程建设全过程造价控制与管理所发生的费用。

建设管理费和企业管理费的区别:企业管理费是施工企业发生的;建设管理费是建设单位发生的,是为了项目筹建开始直至工程竣工验收合格或交付使用为止发生的项目建设管理费用。

②建设用地费。

建设用地费是指按照《中华人民共和国土地管理法》等规定,建设项目征用土地或租用土地应支付的费用。包括土地征用及补偿费、征用耕地按规定一次性缴纳的耕地占用税和建设单位租用建设项目土地使用权在建设期支付的租地费用。

③可行性研究费。

可行性研究费是指在建设项目前期工作中,编制和评估项目建议书(或预可行性研究报

告）、可行性研究报告所需的费用。

④研究试验费。

研究试验费是指为本建设项目提供或验证设计数据、资料等进行的必要的研究试验及按照设计规定在建设过程中必须进行试验、验证所需的费用。

⑤勘察设计费。

勘察设计费是指委托勘察设计单位进行工程水文地质勘察、工程设计所发生的各项费用。包括工程勘察费、初步设计费（基础设计费）、施工图设计费（详细设计费）、设计模型制作费。

⑥环境影响评价费。

环境影响评价费是指按照《中华人民共和国环境保护法》《中华人民共和国环境影响评价法》等规定，为全面、详细地评价本建设项目对环境可能产生的污染或造成的重大影响所需要的费用。包括编制环境影响报告书（含大纲）、环境影响报告表和评估环境影响报告书（含大纲）、评估环境报告表等所需的费用。

⑦劳动安全卫生评价费。

劳动安全卫生评价费包括编制建设项目劳动安全卫生预评价大纲和劳动安全卫生预评价报告书，以及为编制上述文件所进行的工程分析和环境现状调查等所需费用。

⑧场地准备及临时设施费。

场地准备及临时设施费是指建设场地准备费和建设单位临时设施费。

⑨引进技术和设备发生的未计入设备费的费用。

⑩工程保险费。

工程保险费是指建设项目在建设期间根据需要对建筑工程、安装工程、机器设备和人身安全进行投保而发生的保险费用。包括建筑安装工程一切险、引进设备财产保险和人身意外伤害险等。

⑪联合试运转费。

联合试运转费是指新建项目或新增加生产能力的工程，在交付生产前按照批准的设计文件所规定的工程质量标准和技术要求，进行整个生产线或装置的负荷联合试运转或局部联动试车所发生的费用净支出（试运转支出大于收入的差额部分费用）。

⑫特殊设备安全监督检验费。

联合试运转费是指在施工现场组装的锅炉及压力容器、压力管道、消防设备、燃气设备、电梯等特殊设备核设施，由安全监察部门按照有关安全检查条例和实施细则以及设计技术要求进行安全检验，应由建设项目支付的、向安全监察部门缴纳的费用。

⑬市政公用设施费。

市政公用设施费是指使用市政公用设施的建设项目，按照项目所在地省一级人民政府有关规定建设或缴纳的市政公用设施建设配套费用，以及绿化工程补偿费用。

（2）无形资产费用

无形资产费用是指建设投资中不形成固定资产的费用，如建设用地费、专利及专有技术使用费等,根据国家财务管理有关规定不应计入固定资产的建设费用。主要是专利权、非专利技术、商标权、商标、特许经营权费、国外设计及技术资料使用费等。

(3)其他资产费用

其他资产费用是指建设投资中除形成固定资产和无形资产以外的部分,主要包括生产准备及开办费等,如图1.4所示。

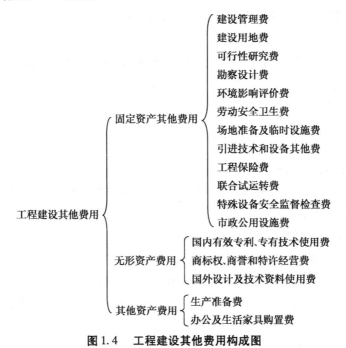

图1.4 工程建设其他费用构成图

4)预备费

预备费是指考虑建设期可能发生的风险因素而导致的建设费用增加的这部分内容。基本预备费属于建设方考虑的建设费用,与施工单位报价无关系。按照风险因素的性质划分,预备费又包括基本预备费和涨价预备费两大类型。

(1)基本预备费

基本预备费主要指设计变更及施工过程中可能增加工程量的费用。基本预备费一般由以下3个部分构成:在批准的初步设计范围内,技术设计、施工图设计及施工过程中所增加的工程费用;设计变更、工程变更、材料代用、局部地基处理等增加的费用。一般自然灾害造成的损失和预防自然灾害所采取的措施费用。实行工程保险的工程项目,该费用应适当降低。竣工验收时为鉴定工程质量对隐蔽工程进行必要的挖掘和修复费用。

基本预备费主要用途:在进行设计和施工过程中,在批准的初步设计范围内,必须增加的工程和按规定需要增加的费用(含相应增加的价差及税金)。本项费用不含 Ⅰ 类变更设计增加的费用。在建设过程中,工程遭受一般自然灾害所造成的损失和为预防自然灾害所采取的措施费用。在上级主管部门组织施工验收时,验收委员会(或小组)为鉴定工程质量,必须开挖和修复隐蔽工程的费用。由于设计变更所引起的废弃工程,但不包括施工质量不符合设计要求而造成的返工费用和废弃工程;征地、拆迁的价差。

基本预备费一般按建筑工程费、设备安装工程费、设备购置费、工器具购置费及其他工程费之和乘以一个固定的费率计算。其中,费率往往由各行业或地区根据其项目建设的实际情况加以制订。

$$基本预备费 = (工程费用 + 工程建设其他费用) \times 基本预备费率 \qquad (1.24)$$

基本预备费率的取值应执行国家及部门的有关规定。

(2)涨价预备费

涨价预备费是对建设工期较长的投资项目,在建设期内可能发生的材料、人工、设备、施工机械等价格上涨,以及费率、利率、汇率等变化,而引起项目投资的增加,需要事先预留的费用,也称价差预备费或价格变动不可预见费。其计算公式为

$$PC = \sum_{t=1}^{n} I_t \big[(1 + f)^t - 1 \big] \qquad (1.25)$$

式中　PC——涨价预备费;

　　　I_t——第 t 年的静态投资(即工程费用、工程建设其他费用及基本预备费之和);

　　　t——建设期年份数;

　　　f——年均投资价格上涨率;

　　　n——建设前期年限(从编制估算到开工建设,单位:年)。

【例题 1.2】 某项目的静态投资为 22 310 万元,按项目实施进度计划,项目建设期为 3 年,每年的投资分配使用比例为:第 1 年 20%,第 2 年 55%,第 3 年 25%,建设期内平均价格变动率预测为 6%,试估算该项目建设期的涨价预备费。

解:$PC = 22\,310 \times 20\% \times \big[(1 + 6\%) - 1 \big] + 22\,310 \times 55\% \times \big[(1 + 6\%)^2 - 1 \big] + \big[22\,310 \times 25\% \times (1 + 6\%)^3 - 1 \big] = 2\,849.74(万元)$

5)建设期贷款利息

建设期贷款利息主要是指工程项目在建设期间内发生并计入固定资产的利息,主要是建设期发生的支付银行贷款、出口信贷、债券等的借款利息和融资费用。

建设期贷款利息应按借款要求和条件计算。国内银行借款按现行贷款计算,国外贷款利息按协议书或贷款意向书确定的利率按复利计算。为了简化计算,在编制投资估算时通常假定借款均在每年的年中支用,借款第一年按半年计息,其余各年份按全年计息。计算公式为

$$各年应计利息 = \Big(年初借款本息累计 + \frac{1}{2} 当年借款额 \Big) \times 年利率$$

当总贷款分年均衡发放时,建设期利息的计算可按当年借款在年中支用考虑,即当年贷款按半年计息,上年贷款按全年计息。其计算公式为

$$q_j = \Big(p_{j-1} + \frac{1}{2} A_j \Big) \times i \qquad (1.26)$$

式中　q_j——建设期应计利息;

p_{j-1}——建设期第 $j-1$ 年末贷款累计金额与利息累计金额之和；

A_j——建设期第 j 年贷款金额；

i——年利率。

国外贷款利息的计算中,还应包括国外贷款银行根据贷款协议向贷款方以年利率的方式收取的手续费、管理费、承诺费,以及国内代理机构经国家主管部门批准的以年利率的方式向贷款单位收取的转贷费、担保费及管理费等。

【例题1.3】　某新建项目,建设期为3年,第1年贷款300万元,第2年贷款600万元,第3年贷款400万元,年利率为12%,建设期内利息只计息不支付,试计算建设期贷款利息。

解:在建设期,各年利息计算如下:

$$q_1 = \frac{1}{2}A_1 \times i = \frac{300}{2} \times 12\% = 18(万元)$$

$$q_2 = \left(p_1 + \frac{1}{2}A_2\right) \times i = \left(300 + 18 + \frac{600}{2}\right) \times 12\% = 74.16(万元)$$

$$q_2 = \left(p_2 + \frac{1}{2}A_3\right) \times i = \left(300 + 18 + 600 + 74.16 + \frac{400}{2}\right) \times 12\% = 143.06(万元)$$

所以,建设期贷款利息 $q = q_1 + q_2 + q_3 = 18 + 74.16 + 143.06 = 235.22(万元)$

6)固定资产投资方向调节税(暂停征收)

固定资产投资方向调节税是指国家对在我国境内进行固定资产投资的单位和个人,就其固定资产投资的各种资金征收的一种税。固定资产投资方向调节税计税依据为固定资产投资项目实际完成的投资额,其中更新改造投资项目为建筑工程实际完成的投资额。

2012年11月9日公布的《国务院关于修改和废止部分行政法规的决定》(国务院令第628号)废止了《中华人民共和国固定资产投资方向调节税暂行条例》(1991年4月16日中华人民共和国国务院令第82号发布)。

2. 流动资产投资

流动资产投资和固定资产投资相对应。流动资产是指可以在一年或者超过一年的一个营业周期内变现或耗用的资产。它由现金、应收及预付款项、存货等项组成,也是企业用于购买、储存劳动对象(原燃材料、电力等)以及占用在生产过程和流通过程的在产品、产成品等周转资金的投资。流动资产是在生产经营过程中经常改变其存在状态,在一定营业周期内变现或耗用的资产。流动资产投资是指投资主体用以获得流动资产的投资,即项目在投产前预先垫付、在投产后生产经营过程中周转使用的资金。

(四)建设项目投资估算的方法

投资估算是指在整个投资决策过程中,依据现有的资料和一定的方法,对建设项目的投资额(包括工程造价和流动资金)进行的估计。投资估算总额是指从筹建、施工直至建成投产的全部建设费用,其包括的内容应视项目的性质和范围而定。

1. 建设项目投资估算的作用

建设项目投资估算的作用主要体现在：一是项目建议书阶段的投资估算，是多方案比选，优化设计，合理确定项目投资的基础。是项目主管部门审批项目建议书的依据之一，并对项目的规划，规模起参考作用，从经济上判断项目是否应列入投资计划。二是项目可行性研究阶段的投资估算，是项目投资决策的重要依据，是正确评价建设项目投资合理性，分析投资效益，为项目决策提供依据的基础。当可行性研究报告被批准之后，其投资估算额就作为建设项目投资的最高限额，不得随意突破。三是项目投资估算对工程设计概算起控制作用，它为设计提供了经济依据和投资限额，设计概算不得突破批准的投资估算额。投资估算一经确定，即成为限额设计的依据，用以对各设计专业实行投资切块分配，作为控制和指导设计的尺度或标准。四是项目投资估算是进行工程设计招标，优选设计方案的依据。五是项目投资估算可作为项目资金筹措及制订建设贷款计划的依据，建设单位可根据批准的投资估算额进行资金筹措向银行申请贷款。

2. 建设项目投资估算阶段

投资估算贯穿于整个建设项目投资决策过程之中，投资决策过程可划分为项目的投资机会研究或项目建议书阶段，初步可行性研究阶段及详细可行性研究阶段，因此，投资估算工作也分为相应 3 个阶段。不同阶段所具备的条件和掌握的资料不同，对投资估算的要求也各不相同，因而投资估算的准确程度在不同阶段也不同，进而每个阶段投资估算所起的作用也不同。

1）投资机会研究或项目建议书阶段

这一阶段主要是选择有利的投资机会，明确投资方向，提出概略的项目投资建议，并编制项目建议书。该阶段工作比较粗略，投资额的估计一般是通过与已建类似项目的对比得来的，因而投资估算的误差率可在 30% 左右。这一阶段的投资估算是作为相关管理部门审批项目建议书，初步选择投资项目的主要依据之一，对初步可行性研究及投资估算起指导作用，决定一个项目是否真正可行。

2）初步可行性研究阶段

这一阶段主要是在投资机会研究结论的基础上，弄清项目的投资规模、原材料来源、工艺技术、厂址、组织机构和建设进度等情况，进行经济效益评价，判断项目的可行性，作出初步投资评价。该阶段是介于项目建议书和详细可行性研究之间的中间阶段，误差率一般要求控制在 20% 左右。这一阶段是作为决定是否进行详细可行性研究的依据之一，同时也是确定某些关键问题需要进行辅助性专题研究的依据之一，这个阶段可对项目是否真正可行作出初步的决定。

3）详细可行性研究阶段

详细可行性研究阶段也称为最终可行性研究阶段，主要是进行全面、详细、深入的技术经济分析论证阶段,要评价、选择、拟建项目的最佳投资方案,对项目的可行性提出结论性意见。该阶段研究内容详尽,投资估算的误差率应控制在10%以内。这一阶段的投资估算是进行详尽经济评价,决定项目可行性,选择最佳投资方案的主要依据,也是编制设计文件,控制初步设计及概算的主要依据。

3. 建设项目投资估算原则

投资估算是拟建项目前期可行性研究的重要内容,是经济效益评价的基础,是项目决策的重要依据。估算质量如何,将决定着项目能否纳入投资建设计划。因此,在编制投资估算时应符合下列原则:实事求是的原则;从实际出发,深入开展调查研究,掌握第一手资料,不能弄虚作假;合理利用资源,效益最高的原则;市场经济环境中,利用有限经费,有限的资源,尽可能满足需要;尽量做到快、准的原则;一般投资估算误差都比较大,通过艰苦细致的工作,加强研究,积累资料,尽量做到又快、又准拿出项目的投资估算;适应高科技发展的原则,从编制投资估算角度出发,在资料收集、信息储存、处理、使用以及编制方法选择和编制过程应逐步实现计算机化、网络化。

4. 建设项目投资估算内容

根据国家规定,从满足建设项目投资计划和投资规模的角度,建设项目投资估算包括固定资产投资估算和铺底流动资金估算。但从满足建设项目经济评价的角度,其总投资估算包括固定资产投资估算和流动资金估算。不管从满足哪一个角度进行的投资估算,都需要进行固定资产投资估算和流动资金估算。固定资产投资估算前面章节已经介绍过,铺底流动资金的估算是项目总投资估算中流动资金的一部分。它等于项目投产后所需流动资金的30%。根据国家现行规定要求,新建、扩建和技术改造项目,必须将项目建成投资投产后所需的铺底流动资金列入投资计划,铺底流动资金不落实的,国家不予批准立项,银行不予贷款。

5. 建设项目投资估算依据

①项目建议书(或建设规划),可行性研究报告(或设计任务书),方案设计(包括设计招标或城市建筑方案设计竞选中的方案设计,其中包括文字说明和图纸)。

②投资估算指标、概算指标、技术经济指标。

③造价指标(包括单项工程和单位工程造价指标)。

④类似工程造价。

⑤设计参数,包括各种建筑面积指标,能源消耗指标等。

⑥相关定额及其定额单价。

⑦当地材料,设备预算价格及市场价格(包括设备、材料价格、专业分包报价等)。

⑧当地建筑工程取费标准,如措施费、企业管理费、规费、利润、税金以及与建设有关的其他费用标准等。

⑨当地历年、历季调价系数及材料差价计算办法等。

⑩现场情况,如地理位置、地质条件、交通、供水、供电条件等。

⑪其他经验参考数据,如材料、设备运杂费率、设备安装费率、零星工程及辅材的比率等。

6. 建设项目投资估算程序

不同类型的工程项目可选用不同的投资估算方法,不同的投资估算方法有不同的投资估算编制程序。现从工程项目费用组成考虑,介绍一般较为常用的投资估算编制程序:

①熟悉工程项目的特点、组成、内容和规模等;

②收集有关资料、数据和估算指标等;

③选择相应的投资估算方法;

④估算工程项目各单位工程的建筑面积及工程量;

⑤进行单项工程的投资估算;

⑥进行附属工程的投资估算;

⑦进行工程建设其他费用的估算;

⑧进行预备费用的估算;

⑨计算固定资产投资方向调节税;

⑩计算贷款利息;

⑪汇总工程项目投资估算总额;

⑫检查、调整不适当的费用,确定工程项目的投资估算总额;

⑬估算工程项目主要材料、设备及需用量。

7. 建设项目投资估算方法

1)静态投资部分的估算方法

(1)单位生产能力估算法

单位生产能力估算法估算误差较大,可达 ±30%,此方法只能是粗略地快速估算,由于误差大,应用该估算法时需要小心,应注意以下3点:一是地方性。建设地点不同,地方性差异主要表现为:两地经济情况不同;土壤、地质、水文情况不同;气候、自然条件的差异;材料、设备的来源、运输状况不同等。二是配套性。一个工程项目或装置,均有许多配套装置和设施,也可能产生差异,如公用工程、辅助工程、厂外工程及生活福利工程等,这些工程随地方差异和工程规模的变化均各不相同,它们并不与主体工程的变化成线性关系。三是时间性。工程建设项目的兴建,不一定是在同一时间建设,时间差异或多或少存在,在这段时间内可能在技术、标准、价格等方面发生变化。

单位生产能力估算法是依据调查的统计资料,利用相近规模的单位生产能力投资乘以建设规模,即得拟建项目静态投资额,其计算公式为

$$C_2 = \left(\frac{C_1}{Q_1}\right) Q_2 f \tag{1.27}$$

式中　C_1——已建类似项目的静态投资额；

　　　C_2——拟建项目的静态投资额；

　　　Q_1——已建类似项目的生产能力；

　　　Q_2——拟建项目的生产能力；

　　　f——不同时期、不同地点的定额、单价、费用变更等的调整系数。

（2）生产能力指数法

生产能力指数法又称指数估算法，它是根据已建成的类似项目生产能力和投资额来粗略估算拟建项目投资额的方法，是对单位生产能力估算法的改进，其计算公式为

$$C_2 = C_1 \left(\frac{Q_2}{Q_1}\right)^x f \tag{1.28}$$

式中　x——生产能力指数。

其余符号注解同式（1.27）。

式（1.28）表明造价与规模（或容量）呈非线性关系，且单位造价随工程规模（或容量）的增加而减少。在正常情况下，$0 \leqslant x \leqslant 1$，不同生产率水平的国家和不同性质的项目，$x$ 的取值是不同的。生产能力指数法主要应用于拟建装置或项目与用来参考的已知装置或项目的规模不同的场合。

生产能力指数法与单位生产能力估算法相比误差较小，可达 $\pm 20\%$，尽管估价误差仍较大，但有它独特的好处，即这种估算方法不需要详细的工程设计资料，只要知道施工工艺流程及规模即可，在总承包工程报价时，承包商大都采用这种方法估算。

（3）系数估算法

系数估算法也称为因子估算法，它是以拟建项目的主体工程费或主要设备购置费为基数，以其他工程费与主体工程费的百分比为系数估算项目的静态投资的方法。这种方法简单易行，但是精度较低，一般用于项目建议书阶段。系数估算法的种类很多，在我国国内常用的方法有设备系数法和主体专业系数法，朗格系数法是世界银行项目投资估算常用的方法。

①设备系数法。

以拟建项目的设备购置费为基数，根据已建成的同类项目的建筑安装费和其他工程费等与设备价值的百分数，求出拟建项目建筑安装工程费和其他工程费，进而求出项目的静态投资，其计算公式为

$$C = E(1 + f_1 P_1 + f_2 P_2 + f_3 P_3 + \cdots) + I \tag{1.29}$$

式中　C——拟建项目的静态投资额；

　　　E——拟建项目根据当时当地价格计算的设备购置费；

　　　I——拟建项目的其他费用；

　　　$P_1, P_2, P_3, \cdots$——已建项目中建筑安装工程费及其他工程费等与设备购置费的比例；

$f_1, f_2, f_3, \cdots$——由于时间因素引起的定额、价格、费用标准等变化的综合调整系数。

②主体专业系数法。

以拟建项目中投资比重较大,并与生产能力直接相关的工艺设备投资为基数,根据已建同类项目的有关统计资料,计算出拟建项目各专业工程(总图、土建、采暖、给排水、管道、电气、自控等)与工艺设备投资的百分比,据以求出拟建项目各专业投资,然后加总即为拟建项目的静态投资,其计算公式为

$$C = E(1 + f_1' P_1 + f_2' P_2 + f_3' P_3 + \cdots) + I \tag{1.30}$$

式中 $P_1', P_2', P_3', \cdots$——已建项目中各专业工程费用与工艺设备投资的比重。

其他符号同设备系数法公式。

③朗格系数法。

这种方法是以设备购置费为基数,乘以适当系数来推算项目的静态投资。这种方法在国内不常见,是世界银行项目投资估算常采用的方法。该方法的基本原理是将项目建设中总成本费用中的直接成本和间接成本分别计算,再合为项目的静态投资,其计算公式为

$$C = E\left(1 + \sum K_i\right) K_c \tag{1.31}$$

式中 K_i——管线、仪表、建筑物等项目费用的估算系数;

K_c——管理费、合同费、应急费等间接费在内的总估算系数。

其他符号同设备系数法公式。

静态投资与设备购置费之比为朗格系数 K_L。即

$$K_L = \left(1 + \sum K_i\right) K_c \tag{1.32}$$

应用朗格系数法进行工程项目或装置估价的精度仍不是很高,其原因主要是装置规模大小发生变化的影响,不同地区自然地理条件的影响,不同地区经济地理条件的影响,不同地区气候条件的影响,主要设备材质发生变化时,设备费用变化较大而安装费变化不大所产生的影响。

尽管如此,由于朗格系数法是以设备费为计算基础,而设备费用在一项工程中所占的比重对于石油、石化、化工工程而言占45% ~ 55%,几乎占1/2,同时一项工程中每台设备所含有的管道、电气、自控仪表、绝热、油漆、建筑等,都有一定的规律。因此,只要对各种不同类型工程的朗格系数掌握得准确,估算精度仍可较高。朗格系数法估算误差为10% ~ 15%。

④比例估算法。

比例估算法是从某一时期、某一地区或某一企业的实际统计信息中的一定比例数,来推算另一时期、另一地区或另一企业的有关统计指标的方法。根据已有同类企业主要设备购置费占项目静态投资额的比例,估算出拟建项目的主要设备投资,即可按比例求出拟建项目的静态投资额,其计算公式为

$$C = \frac{1}{K} \sum_{i=1}^{n} Q_i P_i \tag{1.33}$$

式中　C——拟建项目的静态投资额；

　　　K——拟建项目根据当时当地价格计算的设备购置费；

　　　n——设备种类数；

　　　Q_i——第 i 种设备的数量；

　　　P_i——第 i 种设备的单价(到厂价格)。

⑤指标估算法。

这种方法是把建设项目划分为建筑工程、设备安装工程、设备购置费及其他基本建设费等费用项目或单位工程，再根据各种具体的投资估算指标，进行各项费用项目或单位工程投资的估算，在此基础上，可汇总成每一单项工程的投资。另外，再估算工程建设其他费用及预备费，即求得建设项目总投资。

估算指标是一种比概算指标更为扩大的单位工程指标或单项工程指标。使用指标估算法应根据不同地区、年代进行调整。因为地区、年代不同，设备与材料的价格均有差异，调整方法可按主要材料消耗量或"工程量"为计算依据；也可按不同的工程项目的"万元工料消耗定额"而定不同的系数。如果有关部门已颁布了相关定额或材料价差系数(物价指数)，也可据其调整。

使用指标估算法进行投资估算绝不能生搬硬套，必须对工艺流程、定额、价格及费用标准进行分析，经过实事求是的调整与换算后，才能提高其精确度。指标估算法是根据编制的各种具体的投资估算指标，进行单位工程投资的估算。

A.建筑工程费估算

建筑工程费是指进行土建工程所花费的费用。一般采用单位建筑工程投资估算法、单位实物工程量投资估算法和概算指标投资估算法等进行估算。

a.单位建筑工程投资估算法：是以单位建筑工程量投资乘以建筑工程总量来估算建筑工程费的方法。一般工业与民用建筑以单位建筑面积(m^2)投资，工业窑炉砌筑以单位容积(m^3)投资，水库以水坝单位长度(m)投资，铁路路基以单位长度(km)投资，矿山掘进以单位长度(m)投资，乘以相应的建筑工程总量计算建筑工程费。

b.单位实物工程量投资估算法：是以单位实物工程量投资乘以实物工程总量来估算建筑工程费的方法。土石方工程按每立方米投资，矿井巷道衬砌工程按每延长米投资，路面铺设工程按每平方米投资，乘以相应的实物工程量总量计算建筑工程费。

c.概算指标投资估算法：在估算建筑工程费时，对于没有上述估算指标，或者建筑工程费占建设投资比例较大的项目，可采用概算指标估算法。建筑工程概算指标通常是以整个建筑物为对象，以建筑面积、体积等为计量单位来确定劳动、材料和机械台班的消耗量标准和造价指标。建筑工程概算指标分别有一般土建工程概算指标、给排水工程概算指标、采暖工程概算指标、通信工程概算指标、电气照明工程概算指标等。采用概算指标投资估算法，需要占有较为详细的工程资料、建筑材料价格和工程费用指标，工作量较大。具体方法参照专门机构发布的概算编制办法。

B. 设备及工器具购置费用估算

设备及工器具购置费用根据项目主要设备及价格、费用资料编写,工器具购置费用按设备费的一定比例计取。对于价值高的设备应按单套(台)估算购置费,对于价值较小的设备可按类估算、国内设备和进口设备分别估算。

C. 安装工程费估算

安装工程费一般是根据行业或专门机构发布的安装工程定额、取费标准(安装费费率、每吨设备安装费指标或每单位安装实物工程量费用指标)进行估算,其计算公式为

$$安装工程费 = 设备原价 \times 安装费费率 \qquad (1.34)$$

$$安装工程费 = 设备吨位 \times 每吨设备安装费指标 \qquad (1.35)$$

$$安装工程费 = 安装工程实物量 \times 每单位安装实物工程量费用指标 \qquad (1.36)$$

注意:附属管道量大的项目,还应单独估算管道工程费用,有的还要单独列出主要材料费用。

项目决策分析与评价阶段,根据投资估算的深度要求,安装费用也可以按单项工程分别估算。

D. 工程建设其他费用估算

工程建设其他费用的计算应结合拟建项目的具体情况,有合同或协议明确的费用按合同或协议计算。合同或协议没有明确的费用,根据国家和各行业部门、工程所在地地方政府的有关工程费用定额和计算办法计算。

E. 基本预备费估算

基本预备费估算一般以工程费用和工程建设其他费用之和为基数,按部门或行业主管部门规定的基本预备费费率估算,其计算公式为

$$基本预备费 = (工程费用 + 工程建设其他费用) \times 基本预备费费率 \qquad (1.37)$$

$$基本预备费 = (建筑工程费 + 设备及工器具购置费 + 安装工程费 + 工程建设其他费用) \qquad (1.38)$$

【例题 1.4】 经估算,某项目建筑工程费为 300 万元,设备购置费为 2 000 万元,安装工程费为 700 万元,工程建设其他费用估计为工程费用的 10%,取基本预备费费率为 10%,该项目投资估算中的基本预备费为( )万元。

A. 330　　　　　　B. 300　　　　　　C. 270　　　　　　D. 230

解:本题是对基本预备费估算知识点的考核。重点掌握其计算基数是工程费用和工程建设其他费用之和。

基本预备费 = (建筑工程费 + 设备及工器具购置费 + 安装工程费 + 工程建设其他费用)

基本预备费费率 = [(300 + 2 000 + 700) × (1 + 10%)] × 10% = 330(万元)

【答案】A

2)建设投资动态部分估算方法

建设投资动态部分主要包括价格变动可能增加的投资额、建设期利息两部分内容,如果是涉外项目,还应计算汇率的影响。动态部分的估算应以基准年静态投资的资金使用计划

为基础来计算,而不是以编制的年静态投资为基础计算。

(1)涨价预备费的估算

涨价预备费的估算可按国家或部门(行业)的具体规定执行,在建筑工程投资构成中对公式以及公式运用做了学习,需要特别提出的是年度投资用计划额 K,可由建设项目资金使用计划表来估算,年价格变动率可根据工程造价指数信息的累积分析得出。

(2)汇率变化对涉外建设项目动态投资的影响及计算方法

汇率变化对涉外建设项目动态投资的影响有两种情况存在:一种情况是外币对人民币升值。项目从国外市场购买设备材料所支付的外币金额不变,但换算成人民币的金额增加;从国外借款,本息所支付的外币金额不变,但换算成人民币的金额增加。另一种情况是外币对人民币贬值。项目从国外市场购买设备材料所支付的外币金额不变,但换算成人民币的金额减少;从国外借款,本息所支付的外币金额不变,但换算成人民币的金额减少。

估计汇率变化对建设项目投资的影响,是通过预测汇率在项目建设期内的变动程度,以估算年份的投资额为基数,计算求得。

(3)建设期利息的估算

建设期利息是指项目借款在建设期内发生并计入固定资产投资的利息。计算建设期利息时,为了简化计算,通常假定当年借款按半年计息,以上年度借款按全年计息,其计算公式为

$$各年应计利息 = \left(年初借款本息累计 + \frac{1}{2}本年借款额\right) \times 年利率 \qquad (1.39)$$

$$年初借款本息累计 = 上一年年初借款本息累计 + 上年借款 + 上年应计利息 \qquad (1.40)$$

$$本年借款 = 本年度固定资产投资 - 本年自有资金投入 \qquad (1.41)$$

对于有多种借款资金来源,每笔借款的年利率各不相同的项目,既可分别计算每笔借款的利息,也可先计算出各笔借款加权平均的年利率,并以此利率计算全部借款的利息。对于这部分内容要结合题目分析,在做题的过程中逐步掌握。

3)流动资金估算方法

流动资金是生产经营性项目投产后,为进行正常生产运营,用于购买原材料、燃料,支付工资及其他经营费用等所需的周转资金。个别情况或者小型项目可采用扩大指标法。流动资金估算一般采用分项详细估算法。

(1)扩大指标估算法

扩大指标估算法是一种简化的流动资金估算方法,一般可参照同类企业流动资金占销售收入、经营成本的比例,或单位产量占用流动资金的数额估算。虽然扩大指标估算法简便易行,但准确度不高,一般适用于项目建议书阶段的流动资金估算。

(2)分项详细估算法

对流动构成的各项流动资产和流动负债分别进行估算。在可行性研究中,为简化起见,仅对存货、现金、应收账款和应付账款4项内容进行估算,计算公式为

$$流动资金 = 流动资产 - 流动负债 \qquad (1.42)$$

$$流动资产 = 应收账款 + 存货 + 现金 \tag{1.43}$$

$$流动负债 = 应付账款 \tag{1.44}$$

$$流动资金本年增加额 = 本年流动资金 - 上年流动资金 \tag{1.45}$$

流动资金估算的具体步骤,首先计算存货、现金、应收账款和应付账款的年周转次数,然后再分项估算占用资金额。

①周转次数计算。

周转次数计算公式为

$$周转次数 = \frac{360}{最低周转天数} \tag{1.46}$$

存货、现金、应收账款和应付账款的最低周转天数,参照类似企业的平均周转天数并结合项目特点确定,或按部门(行业)规定计算。

②存货估算。

存货是企业为销售或耗用而储备的各种货物,主要有原材料、辅助材料、燃料、低值易耗品、修理用备件、包装物、在产品、自制半成品和产成品等。为简化计算,仅考虑外购原材料、外购燃料、在产品和产成品,并分项进行计算。计算公式为

$$存货 = 外购原材料 + 外购燃料 + 在产品 + 产成品 \tag{1.47}$$

$$外购原材料占用资金 = \frac{年外购原材料总成本}{原材料周转次数} \tag{1.48}$$

$$外购燃料 = \frac{年外购燃料}{按种类分项周转次数} \tag{1.49}$$

$$在产品 = \frac{年外购原材料 + 年外购燃料 + 年工资及福利费 + 年修理费 + 年其他制造费用}{在产品周转次数}$$
$$\tag{1.50}$$

$$产成品 = \frac{年经营成本}{产成品周转次数} \tag{1.51}$$

③应收账款估算。

应收账款是指企业已对外销售商品、提供劳务尚未收回的资金,包括很多科目,一般只计算应收销售款。计算公式为

$$应收账款 = \frac{年销售收入}{应收账款周转次数} \tag{1.52}$$

④现金需要量估算。

项目流动资金中的现金是指货币资金,即企业生产运营活动中停留于货币形态的那一部分资金,包括企业存现金和银行存款。计算公式为

$$现金需要量 = \frac{年工资及福利费 + 年其他费用}{现金周转次数} \tag{1.53}$$

$$年其他费用 = 制造费用 + 管理费用 + 销售费用 - (以上3项费用中所含的工资及福利$$
$$费、折旧费、维护费、摊销费、修理费) \tag{1.54}$$

⑤流动负债估算。

流动负债是指在一年或超过一年的一个营业周期内,需要偿还的各种债务。一般流动负债的估算只考虑应付账款一项。计算公式为

$$应付账款 = \frac{年外购原材料 + 年外购燃料}{应付账款周转次数} \qquad (1.55)$$

根据流动资金各项估算结果,汇总编制流动资金估算表。

(3)估算流动资金应注意的问题

①在采用分项详细估算法时,应根据项目实际情况分别确定现金、应收账款、存货和应付账款的最低周转天数,并考虑一定的保险系数。因为最低周转天数减少,将增加周转次数从而减少流动资金需用量,因此,必须切合实际地选用最低周转天数。对于存货中的外购原材料和燃料,要分品种和来源,考虑运输方式和运输距离,以及占用流动资金的比例大小等因素确定。

②在不同生产负荷下的流动资金,应按不同生产负荷所需的各项费用金额,分别按上述的计算公式进行估算,而不能直接按照100%生产负荷下的流动资金乘以生产负荷百分数求得。

③流动资金属于长期性(永久性)流动资产,流动资金的筹措可通过长期负债和资本金(一般要求占30%)的方式解决。流动资金一般要求在投产前一年开始筹措,为简化计算,可规定在投产的第一年开始按生产负荷安排流动资金需用量。其借款部分按全年计算利息,流动资金利息应计入生产期间财务费用,项目计算期末收回全部流动资金(不含利息)。

二、成本费用及其估算

就一般意义而言,成本费用泛指企业在生产经营中所发生的各种资金耗费。企业的成本费用,就其经济实质来看,是产品价值构成中 $c + v$ 两部分价值的等价物,用货币形式来表示,也就是企业在产品经营中所耗费的资金的总和。

成本费用可划分为两大类,即制造成本和期间费用。

(一)成本费用的基本概念

1.生产成本的基本概念

生产成本也称制造成本,是生产单位为生产产品或提供劳务而发生的各项生产费用,包括各项直接支出和制造费用。直接支出包括直接材料(原材料、辅助材料、备品备件、燃料及动力等)、直接工资(生产人员的工资、补贴)、其他直接支出(如福利费);制造费用是指企业内的分厂、车间为组织和管理生产所发生的各项费用,包括分厂、车间管理人员工资、折旧费、维修费、修理费及其他制造费用(办公费、差旅费、劳保费等)。

2. 期间费用的基本概念

期间费用是指在一定期间发生的与生产经营没有直接关系和关系不密切的管理费用、财务费用及销售费用。期间费用不计入产品的生产成本,直接体现为当期损益。

1)管理费用

管理费用是指企业行政管理和组织经营活动发生的各项费用。包括公司经费(工厂总部管理人员工资、职工福利费、差旅费、办公费、折旧费、修理费、物料消耗、低值易耗品摊销以及其他公司经费)、工会经费、职工教育经费、劳动保险费、董事会费、咨询费、顾问费、交际应酬费、税金(指企业按规定支付的房产税、车船使用税、土地使用税、印花税等)、土地使用费(海域使用费)、技术转让费、无形资产摊销、开办费摊销、研究发展费以及其他管理费用等。

2)财务费用

财务费用是指企业为筹集资金而发生的各项费用,包括企业生产经营期间的利息净支出(减利息收入)、汇兑净损失、调剂簿记手续费、金融机构手续费以及筹资发生的其他财务费用等。

3)销售费用

销售费用是指企业在销售产品、自制半成品和提供劳务等过程中发生的各项费用以及专设销售机构的各项经费,摊销以及其他经费包括应由企业负担的运输费、包装费、委托代销费、广告费、展览费、租赁费(不包括融资租赁费)和销售服务费用、销售部门人员工资、职工福利费、差旅费、办公费、折旧费、修理费、物料消耗、低值易耗品等。

(二)工程经济分析中常用的成本费用

为便于计算,在总成本费用估算表中,将工资及福利费、折旧费、修理费、摊销费、利息支出进行归并后分别列出,"其他费用"是指在制造费用、管理费用、财务费用和销售费用中扣除工资及福利费、折旧费、修理费、摊销费、维简费、利息支出后的费用。

$$总成本费用 = 外购原材料 + 外购燃料动力 + 工资及福利费 + 修理费 + 折旧费 + 维简$$
$$费 + 摊销费 + 利息支出 + 其他费用 \qquad (1.56)$$

1. 原材料成本的计算

原材料成本是总成本费用的重要组成部分,其计算公式为

$$原材料成本 = 全年产量 \times 单位产品原材料成本 \qquad (1.57)$$

式(1.57)中,全年产量可根据测定的设计生产能力和生产负荷加以确定,单位产品原材料成本是依据原材料消耗定额及单价确定的,工业项目生产所需要的原材料种类繁多,在进行项目评估时,可根据具体情况,选取耗用量较大的、主要的原材料为估算对象(耗用量小的并入"其他原材料"估算),依据国家有关规定和经验数据估算原材料成本。

2. 燃料动力成本的计算

$$燃料动力成本 = 全年产量 \times 单位产品燃料动力成本 \qquad (1.58)$$

式(1.58)中有关数据的确定方法同上。

3. 工资及福利费的计算

工资及福利费包括在制造成本、管理费用和销售费用之中。为便于计算,需将工资及福利费单独估算。

1)工资的计算

工资的估算可采取以下两种方法:

①按项目定员数和人均年工资数计算

$$年工资总额 = 项目定员数 \times 人均年工资数 \qquad (1.59)$$
$$人均年工资数 = 人均月工资 \times 12 \ 个月 \qquad (1.60)$$

②按照不同的工资级别对职工进行划分,分别估算同一级别职工的工资,然后再加以汇总。一般可分为 5 个级别,即高级管理人员、中级管理人员、一般管理人员、技术工人和一般工人等。若有国外的技术和管理人员,要单独列出。

2)福利费的计算

职工福利费主要用于职工的医药费、医务经费、职工生活困难补助以及按国家规定开支的其他职工福利支出,不包括职工福利设施的支出。一般可按照职工工资总额的 14% 计提。

4. 折旧费的计算

所谓折旧费,就是固定资产在使用过程中,通过逐渐损耗(包括有形损耗和无形损耗)而转移到产品成本或商品流通费中的那部分价值。折旧费包括在制造成本、管理费用和销售费用中。为便于计算,需将折旧费单独计算和列出。

计提折旧是企业回收其固定资产投资的一种手段。按照国家规定的折旧制度,企业把已发生的资本性支出转移到产品成本费用中去,然后通过产品的销售,逐步回收初始的投资费用。

根据国家有关规定,计提折旧的固定资产范围为:企业的房屋、建筑物;在用的机器设备、仪器仪表、运输车辆、工具器具;季节性停用和修理停用的设备;以经营租赁方式租出的固定资产;以融资租赁方式租入的固定资产。

结合我国的企业管理水平,可将企业固定资产分为 3 大部分,22 类,按大类实行分类折旧。进行工程项目经济分析时,一般采用综合折旧率法计算折旧,我国现行固定资产折旧方法,一般采用平均年限法或工作量法。关于固定资产折旧费用计算将在本学习情境六中进一步介绍。

5. 修理费的计算

修理费也包括在制造成本、管理费用和销售费用之中。进行项目经济评估时,可单独计算修理费。修理费包括大修理费用和中小修理费用。

在现行财务制度中,修理费按实际发生额计入成本费用中。其当年发生额较大时,可计入递延资产,在以后年度摊销,摊销年限不能超过 5 年。但在工程经济分析时无法确定修理费具体发生的时间和金额,一般是按照折旧费的 50% 计算的。

6. 维简费的计算

维简费是指采掘、采伐工业按生产产品数量(采矿按每吨原矿产量,林区按每立方米原木产量)提取的固定资产更新技术改造资金,即维持简单再生产的资金,简称维简费。企业发生的维简费直接计入成本,其计算方法和折旧费相同。

7. 摊销费的计算

摊销费是指无形资产和递延资产在一定期限内分期摊销的费用。

1)无形资产

无形资产是指企业拥有或者控制的没有实物形态的可辨认非货币性资产,包括专利权、非专利权、商标权等。

无形资产的摊销采用直线法计算,不留残值,其关键是确定摊销期限。无形资产应按规定期限分期摊销,即法律和合同或者企业申请书分别规定有法定有效期和受益年限的按照法定有效期与合同或企业申请书规定的收益年限缩短的原则确定;没有规定期限的,按不少于 10 年的期限分期摊销。

2)递延资产

递延资产是指本身没有交换价值,不可转让,一经发生就已消耗,但能为企业创造未来收益,并能从未来收益的会计期间抵补的各项支出。即不能全部计入当期损益,应当在以后年度内分期摊销的各项费用,包括开办费、租入固定资产的改良支出以及摊销期限在一年以上的长期待摊费用、建设部门转来在建设期内发生的不计入交付使用财产价值的生产职工培训费、样品样机购置"大修理"等。

递延资产这个概念跟待摊费用其实相当接近,区别在于期限问题。待摊费用是指不超过一年但大于一个月这期间分摊的费用。超过一年分摊的费用就是递延资产。摊销就是本期发生,应由本期和以后各期产品成本共同负担的费用。摊销费用的摊销期限最长为一年。如果超过一年,应作为递延资产核算。

递延资产实质上是一种费用,但由于这些费用的效益要期待于未来,并且这些费用支出的数额较大,是一种资本性支出,其受益期在一年以上,若把它们与支出年度的收入相配比,就不能正确计算当期经营成果,因此应把它们作为递延处理,在受益期内分期摊销。

8. 运营期利息的计算

运营期利息支出是指筹集资金而发生的各项费用,包括生产经营期间发生的利息净支出,即在生产期发生的建设投资贷款利息和流动资金贷款利息之和。建设投资贷款在生产期发生的利息计算公式为

$$每年应计利息 = (年初贷款余额 - 本年还本数 ÷ 2) × 年利率 \tag{1.61}$$

$$最后一年应计利息 = 剩余本金数 ÷ 2 × 年利率 \tag{1.62}$$

流动资金借款利息计算公式为

$$流动资金利息 = 流动资金累计借款额 × 年利率 \tag{1.63}$$

9. 其他费用的计算

其他费用是指在制造费用、管理费用、财务费用和销售费用中扣除工资及福利费、折旧费、修理费、摊销费、利息支出后的费用。

在工程经济分析中,其他费用一般是根据总成本费用中原材料成本、燃料的动力成本、工资及福利费、折旧费、修理费、维简费及摊销费之和的一定比率计算的,其比率应按照同类企业的经验数据加以确定。

10. 经营成本的计算

1)经营成本

经营成本是指在经营期内应负担的全部成本,包括销售成本、销售税金及期间费用等。经营成本是项目评价中所使用的特定概念,作为项目运营期的主要现金流出,其构成和估算可采取下式表达为

$$经营成本 = 外购原材料、燃料和动力费 + 工资及福利费 + 修理费 + 其他费 \tag{1.64}$$

式(1.64)中,其他费用是指从制造费用、管理费用和销售费用中扣除了折旧费、摊销费、修理费、工资及福利费以后的其余部分。

从总成本角度来看,经营成本是总成本费用扣除折旧费、维简费、摊销费和利息支出以后的成本费用。其计算公式为

$$经营成本 = 总成本费用 - 折旧费 - 维简费 - 摊销费 - 利息支出 \tag{1.65}$$

经营成本涉及产品生产及销售、企业管理过程中的物料、人力和能源的投入费用,它反映企业生产和管理水平,同类企业的经营成本具有可比性。

在工程经济分析中,经营成本被应用于现金流量的分析中。其作为项目现金流量表中运营期现金流出的主体部分,应得到充分重视。

2)机会成本

西方经济学家认为,经济学是要研究一个经济社会如何对稀缺的经济资源进行合理配置的问题。从经济资源的稀缺性这一前提出发,当一个社会或一个企业用一定的经济资源生产一定数量的一种或几种产品时,这些经济资源就不能同时被使用在其他的生产用途方

面。这就是说,这个社会或这个企业所获得的一定数量的产品收入,是以放弃用同样的经济资源来生产其他产品时所能获得的收入作为代价的。由此,便产生了机会成本的概念。

机会成本(又称为择一成本、替代性成本)是指作一个选择后所丧失的不作该选择而可能获得的最大利益。简单地讲,可以理解为把一定资源投入某一用途后所放弃的在其他用途中所能获得的利益。任何决策,必须作出一定的选择,被舍弃掉的选项中的最高价值者即是这次决策的机会成本。

机会成本的概念告诉我们,任何稀缺的资源的使用,不论在实际中是否为之而支付代价,总会形成"机会成本",即为了这种使用所牺牲掉的其他使用能够带来的益处。通过对相同的经济资源在不同的生产用途中所得到的不同收入的比较,将使得经济资源从所得收入相对低的生产用途上,转移到所得收入相对高的生产用途上,否则就是一种浪费。例如,当一个厂商决定利用自己所拥有的经济资源生产一辆汽车时,这就意味着该厂商不可能再利用相同的经济资源来生产 200 辆自行车。于是,可以说,生产一辆汽车的机会成本是所放弃生产的 200 辆自行车。如果用货币数量来代替对实物商品数量的表述,且假定 200 辆自行车的价值是 10 万元,则可以说,一辆汽车的机会成本是价值为 10 万元的其他商品。

因此,机会成本所指的机会必须是决策者可选择的项目,若不是决策者可选择的项目便不属于决策者的机会。放弃的机会中收益最高的项目才是机会成本,即机会成本不是放弃项目的收益总和。上例中,假若还存在第 3 种选择,即生产 15 辆摩托车,且摩托车的价值是 12 万元,那么,一辆汽车的机会成本就是 12 万元,而不是 10 万元了。

3)沉没成本

沉没成本是指由于过去的决策已经发生了的,而不能由现在或将来的任何决策改变的成本。人们在决定是否去做一件事情时,不仅是看这件事对自己有没有好处,而且也要看过去是不是已经在这件事情上有过投入。我们把这些已经发生不可收回的支出,如时间、金钱、精力等称为"沉没成本"。在经济学和商业决策制定过程中会用到"沉没成本"的概念,代指已经付出且不可收回的成本。沉没成本常用来和可变成本作比较,可变成本可以被改变,而沉没成本则不能被改变。

对企业来说,沉没成本是企业在以前经营活动中已经支付现金,而经营期间摊入成本费用的支出。因此,固定资产、无形资产、递延资产等均属于企业的沉没成本。

从数量角度看,沉没成本可以是整体成本,也可以是部分成本。例如,中途弃用的机器设备,如果能变卖出售获得部分价值,那么,其账面价值不会全部沉没,只有变现价值低于账面价值的部分才是沉没成本。

沉没成本常用来和可变成本作比较,可变成本可以被改变,而沉没成本则不能被改变。在微观经济学理论中,作决策时仅需要考虑可变成本。如果同时考虑沉没成本(这被微观经济学理论认为是错误的),那结论就不是纯粹基于事物的价值作出的。

11. 固定成本与可变成本的计算

从理论上讲,成本按其形态可分为固定成本、可变成本和混合成本 3 大类。

1）固定成本

固定成本是指在一定的产量范围内不随产量变化而变化的成本费用,如按直线法计提的固定资产折旧费、计时工资及修理费等。

2）可变成本

可变成本是指随着产量的变化而变化的成本费用,如原材料费用、辅助材料费用、燃料动力费用等。

3）混合成本

混合成本是指介于固定成本和可变成本之间,既随产量变化又不成正比例变化的成本费用,又被称为半固定成本或半可变成本,即同时具有固定成本和可变成本的特征。

在线性盈亏平衡分析时,要求对混合成本进行分解,以区分出其中的固定成本和可变成本,并分别计入固定成本和可变成本总额之中。

另外,长期借款利息应视为固定成本,流动资金借款和短期借款如果用于购置流动资产,可能部分与产品产量有关,其利息视为半变半固定成本,但为简化计算,也可视为固定成本。

三、营业收入、税金

（一）营业收入

1.营业收入的概念

营业收入是指企业在从事销售商品,提供劳务和让渡资产使用权等日常经营业务过程中所形成的经济利益的总流入,分为主营业务收入和其他业务收入。

工程项目的收入是估算项目投入使用后,运营期内各年销售产品或提供劳务所取得的收入。营业收入是进行利润总额、营业税金及附加和增值税估算的基础数据。其计算公式为

$$年营业收入 = 年产品或服务数量 \times 单位价格 \tag{1.66}$$

2.各年运营负荷的确定

运营负荷是指项目运营过程中负荷达到设计能力的百分数。运营负荷的高低与项目复杂程度、产品生命周期、技术成熟程度、市场开发程度、原材料供应、配套条件、管理因素等都有关系。

运营负荷的确定一般有两种方式:一是经验设定法:即根据以往项目的经验,结合该项目的实际情况,粗估各年的运营负荷,以设计能力的百分数表示;二是营销计划法:通过制订详细的分年营销计划,确定各种产出物各年的生产量和商品量。应提倡采用第二种方式。

3.产品或服务的数量确定

明确产品销售或服务市场,根据项目的市场调查和预测分析,分别测算出外销和内销的产品数量或服务数量。但在工程经济分析中,难以准确地估算出由于市场波动引起的库存量变化。因此,在估算营业收入时,不考虑项目的库存情况,而假设当年生产出来的产品当年全部销售出去,即年产量即为年销售量。

4.产品或服务价格的确定

估算营业收入,产品或服务的价格是一个重要的因素。产品或服务的价格取决于其去向和市场需求,并须考虑国内外相应价格变化趋势,以确定产品或服务价格水平。一般为出厂价。

5.确定营业收入

对于生产多种产品和提供多项服务的项目,应分别估算各种产品及服务的营业收入。对于那些不便于按详细的品种分类计算营业收入的项目,也可采取折算为标准产品的方法计算营业收入。

(二)营业税金及附加

营业税金是对在中国境内提供应税劳务、转让无形资产或销售不动产的单位和个人,就其所取得的营业额征收的一种税。营业税属于流转税制中的一个主要税种。营业税金包括反映企业经营主要业务应负担的增值税、消费税、营业税、城市维护建设税、资源税。附加是指教育附加,其征收的环节类似于城市维护建设税,计费的依据为城市维护建设税,一般将教育费附加并入营业税金项内,视同营业税金处理。

1.营业税金

1)增值税

增值税是对销售货物或者提供加工、修理修配劳务以及进口货物的单位和个人就其实现的增值额征收的一个流转税。增值税是以商品(含应税劳务)在流转过程中产生的增值额作为计税依据而征收的一种。实行价外税,也就是由消费者负担,有增值才征税没增值不征税,但在实际中,商品新增价值或附加值在生产和流通过程中是很难准确计算的。因此,我国也采用国际上普遍采用的税款抵扣的办法,即根据销售商品或劳务的销售额,按规定的税率计算出销项税额,然后扣除取得该商品或劳务时所支付的增值税款,也就是进项税额,其差额就是增值部分应交的税额,这种计算方法体现了按增值因素计税的原则,其计算公式为

$$应纳税额 = 销项税额 - 进项税额 \qquad (1.67)$$

增值税计算公式为

$$不含税销售额 = \frac{含税销售额}{1 + 税率}$$

$$应缴税额 = 不含税销售额 \times 税率 \tag{1.68}$$

销项税额是指纳税人销售货物或提供应税劳务,按照销售额和适用税率计算并向购买方收取的增值税额,为销项税额,其计算公式为

$$销项税额 = 销售额(不含税) \times 税率 \tag{1.69}$$

销售额是指纳税人销售货物或者应税劳务向购买方收取的全部价款和价外费用,但是不包括收取的销项税额。价外费用,是指价款外向购买方收取的手续费等各种性质的价外收费。

进项税额是指纳税人购进货物或接受应税劳务所支付或者负担的增值税额为进项税额(购买方取得的增值税专用发票上注明的税额即为其进项税额)。

从销售方取得的增值税专用发票上注明的增值税额和从海关取得的海关进口增值税专用缴款书上注明的增值税额,其进项税额准予从销项税额中抵扣。

2)消费税

消费税是国家为了调节消费结构,正确引导消费方向,在普遍征收增值税的基础上,选择部分消费品,再征收一道消费税。消费税实行价内征收,企业交纳的消费税计入销售税金,抵减产品销售收入。

消费税的征收范围包括了5种类型的产品:第一类:一些过度消费会对人类健康、社会秩序、生态环境等方面造成危害的特殊消费品,如烟、酒、鞭炮、焰火等;第二类:奢侈品、非生活必需品,如贵重首饰、化妆品等;第三类:高能耗及高档消费品,如小轿车、摩托车等;第四类:不可再生和替代的石油类消费品,如汽油、柴油等;第五类:具有一定财政意义的产品,如汽车轮胎、护肤护发品等。

消费税的计税依据分别采用从价和从量两种计税方法。实行从价计税办法征税的应税消费品,计税依据为应税消费品的销售额。实行从量定额办法计税时,通常以每单位应税消费品的总重、容积或数量为计税依据。其计算公式为

$$应纳税额(从价定率) = 销售额 \times 比例税率 \tag{1.70}$$

$$应纳税额(从量定额) = 销售数量 \times 定额税率 \tag{1.71}$$

$$应纳税额(复合计税) = 销售额 \times 比例税率 + 销售数量 \times 定额税率 \tag{1.72}$$

3)营业税

营业税是国家对提供各种应税劳务、转让无形资产或销售不动产的单位和个人征收的税种。

应税劳务是指属于交通运输业、建筑业、金融保险业、邮电通信业、文化体育业、娱乐业、服务业税目征收范围的劳务。加工、修理修配劳务属于增值税范围,不属于营业税应税劳务。单位或个体经营者应聘的员工为本单位或者雇主提供的劳务,也不属于营业税的应税劳务。提供应税劳务、转让无形资产或者销售不动产是指有偿提供应税劳务、有偿转让无形

资产、有偿销售不动产的行为。有偿是指通过提供、转让、销售行为取得货币、货物、其他经济利益。营业税应纳税额的计算公式为

$$营业税应纳税额 = 计税营业额 \times 适用税率 \qquad (1.73)$$

营业额是指纳税人提供应税劳务、出售或出租无形资产及销售不动产向对方收取的全部价款和价外费用。价外费用包括向对方收取的手续费、基金、集资费、代收款项及其他各种性质的价外收费。

营业税税率按照行业、类别不同分别采用了不同的比例税率。交通运输业为3%,出售、出租无形资产为5%,销售不动产为5%。

4)城市维护建设税

城市维护建设税是对从事工商经营,缴纳消费税、增值税、营业税的单位和个人征收的一种税。城市维护建设税与其他税种不同,没有独立的征税对象或税基,而是以增值税、消费税、营业税"三税"实际缴纳的税额之和为计税依据,随"三税"同时附征,本质上属于一种附加税。

城市维护建设税的征税范围包括城市、县城、建制镇以及税法规定征税的其他地区。城市、县城、建制镇的范围应根据行政区划作为划分标准,不得随意扩大或缩小各行政区域的管辖范围。城市维护建设税应纳税额计算公式为

$$应纳税额 = (增值税 + 消费税 + 营业税) \times 适用税率 \qquad (1.74)$$

税率按纳税人所在地分别规定为:市区7%,县城和镇5%,乡村1%。大中型工矿企业所在地不在城市市区、县城、建制镇的,税率为1%。

5)资源税

资源税是国家对在我国境内开采矿产品或生产盐的单位和个人征收的税种。现行资源税税目,大而言之有7个,即原油、天然气、煤炭、其他非金属矿原矿、黑色金属矿原矿、有色金属矿原矿、盐。资源税按照应税产品的课税数量和规定的单位税额计算,计算公式为

$$应纳税额 = 课税数量 \times 单位税额 \qquad (1.75)$$

这里的课税数量为开采或生产应税产品销售的,以销售数量为课税数量;开采或生产应税产品自用的,以自用数量为课税数量。

2.教育费附加

教育费附加是对缴纳增值税、消费税、营业税的单位和个人征收的一种附加费,是国家为了发展我国的教育事业,提高人民的文化素质而征收的一项费用。这项费用按照企业交纳流转税的一定比例计算,并与流转税一起交纳。教育费附加的征收率一般为3%,由地方确定。应纳教育费附加计算公式为

$$应纳教育费附加 = (实际缴纳的增值税、消费税、营业税3税税额) \times 3\% \qquad (1.76)$$

四、利润

利润是指企业在一定的会计期间内所获得的以货币为计量单位的经营成果。利润最大化是企业经营者的主要目标。

(一)利润计算

利润指标主要有营业利润、利润总额和净利润。按现行会计制度,它们的关系如下:

营业利润 = 营业收入 - 营业成本 - 营业税金及附加 - 销售费用 - 管理费用 - 财务费用 - 资产减值损失 ±公允价值变动损益 ±投资损益   (1.77)

营业利润是企业利润的主要来源。它是指企业在销售商品、提供劳务等日常活动中所产生的利润。其内容为主营业务利润和其他业务利润扣除期间费用之后的余额。其中,主营业务利润等于主营业务收入减去主营业务成本和主营业务应负担的流转税,通常也称为毛利。其他业务利润是其他业务收入减去其他业务支出后的差额。毛利是商品实现的不含税收入剔除其不含税成本的差额,因为增值税是价税分开的,因此特别强调的是不含税,现有进销存系统中称为税后毛利。

营业收入是指企业经营业务所确认的收入总额,包括主营业务收入和其他业务收入。

营业成本是指企业经营业务所发生的实际成本总额,包括主营业务成本和其他业务成本。

资产减值损失是企业计提各项资产减值准备所形成的损失。

公允价值变动损益是企业交易性金融资产等公允价值变动形成的应计入当期损益的利得(或损失)。

投资损益是企业以各种方式对外投资所取得的收益(或发生的损失)。

利润总额 = 营业利润 + 投资净收益 + 补贴收入 + 营业外收入 - 营业外支出

(1.78)

投资净收益指企业投资收益减投资损失后的净额。投资收益包括对外投资分得的利润、股利和债券利息,投资到期收回或中途转让取得款项大于账面价值的差额,以及按照权益法记账的股票投资、其他投资在被投资单位增加的净资产中所拥有的数额等。投资损失包括对外投资到期收回或中途转让取得款项少于账面价值的差额,以及按照权益法记账的股票投资、其他投资在被投资单位减少的净资产中所分担的数额等。

补贴收入是企业从政府或某些国际组织得到的补贴,一般是企业履行了一定的义务后,得到的定额补贴。我国企业的补贴收入,主要是按规定应收取的政策性亏损补贴和其他补贴,一般将其作为企业的非正常利润处理。

营业外收入是企业发生的与其日常经营活动无直接关系的各项得利。营业外收入并不是由企业经营资金耗费所产生的,不需要企业付出代价,实际上是一种纯收入,不可能也不需要与有关费用进行配比。营业外收入内容包括固定资产盘盈、处理固定资产净收益、罚款收入、出售无形资产收益、因债权人原因确实无法支付的应付款项、教育费附加返还款等。

营业外支出是企业发生的与其日常经营活动无直接关系的各项损失。营业外支出是不属于企业生产经营费用,与企业生产经营活动没有直接的关系,但应从企业实现的利润总额中扣除支出,包括固定资产盘亏、报废、毁损和出售的净损失、非季节性和非修理性期间的停工损失、职工子弟学校经费和技工学校经费、非常损失、公益救济性的捐赠、赔偿金、违约金等。

(二)所得税计算及净利润分配

所得税是指以纳税人的所得额为课税对象的各种税收的统称。税法规定的所得额,是指纳税人在一定时期内,由于生产、经营等取得的可用货币计量的收入,扣除为取得这些收入所需各种耗费后的净额。

工程经济分析中,通常以利润总额作为企业应纳税所得额,计算公式为

$$应纳所得额 = 利润总额 \times 适用税率 \tag{1.79}$$

净利润是指在利润总额中按规定交纳了所得税以后公司的利润留存,一般也称为税后利润或净收入。净利润是一个企业经营的最终成果,净利润多,企业的经营效益就好;净利润少,企业的经营效益就差,它是衡量一个企业经营效益的主要指标。净利润的计算公式为

$$净利润 = 利润总额 - 所得税费用 \tag{1.80}$$

所得税费用是企业确认的应从当期利润总额中按一定比例向地方政府税务机关计缴的所得税和费用。企业的所得税率都是法定的,所得税率越高,净利润就越少。

我国现在有两种所得税率:一是一般企业 25% 的所得税率,即利润总额中的 25% 要作为税收上交国家财政;二是对三资企业和部分高科技企业采用的优惠税率,所得税率为15%。当企业的经营条件相当时,所得税率较低,企业的经营效益就要好一些。

净利润是一项非常重要的经济指标。对于企业的投资者来说,净利润是获得投资回报大小的基本因素,对于企业管理者而言,净利润是进行经营管理决策的基础。同时,净利润也是评价企业盈利能力、管理绩效以致偿债能力的一个基本工具,是一个反映和分析企业多方面情况的综合指标。

学习任务四　工程经济分析的基本工具

 **案例导入**

拿破仑 1797 年 3 月在卢森堡第一国立小学演讲时说了这样一番话:"为了答谢贵校对我,尤其是对我夫人约瑟芬的盛情款待,我不仅今天呈上一束玫瑰花,并且在未来的日子里,

只要我们法兰西存在一天,每年的今天我将亲自派人送给贵校一束价值相等的玫瑰花,作为法兰西与卢森堡友谊的象征。"时过境迁,拿破仑穷于应付连绵的战争和此起彼伏的政治事件,最终惨败而流放到圣赫勒拿岛,把卢森堡的诺言忘得一干二净。

可卢森堡这个小国对这位"欧洲巨人与卢森堡孩子亲切、和谐相处的一刻"念念不忘,并载入他们的史册。1984 年底,卢森堡旧事重提,向法国提出违背"赠送玫瑰花"诺言的索赔;要么从1797 年起,用3 路易作为一束玫瑰花的本金,以 5 厘复利(即利滚利)计息全部清偿这笔"玫瑰花"债;要么法国政府在法国各大报刊上公开承认拿破仑是个言而无信的小人。

起初,法国政府准备不惜重金赎回拿破仑的声誉,但却又被计算机算出的数字惊呆了:原本3 路易的许诺,本息竟高达 1 375 596 法郎。经苦思冥想,法国政府斟词酌句的答复是:"以后,无论在精神上还是在物质上,法国将始终不渝地对卢森堡大公国的中小学教育事业予以支持与赞助,来兑现我们的拿破仑将军那一诺千金的玫瑰花信誉。"这一措辞最终得到了卢森堡人民的谅解。

思考:为何本案例中每年赠送价值 3 路易的玫瑰花相当于在 187 年后一次性支付 1 375 596 法郎?

进一步分析:资金时间价值或者说货币时间价值是一个经济学概念,企业的任何活动都在一定时间和空间进行,不同时间的资金具有不同的价值,资金时间价值是客观存在的经济范畴,同时也成为分析工程经济的基本分析工具。

一、现金流量

(一)现金流量的概念

工程经济中的现金流量是拟建项目在整个项目计算期内各个时点上实际发生的现金流入、流出以及流入和流出的差额(又称净现金流量)。现金流量一般以计息周期(年、季、月等)为时间量的单位,用现金流量图或现金流量表来表示。

在进行工程经济分析时,通常将所考察的对象视为一个独立的经济系统。在某一时点 t 流入系统的资金称为现金流入量,记为 CI_t;流出系统的资金称为现金流出量,记为 CO_t;同一时点上的现金流入量与现金流出量的代数和称为净现金流量,记为 NCF,或($CI_t - CO_t$)。现金流入量、现金流出量、净现金流量统称为现金流量。现金流入量能增加工程项目的货币资金,主要包括营业收入、回收固定资产余值、回收流动资金及其他现金流入量;现金流出量表示在一定时期内的净支出,它能使项目的现实货币资金减少,主要包括建设投资、流动资金投资、经营成本、各项税款及其他现金流出项目。

工程经济分析的范围和经济评价方法不同,现金流量的内涵和构成也不同。在对工程项目进行财务评价时,使用从项目的角度出发,按现行财税制度和市场价格确定的财务现金流量。在对工程项目进行经济费用效益分析时,使用从国民经济角度出发,按资源优化配置原则和影子价格确定的国民经济费用效益流量。

(二)现金流量图

现金流量图是一种反映经济系统资金运动状态的图示,即把经济系统的现金流量绘入一时间坐标图中,表示出各现金流入、流出与相应时间的对应关系。运用现金流量图,就可全面、形象、直观地表达经济系统的资金运动状态。

现金流量图是描述现金流量作为时间函数的图形,它能表示资金在不同时间点流入与流出的情况。它是经济分析的有效工具,其重要有如力学计算中的结构力学图。现金流量图包括3大要素:大小、流向、时间点。其中:大小表示资金的数额;流向是指项目的现金流入或流出;时间点是指现金流入或现金流出所发生的时间。

现金流量图的画法:

①建立坐标轴,横轴表示时间轴,将横轴分为 n 等分,注意第 $n-1$ 期终点和第 n 期的始点是重合的。每一等分代表一个时间单位,可以是年、半年、季、月或天。

②用箭头向上、向下代表现金流入和现金流出,与横轴垂直向上的箭头代表现金流入,与横轴垂直向下的箭头代表现金流出。箭头的长短表示流量的大小,箭头的长短与金额的大小成比例。流量大,箭头长;流量小,箭头短。

③代表现金流量的箭头与时间轴的焦点即表示该现金流量发生的时间。由此可知,要正确绘制现金流量图,必须把握好现金流量的三要素。同时应注意,现金流量图与立脚点有关,从借款人角度出发和从贷款人角度出发所绘制的现金流量图则不同。

例如,某工程项目计划期初投资800万元,从第一年年末开始每年回收200万元,第五年年末回收300万元,根据上述描述绘制现金流量图。

如图1.5所示,是从企业的角度绘制的现金流量图。假若从银行角度,正好相反。认识的过程中要注意体会。

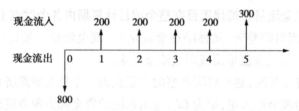

图1.5　现金流量图

二、资金时间价值

(一)资金时间价值概念及意义

1.资金时间价值的概念

在工程经济分析中,无论是技术方案所发挥的经济效益还是所消耗的人力、物力和自然资源,最后基本都是以货币形态,即资金的形式表现出来。资金运动反映了物化劳动和活劳动的运动过程,而这个过程也是资金随时间运动的过程。因此,在工程经济分析时,不仅要着眼于方案资金量的大小(资金收入和支出的大小),而且也要考虑资金发生的时点。因为现在可以用作投资的一笔资金,即使不考虑通货膨胀的因素,也比将来同等数量的资金更为值钱。这是由于如果将这笔资金存入银行也会获得利息。投资到工程项目中可获得利润。而如果向银行借贷,也需要支付利息。这体现了资金是时间的函数,资金在运动过程中会随着时间的推移而增值,增值的这部分资金就是原来资金的时间价值。

资金时间价值的实质是资金作为生产要素,在扩大再生产及资金流通过程中,随着时间的变化而产生增值。资金的增值过程是与生产和流通过程相结合,离开了生产过程和流通过程,资金是不可能实现增值的。资金的增值过程如图 1.6 所示。

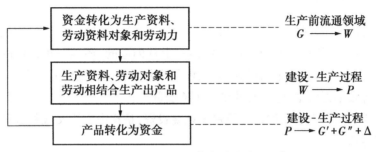

图 1.6　(G—W—G') 资金增值过程示意图

在产品生产前,首先需要一笔资金(G),购买厂房和设备作为该企业生产资料的固定资产,同时还需垫支流动资金采购生产所需要的原材料、辅助材料、燃料等劳动对象和招聘工人所需支出的工资;然后在生产过程中,资金以物化形式出现(W),劳动者运用生产资料对劳动对象进行加工,生产制作新的产品,这里生产出来的新产品(P)比原先投入的资金(G)具有更高的价值(G'),使物化的资金(P)转化为货币形式的资金(G'),这时的 $G' = G + \Delta G$,从而使生产过程中劳动者创造的资金增值部分 ΔG 得以实现。这样就完成了 G—W—G' 形式表示的、完整的资金增值过程。

资金在生产过程和流通领域之间如此不断地周转循环,这种循环过程不仅在时间上是连续的,而且在价值上也是不断增值的,因此,整个社会生产就是价值创造过程,也是资金增值过程。

由于资金时间价值的存在,使不同时点上发生的现金流量无法直接加以比较,因此,要通过一系列的换算,在同一时点上进行对比,才能符合客观的实际情况。

在生产建设过程中的大小投资活动,从发生、发展到结束,都有一个时间上的延续过程。对于投资者来说,资金的投入与收益的获得有先有后。在工程项目经济分析中,不仅要考虑支出和收入的数额,还必须考虑每笔资金发生的时点,以某一个相同的时点为基准,把不同时点上的支出和收入折算到同一个时点上,才能得出正确的结论。

在不同的时间付出或得到同样数额的资金在价值上是不等的。也就是资金的价值会随时间发生变化。今天可以用来投资的一笔资金,即使不考虑通货膨胀,也比将来相同数额的资金更有价值。因为当前可用的资金能够立即用来投资并带来收益，而将来才可取得的资金则无法用于当前的投资，更无法获得相应的收益。因此，同样数额的资金在不同时点上具有不同的价值，而不同时间发生的等额资金在价值上的差额即被称为资金的时间价值。

对于资金的时间价值，可从两个方面理解：

①随着时间的推移，资金增值。在市场经济条件下，投资者的投资带来利润，表现为资金的增值。从投资者的角度来看，资金的增值特性使其具有时间价值。

②资金一旦用于投资，就不能用于即期消费。牺牲即期消费是为了能在将来得到更多地消费，个人储蓄的动机和国家积累的目的都是如此。从消费者的角度来看，资金的时间价值体现为放弃即期消费的损失所应得到的补偿。

2. 资金时间价值的意义

在工程经济活动中，时间就是经济效益。因为经济效益是在一定时间内创造的，不讲时间，也就谈不上效益。比如 100 万元的利润是一个月创造的，还是一年创造的，其效果是大不一样的。因此，重视时间因素的研究，对工程经济分析有至关重要的意义。

在工程经济效果评价中，经常会遇到以下 4 类问题：

①投资方式不同的方案。如是早投资还是晚投资，是集中投资又或是分期投资，它们的经济效果是不同的。

②投产方式不同的方案。投产时间有早有晚，也可分期投产或一次性投产，在这些情况下经济效果也是不同的。

③使用寿命不同的方案。

④实现技术方案后，各年经营费用不同的方案。

(二)衡量资金时间价值尺度

资金时间价值的大小，取决于多方面的因素。从投资者的角度主要有：投资利润率、通货膨胀率、风险因素等。在工程经济分析中，对资金时间价值的计算方法与银行利息的计算方法相同。实际上，银行利息也是一种资金时间价值的表现方式，利率是资金时间价值的一种标志，即资金的时间价值表示为一定量的资金在一定时间内所带来的利息或纯收益，作为资金的报酬，利率与收益率就是资金的价格。利息和纯收益是衡量资金价值的绝对尺度，利率与收益率则是相对尺度。

1. 利息

利息是指占用资金所付出的代价或放弃资金使用权所得到的补偿。如果将一笔资金存入银行，这笔资金就称为本金。经过一段时间之后，储户可在本金之外再得到一笔利息，这一过程可表示为

$$F_n = P + I_n \tag{1.81}$$

式中　F_n —— 本利和；

P—— 本金；

I_n—— 利息。

下标 n 表示计算利息的周期。计息周期是指计算利息的时间单位,如年、季度、月或周等,通常采用的时间单位是年。

2. 利率

利率是在单位时间(一个计息周期)内所得的利息额与借贷金额(本金)之比,一般以百分数表示。可表示为

$$i = \frac{I_n}{P} \times 100\% \tag{1.82}$$

式中　i—— 利率；

I_n—— 一个计息周期的利息。

(三)计算资金时间价值的基本公式

利息的计算有单利计息和复利计息两种,因此,资金时间价值的计算方法也可采用单利计息和复利计息。

1. 单利计息

单利计息是指仅按本金计算利息,利息不再生息,其利息总额与借贷时间成正比。其利息计算公式为

$$I_n = P \cdot n \cdot i \tag{1.83}$$

n 个计息周期后的本利和为

$$F_n = P(1 + i \cdot n) \tag{1.84}$$

【例题1.5】　某人将1 000元存入银行,存期5年,年利率5%。试计算按单利计息,5年期满存款的本利和。

解:$F_5 = 1\,000(1 + 5\% \times 5) = 1\,250$(元)

2. 复利计息

复利计息是指对于某一计息周期来说,按本金加上先前计息周期所累计的利息进行计息。即"利生利""利滚利"。按复利方式计算利息时,利息的计算公式为

$$I_n = P\left[(1 + i)^n - 1\right] \tag{1.85}$$

n 个计息周期后的复本利和为

$$F_n = P(1 + i)^n \tag{1.86}$$

我国房地产开发贷款和住房抵押贷款等都是按复利计息的。由于复利计息比较符合资金在社会再生产过程中运动的实际情况,因此在工程经济分析中,一般采用复利计息。

【例题1.6】　数据同【例题1.5】,试按复利计息计算5年期满存款的本利和。

解：$F_5 = 1\ 000(1 + 5\%)^5 \approx 1\ 276.28(元)$

3. 名义利率与实际利率

1）名义利率与实际利率的概念

在实际经济活动中，计息周期有年、季度、月、周、日等，这样就出现了不同计息周期的利率换算问题。也就是说，当利率标明的时间单位与计息周期不一致时，就出现了名义利率和实际利率的区别。

（1）名义利率

名义利率是指一年内多次复利时给出的年利率，它等于周期利率与年内复利次数的乘积。可表示为

$$名义利率 = 周期利率 \times 每年的计息周期数 \tag{1.87}$$

年利率、季度利率、月利率、日利率之间的换算关系如下：

$$年利率 = 季度利率 \times 4 = 月利率 \times 12 = 日利率 \times 360 \tag{1.88}$$

例如，某笔住房抵押贷款按月还本付息，其月利率为0.5%，通常称为"年利率6%，每月计息一次"。这里的年利率6%即称为"名义利率"。

（2）实际利率

实际利率是指一年内多次复利时，每年末终值比年初的增长率。当按单利计算利息时，名义利率和实际利率是等值的，但当按复利计算时，上述"年利率6%，每月计息一次"的实际利率则不等于名义利率，其实际利率 $= (1 + 0.5\%)^{12} = 6.17\%$。

2）名义利率与实际利率的关系

设名义利率为 r，若年初借款为 P，在一年中计息 m 次，求实际利率 i。则有：

每一计息周期的利率为 $\dfrac{r}{m}$，一年后的本利和为

$$F = P\left(1 + \frac{r}{m}\right)^m$$

故名义利率和实际利率的关系式为

$$i = \frac{F - P}{P} = \frac{P\left(1 + \dfrac{r}{m}\right)^m - P}{P} = \left(1 + \frac{r}{m}\right)^m - 1 \tag{1.89}$$

【例题1.7】 现有两家银行可提供贷款，甲银行年利率为17%，1年计息一次；乙银行年利率为16%，1月计息一次，均为复利计算。问哪家银行的实际利率低？

解：甲银行的实际利率等于名义利率，为17%；乙银行的年实际利率为

$$i = \left(1 + \frac{r}{m}\right)^m - 1 = \left(1 + \frac{0.16}{12}\right)^{12} - 1 = 17.23\%$$

故甲银行的实际利率低于乙银行。

【例题1.8】 一笔资金为10 000 元，年利率为10%，试按复利计息计算计息周期为一

年、半年、三个月、一个月的年末本利和以及实际利率。

解:(1)计息周期为一年:

$$本利和 \quad F_1 = 10\,000 \times (1 + 0.1) = 11\,000(元)$$

年利率为实际利率。

(2)计息周期为半年:

$$本利和 \quad F_2 = 10\,000 \times \left(1 + \frac{0.1}{2}\right)^2 = 11\,025(元)$$

$$实际利率 \quad i_2 = \left(\frac{11\,025 - 10\,000}{10\,000}\right) \times 100\% = 10.25\%$$

(3)计息周期为三个月:

$$本利和 \quad F_3 = 10\,000 \times \left(1 + \frac{0.1}{4}\right)^4 \approx 11\,038(元)$$

$$实际利率 \quad i_3 = \left(\frac{11\,038 - 10\,000}{10\,000}\right) \times 100\% = 10.38\%$$

(4)计息周期为一个月:

$$本利和 \quad F_4 = 10\,000 \times \left(1 + \frac{0.1}{12}\right)^{12} \approx 11\,047(元)$$

$$实际利率 \quad i_4 = \left(\frac{11\,047 - 10\,000}{10\,000}\right) \times 100\% = 10.47\%$$

从【例题1.8】分析和计算可以得出按复利计息时,名义利率与实际利率存在下述关系:

①实际利率比名义利率更能反映资金的时间价值;

②名义利率越大,计息周期越短,实际利率与名义利率的差异越大;

③当每年计息周期数 $m = 1$ 时,名义利率等于实际利率;

④当每年计息周期数 $m > 1$ 时,实际利率大于名义利率。

三、资金等值计算

(一)资金等值的概念

资金等值是指不同时间的资金外存在着一定的等价关系,这种等价关系称为资金等值,通过资金等值计算,可以将不同时间发生的资金量换算成某一相同时刻发生的资金量,然后即可进行加减运算。等值是资金时间价值计算中的一个十分重要的概念。

例如,现借入1 000元,年利率是10%,一年后要还的本利和为1 100元,这就是说,现在的1 000元与一年后的1 100元它们是等值的,即其实际经济价值相等。

通常情况下,在资金等值计算过程中,人们把将来某一时点的资金金额换算成现在时点的等值金额称为"折现"或"贴现"。把资金运动起点时间的金额称为现值,把资金运动结束时与现值等值的金额称为终值或未来值,而把资金运动过程中某一时点上与现值等值的金额称为时值。需要说明的是,"现值"并非专指一笔资金"现在"的价值,它是一个相对的概念。一般来说,将 $t+k$ 个时点上发生的资金折现到第 t 个时点,所得的等值金额就是第 $t+k$ 个时点上资金金额在第 t 个时点的现值。进行资金等值计算时使用的反映资金时间价值的参数称为折现率或贴现率。

(二)影响资金等值的因素

影响资金等值的因素有 3 个,即资金金额大小、资金发生的时间和利率。在工程经济方案比较中,资金时间价值的作用,使得各方案在不同时间点上发生的现金流量无法直接比较,利用等值的概念,可将一个时点发生的资金额换算成另一时点的等值金额,这一过程就是资金等值计算。进行资金等值计算要涉及 5 个基本参数,分别如下:

1. 利率或收益率 i

一般指的是年利率(收益率)。其含义是一年内投资所得的利润与本金(投资额)之比,通常用百分数表示为

$$利率(收益率) = (年)利息(利润) / 本金(投资额) \times 100\%$$

应注意到,利率与收益率是有差别的。一般来讲,利率是一个固定值,即一定时间内得到规定的固定利息。而收益率是一个变数,它反映的是一个投资收益指标,比如,年初投资 1 000 万元,年终收回 1 100 万元,则

$$收益率 = \frac{1\ 100 - 1\ 000}{1\ 000} = 10\%$$

2. 计算期数 n

它代表的是在某一时期计算利息的次数。技术经济分析中一般指年数,一年为一期。

3. 现值(现金) P

它指的是资金在现在时点上的价值,因此也称为时值,也就是计算周期开始时的资金价值。它属于一次性支付(或收入)的资金,一般代表着投资额。

4. 终值(未来值) F

它指的是一笔资金在利率 i 的条件下经过若干计息周期终了时的价值,其大小为全部计息周期的本利和。在一个经济投资运行系统中,F 的值应恒大于 P 的值。

5. 等额年金或年值 A

它指的是按年分次等额收入(或支出)的资金。等额年金在应用时必须符合以下 3 个条件:

①各期收入(或支出)的资金相等;

②各期的时间间隔相等;

③每一次的收(或支)都是在每期的期末(或期初)。

在全部 n 期中,nA 与 P 应该"等值",虽然就绝对值而言,nA 值必大于 P 值(注意到利率 i)。在这 5 个参数中,利率或收益率是核心。进行技术经济分析时,通常是从利率出发进行比较,作出决策,利率应该是指导投资活动的第一指南。例如,银行利率为 10%,而某一新建项目的利润率估计在 10% 左右,则很多人将会把这笔钱存入银行,坐收利息,而不愿冒风险从事一种利润不高的投资活动,如果银行利率为 5%,则会有很多人投资这一项目。

(三)资金等值计算的基本公式

1.一次支付序列公式

1)一次支付终值复利公式

问题:若现在投资 P 元,收益率为 i,到期末本利和(即终值)应为多少? 现金流量图如图 1.7 所示,其计算公式为

$$F_n = P(1 + i)^n \tag{1.90}$$

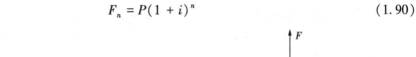

图 1.7　一次支付现金流量图

式(1.90)的推导过程很简单,故略。式中 $(1 + i)^n$ 称为一次支付终值复利系数。只要查附录的复利系数表,便可得到该复利系数的值(下同),一般用 $(F/P, i, n)$ 表示。即

$$F = P(F/P, i, n) \tag{1.91}$$

【例题 1.9】　某人 1997 年购买住房债券 1 000 元,如年复利率为 10%,2002 年一次收回本利和,问一共能收回多少钱?

解:$F = P(F/P, i, n) = 1\ 000(F/P, 10\%, 5) = 1\ 000 \times 1.611 = 1\ 611$(元)

2)一次支付现值复利公式

问题:若要求经过 n 期后的本利和(即终值)为 F,收益率为 i,那么,现在应投入资金 P(即现值)为多少?

现金流量图例如图 1.7 所示,现值复利公式由式(1.90)有

$$P = F \frac{1}{(1 + i)^n} \tag{1.92}$$

式中　$\dfrac{1}{(1 + i)^n}$——一次支付现值复利系数,可用符号 $(P/F, i, n)$ 表示,故式(1.92)可写成

$$P = F(P/F, i, n) \tag{1.93}$$

2. 等额支付序列公式

1）等额支付序列终值复利公式

问题：若每期期末等量投资额为 A，收益率为 i，经过 n 期后本利和（即终值）为多少？这个问题相当于银行的零存整取。等额支付序列现金流量图如图 1.8 所示。

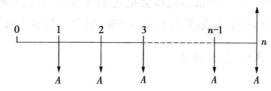

图 1.8　等额支付序列现金流量图（一）

公式推导如下：

由图 1.8 可知，第 1 年年末储存 A，至第 n 年年末可得期值 $F_1 = A(1 + i)^{n-1}$，第 2 年年末存储 A，至第 n 年年末可得期值 $F_1 = A(1 + i)^{n-2}$，…，第 $(n - 1)$ 年年末存储 A，至第 n 年年末可得期值 $F_{n-1} = A(1 + i)$，第 n 年年末存储 A，则当时只能当 $F_n = A$，这样实际上就是用一次支付终值复利公式分别求 F，则到第 n 年年末的本利和就为

$$F = A(1 + i)^{n-1} + A(1 + i)^{n-2} + \cdots + A(1 + i) + A$$

上式两端同乘 $(1 + i)$ 得

$$F(1 + i) = A(1 + i)^n + A(1 + i)^{n-1} + \cdots + A(1 + i)^2 + A(1 + i)$$

两式相减得

$$F(1 + i) - F = A(1 + i)^n - A$$

$$F = A \frac{(1 + i)^n - 1}{i} \tag{1.94}$$

式中　$\dfrac{(1 + i)^n - 1}{i}$ ——等额支付序列终值复利系数，用 $(F/A, i, n)$ 表示，式（1.94）可写成

$$F = A(F/A, i, n) \tag{1.95}$$

【例题 1.10】　若某公司每年年末存入银行 10 万元作为职工养老保险基金，年利率 6%，按复利计算，连续存 5 年，第 5 年年末基金总额为多少？

解：$F = A \dfrac{(1 + i)^n - 1}{i} = 5 \dfrac{(1 + 6\%)^5 - 1}{6\%} = 56.37$（万元）

【例题 1.11】　从第一年起，如果每年年末存款 2 000 元，年复利率为 10%，那么，10 年后的本利和（即终值）为多少？

解：$F = A(F/A, i, n) = 2\,000(F/A, 10\%, 10) = 2\,000 \times 15.937 = 31\,874$（元）

2）等额支付序列偿债基金公式

问题：若在第 n 期期末要获得收益值为 F，收益率为 i，那么，每期期末应等额投入资金 A 为多少？

现金流量图仍如图 1.8 所示，公式推导如下：

由式(1.94)得

$$A = F \frac{i}{(1 + i)^n - 1} \tag{1.96}$$

式中　$\dfrac{i}{(1 + i)^n - 1}$——等额支付序列偿债基金复利系数,用$(A/F, i, n)$表示,式(1.96)可

写成

$$A = F(A/F, i, n) \tag{1.97}$$

【例题1.12】　某银行的年复利率为8%,如果要在20年后获得本利和(即终值)20 000元,那么,从现在起每年应存入多少?

解:$A = F(A/F, i, n) = 20\ 000(A/F, 8\%, 20) = 20\ 000 \times 0.021\ 85 = 437(元)$

3)等额支付序列投资回收公式

问题:若现在投资p元,收益率为i,若想在n期后收回全部投资,每年应等额回收的资金A为多少?

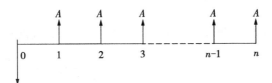

图1.9　等额支付序列现金流量图(二)

由图1.9可知,第1年年末偿还本息A,相当于现值$P_1 = A/(1 + i)$,第2年年末偿还本息A,相当于现值$P_2 = A/(1 + i)^2, \cdots$,第$n$年年末偿还本息$A$,相当于现值$P_n = A/(1 + i)^n$,在$n$年内偿还的本息总和相当于现值$P = P_1 + P_2 + \cdots + P_n$,即

$$P = A/(1 + i) + A/(1 + i)^2 + \cdots + A/(1 + i)^n$$

或

$$P(1 + i)^n = A(1 + i)^{n-1} + A(1 + i)^{n-2} + \cdots + A$$

$$P(1 + i)^{n+1} = A(1 + i)^n + A(1 + i)^{n-1} + \cdots + A(1 + i)$$

上述两式相减,得

$$P\left[(1 + i)^{n+1} - (1 + i)^n\right] = A\left[(1 + i)^n - 1\right]$$

即

$$A = P\left[\frac{(1 + i)^{n+1} - (1 + i)^n}{(1 + i)^n - 1}\right] = P\left[\frac{i(1 + i)^n}{(1 + i)^n - 1}\right] \tag{1.98}$$

式中,$\left[\dfrac{i(1 + i)^n}{(1 + i)^n - 1}\right]$称为等额支付序列投资回收复利系数,用$(A/P, i, n)$表示,式(1.98)可写成

$$A = P(A/P, i, n) \tag{1.99}$$

【例题1.13】　某建设项目投资1 000万元,年复利率为8%,欲在10年内收回全部投资,每年应等额回收多少资金?

解:$A = P(A/P, i, n) = 1\ 000(A/P, 8\%, 10) = 1\ 000 \times 0.149\ 03 = 149.03(万元)$

4)等额支付序列现值复利公式

问题:若在 n 期内每期期末欲取得收益为 A,收益率为 i,那么,现在必须投入的资金 P 为多少?

现金流量图仍如图 1.9 所示,公式推导如下

$$P = A \frac{(1 + i)^n - 1}{i(1 + i)^n} \tag{1.100}$$

式中 $\dfrac{(1 + i)^n - 1}{i(1 + i)^n}$ ——等额支付序列现值复利系数,用 $(P/A, i, n)$ 表示,式(1.100)可写成

$$P = A(P/A, i, n) \tag{1.101}$$

【例题 1.14】 某建筑公司在未来 3 年内每年年末收益均为 20 万元,年复利率为 10% ,这 3 年收益的现值是多少?

解: $P = A(P/A, i, n) = 200\ 000(P/A, 10\%, 3) = 497\ 400(元)$

3.均匀梯度支付序列复利公式

问题:图 1.10 为一均匀梯度支付序列现金流量图,试求其现值和终值为多少?

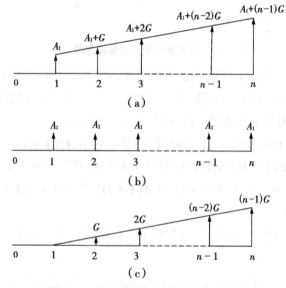

图 1.10 均匀梯度支付序列现金流量图

图 1.10(a)为一等差递增系列现金流量图,可简化为两个支付系列。一个是等额系列,如图 1.10(b)所示,年金是 A_1;另一个是由 G 组成的等额递增支付系列,如图 1.10(c)所示。图 1.10(b)支付系列用等额支付系列现金流量的有关公式计算,问题的关键是图 1.10(c)支付系列如何计算? 这就是等差递增系列现金流量需要解决的。

等差现值计算(已知 G 求 P):

等差系列现金流量的通用公式为

$$A_t = (t - 1)G \quad (t = l, 2, \cdots, n)$$

式中　G——等差额；

　　　t——时点。

等差序列现金流量 n 年年末的终值为

$$F = \sum_{t=1}^{n} A_t (1 + i)^{n-t}$$

也可将 F 看成是 $n-1$ 个等额序列现金流量的终值和，这些等额序列现金流量的年值均为 G'，年数分别为 $1,2,\cdots,n-1$。

$$F = \sum_{j=1}^{n-1} G \cdot \frac{(1+i)^j - 1}{i}$$

$$= G \left[\frac{(1+i) - 1}{i} + \frac{(1+i)^2 - 1}{i} + \cdots + \frac{(1+i)^{n-1} - 1}{i} \right]$$

$$= \frac{G}{i} \left[(1+i) + (1+i)^2 + \cdots + (1+i)^{n-1} - (n-1) \right]$$

$$= \frac{G}{i} \left[1 + (1+i) + (1+i)^2 + \cdots + (1+i)^{n-1} \right] - \frac{n \cdot G}{i}$$

故

$$F = \frac{G}{i} \left[\frac{(1+i)^{n-1} - 1}{i} \right] - \frac{n \cdot G}{i}$$

上式两端乘以系数 $(1+i)^{-n}$，则可得等差序列现值公式，即

$$P_G = G \left[\frac{1}{i^2} - \frac{(1 + i \cdot n)}{i^2 (1+i)^n} \right] \tag{1.102}$$

式中　$\dfrac{1}{i^2} - \dfrac{(1 + i \cdot n)}{i^2 (1+i)^n}$——等差系列现值系数，用符号 $(P/G,i,n)$ 表示。则式(1.121)可写成

$$P_G = G(P/G,i,n) \tag{1.103}$$

等差系列现值系数 $(P/G,i,n)$ 可从附录中查得，则

$$A_G = G \left[\frac{1}{i} - \frac{n}{(1+i)^n - 1} \right] \tag{1.104}$$

式中　$\dfrac{1}{i} - \dfrac{n}{(1+i)^n - 1}$——等差年金换算系数，用符号 $(A/G,i,n)$ 表示。则式(1.104)可写成

$$A_G = G(A/G,i,n) \tag{1.105}$$

等差年金换算系数 $(A/G,i,n)$ 可从附录中查得。

根据式(1.105)，即可方便地得出图 1.10(a)等差系列现金流量的年金为

$$A = A_1 + A_G \tag{1.106}$$

"减号"表示等差递减系列现金流量。

若计算原等差系列现金流量的现值 P 和终值 F，则按式(1.107)和式(1.108)进行。

$$P = P_{A_1} \pm P_G = A_1(P/A,i,n) \pm G(P/G,i,n) \tag{1.107}$$

$$F = F_{A_1} \pm F_G = A_1(F/A,i,n) \pm G(P/G,i,n)(F/P,i,n) \tag{1.108}$$

【例题 1.15】 某建筑企业 7 年前用 3 500 元买了一台机械,每年用此机械获得的收益为 750 元。在第一年时维护费 100 元,以后每年递增维护费 25 元。该企业准备年底(第 8 年年末)转让出售这台机械,最低售价应为多少?(设 $i = 10\%$)

解: 第 1 步,计算现金流量

$$现金流量 = 现金流入 - 现金流出$$

列出现金流量计算表,见表 1.3。

表 1.3 现金流量计算表

年 数	收入(+)/元	成本(-)/元	现金流量/元
0	0	3 500	- 3 500
1	750	100	650
2	750	125	625
3	750	150	600
4	750	175	575
5	750	200	550
6	750	225	525
7	750	250	500
8	750	275	475

第 2 步,画出现金流量图,如图 1.11 所示。

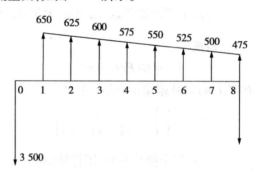

图 1.11 【例题 1.15】的现金流量图

第 3 步,计算第 8 年年末的本利和

由图 1.11 有

$$F = -F_{3\,500} + F_{650} - F_{25}$$
$$F_{3\,500} = P(F/P,i,n)$$
$$= 3\,500(F/P,10\%,8)$$
$$= 3\,500 \times 2.144$$
$$= 7\,504(元)$$

$$F_{650} = A(F/A,i,n)$$
$$= 650(F/A,10\%,8)$$
$$= 650 \times 11.436$$
$$= 7\,433.4(元)$$

$$F_{25} = G(A/G,i,n)(F/A,i,n)$$
$$= 25(A/G,10\%,8)(F/A,10\%,8)$$
$$= 25 \times 3.004\,5 \times 11.436$$
$$= 859(元)$$

$$F = -7\,504 + 7\,433.4 - 859 = -929.6(元)$$

929.6 元即为该机械设备在第 8 年年末的余值,欲要转让出售,最低售价应大于或等于此值。

4. 等值计算

1)计息周期等于支付周期

计息周期等于支付周期时,有效利率与名义利率相同,可利用等值计算的基本公式直接计算。

【例题 1.16】 年利率为 12%,每半年计息一次,从现在起,连续 3 年,每半年作 100 元的等额支付,问与其等值的现值为多少?

解:每计息期的利率

$$i = \frac{12\%}{2} = 6\%$$

$$n = 3 \times 2 = 6$$

$$P = A(P/A,i,n) = 100 \times (P/A,6\%,6) = 100 \times 4.917 = 491.7(元)$$

2)计息周期小于支付周期

计息周期小于支付周期有两种方法:

(1)改变周期 —— 仍用名义利率计算

【例题 1.17】 年利率为 12%,每季度计息一次,从现在起连续 3 年的等额年末借款为 1 000 元,问与其等值的第 3 年年末的借款金额为多少?

解:其现金流量如图 1.12 所示。

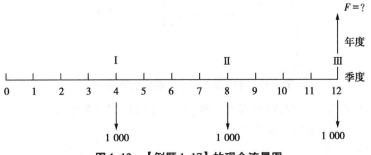

图 1.12 【例题 1.17】的现金流量图

取一个循环周期,使这个周期的年末收付转变成等值的计息期末的等额收付系列,其现金流量如图 1.12 所示。

$$A = F(A/F,i,n) = 1\,000\left(A/F,\frac{12\%}{4},4\right) = 1\,000 \times 0.239\,03 = 239.03(元)$$

经过转变后,计息期和收付期完全重合,可直接利用利息公式进行计算。

$$F = A(F/A,i,n) = 239.03(F/A,3\%,12) = 239.03 \times 14.192 = 3\,392(元)$$

(2)改变利率 —— 名义利率转换为有效利率

【例题 1.18】 仍以【例题 1.17】原题为例,先求出收付期的有效利率,本例收付期为 1 年,然后以 1 年为基础进行计算。

解:年有效利率是

$$i = \left(1 + \frac{r}{n}\right)^n - 1$$

现 $n = 4, r = 12\%$,所以

$$i = \left(1 + \frac{0.12}{4}\right)^4 - 1 = 12.55\%$$

使用"内插法"(后面将介绍)计算 $(F/A,12.55\%,3)$ 的值:

$$(F/A,12.55\%,3) = 3.374(F/A,15\%,3) = 3.472$$

$$(F/A,12.55\%,3) = 3.374 + \frac{3.472 - 3.374}{3} \times 0.55 = 3.392$$

$$F = 1\,000(F/A,12.55\%,3) = 1\,000 \times 3.392 = 3\,392(元)$$

3)计息周期大于支付周期

由于计息期内有不同时刻的支付,通常规定存款必须存满 1 个计息周期时才计利息,即在计息周期内存入的款项在该期不计算利息,要到下一期才计算利息。因此,原财务活动的现金流量图应按以下原则进行整理:相对于投资方来说,计息期的存款放在期末,计息期的提款放在期初,计息期分界点处的支付保持不变。

【例题 1.19】 现金流量图如图 1.13 所示,年利率为 12%,每季度计息 1 次,求年末终值 F 为多少?

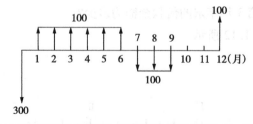

图 1.13 【例题 1.19】的现金流量图(一)

解:按上述原则进行整理,得到等值的现金流量图如图 1.14 所示。

根据整理过的现金流量图求得终值:

$$F = (-300 + 200) \times (F/P,4\%,4) + 300(F/P,4\%,3) + 100(F/P,4\%,2) -$$

$$300(F/P,4\%,1) + 100$$
$$= 112.36(元)$$

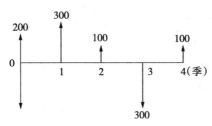

图 1.14 【例题 1.19】的现金流量图(二)

5.用"线性内插法"计算未知利率和年数

1)计算未知利率

在等值计算时,会遇到这种情况:现金流量 P,F,A 以及计算期 n 均为已知,收益率 i 待求。这时,可以借助查复利表,用"线性内插法"近似求出 i。

在一般情况下,可以由计算求出未知利率 i 的系数 f_0,通过复利系数表查出与 f_0 上下最接近的系数 f_1 和 f_2 及其对应的 i_1 和 i_2,如图 1.15 所示。

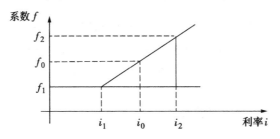

图 1.15 未知利率 i 的系数 f_0

求 i 的计算式为

$$i = i_1 + \frac{(f_0 - f_1)(i_2 - i_1)}{f_2 - f_1} \tag{1.109}$$

【例题 1.20】 已知现在投资 300 万元,9 年后可以一次获得 525 万元。求利率 i 为多少?

解:
$$F = P(F/P,i,n)$$
$$525 = 300(F/P,i,9)$$
$$(F/P,i,9) = \frac{525}{300} = 1.750$$

从复利系数表中查到,当 $n = 9$ 时,1.750 对应的利率落在 6% 和 7% 间。从 6% 的位置查到它对应的系数是 1.689,从 7% 的位置上查到它对应的系数是 1.838。用"直线内插法"可得

$$i = 6\% + \frac{(1.750 - 1.689) \times (7\% \sim 6\%)}{(1.838 - 1.689)} \approx 6.41\%$$

经计算得出,利率 i 为 6.41%。

2)计算未知年数

在等值计算时,也会遇到这种情况:现金流量 P,F,A 以及收益率 i 均为已知,投资回收期 n 待求。这时,应用上面计算未知收益率的"直线内插法",同样可近似求出 n。

【例题1.21】 某企业准备利用外资贷款200万元建一工程,第3年投产,投产后每年净收益40万元,若年利率为10%,问投产后多少年能归还200万元贷款的本息。

解:①画出现金流量图,如图1.16所示。

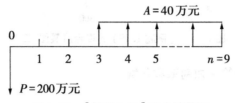

图1.16 【例题1.21】现金流量图

②为使方案的计算能够利用公式,将投产的第2年年末(第3年年初)作为基期,计算 P_1。

$$P_1 = 200(F/P,10\%,2) = 200 \times 1.210 = 233.28(万元)$$

③计算投产后的偿还期 n 对应的年金现值系数

$$(P/A,10\%,n) = \frac{233.28}{40} = 5.832$$

在 $i = 10\%$ 的复利系数表上,5.832落在第9年和第10年间。

$$(P/A,10\%,9) = 5.759, (P/A,10\%,10) = 6.144$$

$$n = 9 + \frac{(5.832 - 5.759) \times (10 - 9)}{(6.144 - 5.759)} = 9.19(年)$$

即投产9.19年后能还清全部贷款。

6. Excel 在资金时间价值计算中的应用

1)终值与现值的计算

(1)单利终值与现值

利用 Excel 计算单利终值非常简单,只需在相应的单元格中输入下述计算公式即可。

例如,某人现在存入银行1 000元,单利年利率5%,则5年后的本利和为1 250元,详见图1.17。

例如,某人打算在5年后从银行取出1 000元,单利年利率5%,则现在需存入银行的金额为800元,详见图1.18。

	B1 ▼	f_x =B1*(1+B2*B3)
	A	B	C	D
1	现值	1000		
2	利率	5%		
3	期间	5		
4	终值	1250		

图1.17

	B4 ▼	f_x =B1/(1+B2*B3)
	A	B	C	D
1	终值	1000		
2	利率	5%		
3	期间	5		
4	现值	800		

图1.18

（2）复利终值与现值

①复利终值。

例如，某人现在存入银行1 000元，复利年利率5%，则5年后的本利和为1 276.282元，详见图1.19。

此外，复利终值还可利用FV函数计算。

FV函数：基于固定利率及等额分期付款方式，返回某项投资的未来值。

语法：FV(Rate,Nper,Pmt,Pv,Type)

a. Rate：为各期利率。

b. Nper：为总投资期，即该项投资的付款期总数。

c. Pmt：为各期所应支付的金额，其数值在整个年周期间保持不变。通常Pmt包括本金和利息，但不包括其他费用及税款。如果忽略Pmt，则必须包括Pv参数。

d. Pv：为现值，即从该项投资开始计算时已经入账的款项，或一系列未来付款的当前值的累积和，也称为本金。如果省略Pv，则假设其值为零，并且必须包括Pmt参数。

e. Type：数字0或1，用以指定各期的付款时间是在期初（1）还是期末（0）。如果省略Type，则假设其值为0。

说明：

a. 应确认所指定的Rate和Nper单位的一致性。例如，同样是4年期年利率为12%的贷款，如果按月支付，Rate应为12%/12，Nper应为4 * 12；如果按年支付，Rate应为12%，Nper为4。

b. 在所有参数中，支出的款项，如银行存款，表示为负数；收入的款项，如股息收入，表示为正数。

c. 上例中，用FV函数计算如图1.20所示。

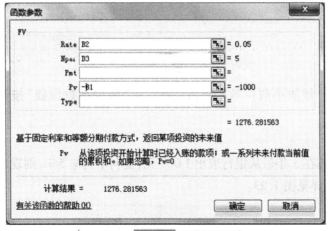

图1.20

【例题 1.22】 试利用 Excel 制作复利终值系数表。制作方法如下：

解：首先，设计复利终值系数表格，如图 1.21 所示。

	A	B	C	D	E	F	G	H	I	J	K
1	复利终值系数表										
2	年利率i(%) 年n	1	2	3	4	5	6	7	8	9	10
3	1										
4	2										
5	3										
6	4										
7	5										
8	6										
9	7										
10	8										
11	9										
12	10										

图 1.21　复利终值系数表

本例只假设复利年利率从 1% 计算到 10%（存放在单元格 B2：K2），计息年数从 1 年到 10 年（存放在单元格 A3：A12）。

其次，选取单元格区域 B3：K12，在公式编辑栏中输入计算公式"=(1 + B2：K2/100)^A3：A12"，同时按下"Ctrl + Shift + Enter"键，即可得到不同年利率和计息年数下的复利终值系数表，如图 1.22 所示。

	A	B	C	D	E	F	G	H	I	J	K
1	复利终值系数表										
2	年利率i(%) 年n	1	2	3	4	5	6	7	8	9	10
3	1	1.0100	1.0200	1.0300	1.0400	1.0500	1.0600	1.0700	1.0800	1.0900	1.1000
4	2	1.0201	1.0404	1.0609	1.0816	1.1025	1.1236	1.1449	1.1664	1.1881	1.2100
5	3	1.0303	1.0612	1.0927	1.1249	1.1576	1.1910	1.2250	1.2597	1.2950	1.3310
6	4	1.0406	1.0824	1.1255	1.1699	1.2155	1.2625	1.3108	1.3605	1.4116	1.4641
7	5	1.0510	1.1041	1.1593	1.2167	1.2763	1.3382	1.4026	1.4693	1.5386	1.6105
8	6	1.0615	1.1262	1.1941	1.2653	1.3401	1.4185	1.5007	1.5869	1.6771	1.7716
9	7	1.0721	1.1487	1.2299	1.3159	1.4071	1.5036	1.6058	1.7138	1.8280	1.9487
10	8	1.0829	1.1717	1.2668	1.3686	1.4775	1.5938	1.7182	1.8509	1.9926	2.1436
11	9	1.0937	1.1951	1.3048	1.4233	1.5513	1.6895	1.8385	1.9990	2.1719	2.3579
12	10	1.1046	1.2190	1.3439	1.4802	1.6289	1.7908	1.9672	2.1589	2.3674	2.5937

图 1.22

可用工具栏中"增加小数位数"按钮" " 和"减少小数位数"按钮" " 调整小数位数。

②复利现值。

例如，某人打算在 5 年后从银行取出 1 000 元，复利年利率 5%，则现在需要存入银行的金额为 783.53 元，详见图 1.23。

B4		f_x	=PV(B2,B3,,B1)	
	A		B	C
1	终值		1000	
2	利率		5%	
3	期间		5	
4	PV函数求复利现值		−783.53	

图 1.23

此外,复利现值还可利用 PV 函数计算。

PV 函数:返回投资的现值。现值为一系列未来付款的当前值的累积和。

语法:PV(Rate,Nper,Pmt,Fv,Type)

a. Rate:为各期利率。

b. Nper:为总投资期,即该项投资的付款期总数。

c. Pmt:为各期所应支付的金额,其数值在整个年金期间保持不变。通常 Pmt 包括本金和利息,但不包括其他费用及税款。如果忽略 Pmt,则必须包括 Fv 参数。

d. Fv:为未来值,或在最后一次支付后希望得到的现金余额,如果省略 Fv,则假设其值为零(一笔贷款的未来值即为零),且必须包括 Pmt 参数。

e. Type:数字 0 或 1,用以指定各期的付款时间是在期初(1)还是期末(0)。如果省略 Type,则假设其值为 0。

说明:

a. 应确认所指定的 Rate 和 Nper 单位的一致性。例如,同样是 4 年期年利率为 12% 的贷款,如果按月支付,Rate 应为 12%/12,Nper 应为 4 * 12;如果按年支付,Rate 应为 12%,Nper 为 4。

b. 在所有参数中,支出的款项,如银行存款,表示为负数;收入的款项,如股息收入,表示为正数。

c. 上例中,用 PV 函数计算如图 1.24 所示。

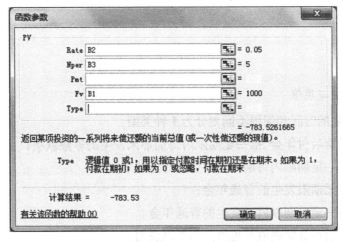

图 1.24

【例题 1.23】　利用【例题 1.22】制作复利终值系数表的方法,来制作复利现值系数表,格式如图 1.25 所示。

	A	B	C	D	E	F	G	H	I	J	K
1		复利现值系数表									
2	年利率i(%) 年n	1	2	3	4	5	6	7	8	9	10
3	1										
4	2										
5	3										
6	4										
7	5										
8	6										
9	7										
10	8										
11	9										
12	10										

图 1.25

解:选取单元格 B3:K12,输入公式"= 1/(1 + B2:K2/100)^A3:A12",同时按"Ctrl + Shift + Enter"键,即可得到不同年利率和计息年数下的复利现值系数表,如图 1.26 所示。

	A	B	C	D	E	F	G	H	I	J	K
1		复利现值系数表									
2	年利率i(%) 年n	1	2	3	4	5	6	7	8	9	10
3	1	0.9901	0.9804	0.9709	0.9615	0.9524	0.9434	0.9346	0.9259	0.9174	0.9091
4	2	0.9803	0.9612	0.9426	0.9246	0.9070	0.8900	0.8734	0.8573	0.8417	0.8264
5	3	0.9706	0.9423	0.9151	0.8890	0.8638	0.8396	0.8163	0.7938	0.7722	0.7513
6	4	0.9610	0.9238	0.8885	0.8548	0.8227	0.7921	0.7629	0.7350	0.7084	0.6830
7	5	0.9515	0.9057	0.8626	0.8219	0.7835	0.7473	0.7130	0.6806	0.6499	0.6209
8	6	0.9420	0.8880	0.8375	0.7903	0.7462	0.7050	0.6663	0.6302	0.5963	0.5645
9	7	0.9327	0.8706	0.8131	0.7599	0.7107	0.6651	0.6227	0.5835	0.5470	0.5132
10	8	0.9235	0.8535	0.7894	0.7307	0.6768	0.6274	0.5820	0.5403	0.5019	0.4665
11	9	0.9143	0.8368	0.7664	0.7026	0.6446	0.5919	0.5439	0.5002	0.4604	0.4241
12	10	0.9053	0.8203	0.7441	0.6756	0.6139	0.5584	0.5083	0.4632	0.4224	0.3855

图 1.26

2)年金的终值与现值

年金可按发生的时间和期限不同划分为 4 种类型:

普通年金,又称后付年金,指一定期限内每期期末发生的等额款项;

先付年金,指一定期限内每期期初发生的等额款项;

永续年金,即无期限发生的普通年金;

延期年金,即一定时期以后才发生的普通年金。

这里,就以普通年金的终值和现值为例予以说明。

(1)计算普通年金终值,如图 1.27 所示,可利用 Excel 中提供的 FV 函数。FV 函数的功能是基于固定利率及等额分期付款方式,返回某项投资的未来值。

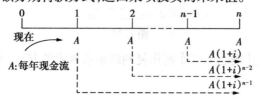

图 1.27 应用 Excel 计算年金

$$F = A \cdot \sum_{t=0}^{n-1} (1+i)^t = A \cdot \frac{(1+i)^n - 1}{i}$$

【例题 1.24】　若某人在 10 年的期限内每年年末等额地向银行存入 1 000 元,银行按 5%复利计息,那么,此人在第 10 年的年末可一次性从银行取出本息多少钱?

解:打开文件,插入 FV 函数,参数如图 1.28 所示。

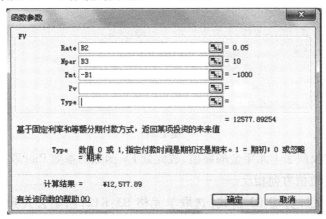

图 1.28

单击"确定"按钮后,得到的结果如图 1.29 所示。

	A	B	C
1	普通年金	1000	
2	利率	5%	
3	期间	10	
4	FV函数求年金终值	¥12,577.89	

B4 　　fx =FV(B2,B3,-B1)

图 1.29

【例题 1.25】　试利用 Excel 制作年金终值系数表。

解:可直接利用年金终值计算公式,也可利用 FV 函数制作年金终值系数表。格式 如图 1.30 所示。

年利率i(%) / 年n	1	2	3	4	5	6	7	8	9	10
年金终值系数表										
1										
2										
3										
4										
5										
6										
7										
8										
9										
10										

图 1.30

在 B3 中插入 FV 函数,参数如图 1.31 所示。

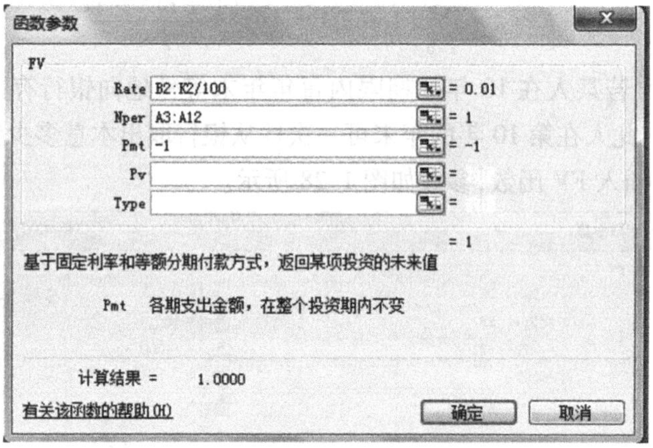

图 1.31

年金终值系数反映了 1 元年金的终值,故此处 FV 函数的参数 Pmt 取值为 −1,负号表示年金现金流方向与终值方向相反。

单击"确定"按钮,剪切 B3 公式,选取单元格 B3:K12,粘贴公式到编辑栏,同时按下"Ctrl + Shift + Enter"键,即可得到不同年利率和计息年数下的年金终值系数表,如图 1.32 所示。

	A	B	C	D	E	F	G	H	I	J	K
1		年金终值系数表									
2	年利率i(%) 年n	1	2	3	4	5	6	7	8	9	10
3	1	1.0000	1.0000	1.0000	1.0000	1.0000	1.0000	1.0000	1.0000	1.0000	1.0000
4	2	2.0100	2.0200	2.0300	2.0400	2.0500	2.0600	2.0700	2.0800	2.0900	2.1000
5	3	3.0301	3.0604	3.0909	3.1216	3.1525	3.1836	3.2149	3.2464	3.2781	3.3100
6	4	4.0604	4.1216	4.1836	4.2465	4.3101	4.3746	4.4399	4.5061	4.5731	4.6410
7	5	5.1010	5.2040	5.3091	5.4163	5.5256	5.6371	5.7507	5.8666	5.9847	6.1051
8	6	6.1520	6.3081	6.4684	6.6330	6.8019	6.9753	7.1533	7.3359	7.5233	7.7156
9	7	7.2135	7.4343	7.6625	7.8983	8.1420	8.3938	8.6540	8.9228	9.2004	9.4872
10	8	8.2857	8.5830	8.8923	9.2142	9.5491	9.8975	10.2598	10.6366	11.0285	11.4359
11	9	9.3685	9.7546	10.1591	10.5828	11.0266	11.4913	11.9780	12.4876	13.0210	13.5795
12	10	10.4622	10.9497	11.4639	12.0061	12.5779	13.1808	13.8164	14.4866	15.1929	15.9374

图 1.32

(2)普通年金的现值

计算普通年金现值,如图 1.33 所示,可利用 Excel 中提供的 PV 函数。PV 函数的功能是返回未来若干期资金的现值。

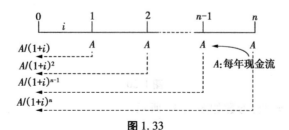

图 1.33

$$P=\frac{A}{(1+i)}+\frac{A}{(1+i)^2}+\cdots+\frac{A}{(1+i)^{n-1}}+\frac{A}{(1+i)^n}$$

$$P=A\cdot\sum_{t=1}^{n}\frac{1}{(1+i)^t}=A\cdot\frac{(1+i)^n-1}{i\cdot(1+i)^n}$$

【例题 1.26】　某人打算在今后的 4 年中每年等额从银行取出 2 000 元，在银行按 10% 的年利率复利计息的情况下，此人现在应一次性存入银行多少钱？

解：打开文件，插入 PV 函数，参数如图 1.34 所示。

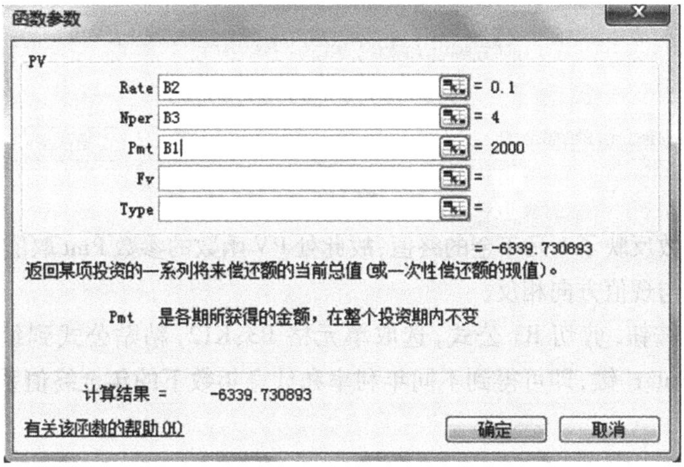

图 1.34

单击“确定”按钮后，得到的结果如图 1.35 所示。

B4　　fx =PV(B2,B3,B1)

	A	B	C
1	年金	2000	
2	利率	10%	
3	期限	4	
4	普通年金现值	¥-6,339.73	

图 1.35

【例题 1.27】　试利用 Excel 制作年金现值系数表。可直接利用年金现值计算公式，也可利用 PV 函数制作年金现值系数表，格式如图 1.36 所示。

	A	B	C	D	E	F	G	H	I	J	K
1	年金现值系数表										
2	年利率i(%) 年n	1	2	3	4	5	6	7	8	9	10
3	1										
4	2										
5	3										
6	4										
7	5										
8	6										
9	7										
10	8										
11	9										
12	10										

图 1.36

在 B3 中插入 PV 函数,参数如图 1.37 所示。

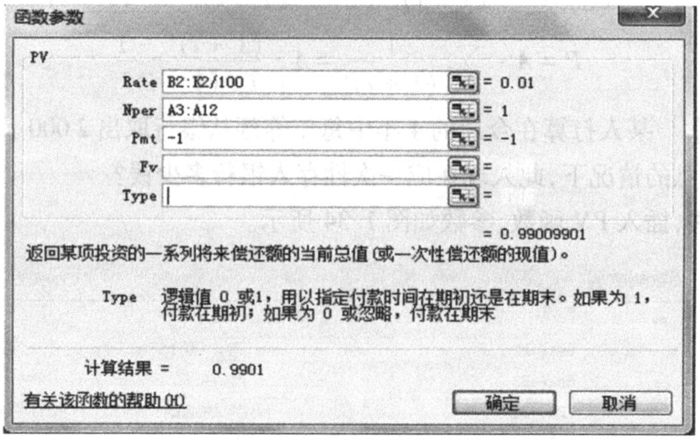

图 1.37

年金现值系数反映了 1 元年金的终值,故此处 PV 函数的参数 Pmt 取值为 -1,负号表示年金现金流方向与现值方向相反。

单击"确定"按钮,剪切 B3 公式,选取单元格 B3:K12,粘贴公式到编辑栏,同时按下"Ctrl + Shift + Enter"键,即可得到不同年利率和计息年数下的年金终值系数表,如图 1.38 所示。

	A	B	C	D	E	F	G	H	I	J	K
1		年金现值系数表									
2	年利率 i(%) 年 n	1	2	3	4	5	6	7	8	9	10
3	1	0.9901	0.9804	0.9709	0.9615	0.9524	0.9434	0.9346	0.9259	0.9174	0.9091
4	2	1.9704	1.9416	1.9135	1.8861	1.8594	1.8334	1.8080	1.7833	1.7591	1.7355
5	3	2.9410	2.8839	2.8286	2.7751	2.7232	2.6730	2.6243	2.5771	2.5313	2.4869
6	4	3.9020	3.8077	3.7171	3.6299	3.5460	3.4651	3.3872	3.3121	3.2397	3.1699
7	5	4.8534	4.7135	4.5797	4.4518	4.3295	4.2124	4.1002	3.9927	3.8897	3.7908
8	6	5.7955	5.6014	5.4172	5.2421	5.0757	4.9173	4.7665	4.6229	4.4859	4.3553
9	7	6.7282	6.4720	6.2303	6.0021	5.7864	5.5824	5.3893	5.2064	5.0330	4.8684
10	8	7.6517	7.3255	7.0197	6.7327	6.4632	6.2098	5.9713	5.7466	5.5348	5.3349
11	9	8.5660	8.1622	7.7861	7.4353	7.1078	6.8017	6.5152	6.2469	5.9952	5.7590
12	10	9.4713	8.9826	8.5302	8.1109	7.7217	7.3601	7.0236	6.7101	6.4177	6.1446

图 1.38

3)名义利率与实际利率

(1)Excel 实际年利率的计算

当给定名义利率和一年内计息次数,可利用 EFFECT 函数计算实际年利率。

EFFECT 函数:利用给定的名义年利率和每年的复利期数,计算实际的年利率。

语法:EFFECT(Nominal_rate,Npery)。

a. Nominal_rate 为名义利率。

b. Npery 为每年的复利期数。

c. 如果该函数不可用,请安装并加载"分析工具库"加载宏。

【例题 1.28】 给定的名义利率为 12%,按日计息,即一年内 365 次计息,则实际年利率的计算步骤如下。

解:首先,设计如图 1.39 所示的表格。

	A	B
1	名义年利率	12%
2	复利期数	365
3	实际年利率	

图 1.39

其次,在 B3 插入财务函数 EFFECT,参数如图 1.40 所示。

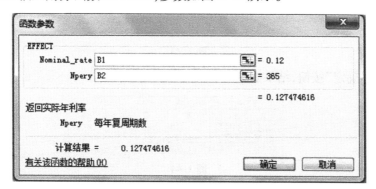

图 1.40

最后,单击"确定"按钮,结果如图 1.41 所示。

	B3	▼	f_x	=EFFECT(B1,B2)	
	A	B	C	D	
1	名义年利率	12%			
2	复利期数	365			
3	实际年利率	12.75%			

图 1.41

(2)Excel 名义年利率的计算

当给定实际年利率和一年内计息次数,可利用 NOMINAL 函数计算名义年利率。

NOMINAL 函数:基于给定的实际利率和年复利期数,返回名义年利率。

a. NOMINAL(Effect_rate,Npery)

b. Effect_rate 为实际利率。

c. Npery 为每年的复利期数。如果该函数不可用,请安装并加载"分析工具库"加载宏。

【例题 1.29】 给定的实际年利率为 15%,按月计息,即一年内 12 次计息,则实际年利率的计算步骤如下。

解:首先,设计如图 1.42 所示的表格。

	A	B
1	实际年利率	15%
2	复利期数	12
3	名义年利率	

图 1.42

其次,在 B3 插入财务函数 NOMINAL,参数如图 1.43 所示。

图 1.43

最后,单击"确定"按钮,结果如图 1.44 所示。

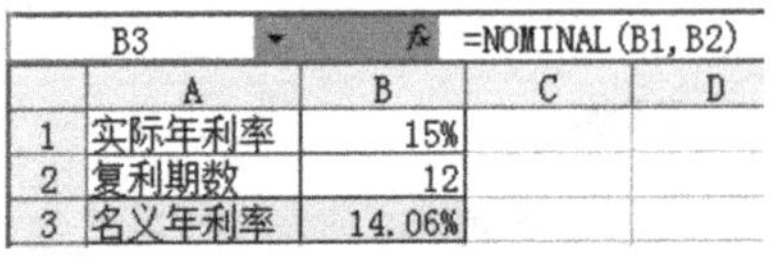

图 1.44

4)实际应用举例

在计算资金的时间价值过程中,如果给定的年利率是 1% 的整数倍,年限是整数年时,往往可直接通过查表找到所需要的有关系数。但有时可能会出现给定的年利率不是 1% 的整数倍,年限不是整数年的情况,或反过来,已知现值、终值、年金等,需求未知的利率或相应的年限,则借助于 Excel 的有关函数及工具可以方便地解决类似的问题。

(1)贷款年利率的计算

【例题 1.30】 某人向银行贷款 10 万元购买房子,在今后的 5 年中,每年年末要向银行交还 2.34 万元,问银行贷款的年利率是多少?

解:解决这个问题的方法有很多,如利用 RATE 函数、规划求解方程法、单变量求解方程法等。下面用 RATE 函数进行求解。

RATE 函数:返回年金的各期利率。函数 RATE 通过迭代法计算得出,并且可能无解或有多个解。如果在进行 20 次迭代计算后,函数 RATE 的相邻两次结果没有收敛于 0.000 000 1,函数 RATE 将返回错误值 #NUM!。

语法:RATE(Nper,Pmt,Pv,Fv,Type,Guess)。

a. Nper 为总投资期,即该项投资的付款期总数。

b. Pmt 为各期付款额,其数值在整个投资期内保持不变。通常 Pmt 包括本金和利息,但不包括其他费用或税金。如果忽略了 Pmt,则必须包含 Fv 参数。

c. Pv 为现值,即从该项投资开始计算时已经入账的款项,或一系列未来付款当前值的累积和,也称为本金。

d. Fv 为未来值,或在最后一次付款后希望得到的现金余额。如果省略 Fv,则假设其值为零(如一笔贷款的未来值即为零)。

e. Type 数字 0 或 1,用以指定各期的付款时间是在期初(1)还是期末(0)。如果省略 Type,则假设其值为 0。

求解步骤如下:

首先,设计如图 1.45 所示的表格。

	A	B
1	年限	5%
2	现值	10
3	年金	2.34
4	年利率	

图 1.45

其次,在 B4 插入财务函数 RATE,参数如图 1.46 所示。

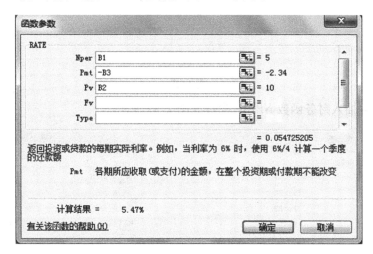

图 1.46

最后,单击"确定"按钮,结果如图 1.47 所示。

B4	▼	f_x	=RATE(B1,-B3,B2)	
	A	B	C	D
1	年限	5		
2	现值	10		
3	年金	2.34		
4	年利率	5.47%		

图 1.47

(2)贷款偿还期的计算

【例题 1.31】　某公司拟对原有的一台设备进行更新改造,预计现在一次支付 10 万元,可使公司每年成本节约 2.5 万元。若现在银行复利年利率为 6%,那么,这项更新设备至少使用几年才合算?

解:本题可以使用投资偿还期函数 NPER 求解。

NPER 函数:基于固定利率及等额分期付款方式,返回某项投资的总期数。

语法:NPER(Rate,Pmt,Pv,Fv,Type)。

a. Rate 为各期利率,是一固定值。

b. Pmt 为各期所应支付的金额,其数值在整个年金期间保持不变。通常,pmt 包括本金和利息,但不包括其他的费用及税款。

c. Pv 为现值,即从该项投资开始计算时已经入账的款项,或一系列未来付款的当前值的累积和,也称为本金。

d. Fv 为未来值,或在最后一次付款后希望得到的现金余额。如果省略 Fv,则假设其值为零(例如,一笔贷款的未来值即为零)。

e. Type 数字 0 或 1,用以指定各期的付款时间是在期初(1)还是期末(0),默认为期末。

求解步骤如下:

首先,设计如图 1.48 所示的表格。

	A	B
1	复利年利率	6%
2	年金	2.5
3	现值	-10
4	投资期数	

图 1.48

其次,在 B4 插入财务函数 NPER,参数如图 1.49 所示。

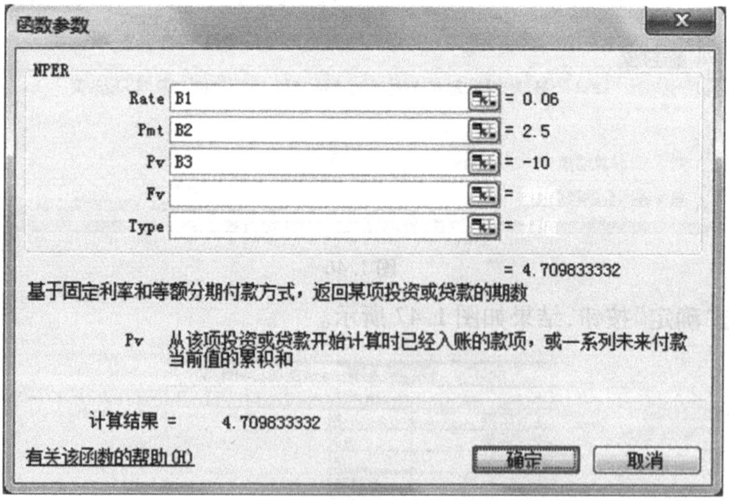

图 1.49

最后,单击"确定"按钮,调整 B4 单元格格式后,结果如图 1.50 所示。

B4		f_x	=NPER(B1,B2,B3)	
	A	B	C	D
1	复利年利率	6%		
2	年金	2.5		
3	现值	-10		
4	投资期数	4.71		

图 1.50

Excel 是一个功能强大、技术先进、使用方便的电子数据表软件。它可在资金时间计算中进行各种数据处理、统计分析和辅助决策操作,广泛地应用于资金管理、财务统计、财政、金融等众多领域,大大简化了手工操作,改进了数据分析的能力,有效地提高了工作效率。

 情境小结

建筑工程技术经济是在工程项目建设的实践中逐渐发展及完善起来的,合理运用工程经济的知识可以促进投资决策的科学化。

通过情境学习,要全面掌握建筑工程技术经济的内涵,熟悉工程技术与经济之间的辩证关系,了解建筑工程技术经济的发展过程及其工作程序,理解本课程的特点及其与相关课程的区别,为学好本课程打下基础。

结合国内外工程项目建设程序,主要介绍了工程项目生命周期。在工程项目生命周期的阶段划分上,从前期分析研究、实施建设、运营来划段,分为 3 个阶段,即初始阶段、实施阶段和使用阶段。对于各阶段所包含的各主要环节及其之间的前后顺序,在实际工程建设中有时会因项目所在地的体制不同、项目自身特性等有所变化,其各环节之间也时常互相交叉渗透。在这部分的学习中建议掌握主要内容,理论联系实际。

在工程经济分析中,把各个时点上实际发生的现金流出或流入称为现金流量。对于工程建设而言,投资、折旧、经营成本、销售收入、税金和利润等经济量是构成项目经济系统现金流量的基本要素,是工程经济分析的基础数据。而对于某一特定的工程建设项目以及系统,为方便分析,通常采用现金流量图的形式来反映各时点现金流入、流出与对应时间的相互关系。

时间价值理论和现金流量的计算方法是工程经济的理论基础和进行有效的工程经济分析的工具。资金的时间价值是指不同时间发生的等额资金在价值上是有差别的,利息和利率分别是衡量资金时间价值的绝对尺度和相对尺度,利息有单利和复利两种计息方法。在复利计算时,如果利率名义周期和计息周期不一致时,就会出现名义利率和实际利率的换算问题。资金等值是一个十分重要的概念,它是指在考虑时间价值的情况下,不同时点发生的绝对值不等的资金可能具有相等的价值,因此,利用折现率,我们就可以把一个时点发生的资金金额换算成另一时点的等值金额。资金的等值计算有 7 个基本公式。同时,对 Excel 在资金时间价值计算中的应用也作了进一步说明。此部分内容是工程经济分析的难点内容之一,可以选学一部分内容,由浅入深、从简到繁,抛砖引玉。

 **课后习题**

一、简答题

1.简述工程、技术与经济的概念和关系。

2.工程经济的特点是什么?

3. 工程经济研究的对象是什么？

4. 工程经济研究的内容包括哪些？

5. 工程项目的寿命周期划分为几个阶段？各阶段的工作内容有哪些？

6. 试述工程项目投资的构成。

7. 建筑安装工程费用是如何构成的？

8. 设备及工器具购置费用是如何构成的？

9. 什么是总成本费用及经营成本？

10. 工程建设其他投资的组成项目有哪些？

11. 营业税金及附加包括哪些税种？

12. 利润总额、净利润与未分配利润的关系如何？

13. 什么是现金流量？如何绘制现金流量图？

14. 什么是资金时间价值？衡量资金时间价值有哪些？

15. 请说明名义利率和实际利率的关系。

16. 资金等值计算常用公式有哪些？各有何经济意义？

二、选择题

1. 资金时间价值与利率之间的关系是（　　　）。

    A. 交叉关系　　　　　B. 被包含与包含关系　　C. 主次关系　　　　　D. 没有任何关系

2. 某一投资项目，投资 5 年，每年复利 4 次，其实际年利率为 8.24%，则其名义利率为（　　　）。

    A. 8%　　　　　　　　B. 8.16%　　　　　　　C. 8.04%　　　　　　　D. 8.06%

3. 如果 $(P/A,5\%,5)=4.3297$，则 $(A/P,5\%,5)$ 的值为（　　　）。

    A. 0.2310　　　　　　B. 0.7835　　　　　　　C. 1.2763　　　　　　　D. 4.3297

4. 普通年金现值系数的倒数称为（　　　）。

    A. 普通年金终值系数　　　　　　　　　　　　B. 复利终值系数

    C. 偿债基金系数　　　　　　　　　　　　　　D. 投资回收系数

5. 有一项年金，前 3 年无流入，后 5 年每年年初流入 500 元，年利率为 10%，则其现值为（　　　）元。

    A. 1 994.59　　　　　B. 1 565.68　　　　　　C. 1 813.48　　　　　　D. 1 423.21

6. 某人将 10 000 元存入银行，银行的年利率为 10%，按复利计算。则 5 年后此人可从银行取出（　　　）元。

    A. 17 716　　　　　　B. 15 386　　　　　　　C. 16 105　　　　　　　D. 14 641

7. 下列投资中，风险最小的是（　　　）。

    A. 购买政府债券　　　B. 购买企业债券　　　　C. 购买股票　　　　　　D. 投资开发项目

8. 某人希望在 5 年后取得本利和 1 000 元，用于支付一笔款项。若按单利计算，利率为 5%，那么，他现在应存入（　　　）元。

A. 800　　　　　　B. 900　　　　　　C. 950　　　　　　D. 780

9. 普通年金是指在一定时期内每期(　　)等额收付的系列款项。

A. 期初　　　　　　B. 期末　　　　　　C. 期中　　　　　　D. 期内

10. 某企业借入年利率为 10% 的贷款,贷款期限为 2 年,贷款的利息按季度计算,则贷款的实际年利率为(　　)。

A. 5.06%　　　　　B. 10.5%　　　　　C. 10.38%　　　　　D. 10%

11. 下列各项年金中,只有现值没有终值的年金是(　　)。

A. 普通年金　　　　B. 即付年金　　　　C. 永续年金　　　　D. 先付年金

12. 某人购入债券,在名义利率相同的情况下,对其比较有利的复利计息期是(　　)。

A. 一年　　　　　　B. 半年　　　　　　C. 一季　　　　　　D. 一月

13. 若年利率 12%,每季复利一次,则每年实际利率比名义利率(　　)。

A. 大 0.55%　　　　B. 小 0.55%　　　　C. 大 12.5%　　　　D. 小 12.5%

14. 一项 100 万元的借款,借款期 5 年,年利率为 8%,若每半年复利一次,年实际利率会高出名义利率(　　)。

A. 4%　　　　　　　B. 0.16%　　　　　C. 0.8%　　　　　　D. 0.816%

15. 若使复利终值经过 4 年后变为本金的两倍,每半年计息一次,则年利率应为(　　)。

A. 18.10%　　　　　B. 18.92%　　　　　C. 37.84%　　　　　D. 9.05%

16. 已知 $(P/F,10\%,5) = 0.620\,9$,$(F/P,10\%,5) = 1.610\,6$,$(P/A,10\%,5) = 3.790\,8$,$(F/A,10\%,5) = 6.105\,1$,那么,偿债基金系数为(　　)。

A. 1.610\,6　　　　B. 0.620\,9　　　　C. 0.263\,8　　　　D. 0.163\,8

17. 某人在年初存入一笔资金,存满 4 年后每年末取出 1\,000 元,至第 8 年年末取完,银行存款利率为 10%。则此人应在最初一次存入银行的钱数为(　　)。

A. 2\,848　　　　　B. 2\,165　　　　　C. 2\,354　　　　　D. 2\,032

18. A 公司于第一年初借款 10\,000 元,每年年末还本付息额均为 2\,500 元,连续 5 年还清,则该项借款利率为(　　)。

A. 7.93%　　　　　B. 7%　　　　　　　C. 8%　　　　　　　D. 8.05%

19. 在 10% 利率下,1～4 年期的复利现值系数分别为 0.909\,1,0.826\,4,0.751\,3,0.683\,0,则 4 年期的普通年金现值系数为(　　)。

A. 2.599\,8　　　　B. 3.169\,8　　　　C. 5.229\,8　　　　D. 4.169\,4

20. 企业采用融资租赁方式租入一台设备,设备价值 100 万元,租期 5 年,设定折现率为 10%。则每年初支付的等额租金是(　　)万元。

A. 20　　　　　　　B. 26.98　　　　　C. 23.98　　　　　D. 16.38

三、计算题

1. 某投资者用 100 万元投资某项物业,假设该物业的年投资收益率为 8%,且持续不变,则1年和2年后该投资起始资金会增为多少?

2. 一笔投资预计8年后资金增值为100万元,如果该项投资的收益率为10%,则最初应投入多少资金?

3. 某房地产开发公司在销售房屋时,采用一次性付款和分期付款两种方式,客户采用分期付款时,可以分3年付清,每年年初支付一次,其中第1年支付房款的30%,第2年支付房款的50%,第3年支付余下房款。试问房地产开发商为了促销,当客户采用一次性付款时,可打几折? 假设年利率为10%。

4. 每年年末存入银行10 000元,年利率为8%,求第5年年末的终值。

5. 某项目通过银行贷款进行投资,还贷期为15年,年利率为8%,建成后每年获得利润120万元,如年利润全部用来还贷,问:贷款额度应控制在多少才能在15年内还清贷款?

6. 现在投资1 000万元,预计年收益率为12%,8年内收回全部投资,每年应等额回收多少资金?

7. 已知某笔贷款的年利率为12%,借贷双方约定按季度计息,则该笔贷款的实际利率是多少?

8. 某公司借款1 500万元,年复利率为10%,试问5年后一次需支付的本利和为多少?

9. 某房地产开发商向银行贷款2 000万元,期限是两年,年利率为8%,若该笔贷款的还款方式为期间按季度付息、到期后一次偿还本金,则开发商为该笔贷款支付的利息总额是多少? 如果计算先期支付利息的时间价值,则贷款到期后开发商实际支付的利息又是多少?

10. 某家庭预计在今后10年内的月收入为15 000元,如果其中的30%可用于支付住房抵押贷款,年贷款利率为12%,问该家庭有偿还能力的最大抵押贷款申请额是多少?

11. 某家庭以抵押贷款的方式购买了一套价值为50万元的住宅,首付款为房价的30%,其余房款用抵押贷款支付。如果抵押贷款的期限为15年,按月等额偿还,年贷款利率为15%,问月还款额为多少? 如果该家庭30%的收入可以用来支付抵押贷款月还款额,问该家庭需月收入多少,才能购买上述住宅。

▶学习情境二

工程建设项目的资金筹措和经济预测

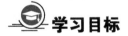 **学习内容**

　　融资主体及其融资方式;项目资本金的融通;项目债务筹资;融资方案分析;市场调查和工程经济预测的基本概念、类别划分、程序和主要方法。

学习目标

1. 知识目标

　　(1)掌握项目融资主体的概念;

　　(2)掌握既有法人融资的概念、适用条件、特点;

　　(3)掌握新设法人融资的概念、适用条件、特点和与既有法人融资的不同;

　　(4)掌握资金成本的含义、性质及作用;

　　(5)掌握资金成本的计算公式;

　　(6)掌握权益融资成本、负债融资成本的计算公式;

　　(7)掌握加权平均资金成本的计算公式;

　　(8)熟悉项目资本金的筹措方式、发行股票筹资的优缺点及筹措项目资本金应注意的问题;

　　(9)熟悉融资租赁的概念、方式及优缺点;

　　(10)熟悉债券的概念、债券筹资的优缺点;

　　(11)了解项目资本金的来源;

(12)了解国内债务筹资来源、国外资金来源。

2. 能力目标

(1)能运用资金成本的计算公式计算资金成本；

(2)能计算优先股成本和普通股成本；

(3)能计算债券成本、银行借款成本、租赁成本；

(4)能运用加权平均资金成本计算公式计算企业资金总成本；

(5)能结合实际选用定性和定量的方法进行预测。

案例导入

三峡水利工程建设项目是我国重点水利枢纽工程项目、世界上最大的水电站之一,肩负着发电、航速、防洪、电力调度等多功能、多目的的综合性大型水利项目。工程总量浩大,建设历经18年,动迁人口超过百万,总投资超过2 000亿元。

一、项目背景

2009年,工程建设全面完成。鉴于项目建设的多功能性,主体工程建成投产只完成了整体项目战略的第一步。至此,整体项目由建设期向后续管理期转变。工程后续工作面临着移民安稳致富、区域经济发展、库区生态建设与环境保护、地质虫害防治、水库综合效益拓展等问题。

为解决上述问题,发挥工程的综合效益、实现库区的长远发展,国家制定了该工程后续工作规划。后续规划所需资金投入量大,大多数项目具有很高的公益性,社会收益远大于个人收益,投资经济回报率低甚至无回报,并且投资周期长、投资规模大。如何筹集资金,落实工程后续工作规划,全面实现工程建设的多重目标成为后续工作中的重点和难点。

二、项目目标及项目内容

鉴于中华咨询在财政管理、资金管理和大型专题研究方面的特有优势,以及多年为政府部门、大型国有企业集团服务的经验,工程主管部门特请中华咨询为工程后续工作资金筹措方案进行研究。项目的核心目标是根据该工程后续工作规划,研究规划配套资金筹措方案,并提出资金管理建议。项目内容包括下述内容。

1. 分析后续工作的重大意义和现实资金需求

分析后续工作对区域及全国经济发展的重要意义,分析库区经济社会基础和后续工作需求,并总结分析国家制定的多个后续工作规划的内容和资金需求。

2. 筹资方案设计

鉴于庞大的资金需求量,资金筹措需要通过多级财政利用多种渠道,并有效引导并调动市场资金参与。研究首先在区分受益范围、使用目的的基础上，划分筹资责任主体。进而在衡量各主体特点、资源优势的基础上设计筹资方案，包括中央财政、地方财政、市场资本3个层面的筹资方式、相关原则，引导市场资本的相关政策导向。

3. 资金管理方案建议

首先，区别于前期移民建设开发，后续规划资金管理需要从分散管理向集中管理转变。其次，规划内容的广泛和项目间资金管理需求的差异，增加了资金管理的复杂性。最后，大规模资金的有效监管也对资金管理提出了更高的要求。针对工程后续工作规划资金管理的特殊要求，研究将给出创新性的资金管理建议。试问这个项目应如何筹资？

思考：对于如何筹资这一问题，需要分析筹资的方式。不同方式，资金成本不同。

进一步分析：对于项目如何筹资的判断，需要通过计算资金成本来回答。不同的筹贷来源，对应着不同的资金成本的计算方法。各种筹资方式、资金成本的计算是学习的主要内容。

学习任务一　工程建设项目资金筹措

一、融资主体及其融资方式

工程项目融资是以项目预期现金流量为其债务资金（如银行贷款）的偿还提供保证的，换言之，工程项目融资用来保证项目债务资金偿还的资金来源，主要依赖于项目本身的经济强度，即项目未来的可用于偿还债务的净现金流量和项目本身的资产价值。是否采用工程项目融资方式取决于项目公司的能力，通常为一个项目单独成立的项目公司采用项目融资方式筹资。工程项目融资与传统的企业融资相比，有以下具体区别：

①工程项目融资以融资建设一个具体的项目或收购一个已有的项目为出发点，以项目为导向；企业融资则以一个企业的投资和资金运动需要为出发点。

②在工程项目融资中，项目债务资金提供者主要关心项目本身的经济强度、效益前景、战略地位等，其偿还保证依赖于项目本身的预期净现金流量和盈利性；而在企业融资中，项目债务资金提供者主要关心企业资信、偿债能力、获利能力和企业管理当局经营管理能力。

③工程项目融资比一般的企业融资需要更大的、更集中的资金量，更长的占用周期。

因此，工程项目的融资分析就可分为资本金来源分析和债务资金来源分析两类，并且研究一种融资方案的融资成本和融资风险，对拟定的融资方案进行比选，以优化融资方案。

(一)项目融资主体

分析、研究项目的融资渠道和方式,提出项目的融资方案,应首先确定项目的融资主体。正确确定项目的融资主体,有助于顺利筹措资金和降低债务偿还风险。确定项目的融资主体应考虑项目投资的规模和行业特点,项目与既有法人资产、经营活动的联系,既有法人财务状况、项目自身的盈利能力等因素。

项目的融资主体是指进行项目融资活动并承担融资责任和风险的经济实体。为建立投资责任约束机制,规范项目法人的行为,明确其责、权、利,提高投资效益,依据《公司法》,原国家计委制定了《关于实行建设项目法人责任制的暂行规定》(计建设〔1996〕673 号)。实行项目法人责任制,由项目法人对项目的策划、资金筹措、建设实施、生产经营、债务偿还和资产的保值增值,实行全过程负责。项目的融资主体应是项目法人。按是否依托于项目组建新的项目法人实体划分,项目的融资主体分为既有法人和新设法人。两类项目法人在融资方式上和项目的财务分析方面均有较大不同。

1.既有法人融资

1)既有法人融资主体的适用条件

①既有法人为扩大生产能力而兴建的扩建项目或原有生产线的技术改造项目。

②既有法人为新增生产经营所需水、电、气等动力供应及环境保护设施而兴建的项目。

③项目与既有法人的资产以及经营活动联系密切。

④既有法人具有为项目进行融资和承担全部融资责任的经济实力。

⑤项目盈利能力较差,但项目对整个企业的持续发展具有重要作用,需要利用既有法人的整体资信获得债务资金。

2)既有法人融资的特点

既有法人融资是指依托现有法人进行的融资活动,其特点是:

①拟建项目不组建新的项目法人,由既有法人统一组织融资活动并承担融资责任和风险。

②拟建项目一般是在既有法人资产和信用的基础上进行的,并形成增量资产。

③从既有法人的财务整体状况考察融资后的偿债能力。

2.新设法人融资

1)新设法人融资主体的适用条件

①项目发起人希望拟建项目的生产经营活动相对独立,且拟建项目与既有法人的经营活动联系不密切。

②拟建项目的投资规模较大,既有法人财务状况较差,不具有为项目进行融资和承担全部融资责任的经济实力,需要新设法人募集股本金。

③项目自身具有较强的盈利能力,依靠项目自身未来的现金流量可以按期偿还债务。

2)新设法人融资的特点

新设法人融资是指新组建项目法人进行的融资活动,其特点如下:

①项目投资由新设项目法人筹集的资本金和债务资金构成。

②由新设项目法人承担融资责任和风险。

③从项目投产后的经济效益情况考察偿债能力。

3.项目法人与项目发起人及投资人的关系

投资活动有一个组织发起的过程,为投资活动投入财力、人力、物力或信息的称为项目发起人或项目发起单位。项目发起人可以是项目的实际权益资金投资的出资人(项目投资人),也可以是项目产品或服务的用户或者提供者、项目业主等。项目发起人可以来自政府或民间。

项目投资人是作为项目权益投资的出资人定位的。比如,按照公司法设立一家公司时公司注册资本的出资人,一家股份公司认购股份的出资人,对于投资项目来说,资本金的出资人也就是权益投资的投资人。投资人提供权益资金的目的就是为了获取项目投资所形成的权益。权益投资人取得对项目或企业产权的所有权、控制权和收益权。

投资活动的发起人和投资人可以只有一家(一家发起,发起人同时也是唯一的权益投资的出资人),也可以有多家。因此,项目投资主体也可分为两种情况:一是单一投资主体,二是多元投资主体。单一投资主体不涉及投资项目责、权、利在各主体之间的分配关系,可以自主决定其投资产权结构和项目法人的组织形式。多元投资主体则必须围绕投资项目的责、权、利在各主体之间的分配关系,恰当地选择合适的投资产权结构和项目法人的组织形式。

(二)既有法人融资方式

既有法人融资是指建设项目所需的资金来源于既有法人内部融资、新增资本金和新增债务资金。新增债务资金依靠既有法人整体的盈利能力来偿还,并以既有法人整体的资产和信用承担债务担保。既有法人项目的总投资构成及资金来源如图2.1所示。

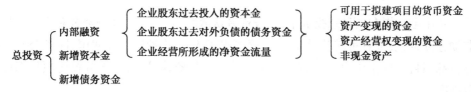

图2.1 既有法人项目的总投资构成及资金来源

1.可用于拟建项目的货币资金包括既有法人现有的货币资金和未来经营活动中可能获得的盈余现金。现有的货币资金是指现有的库存现金和银行存款,这些资金扣除必要的日常经营所需的货币资金额后,可用于拟建项目。未来经营活动中可能获得的盈余现金,是指在拟建项目的建设期内,企业在经营活动中获得的净现金节余,这些资金可抽出一部分用于项目建设。

2.资产变现的资金包括转让长期投资、提高流动资产使用效率、出售固定资产而获得的资金。企业的长期投资包括长期股权投资和长期债权投资,一般都可通过转让而变现。

存货和应收账款对流动资金需要量影响较大,企业可通过加强财务管理,提高流动资产周转率,减少存货、应收账款等流动资产占用而取得现金,也可出让有价证券取得现金。企业的固定资产中,有些由于产品方案改变而被闲置,有些由于技术更新而被替换,都可以出售变现。

3.资产经营权变现的资金是指既有法人可以将其所属资产经营权的一部分或全部转让而取得的用于项目建设的现金。例如,某公司将其已建成的一条高速公路的20%的经营权转让给另一家公司,转让价格为未来20年这条高速公路收益的20%,将取得的资金用于建设另一条高速公路。

4.非现金资产包括实物、工业产权、非专利技术、土地使用权等,当这些资产适用于拟建项目时,经资产评估可直接用于项目建设。

以既有法人融资方式筹集的债务资金虽然用于项目投资,但债务人是既有法人。债权人可对既有法人的全部资产(包括拟建项目的资产)进行债务追索,因而债权人的债务风险较低。在这种融资方式下,不论项目未来的盈利能力如何,只要既有法人能够保证按期还本付息,银行就愿意提供信贷资金。因此,采用这种融资方式,必须充分考虑既有法人整体的盈利能力和信用状况,分析可用于偿还债务的既有法人的整体(包括拟建项目)的未来的净现金流量。

(三)新设法人融资方式

新设法人融资是指由项目发起人(企业或政府)发起组建新的具有独立法人资格的项目公司,由新组建的项目公司承担融资责任和风险,依靠项目自身的盈利能力来偿还债务,以项目投资形成的资产、未来收益或权益作为融资担保的基础。建设项目所需资金的来源包括项目公司股东投资的资本金和项目公司承担的债务资金。

1.项目资本金

项目资本金是指在项目总投资中,由投资者认缴的出资额,这部分资金对项目的法人而言属非债务资金,投资者可转让其出资,但不能以任何方式抽回。在我国,除了公益性项目等部分特殊项目主要由中央和地方政府用财政预算投资建设外,大部分投资项目都应实行资本金制度。

1996年《国务院关于固定资产投资项目试行资本金制度的通知》规定了各种经营性国内投资项目资本金占总投资的比例。作为计算资本金比例基数的总投资,是指投资项目的固定资产投资(即建设投资和建设期利息之和)与铺底流动资金之和。其中,交通运输、煤炭项目,资本金比例为35%及以上;钢铁、邮电、化肥项目,资本金比例为25%及以上;电力、机电、建材、石油加工、有色金属、轻工、纺织、商贸及其他行业的项目,资本金比例为20%及以上。项目资本金的具体比例,由项目审批单位根据项目经济效益、银行贷款意愿与评估意见等情况,在审批可行性研究报告时核定。经国务院批准,对个别情况特殊的国家重点建设项目,可适当降低资本金比例。

外商投资项目包括外商独资、中外合资、中外合作经营项目,按我国现行规定,其注册资本与投资总额的比例为:投资总额在300万美元以下(含300万美元)的,其注册资本的比例不得低于70%;投资总额在300万美元以上至1 000万美元(含1 000万美元)的,其注册资本的比例不得低于50%;投资总额在1 000万美元以上至3 000万美元(含3 000万美元)的,其注册资本的比例不得低于40%;投资总额在3 000万美元以上的,其注册资本的比例不得低于1/3。投资总额是指建设投资、建设期利息和流动资金之和。

按照我国现行规定,有些项目不允许国外资本控股,有些项目要求国有资本控股。

2. 债务资金

新设法人项目公司债务资金的融资能力取决于股东能对项目公司借款提供多大程度的担保。实力雄厚的股东,能为项目公司借款提供完全的担保,可以使项目公司取得低成本资金,降低项目的融资风险;但担保额度过高会使项目公司承担过高的担保费,从而增加项目公司的费用支出。

3. 无追索权与有限追索权的项目融资

狭义上讲,新设法人融资就是指具有无追索权或有限追索权形式的融资活动。彼得·内维特在其著作 *Project Financing*(1995年第六版)中,给出了项目融资的定义如下:"项目融资就是在向一个具体的经济实体提供贷款时,贷款方首先分析该经济实体的现金流量和收益,将此视为偿还债务的资金来源,并将该经济实体的资产视为这笔贷款的担保物,若这两点可作为贷款的安全保障则予以贷款。"根据这个定义,工程项目融资用以保证项目债务偿还的资金来源主要依赖于项目本身的资产与收益(即项目未来可用于偿还债务的净现金流量和项目本身的资产价值),并将其项目资产作为抵押条件来处理,而该项目投资者的一般信用能力则通常不作为重要的分析因素。

根据有无追索权,项目融资可分为无追索权的项目融资和有限追索权的项目融资。所谓"有限追索权"项目融资是指项目发起人或股本投资人只对项目的借款承担有限的担保责任,即项目公司的债权人只能对项目公司的股东或发起人追索有限的责任。追索的有限性表现在时间及金额两个方面。时间方面的追索限制通常表现为:项目建设期内项目公司的股东提供担保,而项目建成后。这种担保则会解除,改为以项目公司的财产抵押。金额方面的限制可能是股东只对事先约定金额的项目公司借款提供担保,其余部分不提供担保,或者仅仅只是保证在项目投资建设及经营的最初一段时间内提供事先约定金额的追加资金支持。极端情况下,项目发起人与股东对项目公司借款提供完全的担保,即项目公司的贷款人对股东及发起人有完全的追索权。

所谓"无追索权"项目融资是指项目公司的债权人对于发起人及项目公司股东完全无追索权的融资方式。换句话说,就是股东除了承担股本投资责任以外,不对新设立的公司提供融资担保。

由于在新设法人融资方式下,项目的权益投资人一般不对项目的借款提供担保或只提供部分担保,因此降低了项目对于投资人的风险。

为了实现新设法人融资的有限追索,需要以某种形式将项目有关的各种风险,在债权人、项目投资人、与项目开发有直接或间接利益关系的其他参与者之间进行分担。在项目融资过程中,项目借款人应识别和分析项目的各种风险因素,明确自己、债权人和其他参与者所能承受风险的最大能力和可能性,充分利用与项目有关的一切可以利用的优势,设计出对投资者(借款人)最低追索的融资结构。

4. 既有法人融资方式和新设法人融资方式的比较

相对于既有法人融资(以下简称"公司融资")形式,新设法人融资(以下简称"项目融资")具有明显不同的特点。

1)以项目为导向安排融资

项目融资不是依赖于项目投资者或发起人的资信,而是依赖于项目的现金流和资产。

债权人关心的是项目在贷款期间能够产生多少现金流量用于还款,贷款的数量、融资成本的高低都是与项目的预期现金流量和资产价值密切相关的。正是因为如此,有些投资人或发起人以自身的资信难以借到的资金,或难以得到的担保条件,可通过项目融资来实现。

采用项目融资方式与采用公司融资方式相比,一般可获得更高的贷款比例。根据项目经济强度状况不同,通常可为项目提供60% ~ 70%的资本需求量。不仅如此,项目的贷款期限也可根据项目的经济生命周期来安排,一般比商业贷款期限长。

2)有限追索权

债权人对项目借款人的追索形式和程度是区分项目融资和公司融资形式的重要标志。

对于公司融资而言,债权人为项目借款人提供的是完全追索形式的债务资金,主要依赖的是借款人自身的资信状况,而不是项目的现金流量和资产价值。

而对于项目融资而言,债权人可在借款的某个特定时期(如项目的建设期)或特定的范围内对项目借款人实施追索。

3)资产负债表外的会计处理

若项目资金采用公司融资方式获得,而项目发起方或投资人要直接从金融机构贷款,后果是其资产负债率会大大提高,增大了发起人或投资人的财务风险,也会限制其进一步举债的能力。特别是当一家公司在从事超过自身资产规模的项目,或者同时进行几个较大项目的开发时,这种融资方式会对公司造成极大的压力。

如果这种项目贷款安排全部体现在公司的资产负债表上,会造成公司的资产负债比例失衡,影响未来的发展能力。

项目融资则可以通过对其投资结构和融资结构的设计,将贷款安排为一种非公司负债型的融资。采用项目融资形式时,贷款人对项目的债务追索权主要被限制在项目公司的资产和现金流量中,项目发起人和投资人所承担的是有限责任,其资产负债表不会因此而受到影响。项目发起人或投资人向金融机构提供了一些担保,也不会直接影响其资产负债表上的负债和权益比例,这些债务最多只是以报表说明的形式反映在公司资产负债表中。

4)融资周期长,融资成本较高

与传统的公司融资方式相比,新设项目法人融资花费的时间要更长,通常从开始准备到完成整个融资计划需要3~6个月的时间,有些大型工程项目融资甚至要几年的时间才能完成。由于前期工作繁多,加之有限追索的性质,导致融资成本显著提高。项目融资成本包括:

①资金筹集成本。包括融资前期花费的咨询费、承诺费、手续费、律师费等。前期的资金筹集成本与融资规模有直接关系,一般占贷款金额的0.5%~2%。融资规模越大,资金筹集成本所占比例就越小。

②利息成本。项目融资的利息一般要高于同等条件下的公司贷款利息,这也使得融资成本明显增加。

项目融资与传统的公司融资主要不同之处见表2.1。

表2.1　项目融资与公司融资方式比较

	项目融资	公司融资
融资基础	项目的资产和现金流量(放贷者最关注的是项目效益)	投资人、发起人的资信
追索程度	有限追索权(特定阶段或范围内)或无追索权	完全追索权(用抵押资产以外的其他资产偿还债务)
风险分担	所有参与者	投资放贷担保者
股权比例	投资者出资比例较低,杠杆比率低	投资者出资比例较高
会计处理	资产负债表外融资(债务不出现在发起人的资产负债表上,仅出现在项目公司的资产负债表上)	项目债务是投资者的债务的一部分,出现在其资产负债表
融资成本	资金的筹集费用和使用费用一般均高于公司融资方式	融资成本一般低于项目融资方式

二、项目资本金的融通

项目资本金主要是作为项目实体而不是企业所注册的资金。注册资金是指企业实体在工商行政管理部门登记的注册资金,通常指营业执照登记的资金,即会计上的"实收资本"或"股本",是企业投资者按比例投入的资金。在我国,注册资金又称为企业资本金。因此,项目资本金有别于注册资金。

(一)项目资本金的来源

项目资本金可用货币出资,也可用实物、工业产权、非专利技术、土地使用权作价出资。对作为资本金的实物、工业产权、非专利技术、土地使用权,必须经过有资格的资产评估机构依照法律、法规评估作价,不得高估或低估。以工业产权、非专利技术作价出资的比例不得超过投资项目资本金总额的 20%,国家对采用高新技术成果有特别规定的除外。

投资者以货币方式缴纳的资本金,其资金来源有:

①各级人民政府的财政预算内资金、国家批准的各种专项建设基金、经营性基本建设基金回收的本息、土地批租收入、国有企业产权转让收入、地方人民政府按照国家有关规定收取的各种规费及其他预算外资金。

②国家授权的投资机构及企业法人的所有者权益、企业折旧资金以及投资者按照国家规定从资金市场上筹措的资金。

③社会个人合法所有的资金。

④国家规定的其他可以用作投资项目资本金的资金。

对某些投资回报率稳定、收益可靠的基础设施、基础产业投资项目,以及经济效益好的竞争性投资项目,经国务院批准,可试行通过可转换债券或组建股份制公司发行股票方式筹措资本金。

为扶持不发达地区的经济发展,国家主要通过在投资项目资本金中适当增加国家投资的比重,在信贷资金中适当增加政策性贷款的比重以及适当延长政策性贷款的还款期等措施增强其融资能力。

(二)项目资本金的筹措

根据出资方的不同,项目资本金分为国家出资、法人出资和个人出资。根据国家法律、法规规定,建设项目可通过争取国家预算内投资、自筹投资、发行股票和吸收国外资本直接投资等多种方式来筹集资本金。

1. 国家预算内投资

国家预算内投资,简称"国家投资",是指以国家预算资金为来源并列入国家计划的固定资产投资。目前包括国家预算、地方财政、主管部门和国家专业投资或委托银行贷给建设单位的基本建设拨款及中央基本建设基金,拨给企业单位的更新改造拨款,以及中央财政安排的专项拨款中用于基本建设的资金。国家预算内投资的资金一般来源于国家税收,也有一部分来自于国债收入。

国家预算内投资目前虽然占全社会固定资产总投资的比重较低,但它是能源、交通、原材料以及国防、科研、文教卫生、行政事业建设项目投资的主要来源,对于整个投资结构的调整起着主导性的作用。

2. 自筹投资

自筹投资是指建设单位报告期收到的用于进行固定资产投资的上级主管部门、地方和单位、城乡个人的自筹资金。目前,自筹投资占全社会固定资产投资总额的一半以上,已成为筹集建设项目资金的主要渠道。建设项目自筹资金来源必须正当,应上缴财政的各项资金和国家有指定用途的专款,以及银行贷款、信托投资、流动资金不可用于自筹投资;自筹资金必须纳入国家计划,并控制在国家确定的投资总规模以内;自筹投资要符合一定时期国家确定的投资使用方向,投资结构去向合理,以提高自筹投资的经济效益。

3. 发行股票

股票是股份有限公司发放给股东作为已投资入股的证书和索取股息的凭证,是可作为买卖对象或质押品的有价证券。

1)股票的种类

按股东承担风险和享有权益的大小,股票可分为普通股和优先股两大类。

(1)优先股

在公司利润分配方面较普通股有优先权的股份。优先股的股东按一定比例取得固定股息;企业清算时,能优先得到剩下的可分配给股东的股产。

(2)普通股

在公司利润分配方面享有普通权利的股份。普通股股东除能分得股息外,还可在公司放利较多时再分享红利。因此,普通股获利水平与公司盈亏息息相关。股票持有人不仅可据此分配股息和获得股票涨价时的利益,且有选举该公司董事、监事的机会,有参与公司管理的权利,股东大会的选举权根据普通股持有额计算。

2)发行股票筹资的优点

①股票筹资是一种有弹性的融资方式。由于股息或红利不像利息那样必须按期付,当公司经营不佳或现金短缺时,董事会有权决定不发股息或红利,因而公司融资风险低。

②股票无到期日。其投资属永久性投资,公司不需为偿还资金而担心。

③发行股票筹集资金可降低公司负债比率,提高公司财务信用,增加公司今后的融资能力。

3)发行股票筹资的缺点

①资金成本高。购买股票承担的风险比购买债券高,投资者只有在股票的投资报酬高于债券的利息收入时,才愿意投资于股票。此外,债券利息可在税前扣除,而股息和红利需在税后利润中支付,这样就使股票筹资的资金成本大大高于债券筹资的资金成本。

②增发普通股需给新股东投票权和控制权,从而降低原有股东的控制权。

4. 吸收国外资本直接投资

吸收国外资本直接投资主要包括与外商合资经营、合作经营、合作开发及外资独营等形式。国外资本直接投资方式的特点是：不发生债权债务关系，但要让出一部分管理权，并且要支付一部分利润。

1）合资经营（股权式经营）

合资经营是外国公司、企业或个人经我国政府批准，同我国的公司、企业在我国境内举办合营企业。合资经营企业由合营各方出资认股组成，各方出资多寡，由双方协商确定，但外方出资不得低于一定比例。合资企业各方的出资方式可以是现金、实物，也可以是工业产权和专有技术，但不能超出其出资额的一定比例，合营各方按照其出资比例对企业实施控制权、分享收益和承担风险。

2）合作经营（契约式经营）

这种经营方式是一种无股权的契约式经济组织，一般情况下是由中方提供土地、厂房、劳动力，由国外合作方提供资金、技术或设备而共同兴办的企业。合作经营企业的合作双方权利、责任、义务由双方协商并用协议或合同加以规定。

3）合作开发

合作开发主要指对海上石油和其他资源的合作勘探开发，合作方式与合作经营类似。合作勘探开发，双方应按合同规定分享产品或利润。

4）外资独营

外资独营是由外国投资者独立投资和经营的企业形式。按我国规定，外国投资者可以在经济特区、开发区及其他经我国政府批准的地区开办独资企业，企业的产、供、销由外国投资者自行规定。外资独营企业的一切活动应遵守我国的法律、法规和我国政府的有关规定，并照章纳税。纳税后的利润，可通过中国银行按外汇管理条例汇往国外。

5. 筹集项目资本金应注意的问题

筹集项目资本金应注意以下 4 个方面的问题：

1）确定项目资本金的具体来源渠道

对于一个工程项目来说，资本金是否落实，或者说是否到位是非常重要的，因为资本金是否到位，不但决定项目能否开工，而且更重要的是，它是决定其他资金提供者（如金融机构）的资金是否能够及时到位的重要因素。从前述内容可以看出，一个工程项目的资本金可能来自多种渠道，既可能有投资者自己的积累，也可能有政府的拨款、主管部门的投入或通过发行股票而获得的资金等。但作为一个具体的工程项目，其资本金的来源渠道可能是有限的一个或几个。项目的投资者可根据自己所掌握的有关信息，确定资本金具体的、可能的来源渠道。

2）根据资本金的额度确定项目的投资额

不论是审批项目的政府职能部门，还是提供贷款的金融机构，都要求投资者投入一定比例的资本金，如果达不到要求，项目可能得不到审批，金融机构可能不会提供贷款。这就要求投资者根据自己所能筹集到的资本金确定一个工程项目的投资额。

3）合理掌握资本金投入比例

无论从承担风险的角度看，还是从合理避税、提高投资回报率的角度看，投资者投入的资本金比例越低越好。所以，投资者在投入资本金时，除了满足政府有关职能部门和其他资金提供者的要求外，不宜过多地投入资本金。如果企业自有资金比较充足，可以在项目上多投一些，但不宜全部作为资本金。这样不但可以相应地减少企业的风险，而且可以提高投资收益水平。

4）合理安排资本金的到位时间

实施一个工程项目，特别是大中型工程项目，往往需要比较长的时间，短则一到两年，长则两年以上甚至十多年。这就出现一个项目资本金什么时间到位的问题。一般情况下，一个工程项目的资金供应根据其实施进度进行安排。如果资金到位的时间与工程进度不符，要么会影响工程进度，要么会形成资金的积压，从而增加了筹资成本。作为投资者，投入的项目资本金不一定要一次到位，可根据工程进度和其他相关因素，安排资本金的到位时间。

三、项目债务筹资

债务资金是项目法人依约筹措并使用、按期偿还本息的借入资金。债务资金体现了项目法人与债权人的债权债务关系，它属于项目的债务，是债权人的权利。债权人有权依约按期索取本息，但不参与企业的经营管理，对企业的经营状况不承担责任。项目法人对借入资金在约定的期限内享有使用权，承担按期付息还本的义务。

（一）国内债务筹资

1. 政策性银行贷款

政策性银行是指由政府创立、参股或保证的，专门为贯彻和配合政府特定的社会经济政策或意图，直接或间接地从事某种特殊政策性融资活动的金融机构。目前，我国的政策性银行有国家开发银行、中国进出口银行和中国农业发展银行。政策性银行贷款的特点是：贷款期限长、利率低，但对申请贷款的企业或项目有比较严格的要求。

国家开发银行贷款主要用于支持国家批准的基础设施项目、基础产业项目、支柱产业项目，以及重大技术改造项目和高新技术产业化项目建设。基础设施项目主要包括农业、水利、铁道、公路、民航、城市建设、电信等行业；基础产业项目主要包括：煤炭、石油、电力、钢铁、黄金、化工、建材、医药等行业；支柱产业项目主要包括石化、汽车、机械（重大技术装备）、电子等行业中的政策性项目；其他行业项目主要包括环保、高科技产业及轻工、纺织等行业中的政策性项目。在我国的国家重点建设项目中，国家开发银行贷款占 85% 以上。国家开发银行的贷款期限可分为：短期贷款（1 年以下）、中期贷款（1 ～ 5 年）和长期贷款（5 年以上),贷款期限一般不超过15年。对大型基础设施建设项目,根据行业和项目的具体情况,贷款期限可适当延长。国家开发银行执行中国人民银行统一颁布的利率规定,对长期使用国家开发银行贷款并始终保持优良信誉的借款人,项目贷款利率可适当下浮,下浮的幅度控制在中国人民银行规定的幅度之内。

中国进出口银行通过办理出口信贷、出口信用保险及担保、对外担保、外国政府贷款转贷、对外援助优惠贷款以及国务院交办的其他业务,贯彻国家产业政策、外经贸政策和金融政策,为扩大我国机电产品、成套设备和高新技术产品出口和促进对外经济技术合作与交流,提供政策性金融支持。

中国农业发展银行按照国家的法律法规和方针政策,以国家信用为基础,筹集农业政策性信贷资金,承担国家规定的农业政策性金融业务,代理财政性支农资金的拨付,为农业和农村经济发展服务。

2. 商业银行贷款

1)商业银行贷款的特点

①筹资手续简单,速度较快。贷款的主要条款只需取得银行的同意,不必经过诸如国家金融管理机关、证券管理机构等部门的批准。

②筹资成本较低。借款人与银行可直接商定信贷条件,无须大量的文件制作,而且在经济发生变化的情况下,如果需要变更贷款协议的有关条款,借贷双方可采取灵活的方式进行协商处理。

2)商业银行贷款期限

商业银行和贷款人签订贷款合同时。一般应对贷款期、提款期、宽限期和还款期作出明确的规定。贷款期是指从贷款合同生效之日起,到最后一笔贷款本金或利息还清之日止的这段时间,一般可分为短期、中期和长期,其中1年或1年以内的为短期贷款,1年至3年的为中期贷款,3年以上的为长期贷款;提款期是从合同签订生效日起,到合同规定的最后一笔贷款本金的提取日止,宽限期是从贷款合同签订生效日起,到合同规定的第一笔贷款本金归还日止;还款期是从合同规定的第一笔贷款本金归还日起,到贷款本金和利息全部还清日止。

若不能按期归还贷款,借款人应在贷款到期日之前,向银行提出展期,至于是否展期,则由银行决定。申请保证贷款、抵押贷款、质押贷款展期的,还应由保证人、抵押人、出质人出具书面的同意证明。短期贷款展期期限累计不得超过原贷款期限;中期贷款展期期限累计不得超过原贷款期限的一半;长期贷款展期期限累计不得超过3年。若借款人未申请展期或申请展期未得到批准,其贷款从到期日次日起,转入逾期贷款账户。若借款人根据自身的还贷能力,要提前归还贷款,应与银行协商。

3)商业银行贷款金额

贷款金额是银行就每笔贷款向借款人提供的最高授信额度,贷款金额由借款人在申请贷款时提出,银行核定。借款人在决定贷款金额时应考虑3个因素:第一,贷款种类、贷款金额通常不能超过贷款政策所规定的该种贷款的最高限额;第二,客观需要,根据项目建设、生产和经营过程中对资金的需要来确定;第三,偿还能力,贷款金额应与自身的财务状况相适应,保证能按期还本付息。

3.国内非银行金融机构贷款

非银行金融机构主要有信托投资公司、财务公司和保险公司等。

1)信托投资公司贷款

信托投资公司货款是信托投资公司运用吸收的信托存款、自有资金和筹集的其他资金对审定的贷款对象和项目发放的贷款。与商业银行贷款相比,信托贷款具有以下两个特点。

①银行贷款由于现行信贷制度的限制,无法对一些企业特殊但合理的资金需求予以满足,信托贷款恰好可以满足企业特殊的资金需求。

②银行贷款按贷款的对象、期限、用途不同,有不同的利率,但不能浮动。信托贷款的利率则相对比较灵活,可在一定范围内浮动。

信托投资公司贷款主要有技术改造信托贷款、补偿贸易信托贷款、单位住房信托贷款、联营投资信托贷款及专项信托贷款等。

2)财务公司贷款

财务公司是由企业集团成员单位组建又为集团成员单位提供中长期金融业务服务的非银行金融机构。财务公司贷款有短期贷款和中长期贷款两种。短期贷款一般为一年、六个月、三个月以及三个月以下不定期限的临时贷款;中长期贷款一般为1～3年、3～5年以及5年以上的贷款。

3)保险公司贷款

虽然我国目前不论是法律法规的规定,还是现实的操作,保险公司尚不能对项目提供贷款,但从西方经济发达国家的实践来看,保险公司的资金,不但可以进入证券市场,用于购买各种股票和债券,而且可对项目提供贷款,特别是向有稳定收益的基础设施项目提供贷款。

(二)国外资金来源

1.外国政府贷款

外国政府贷款是指一国政府利用财政资金向另一国提供的援助性贷款。外国政府贷款的特点是期限长、利率低、指定用途、数量有限。

外国政府贷款的期限一般较长,如日本政府贷款的期限为15～30年(其中含宽限期5～10年);德国政府贷款的期限最长达50年(其中宽限期为10年)。

在政府贷款协议中除规定总的期限外,还要规定贷款的提取期、偿还期及宽限期。

外国政府贷款具有经济援助性质,其利率较低或为零。如日本政府贷款的年利率为

1.25%～5.75%,从1984年起,增收0.1%的一次性手续费。德国对受石油涨价影响较大的发展中国家提供的政府贷款的年利率仅为0.75%。

外国政府贷款具有特定的使用范围,如日本政府贷款主要用于教育、能源、交通、邮电、工矿、农业、渔业等方面的建设项目以及基础设施建设。

政府间贷款是友好国家经济交往的重要形式,具有优惠的性质。目前,尽管政府贷款在国际投资中不占主导地位,但其独特的作用和优势是其他国际间接投资形式所无法替代的。但同时也应当看到,投资国的政府贷款也是其实现对外政治经济目标的重要工具。政府贷款除要求贷以现汇(即可自由兑换外汇)外,有时还要附加一些其他条件。

2. 国际金融机构贷款

国际金融机构包括世界性开发金融机构、区域性国际开发金融机构以及国际货币基金组织等覆盖全球的机构。其中世界性开发金融机构一般指世界银行集团5个成员机构中的3个金融机构,包括国际复兴开发银行(IBRD)、国际开发协会(IDA)和国际金融公司(IFC);区域性国际开发金融机构指亚洲开发银行(ADB)、欧洲开发银行、泛美开发银行等。在这些国际金融机构中,可以为中国提供项目贷款的包括世界银行集团的3个国际金融机构和亚洲开发银行。虽然国际金融机构筹资的数量有限,程序也较复杂,但这些机构所提供的项目贷款一般利率较低、期限较长。所以项目如果符合国际金融机构的贷款条件,应尽量争取从这些机构筹资。

1)国际复兴开发银行

国际复兴开发银行主要通过组织和发放长期贷款,鼓励发展中国家经济增长和发展国际贸易,来维持国际经济的正常运行。贷款对象是会员国政府、国有企业、私营企业等,若借款人不是政府,则要由政府担保。贷款用途多为项目贷款,主要用于工业、农业、运输、能源和教育等领域。贷款期一般在20年左右,宽限期为5年左右。利率低于国际金融市场利率,贷款额为项目所需资金总额的30%～50%。

在一般情况下,国际复兴开发银行为了减少风险,对单一项目的贷款一般不超过总投资额的50%,除特殊项目外,绝对金额不超过4亿等值美元,其余外汇资金可由国际复兴开发银行担保,贷款国政府作为贷款人,在国际市场上筹集,由于以主权国家作为贷款人,因而能获得优惠贷款。

2)国际开发协会

国际开发协会的贷款对象为人均国民生产总值在765美元以下的贫穷发展中国家会员国或国有和私营企业。贷款期限为50年,宽限期为10年,偿还贷款时可以全部或部分用本国货币。贷款为无息贷款,只收取少量的手续费和承诺费。

3)国际金融公司

国际金融公司的宗旨是通过鼓励会员国,特别是欠发达地区会员国生产性私营企业的发展,来促进经济增长,并以此补充国际复兴开发银行的各项活动。

国际金融公司的投资目标是非国有经济,投资项目中国有股权比例应低于 50%。一般要求企业的总资产在 2 000 万美元左右,项目投资额在 1 000 万美元以上,项目在行业中处于领先地位,有着清晰的主营业务和高素质的管理队伍。

国际金融公司在中国投资的重点是:

①通过有限追索权项目筹资的方式,帮助项目融通资金;

②鼓励包括中小企业在内的中国本土私营企业的发展;

③投资金融行业,发展具有竞争力的金融机构,使其能达到国际通行的公司治理机制和运营的标准;

④支持中国西部和内陆省份的发展;

⑤促进基础设施、社会服务和环境产业的私营投资。

4)亚洲开发银行

亚洲开发银行是亚洲、太平洋地区的区域性政府间国际金融机构。亚洲开发银行的项目贷款包括以下两类:

(1)普通贷款

普通贷款即用成员国认缴的资本和在国际金融市场上借款及发行债券筹集的资金向成员国发放的贷款。此种贷款期限比较长,一般为 10 ~ 30 年,并有 2 ~ 7 年的宽限期,贷款利率按金融市场利率计算,借方每年还需交 0.75% 的承诺费,在确定贷款期后固定不变。此种贷款主要用于农业、林业、能源、交通运输及教育卫生等基础设施。

(2)特别基金

特别基金即用成员国的捐款为成员国发放的优惠贷款及技术援助,分为亚洲发展基金和技术援助特别基金。前者为偿债能力较差的低收入成员国提供长期无息贷款,贷款期长达 40 年,宽限期 10 年,不收利息,只收 1% 的手续费。技术援助特别基金资助经济与科技落后的成员国,为项目的筹备和建设提供技术援助和咨询等。

3.外国银行贷款

外国银行贷款也称商业信贷,是指从国际金融市场上的外国银行借入的资金。外国政府贷款和国际金融机构贷款条件优惠,但不易争取且数量有限。因此,吸收国外银行贷款已成为各国利用国际间接投资的主要形式。目前,我国接受的国外贷款以银行贷款为主。

外国商业信贷的利率水平取决于世界经济中的平均利润率和国际金融市场上的借贷供求关系,处于不断变化之中。从实际运行情况来看,国际间的银行贷款利率比政府贷款和国际金融机构贷款的利率要高,依据贷款国别、贷款币种、贷款期限的不同而又有所差异。

国外银行在提供中长期贷款时,除收取利息外,还要收取一些其他费用,主要有:

1)管理费

管理费也称经理费或手续费,是借款者向贷款银团的牵头银行所支付的费用。管理费取费标准一般为贷款总额的 0.5% ~ 1.0%。

2）代理费

代理费指借款者向贷款银团的代理行支付的费用。代理费多少根据贷款金额、事务的繁简程度，由借款者与贷款代理行双方商定。

3）承担费

承担费是指借款者因未能按贷款协议商定的时间使用资金而向贷款银行支付的、带有赔偿性质的费用。

4）杂费

杂费是指由借款者支付给贷款银团的牵头银行的、由于其与借款者联系贷款业务所发生的费用（如差旅费、律师费和宴请费等）。杂费根据双方认可的账单支付。

国际间银行贷款可划分为短期贷款、中期贷款和长期贷款，其划分的标准是：短期贷款的期限在1年以内，有的甚至仅为几天；中期贷款的期限为1~5年；长期贷款的期限在5年以上。银行贷款的偿还方法主要有到期一次偿还、分期等额偿还、分次等本偿还和提前偿还4种方式。

银行贷款所使用的货币是银行贷款条件的重要组成部分。在贷款货币的选择上，借贷双方难免有分歧。就借款者而言，在其他因素不变的前提下，更倾向于使用汇率趋于贬值的货币，以便从该货币未来的贬值中受益，而贷款者则相反。

4. 出口信贷

出口信贷也称长期贸易信贷，是指商品出口国的官方金融机构或商业银行以优惠利率向本国出口商、进口方银行或进口商提供的一种贴补性贷款，是争夺国际市场的一种筹资手段。出口信贷主要有卖方信贷和买方信贷。

卖方信贷是指在大型设备出口时，为便于出口商以延期付款的方式出口设备，由出口商本国的银行向出口商提供的信贷。买方信贷是由出口方银行直接向进口商或进口方银行所提供的信贷。

5. 混合贷款、联合贷款和银团贷款

混合贷款也称政府混合贷款，它是指政府贷款、出口信贷和商业银行贷款混合组成的一种优惠贷款形式。目前各国政府向发展中国家提供的贷款，大都采用这种形式。此种贷款的特点是：政府出资必须占有一定比重，目前一般应达到50%；有指定用途，如必须进口提供贷款的国家出口商的产品；利率比较优惠，一般为1.5%~2%，贷款期也比较长，最长可达30~50年（宽限期可达10年）。贷款金额可达合同的100%。比出口信贷优惠；贷款手续比较复杂，对项目的选择和评估都有一套特定的程序和要求，较之出口信贷要复杂得多。

联合贷款是指商业银行与世界性、区域性国际金融组织以及各国的发展基金、对外援助机构共同联合起来，向某一国家提供资金的一种形式。此种贷款比一般贷款更具有灵活性和优惠性，其特点是：政府与商业金融机构共同经营；援助与筹资互相结合，利率比较低，贷款期比较长;有指定用途。

银团贷款也称为辛迪加贷款,它是指由一家或几家银行牵头,多家国际商业银行参加,共同向一国政府、企业的某个项目(一般是大型的基础设施项目)提供金额较大、期限较长的一种贷款。此种贷款的特点是:必须有一家牵头银行,该银行与借款者共同议定一切贷款的初步条件和相关文件,然后再由其安排参加银行,协商确定贷款额,达成正式协议后,即把下一步工作移交代理银行;必须有一个代理银行,代表银团严格按照贷款协议履行其权利和义务,并执行按各行出资份额比例提款、计息和分配收回的贷款等一系列事宜;贷款管理十分严密;贷款利率比较优惠,贷款期限也比较长,并且没有指定用途。

(三)融资租赁

融资租赁也称金融租赁或资本租赁,是指不带维修条件的设备租赁业务。融资租赁与分期付款购入设备相类似,实质上是承租者通过设备租赁公司筹集设备投资的一种方式。

在融资租赁方式下,设备(即租赁物件)是由出租人完全按照承租人的要求选定的,所以出租人对设备的性能、物理性质、老化风险以及维修保养不负任何责任。在大多数情况下,出租人在租期内分期回收全部成本、利息和利润,租赁期满后,出租人通过收取名义货价的形式,将租赁物件的所有权转移给承租人。

1.融资租赁的方式

1)自营租赁

自营租赁也称直接租赁,其一般程序为:用户根据自己所需设备,先向制造厂家或经销商洽谈供货条件,然后向租赁公司申请租赁预约,经租赁公司审查合格后,双方签订租赁合同,由租赁公司支付全部设备款,并让供货者直接向承租人供货,货物经验收并开始使用后,租赁期即开始,承租人根据合同规定向租赁公司分期交付租金,并负责租赁设备的安装、维修和保养。

2)回租租赁

回租租赁也称售出与回租,是先由租赁公司买下企业正在使用的设备,然后再将原设备租赁给该企业的租赁方式。

3)转租赁

转租赁是指国内租赁公司在国内用户与国外厂商签订设备买卖合同的基础上,选定一家国外租赁公司或厂商,以承租人身份与其签订租赁合同,然后再以出租人身份将该设备转租给国内用户,并收取租金转付给国外租赁公司的一种租赁方式。

2.融资租赁的优缺点

1)融资租赁的优点

①可迅速取得所需资产,满足项目运行对设备的需求。

②由于租金在很长的租赁期间内分期支付,因而可有效缓解短期筹集大量资金的压力。

③租金计入成本,在税前列支,可使企业获得税收上的利益。

2)融资租赁的缺点

①由于出租人面临承租人偿债和出租设备性能劣化的双重风险,因而融资租赁的租金通常较高。

②在技术进步较快时,承租人面临设备性能劣化而不能对设备性能进行改造的障碍。

(四)发行债券

债券是债务人为筹集债务资金而向债券认购人(债权人)发行的,约定在一定期限以确定的利率向债权人还本付息的有价证券。发行债券是项目法人筹集借入资本的重要方式。

1.债券的种类

债券的主要分类见表2.2。

表2.2 债券的划分标准与种类

划分标准	种 类
按发行方式分类	记名债券、无记名债券
按还本期限分类	短期债券、中期债券、长期债券
按发行条件分类	抵押债券、信用债券
按可否转换为公司股票分类	可转换债券、不可转换债券
按偿还方式分类	定期偿还债券、随时偿还债券
按发行主体分类	国家债券、地方政府债券、企业债券、金融债券

2.债券筹资的优缺点

1)债券筹资的优点

①债券成本较低。与股票的股利相比较而言,债券的利息允许在所得税前支付,发行公司可享受税收上的利益,故公司实际负担的债券成本一般较低。

②可利用财务杠杆。无论发行公司盈利多少,债券持有人一般只收取同等的利息,而更多的收益可用于分配给股东或用于公司经营,从而增加股东和公司的财富。

③保障股东控制权。债券持有人无权参与发行公司的管理决策,因此公司发行债券不会像增发新股那样可能会分散股东对公司的控制权。

④便于调整资本结构。在公司发行可转换债券以及可提前赎回债券的情况下,便于公司主动、合理地调整资本结构。

2)债券筹资的缺点

①财务风险较高。债券有固定的到期日，并需支付利息，发行公司必须承担按期付息偿本的义务。在公司经营不景气时，也需向债券持有人付息偿本，这会给公司现金流量带来更大的困难，有时甚至导致破产。

②限制条件较多。发行债券的限制条件一般要比长期贷款、租赁筹资的限制条件多且严格，从而限制了对债券筹资方式的使用，甚至影响公司以后的筹资能力。

③筹资数量有限。公司利用债券筹资一般受一定额度的限制。大多数国家对此都有严格限定。我国《公司法》规定，发行公司流通在外的债券累计总额不得超过公司净资产的40%。

四、融资方案分析

(一)资金成本的含义

1. 资金成本的一般含义

资金成本是指企业为筹集和使用资金而付出的代价。广义上讲，企业筹集和使用任何资金，不论是短期的还是长期的，都要付出代价；狭义的资金成本仅指筹集和使用长期资金(包括自有资金和借入长期资金)的成本，由于长期资金也被称为资本，因此，长期资金的成本也可称为资本成本。在这里所说的资金成本主要是指资本成本。资金成本一般包括资金筹集成本和资金使用成本两部分。

1)资金筹集成本

资金筹集成本是指在资金筹集过程中所支付的各项费用，如发行股票或债券所支付的印刷费、发行手续费、律师费、资信评估费、公证费、担保费、广告费等。资金筹集成本一般属于一次性费用，筹资次数越多，资金筹集成本也就越大。

2)资金使用成本

资金使用成本又称为资金占用费，是指占用资金而支付的费用，它主要包括支付给股东的各种股息和红利、向债权人支付的贷款利息以及支付给其他债权人的各种利息费用等。资金使用成本一般与所筹集的资金多少以及使用时间的长短有关，具有经常性、定期性的特征，是资金成本的主要内容。

资金筹集成本与资金使用成本是有区别的，前者是在筹措资金时一次支付的，在使用资金过程中不再发生，因此，可作为筹资费用的一项扣除，而后者在资金使用过程中多次、定期发生。

2. 资金成本的性质

资金成本是一个重要的经济范畴，它是在商品经济社会中由资金所有权与资金使用权相分离而产生的。

1)资金成本是资金使用者向资金所有者和中介机构支付的筹资费和占用费

作为资金的所有者,不会将资金无偿让渡给资金使用者去使用;而作为资金的使用者,也不能无偿地占用他人的资金。因此,企业筹集资金以后,暂时取得了这些资金的使用价值,就要为资金所有者暂时地丧失其使用价值而付出代价,即承担资金成本。

2)资金成本与资金的时间价值既有联系,又有区别

资金的时间价值反映了资金随着其运动时间的不断延续而不断增值,是一种时间函数,而资金成本除可以看作是时间的函数外,还表现为资金占用额的函数。

3)资金成本具有一般产品成本的基本属性

资金成本是企业的耗资,企业要为占用资金而付出代价、支付费用,而且这些代价或费用最终也要作为收益的扣除额来得到补偿。但是资金成本只有部分具有产品成本的性质,这一部分耗费计入产品成本,而另一部分则作为利润的分配,不能列入产品成本。

3. 决定资金成本高低的因素

在市场经济环境下,多方面因素的综合作用决定着企业资金成本的高低,其中主要因素有:总体经济环境、证券市场条件、企业内部的经营和融资状况、项目融资规模。

1)总体经济环境

总体经济环境决定了整个经济中资本的供给和需求,以及预期通货膨胀的水平。总体经济环境变化的影响,反映在无风险报酬率上。显然,如果整个社会经济中的资金需求和供给发生变动,或者通货膨胀水平发生变化,投资者也会相应改变其所要求的收益率,具体地说,如果货币需求增加,而还要供给其要求的投资收益率,则会使资金成本下降。如果预期通货膨胀水平上升,货币购买力下降,投资者也会提出更高的收益率来补偿预期的投资损失,导致企业资金成本上升。

2)证券市场条件

证券市场条件影响证券投资的风险。证券市场条件包括证券的市场流动难易程度和价格波动程度。如果某种证券的市场流动性不好,投资者想买进或卖出证券相对困难,变现风险加大,要求的收益率就会提高;或者虽然存在对某证券的需求,但其价格波动较大,投资的风险大,要求的收益率也会提高。

3)企业内部的经营和融资状况

企业内部的经营和融资状况是指经营风险和财务风险的大小。经营风险是企业投资决策的结果,表现在资产收益率的变动上;财务风险是企业筹资决策的结果,表现在普通股收益率的变动上,如果企业的经营风险和财务风险大,投资者便会有较高的收益率要求。

4)项目融资规模

企业的融资规模大,资金成本较高。比如,企业发行的证券金额很大,资金筹集费和资

金占用费都会上升,而且证券发行规模的增大还会降低其发行价格,由此也会增加企业的资金成本。

4. 资金成本的作用

资金成本是企业财务管理中的一个重要概念,国际上将其列为一项"财务标准"。企业都希望以最小的资金成本获取所需的资金数额,分析资金成本有助于企业选择最优筹资方案,确定最佳筹资结构以及最大限度地提高筹资的效益。资金成本的主要作用如下:

1)资金成本是选择资金来源、筹资方式的重要依据

企业筹集资金的方式多种多样,如发行股票、债券、银行借款等。不同的筹资方式,其资金成本也不尽相同。资金成本的高低可作为比较各种筹资方式优缺点的一项依据,从而资金成本最小是选择筹资方式的重要依据。但是,不能把资金成本作为选择筹资方式的唯一依据。

2)资金成本是企业进行资金结构决策的基本依据

企业的资金结构一般是由借入资金与自有资金组合而成,这种组合有多种方案,如何寻求两者间的最佳组合,一般可将综合资金成本作为企业决策的依据。因此,综合资金成本的高低是评价各个筹资组合方案,以及资金结构决策的基本依据。

3)资金成本是比较追加筹资方案的重要依据

企业为了扩大生产经营规模,获得所需资金,往往以边际资金成本作为比较追加筹资方案的依据。

4)资金成本是评价各种投资项目是否可行的一个重要尺度

在评价投资方案是否可行时,一般是以项目本身的投资收益率与其资金成本进行比较,如果投资项目的预期投资收益率高于其资金成本,则是可行的;反之,如果预期投资收益率低于其资金成本,则是不可行的。因此,国际上通常将资金成本视为投资项目的"最低收益率"和是否采用投资项目的"取舍率",同时将其作为选择投资方案的主要标准。

5)资金成本也是衡量企业整个经营业绩的一项重要标准

资金成本是企业从事生产经营活动必须挣得的最低收益率。企业无论以什么方式取得的资金,都要实现这一最低收益率,才能补偿企业因筹资而支付的所有费用。如果将企业的实际资金成本与相应的利润率进行比较,就可以评价企业的经营业绩。若利润率高于资金成本,则认为经营良好;反之,企业经营欠佳,应该加强和改善生产经营管理,进一步提高经济效益。

(二)资金成本的计算

1. 资金成本计算的一般形式

资金成本可用绝对数表示,也可用相对数表示。为便于分析比较,资金成本一般用相对

数表示,称为资金成本率,其计算公式为

$$K = \frac{D}{P - F} \tag{2.1}$$

或

$$K = \frac{D}{P(1 - f)} \tag{2.2}$$

式中　K——资金成本(率);

　　　　P——筹集资金总额;

　　　　D——使用费;

　　　　F——筹资费;

　　　　f——筹资费用率(即筹资费占筹集资金总额的比率)。

资金成本是选择资金来源、拟订筹资方案的主要依据,也是评价投资项目可行性的主要经济指标。

2. 各种资金来源的资金成本

1)权益融资资金成本

公司发行优先股股票筹资,需支付的筹资费有注册费、代销费等,其股息也要定期支付,但它是公司用税后利润来支付的,不会减少公司应上缴的所得税。

优先股资金成本率可按下式计算

$$K_p = \frac{D_p}{P_o(1 - f)} \tag{2.3}$$

或

$$K_p = \frac{P_o \cdot i}{P_o(1 - f)} = \frac{i}{1 - f} \tag{2.4}$$

式中　K_p——优先股资金成本率;

　　　　P_o——优先股票面值;

　　　　D_p——优先股每年股息;

　　　　i——股息率。

【例题 2.1】　某公司发行优先股股票,票面额按正常市价计算为 200 万元,筹资费用率为 4%,股息年利率为 14%,则计算优先股成本率。

解:优先股成本率为

$$K_p = \frac{200 \times 14\%}{200(1 - 4\%)} = \frac{14\%}{1 - 4\%} \approx 14.58\%$$

2)普通股资金成本

确定普通股资金成本的方法有股利增长模型法和资本资产定价模型法。

（1）股利增长模型法

普通股的股利往往不是固定的，因此，其资金成本率的计算通常采用股利增长模型法。

一般假定收益以固定的年增长率递增，则普通股成本率的计算公式为

$$K_s = \frac{D_0}{P_0(1-f)} + g = \frac{i_0}{1-f} + g \tag{2.5}$$

式中　K_s——普通股资金成本率；

　　　　P_0——普通股票面值；

　　　　D_0——普通股预计年股利率；

　　　　i_0——普通股预计年股息率；

　　　　g——普通股利年增长率。

【例题2.2】　某公司发行普通股正常市价为56元，估计年增长率为12%，第一年预计发放股利2元，筹资费用率为股票市价的10%，则新发行普通股的成本率为多少？

解： 新发行普通股的成本率为

$$K_s = \frac{2}{56 \times (1-10\%)} + 12\% \approx 15.97\%$$

（2）资本资产定价模型法

这是一种根据投资者股票的期望收益来确定资金成本的方法。在这种前提下，普通股资金成本率的计算公式为

$$K_s = R_F + \beta(R_m - R_F) \tag{2.6}$$

式中　R_F——无风险报酬率；

　　　　β——股票的系数；

　　　　R_m——平均风险股票报酬率。

【例题2.3】　某期间市场无风险报酬率为10%，平均风险股票报酬率为14%，某公司普通股 β 值为1.2，则普通股的成本率为多少？

解： 普通股的成本率为

$$K_s = 10\% + 1.2 \times (14\% - 10\%) = 14.8\%$$

3）负债融资资金成本

（1）债券资金成本

企业发行债券后，所支付的债券利息列入企业的费用开支，因而使企业少缴一部分所得税，两者抵消后，实际上企业支付的债券利息仅为：债券利息 × （1 - 所得税税率）。因此，债券资金成本率可以按下列公式计算

$$K_B = \frac{I(1-T)}{B(1-f)} \tag{2.7}$$

或

$$K_B = i_b \cdot \frac{1-T}{1-f} \tag{2.8}$$

式中 K_B—— 债券资金成本率;

  B—— 债券筹资额;

  I—— 债券年利息;

  i_b—— 债券年利率;

  T—— 所得税税率。

【例题2.4】 某公司发行总面额为500万元的10年期债券,票面利率为12%,筹资费用率为5%、公司所得税税率为25%,则该债券的成本率为多少?

解:该债券的成本率为

$$K_B = \frac{500 \times 12\% \times (1 - 25\%)}{500 \times (1 - 5\%)} \approx 9.47\%$$

若债券溢价或折价发行,为更精确地计算资金成本,应以实际发行价格作为债券筹资额。

【例题2.5】 假定上述公司发行面额为500万元的10年期债券,票面利率为12%,筹资费用率为5%,发行价格为600万元,公司所得税税率为25%,则该债券资金成本率为多少?

解:该债券资金成本率为

$$K_B = \frac{500 \times 12\% \times (1 - 25\%)}{600 \times (1 - 5\%)} \approx 7.89\%$$

(2)银行借款资金成本

向银行借款,企业所支付的利息和费用一般可作为企业的费用开支,相应减少部分利润,会使企业少缴一部分所得税,因而使企业的实际支出相应减少。

对每年年末支付利息、贷款期末一次全部还本的借款,其借款资金成本率为

$$K_g = \frac{I(1 - T)}{G - F} = i_g \cdot \frac{1 - T}{1 - f} \qquad (2.9)$$

式中 K_g—— 借款资金成本率;

  G—— 贷款总额;

  I—— 贷款年利息;

  i_g—— 贷款年利率;

  F—— 贷款费用。

(3)租赁资金成本

企业租入某项资产,获得其使用权,要定期支付租金,并且租金列入企业成本,可减少应付所得税。因此,其租赁资金成本率为

$$K_L = \frac{E}{P_L} \times (1 - T) \qquad (2.10)$$

式中 K_L—— 租赁资金成本率;

  P_L—— 租赁资产价值;

  E—— 年租金额。

3. 加权平均资金成本

企业不可能只使用某种单一的筹资方式,往往需要通过多种方式筹集所需资金。为进行筹资决策,就要计算确定企业长期资金的总成本 —— 加权平均资金成本。加权平均资金成本一般是以各种资金占全部资金的比重为权重,对个别资金成本进行加权平均确定的。

其计算公式为

$$K = \sum_{i=1}^{n} \omega_i \cdot K_i \tag{2.11}$$

式中 K —— 平均资金成本率;

ω_i —— 第 i 种资金来源占全部资金的比重;

K_i —— 第 i 种资金来源的资金成本率。

【例题 2.6】 某企业账面反映的长期资金共 500 万元,其中长期借款 100 万元,应付长期债券 50 万元,普通股 250 万元,保留盈余 100 万元;其资金成本率分别为 6.7%,9.17%,11.26%,11%,则该企业的加权平均资金成本率为多少?

解: $K = 6.7\% \times \dfrac{100}{500} + 9.17\% \times \dfrac{50}{500} + 11.26\% \times \dfrac{250}{500} + 11\% \times \dfrac{100}{500} \approx 10.09\%$

上述计算中的个别资本占全部资本的比重,是按账面价值确定的,其资料容易取得。但当资本的账面价值与市场价值差别较大,如股票、债券的市场价格发生较大变动时,按账面值的计算结果会与实际有较大的差距,从而贻误筹资决策,为了克服这一缺陷,个别资本占全部资本的比重还可按市场价值或目标价值确定。

学习任务二 市场调查

一个项目的运行资金问题的解决固然重要,但要真正得以实现必须经过严谨、仔细的市场调查。在激烈的市场竞争中,项目的建设能否适应市场不断变化的需要,对投资者和社会都关系重大,更决定着企业的前途和命运。

一、市场调查的概念

(一)概念

市场起源于古时人类对于固定时段或地点进行交易的场所的称呼,是由一切具有特定需求和欲望,并且愿意和能够通过交换的方式来满足需求和欲望的顾客构成,是商品流通领域商品交换关系的总和。一般说来,在市场学中,市场是指某一产品的所有现实购买者和潜在购买者需求量的总和。市场体系是由各类专业市场,如商品服务市场、金融市场、劳务市场、技术市场、信息市场、房地产市场、文化市场、旅游市场、服务市场等组成的完整体系。同时,在市场体系中的各专业市场均有其特殊功能,它们互相依存、相互制约,共同作用于社会经济。在工程建设活动中,除公共项目或公益项目外,投资项目以市场的需求为前提,建设的目的是为了满足市场需求,从而获取经济利益,市场成为检验项目成败的唯一标准。

市场调查(Marketing Research)就是指运用科学的方法,有目的地、有系统地搜集、记录、整理有关市场营销信息和资料,分析市场情况,了解市场的现状及其发展趋势,为市场预测和营销决策提供客观的、正确的资料。在市场经济条件下,任何经济活动都要围绕市场这个主体展开,市场调查关系到项目建设的必要性,关系到项目投资的风险大小。因此,市场调查成为工程建设项目可行性研究的首要工作,是工程技术经济分析的基础。

市场调查所要解决的主要问题是:项目的产品是什么? 产品的顾客构成和需求原因是什么? 如何生产? 生产多少? 由此明确投资项目建设的必要性、投资项目的内容和投资项目的生产规模,使项目未来建成后不仅具有生存能力,而且具有持续的发展能力。目前,美国有85%以上的公司内部都设有专门的市场调查机构,20世纪70年代初世界各国就已有2 500多家专门从事市场调查的咨询公司和机构。

(二)作用

市场调查现已发展成为一门科学并得到广泛的运用。通过市场调查,可以得到有助于我们及时地了解市场经济动态和科技信息的资料信息,为企业提供最新的市场情报和技术生产情报,以便更好地学习和吸取同行业的先进经验和最新技术,改进企业的生产技术,提高人员的技术水平,提高企业的管理水平,从而提高产品的质量,加速产品的更新换代,增强产品和企业的竞争力,保障企业的生存和发展。通过市场调查,为企业管理部门和有关负责人提供决策依据。任何一个企业都只有在对市场情况有了实际了解的情况下,才能有针对性地制定市场营销策略和企业经营发展策略,否则,就会形成盲目的和脱离实际的决策,而盲目则往往意味着失败和损失。通过市场调查,增强企业的竞争力和生存能力,及时地了解各种市场因素和市场环境因素的变化,从而有针对性地采取措施,通过对市场因素,如价格、产品结构、广告等的调整,去应付市场竞争。对于企业来说,能否及时了解市场变化情况,并适时适当地采取应变措施,是企业能否取胜的关键。

二、市场调查的内容

市场调查主要调查目标市场容量、价格状况和竞争状况。

（一）市场容量调查

市场容量是指在不考虑产品价格或供应商策略的前提下市场在一定时期内能够吸纳某种产品或劳务的单位数目。因此国际市场容量实际上就相当于需求量。

市场容量是由使用价值需求总量和可支配货币总量两大因素构成的。仅有使用价值需求没有可支配货币的消费群体，是贫困的消费群体；仅有可支配货币没有使用价值需求的消费群体是持币待购群体或十分富裕的群体。我们把这两种现象均称为因消费要件不足而不能实现的市场容量。

市场容量是一国经济或全球经济增长的第一因素。没有市场容量的商品生产，是不能实现最终交易的生产。所以没有市场容量的 GDP 指标也是未来才能完成交易平衡的经济增量。市场容量是经济发展的客观原动力；企业效率是经济发展的主观原动力。有市场容量，可以自然拉动企业投资和经济发展；没有市场容量，仅仅依靠企业效率来推动经济增量，就蕴藏着经济失调的巨大风险，其发展质量不高。进行政策法规调查，完全是为了推测产品在新市场或潜在市场的销售可能性及其在政策上应该采取的对策。然而，为了了解市场潜力，还必须深入调查市场的容量和产品在当地的消费方式、消费增长情况。

在市场容量调查中，首先需要了解的是，同类产品在目标市场中销售的具体数字和品牌、规格、来源、生产厂家、价格，并根据当地的有关统计人口、社会经济统计数据，寻找出过去和现在发生的变化情况，预测将来可能发生的变化。

其次，要了解当地市场有关产品的消费变化，主要查清当地同类产品的生产数量和可能发生的变化、当地产品的就地销售数量、当地的工资收入水平、消费习惯等，运用定性分析和定量分析的方法，综合地分析产品今后的消费需求的变化趋势。例如，交通运输项目，主要调查拟建项目影响区域内经济和社会发展对各种运输方式的客货运输现状的满足程度。水利水电项目，主要调查流域范围内经济和社会发展、各类用户的需求现状及满足程度。

再次，查明同类产品在当地的年供应量、供应者数量和产品的供应方式、产品供应范围、产品用途等。例如，交通运输项目，主要调查拟建项目影响区域内各种运输方式的分布现状、客货运力、流量及流向等。水利水电项目主要调查流域开发现状、水利水能资源开发利用程度、供应能力及供应量等。

最后，为了对产品今后的消费情况的变化趋势进行预测，还应查明产品在当地市场上的生命周期状况，并结合其他因素同时进行综合分析和推断。产品的生命周期状况分为 5 个阶段，并总是以某种形式在流通中反映出来：导入期，产品刚进入市场，销售增长缓慢；增长期，产品销路渐开，如果产品适销对路，在今后一定时期内销售将会有迅速的增长；成熟期，产品销售增长势头不明显，并有迹象表明产品销售即将下降；停滞期，产品销售已达峰点，并逐渐发生缓慢下降；衰退期，市场表现出对产品的需求减少，产品销售量也持续下降。工程建设项目与其他产品一样，都以某种形式经历生命周期阶段，对于不同地区、不同规模、不同种类的工程项目，其寿命周期所包含阶段和环节或多或少有所不同，对于工程项目寿命周期的划分也有着各种各样的划分模式，但大都基本相似。因此，查明建筑产品在市场周期中所处的阶段是重要的。此外,还必须注意的是,建筑产品销售利润的下降通常要比销售量下降得早,也下降得快些。

同时,在进行建筑产品调查工作时,还必须对产品市场进行细分,从而了解在当地市场上什么类型的消费者可能会购买本企业产品,准确地估计当地市场的发展潜力,正确地选择产品销售的目标市场,并进而了解不同类型的消费者对产品的要求,有针对性地采取改进产品的策略和措施,使之适销对路,以扩大产品的销路。

一般而言,这项工作必须由消费者调查来进行,具体应该了解当地市场的人口构成和消费习惯,包括年龄、性别、职业、工资收入、文化程度、居住地点、价格标准、购买习惯、生活方式、购买动机和使用方法等内容。

(二)价格现状调查

价格调查是指运用科学的方法和程序,有目的、有计划、系统客观地收集、记录、整理与分析有关市场价格运动的历史、现状及其发展变化的活动过程。价格调查的方法主要有访问法、观察法、实验法、统计分析法、全面调查、重点调查和典型调查、抽样调查等方法。

价格现状调查则需要调查项目产品国内市场价格的历史演变过程及变化规律,最高价格和最低价格出现的时间和原因。调查项目产品国际市场价格(进口到岸价格和出口离岸价格)的历史演变过程及其变化规律,分析价格合理性,有无垄断或倾销等情况。调查不同类型项目产品价格形成机制,如产品价格是国家宏观调控价格还是市场形成价格。一般来讲,价格调查的程序主要包括确定有关商品价格的问题;初步调查,了解产生问题的一些情况,找出问题的症结所在,取得初步价格资料;拟订市场商品价格问题产生的原因,通过进一步的深入调查来加以验证;调查设计和实施;对所取得的价格调查资料进行分类、编码、筛选、加工、整理和分析,得出验证答案;作出调查结论;提出价格调查报告。

(三)竞争状况调查

市场竞争力现状调查主要是分析项目产品目前国内外市场竞争激烈程度,市场竞争的主要对手的营销策略及优势、劣势等。

以顾客需要为出发点,根据经验获得顾客需求量以及购买力的信息、商业界的期望值,有计划地组织各项经营活动,通过相互协调一致的产品策略、价格策略、渠道策略和促销策略,为顾客提供满意的商品和服务从而实现企业目标的过程就是营销策略。

企业优劣势分析主要是着眼于企业自身的实力及其与竞争对手的比较,而机会和威胁分析将注意力放在外部环境的变化及对企业的可能影响上。在分析时,应把所有的内部因素(即优劣势)集中在一起,然后用外部的力量来对这些因素进行评估。20世纪80年代初由美国旧金山大学的管理学教授韦里克提出了SWOT分析法模型(也称TOWS分析法)即态势分析法,经常被用于企业战略制定、竞争对手分析等场合的一种根据企业自身的既定内在条件分析,找出企业的优势、劣势及核心竞争力之所在的企业战略分析方法。其中:S代表strength(优势),W代表weakness(弱势);外部因素("可能做的"):O代表opportunity(机会),T 代表 threat(威胁)。SWOT 分析具有显著的结构化和系统性的特征。

运用各种调查研究方法,分析出企业所处的各种环境因素,即外部环境因素和内部能力因素。将调查得出的各种因素根据轻重缓急或影响程度等排序,构造 SWOT 矩阵。在这个过程中,要将那些对企业发展有直接的、重要的、大量的、迫切的、久远的影响因素优先排列出来,而将那些间接的、次要的、少许的、不急的、短暂的影响因素排在后面。在完成环境因素分析和 SWOT 矩阵的构造之后,便可以制订相应的行动计划了。制订计划的基本思路是:发挥优势因素,克服弱点因素,利用机会因素,化解威胁因素;考虑过去,立足当前,着眼未来。运用系统分析的方法,将排列与考虑的各种因素相互联系并加以组合,得出一系列企业未来发展的可选择对策。SWOT 方法的重要贡献就在于用系统的思想将这些似乎独立的因素相互匹配起来进行综合分析,使得企业战略计划的制订更加科学全面。

三、市场调查的基本程序

市场调查的基本程序大致分为以下 3 个阶段。

(一)市场调查的准备阶段

在这一阶段中,分 4 个步骤来进行:

1. 确定调查目的

这是进行市场调查时应首先解决的问题。

2. 收集信息资料

主要包括以下 4 个部分内容:

①投资者的内部资料,如投资者历年来的财务报表、统计资料、销售实绩等。

②投资者的外部资料,如国家政府机关公布的统计数据,报刊、杂志所刊载的有关信息等。

③事前调查。对所要调查的对象及与调查对象有关的外部环境先作初步概括的调查、了解,掌握其基本状况,从而为确定调查主题、调查实施的范围以及制订调查计划提供一定的依据。

④制订调查计划。调查计划主要包括以下 8 项内容:

a. 调查的主题及目的;

b. 调查对象及调查时间;

c. 根据调查主题,确定所需资料的范围及收集资料的方法;

d. 设计调查问卷及调查问卷发放的形式和范围;

e. 选择、确定调查的具体实施方法;

f. 决定样本和抽样设计;

g. 预算调查费用；

h. 制订调查实施计划。

（二）市场调查的实施阶段

在这个阶段中，分以下 4 个步骤来进行：

1. 组织、挑选调查人员，并设立调查机构

在调查正式实施前，首先是挑选、组织具有一定专业知识和调查实践经验的调查人员，因为调查者本身的素质如何，将直接影响调查工作的进展及调查结果的准确性。另外，根据调查主题、调查规模的大小，成立相应的调查机构，从而使调查工作能有组织、按计划地顺利进行。

2. 现场调查

现场调查即按调查计划通过各种方式到调查现场获取原始资料和收集由他人整理过的次级资料。现场调查工作的好坏，直接影响调查结果的准确性。为此，必须重视现场调查人员的选拔和培训工作。

3. 调查资料的整理与分析

调查资料的整理工作主要是指对收集到的数据、资料进行分类、归纳、整理、编码、列表，对一些数据要进行核对。对调查资料的分析又分为定量分析和定性分析。所谓定量分析，主要是指对收集到的数据，运用科学的方法，如数理统计的方法，通过计算找出其现象发生的规律性和关联性，进行推理、判断、演绎性分析，从而找出其现象发生的原因及影响要素。如竞争分析，市场景气动向分析，消费者、用户分析，等等。所谓定性分析，是指通过主观估计或历史类推、分析，从而找出其现象发生的原因及影响因素。

4. 提出调查结论

通过以上各步骤的调查和分析，对调查主题作出相应的基本结论。

若资料不充足或根据不充分，应重新确定调查资料范围，并重新进行定量或定性分析。

（三）编写市场调查报告阶段

撰写调查报告应做到以下 5 点：

1. 客观、真实、准确地反映调查结果；

2. 报告内容简明扼要，重点突出；

3. 文字精练，用语中肯；

4. 结论和建议应表达清晰；

5. 报告后附必要的表格、图等，以便阅读和使用。

(四)跟踪、反馈阶段

提出调查报告后,还要注意跟踪调查的结论和建议是否被采用;实施的程度及实际效果如何;结论与实际发展的吻合程度及误差大小,并做到及时反馈,以便提出改进措施,纠正偏差,为下一次调查工作积累经验。

四、市场调查的基本方法

市场调查的基本方法主要有观察法、实验法、访问法、问卷法。

1. 观察法

观察法是社会调查和市场调查研究的最基本的方法。它是由调查人员根据调查研究的对象,利用眼睛、耳朵等感官以直接观察的方式对其进行考察并搜集资料。例如,市场调查人员到被访问者的销售场所去观察商品的品牌及包装情况。

2. 实验法

由调查人员跟进调查的要求,用实验的方式,对调查的对象控制在特定的环境条件下,对其进行观察以获得相应的信息。控制对象可以是产品的价格、品质、包装等,在可控制的条件下观察市场现象,揭示在自然条件下不易发生的市场规律,这种方法主要用于市场销售实验和消费者使用实验。

3. 访问法

访问法可以分为结构式访问、无结构式访问和集体访问。

结构式访问是事先设计好的、有一定结构的问卷的访问。调查人员要按照事先设计好的调查表或提纲进行访问,要以相同的提问方式和记录方式进行访问。提问的语气和态度也要尽可能地保持一致。

无结构式访问没有统一问卷,是由调查人员与被访问者自由交谈的访问。它可根据调查的内容,进行广泛的交流。如对商品的价格进行交谈,了解被调查者对价格的看法。

集体访问是通过集体座谈的方式听取被访问者的想法,收集信息资料。可分为专家集体访问和消费者集体访问。

4. 问卷法

问卷法是通过设计调查问卷,让被调查者填写调查表的方式获得所调查对象的信息。在调查中将调查的资料设计成问卷后,让接受调查对象将自己的意见或答案,填入问卷中。在一般进行的实地调查中,以问答卷采用最广;同时问卷调查法在目前网络市场调查中运用得较为普遍。

五、抽样调查技术

工程技术经济分析中市场调查活动经常采用的调查技术是抽样调查技术。

(一)抽样调查的概念及优缺点

抽样调查是指调查者采用从调查总体中抽选出一部分单位作为样本(Sample),对样本进行调查,并用样本所得的结果来推断总体(母群体,Population)的一种专业方法。抽样调查时抽取样本数量的多少应依据调查的要求和母群体的特点来确定。一般而言,抽取样本的数量越多,调查结果准确性越高,但调查的成本也比较昂贵,因此,调查者在确定样本数量时要权衡考虑准确性、成本和时间之间的关系。

该方法的主要优点有:一是时间短、收效快;二是费用少;三是质量高,资料可信程度高,特别适用于不可能或没必要组织全面调查的情形。但它也有缺点,即存在抽样误差。

(二)抽样调查的方法

抽样调查一般有以下 4 种方法:

1.单纯随机抽样调查

这种抽样调查比较简单,就是将母群体中的全部个体分别编号,然后使用抽签的办法或利用随机取数表,抽出所需的样本。这种方法要求抽取必须是随机的,即总体中的每一个单位都具有同等的被选择的机会,但实际中很难达到这种理想状态,大多数样本在某种程度上都存在着偏向。最简单的办法就是不受限制的随机抽样。

2.分层随机抽样调查

它是将母群体的基本单位分为若干层次,把特性相同的基本单位划在同一层次内,然后再从每一个层次中随机抽样,并按照某个母群体内每个层次的比例进行加权组合。每个层次样本的多少是由全部层次的相对大小决定的。这是当母体中各基本单位之间有较大差别时,为避免调查结果出现较大误差而采取的一种方法。

分层抽取在一般情况下是按各层包括的单位数的比例决定抽取样本数,但如果分层之后,各层中的单位之间差异程度仍存在显著的不同,应根据各单位间差异的大小来决定各层抽取的样本数。为了体现比例性和差异性,各层抽取数目可按照下面的公式计算,即

$$n_i = (N_i S_i / \sum N_i S_i) \times n \qquad (2.12)$$

式中　n——样本数;

　　　n_i——第 i 层的样本数;

N_i—— 第 i 层所包括的单位数;

S_i—— 第 i 层的标准差。

注: $S_i = \sigma\sqrt{n}$, σ—— 样本算术平均数的标准偏差数。

3.等距离抽样调查

等距离抽样调查又被称为系统抽样调查或机械抽样调查。它是先按某种标志对总体各单位进行顺序排列,而后用固定的间隔抽取样本单位的调查方式。作为总体各单位顺序排列的标志,可以是与确定的调查总体某一特征无关的标志或有关的标志。

等距离抽样调查也需要事先对总体有一定的辅助信息,能够据以确定各单位的排队位置。

这种方法适用于大规模调查,能够使从总体中抽出的样本分布均匀,增加了样本的代表性。

4.整群抽样调查

整群抽样调查是将总体划分为若干群,然后用单纯随机抽样的方法抽取部分群,对中选群的所有单位进行全面调查的方式。

这种方法比较简单方便,但由于样本单位集中在中选群,如果群间的差异较大,则抽样的误差就会增大。

(三)抽样调查结果的统计方法

1.频数分布法

在经过调查获得了大量的数据后,可将之压缩为表格形式加以表示。

如将某一对象按某一属于可变性质的特征进行分类(如可将家庭按收入分类),也可以用"组矩数列"图形表示,每个收入阶层的家庭数列可以用若干矩阵中的一个单元区域来表示。

2.平均数法

对数字的下一步分析得出它们的统计,而最为常用的对数字的统计方法就是平均数,它代表了对数据中心趋势的衡量。平均数有不同的种类,应根据数据的特点选出最佳的方法。最普遍使用的平均数是算术平均数、中位数和众数。中位数是位于数据中间位置(中点)的数;众数则是在数据中出现频率最高的数。

3.集中趋势变量法

这种方法弥补了平均数法的缺陷,因为平均数法如果不对围绕它的数据的集中趋势进行某种度量,它的价值是有限的。集中趋势的度量中最简单的方法是"全距",是指数据最小

值与最大值之间的范围;而集中趋势度量中最重要的方法是标准差,其计算公式为

$$\sigma = \sqrt{\sum (x - \bar{x})^2 / n}$$

(2.13)

式中　　σ—— 样本算术平均数的标准偏差数;

　　　　$\bar{x}$—— 观察的变量的算术平均数;

　　　　n—— 观察的变量的项数。

4. 正态分布法

正态分布是所有抽样调查方法中的一个基本概念。正态分布是指数据对称地分散在其平均值周围时,其算术平均数、中位数和众数相等。在正念分布中,所有各项中的68%发生在平均数加减一个标准差的全矩内,95%发生在平均数加减两个标准差的全矩内。正态分布使用算术平均数和标准差来描述,并用"正态曲线"来体现。

当明确了抽样的调查方法后,针对不同的调查对象和不同的调查内容可以选择不同的调查形式。企业根据自身的情况,可进行直接面对面的访问,也可采用间接的电话访问、留卷访问或者观察法和实验法,得到所需要的有关需求状况和消费者状况的信息。

学习任务三　工程经济预测

任何项目都要在市场中生存必须以市场需求为前提,通过满足不同需求来追求经济效益的最大化。市场既是投资项目的起点,又是投资项目的归宿,是检验项目成功与否的唯一标准。因此,在进行投资项目可行性分析中必然要求将市场的分析预测放在首要的战略位置。

一、预测的概念、作用及分类

(一)预测的概念

预测是在对现实和历史进行调查研究的基础上,从中找出事物发展变化的规律,以此为依据,对出现的未来事件及其状态进行的预计和推断。工程技术经济分析的核心是解决技术方案的经济评价问题,所依据的数据大多要靠预测取得,而科学的预测是正确决策的前提条件。

预测是一门科学,在工程技术经济分析研究中,作为一种手段,其预测的结果具有近似性与随机性的特点。因此,应用中必须坚持辩证唯物主义观点和系统论的观点,遵循连续性

原则、类推原则及相关原则,采用科学的方法,才能保证预测结果的正确性和精确度,更好地为工程建设服务。否则,错误的预测将导致灾难性的结果。

(二)预测的作用

1. 企业决策的基础

古人云:"预则立,不预则废。"企业从事经营活动之前,对市场的未来发展以及市场营销行为所能引起的社会和经济后果,作出较为准确的估计和判断,对于合理制定经营决策,使经营结果符合预期目的,取得经营成功,关系极大。市场是企业一切营销活动的出发点和落脚点。只有看得长远些、准确些,才能使决策和计划正确无误,周密可行。这在市场瞬息万变的今天,尤为重要。

决策总是涉及未来,决策又是企业管理的核心。要想使决策要做到准确无误,企业必须对未来的形势发展作出科学的分析。预测与决策实际上是一件事的两个方面或两个阶段。作为广义的决策过程,首先是了解事物未来发展趋势和过程,情况明了,决策才好制定。预测是决策的基础,科学的决策必须依据准确的预测结论才能做出。

2. 提高应变能力的有力手段

应变能力的大小,取决于信息的收集、分析和处理工作,取决于建立一个高效率的市场营销信息系统和市场预测系统。应变能力的基本要求就是对环境的变化能够作出迅速准确的反应,并通过采取正确的战略和策略决策,积极地适应环境和能动地改造环境。所谓适应环境,就是在环境发生变化时,能够相应地改变企业的生存方式和活动方式,改变企业的营销指导思想和营销策略,建立企业与环境之间新的平衡与协调关系。所谓积极地适应环境,指的是在环境发生变化前,就能够预见到环境将朝着什么方向变化,预先做好应变准备,而不是消极被动地跟在环境变化之后,穷于应付。所谓能动地改造环境,是指现代企业通过自己的努力,诸如引导需求、促销宣传、改换策略等措施,对宏观市场环境施加积极的影响,使环境条件朝着有利于顾客和有利于企业发展的方向变化。

3. 有利于提高企业的市场适应力

市场需求是处在不断变化之中的,谁能把握市场需求变化的脉搏,谁就能在市场竞争中领先一步,获得好的经济效益。企业通过市场预测,可以了解到不同企业的同类产品在市场竞争中对本企业产品的影响与冲击程度,以及产品的开发方向和发展趋势。当同一类产品有较多厂家生产时,企业就应按照市场预测结果正确地判断本企业所面临的形势,采取相应的措施,有针对性地提高产品的内在质量、价格、服务和交货期等方面的竞争力,更好地争取用户和市场。当某一种产品在市场上已经达到饱和或用户对产品有新的要求时,企业就应主动、适时地组织新产品生产,进行产品更新换代,使本企业的产品在市场竞争中能占有一席之地。

4. 提高经济效益的基本途径

从某种角度讲,经济效益是指产量、供给量与需求量的对比关系。只有在产品有广阔市场销路的条件下,企业内部劳动消耗的节约才有意义。市场需求制约着销售,销售是否畅通又决定着生产和营销成果的实现。因此,要想全面提高企业的经济效益,首先要组织适销对路、价格合理、符合市场需求产品的生产。在此基础上,生产成本和营销费用的最小化才有意义。

总之,市场预测是增强企业活力的积极因素。但是,需要注意的是,在不同的环境条件下,采用不同的预测方法,都会存在一些局限性。一般来说,当市场需求相对稳定时,市场预测的准确性就相对高一些;反之,当市场需求处于不稳定状态,市场预测的精确性将受到影响。

(三)预测的分类

预测总是具体的,表现为采用一定的预测方法对特定商品在一定时间内与一定地域范围内需求量与销售量的预测,或者是对相关供需指标与效益指标的预测。据此,预测可从方法、对象、时间、空间等多个角度进行分类。

1. 按预测活动的空间范围分类

1)宏观市场预测

宏观市场预测是全国性市场预测。它同宏观经济预测,即对整个国民经济总量和整个社会经济活动发展前景与趋势的预测相联系。为了对全国性市场的需求量和销售量作出科学预测,从而为企业的发展提供宏观经济指导,或者为了依据宏观经济发展指标对企业或地区市场的经营预测提供基础性资料,宏观经济预测量是必不可少的。宏观经济预测提供的预测值有:国民生产总值及其增长率、国内生产总值及其增长率、人均国民收入及其增长率、物价总水平和商品零售总额、工资水平和劳动就业率、投资规模及其增长率、积累和消费结构、产业结构、国际收支的变化等。宏观经济预测还包括世界范围的市场动态、商品结构、进出口贸易行情、国际金融市场对国际贸易的影响趋势等。宏观市场预测的直接目标是商品的全国性市场容量及其趋势变化,商品的国际市场份额及其变化,相关的效益指标及各项经济因素对它的影响。

2)微观市场预测

微观市场预测以一个企业产品的市场需求量、销售量、市场占有率、价格变化趋势、成本与诸效益指标为其主要预测目标,同时与相关的其他经济指标的预测密不可分。

2. 按预测对象的商品层次分类

1)单项商品预测

这是对某种具体商品的市场状态与趋势的预测,例如,粮食市场预测、棉花市场预测、食用油市场预测、钢材市场预测、汽车市场预测等。单项商品预测仍需分解和具体化,包括对各单项商品中不同品牌、规格、质量、价格的商品需求量与销售量,以及效益指标等进行具体的预测。

2)同类商品预测

这是对同类商品的市场需求量或销售量的预测。大的类别有生产资料类预测与生活资料类预测。每一类别又可分为较小的类别层次,如生活资料类预测可分为食品类、衣着类、日用品类、家电类等。按不同的用途与等级,上述各类生活资料还可分为更具体的类别层次,如家电类可分为电视类、音响类、冰箱类、微波炉类等。

3)目标市场预测

按不同消费者与消费者群的需要划分目标市场,是市场营销策略与经营决策的重要依据。目标市场预测可分为中老年市场预测、青年市场预测、儿童市场预测、男性市场预测、妇女市场预测等。

4)市场供求总量预测

市场供求总量可以是商品的总量,也可用货币单位表示商品总额。市场供求总量预测包括市场总的商品需求量预测与总的商品资源量预测,也可表示为市场总的商品销售额预测。

3.按预测期限的时间长短分类

市场预测是对未来某一段时间内市场的状态与趋势作出的判断与估计,由于预测对象与预测目的不同,对预测期限的长短要求也存在差异。具体可分为:
①近期预测:一般指一年以内,以周、旬、月、季为时间单位的市场预测。
②短期预测:通常指预测期为 1 ~ 2 年的市场预测。
③中期预测:一般指预测期为 2 ~ 5 年的市场预测。
④长期预测:通常指预测期为 5 年以上的市场预测。
一般来说,预测期越长,预测结果的准确度越低。由于企业面对瞬息万变的市场,为降低经营风险,力图使市场预测值尽可能精确,故多侧重于近期或短期预测。不过,在企业制定中长期发展规划时,或对重大项目做可行性研究时,又不能不做好中长期预测。还需指出,考虑到技术开发与产品开发的周期相对较长,技术寿命周期也较长,企业在做技术预测时,近期、短期、中期、长期的时间周期应较上述时间长,短期为 1 ~ 5 年,中期为 5 ~ 15 年,长期为 15 ~ 50 年。

4.按预测方法的不同性质分类

1)定性预测

定性市场预测是根据一定的经济理论与实际经验,对市场未来的状态与趋势作出的综合判断。例如,根据产品生命周期理论,对产品在预测期内处于新生期、成长期、成熟期抑或衰退期作出的判断,就是一种定性预测。定性预测是基于事实与经验的分析判断,它无须依据系统的历史数据建立数学模型。

2)定量预测

定量市场预测是基于一定的经济理论与系统的历史数据,建立相应的数学模型,对市场的未来状态与趋势作出定量的描述,对各项预测指标提供量化的预测值。定量预测通常包含点值预测与区间值预测。

在实际预测工作中,尽可能将定性预测与定量预测相结合,以提高预测值的准确度与可信度。

二、预测的基本程序

(一)确定预测目标和要求

这是市场预测工作的第一步,也是重要的一步。就是根据市场及经营活动的需要,确定预测要解决什么问题,并根据预测所要求解决的问题,拟订预测项目,制订预测计划,编造预算,调配力量以组织实施。在明确目标时,应当从实际需要出发,分别轻重缓急,考虑到预测所花费的人力、物力、财力的状况,做到量力而行。

(二)收集分析历史数据和预测所需的各种资料

市场预测要以资料为基础,只有通过对充分的市场信息资料和影响预测目标各种因素发展变化的情况资料,才能对市场变动的规律性和预测目标的发展趋向进行具体的分析。

市场预测所需资料的来源:

1.企业内部的资料

进行市场预测首先要整理、分析企业过去遗忘的历史数据,根据预测的目的不同,选用合适的指标和数据反映企业或项目原来的经营状况和经营成果,比如资产负债表、现金流量表、利润分配表、销售业绩等。

2.企业外部的资料

①国家及政府有关部门的计划与统计资料。
②国外技术经济情报和国际市场活动的资料。
③商业部门的市场统计数据资料。
④各研究单位、学术团体的研究成果、刊物资料等。

3.实地市场调查的资料

收集资料要注意资料的可靠性和完整性,预测的结果同所需资料的可靠性和完整性密切相关。预测人员在分析历史数据,排除偶发事件时,应该对他所要预测的领域,包括市场、技术、经济、社会及本企业的情况有充分的了解。

(三)选择预测的方法,建立预测模型,进行科学分析

根据不同的预测时间、不同的数据资料、不同的预测精度要求,并考虑预测所需的费用和预测方法的实用性,合理选择预测方法和预测模型,进行预测。建立预测模型取决于所选择的预测方法和所收集到的数据。建立模型的过程分为建立模型和模型的检验分析两个阶段。只建模型,不进行检验,这样的预测是不令人信服的。

(四)预测结果分析和评价

模型的分析是指对系统内部、外部的因素进行评定,找出使系统转变的内部因素和客观环境对系统的影响,以分析预测对象的整体规律性。为了使预测更具有科学性和实用性,应该对影响未来市场的各种因素进行详细地研究、分析和评价。检查预测结果的预期目标,预测结果是否合理等。如果得出否定的结论,则需要重新确定预测目标或是其他预测结果,再次进行预测,并评价预测的结果。

(五)选择预测方案,用于决策和计划

决策者根据对预测成果的评价意见,从各种预测方案中,选择最佳预测方案或预测值,作为决策和计划的依据。只有当预测成果用之于决策、计划时,才算真正发挥出预测的作用。

(六)追踪和反馈

所建立的模型是在一定假设条件下得到的,因此也只是用于一定条件和一定预测期限。对预测结果要进行追踪检查,了解预测的结论和建议被采纳的程度、实际的效果以及预测结论与实际情况是否一致等。随时对追踪的结果进行反馈,以使在今后预测时改进方法,纠正偏差。如果将其推广到更大范围,就要利用分析、类比、推理等方法来确定模型的适用性。

三、工程经济预测的分类

在工程经济领域,通常包括技术预测、经济预测和市场预测。

1. 技术预测

技术预测指人们对技术发展、技术发明、技术应用及其对社会、经济等方面的发展所产生的影响(包括有利影响与不利影响),事先提出的一种有根据的预见。工程建设中的技术预测,是对由于新技术、新工艺、新材料和新产品的出现而对产品可能产生的影响作出

估计。

2. 经济预测

经济预测指人们对所从事的工程建设这一社会经济活动可能面临的社会经济发展形势和趋势,事先提出的一种有根据的、比较符合发展规律的预见,为项目的建设决策提供科学依据。

3. 市场预测

市场预测是经济预测的一个组成部分,由于它对工程技术经济决策的重要作用以及该范畴的特殊规律和方法,通常把它从经济预测中单列出来。市场预测主要指对市场商品需求及供给的发展变化趋势事先提出一种有根据的比较符合发展规律的预见。市场预测的具体内容有:

1)市场需求预测

市场需求预测就是通过对过去和现在产品在市场上的销售情况和影响市场需求的各种因素的分析和判断,来预测市场对项目产品的需求量有多大,发展变化趋势如何。

2)市场占有率预测

市场占有率是针对某个企业(或项目)而言的,它是指企业(或项目)的某种产品销售量(或销售额)占市场上该种产品全部销售量(或销售额)的百分比。一家企业市场占有率的增加就意味着其他企业市场占有率的降低,市场占有率预测实质上就是对项目竞争能力的预测。

3)资源预测

资源的供应直接关系到产品的生产,资源预测是对原材料、能源等供应的保证程度、发展趋势及其价格的变动情况进行估计。以免因资源矛盾使项目决策失误。

四、工程经济预测的方法及应用

1. 定性预测方法及应用

定性预测方法是利用直观材料,依靠人的经验、知识和主观判断并进行逻辑推理,对事物未来变化趋势进行估计和推测的方法。它的优点是简单易行,耗时少,是应用历史比较悠久的一种方法,至今在各类预测方法中仍占重要地位。它的缺点是易带片面性,精度不高。

1)专家预测法

由专家们根据自己的经验和知识,对预测对象的未来发展趋势作出判断,然后把专家们的意见归纳整理,形成预测结论。它又分为专家个人预测法和专家会议预测法两种。

专家个人预测法是由具有专长、具有远见卓识和丰富经验的专家提出个人意见,然后将各专家的意见收集起来归纳整理形成预测结论。该方法能充分发挥专家的创造能力,使专家不受外界影响,没有心理压力。但此方法容易受到专家知识面、知识深度、占有资料状况以及对预测问题是否有兴趣等因素所制约,预测结果难免带有片面性和局限性。

专家会议预测法是向专家们提供需要预测的问题和信息,请他们事先做好准备,然后在确定的时间召开专家会议,由专家们各自提出预测的意见,相互交换,相互启发,弥补个人知识经验的不足,并经过讨论、补充、修正之后得出预测的结果。此方法的缺点是参加会议的人数有限,代表性不够广泛;另外,在会上发表意见还受到一些心理因素的影响,不能畅所欲言,容易受到权威意见和大多数人意见的影响,即使有不同的意见也不愿意在会上发表,或不愿意公开修正自己已发表的意见,导致预测结果的可靠程度有限。

2)特尔菲法

特尔菲法是集专家个人预测法和专家会议预测法二者之长,去二者之短的一种方法。其特点是用书面的方式和专家们联系,而不采取开会的形式,因此又称为函询法。它以匿名的方式通过几轮咨询,征求专家们的意见。预测小组对每一轮的意见进行归纳整理和分类,作为参考资料"文件形式发给每个专家,供他们分析判断,提出新的论证。如此反复三至四轮,直到得出预测结论为止。该方法采用匿名的方式征询专家意见,专家互不照面,各抒己见,博采众长,分析判断比较客观,预测结果比较准确,而且预测费用较低。特尔菲法被广泛应用于技术预测、经营预测、短期预测、长期预测、预测量变和质变过程等多种情形。

(1)特尔菲法的预测过程

特尔菲法的预测过程可分为 3 个阶段,即准备阶段、预测阶段及结果处理阶段。

①准备阶段:其主要工作是确定预测主题和选择参加预测的专家。确定预测主题,首先要制订目标 —— 手段调查表,并在此表基础上制定应答问题调查表。预测领导小组或专家一起,对已掌握的数据进行分析,确定预测对象的总目标和子目标以及达到目标的手段,编制手段调查表。

当有多种手段时,应精选主要的、互不干扰的各种手段。手段调查表是特尔菲法预测的重要工具,是信息的主要来源,表的质量对预测结果的准确程度影响很大。因此,制表时应非常慎重。

②预测阶段:第一轮,发给专家第一轮调查表,表中只提出预测问题,不带任何约束条件。围绕预测主题由专家提出应预测的事件,预测领导小组对专家填写后寄回的调查表进行汇总、归纳,用准确术语提出一个预测一览表。第二轮,发给专家第二轮调查表,即预测一览表,由专家对每个事件作出评价,并阐明理由,预测领导小组对专家意见进行统计处理。如此再进行第三轮、第四轮调查与统计,最终得出一个相当集中的预测意见。

③结果处理阶段:对应答结果进行分析和处理,是特尔菲法预测的最后阶段,也是最重要的阶段。处理方法和表达方式取决于预测问题的类型和对预测的要求。大量的试验证明,专家的意见分析是接近或符合正态分布的。

(2)组织预测时应注意的问题

为了保证特尔菲法的预测精度,组织预测时应注意以下 10 点:

①对特尔菲法作出充分说明；

②预测的问题要集中；

③避免组合事件；

④用词要确切；

⑤调查表要简化；

⑥领导小组意见不应强加于调查表中；

⑦问题的数量要有限制；

⑧支付适当报酬；

⑨结果处理工作量的大小要适量；

⑩每轮问询的时间间隔要恰当。

特尔菲法虽然广泛应用于各个领域的预测,但只有合理、科学地操作,并注意扬长避短,才能得到可靠的预测结果。

3)定性预测结论的形成

通过主观预测的结果大部分都是定性的,为了便于比较,有时要进行整理、加工,最后用定量的数据表示出预测的结果。

(1)主观概率法

主观概率法是预测者对预测事件发生的概率作出主观估计,然后计算它的平均值,以此作为一则事件的结论的一种方法。

【例题 2.7】 某企业拟开发某类商品房,根据市场销售的历史和现状,对该类商品房市场:需求的可能出现的自然状态及概率估计见表 2.3。

解:根据表 2.3 中的数据,计算其平均值,得到需求量高的概率 0.44,需求量一般的概率 0.38,需求量低的概率 0.18。

表 2.3　主观概率统计表

概率　　预测者 自然状态	A_1	A_2	A_3	A_4	A_5	平均值
需求量高	0.6	0.4	0.3	0.4	0.5	0.44
需求量一般	0.2	0.3	0.5	0.5	0.4	0.38
需求量低	0.2	0.3	0.2	0.1	0.1	0.18

主观概率法当持各种意见的专家人数不同或专家们的实际经验和知识不同,可对于不同概率给予不同的权数,用加权平均分求其预测值。

(2)主观记分法

事先予以不同的时间或方案不同的记分标准,由调查者自己根据对事件的估计,按标准评定得出分值,这种方法称为主观记分法。对分数的整理和比较有许多方法,常用的有:平均值法、加权平均法、比重系数法等。

2. 定量预测方法及应用

定量预测法是根据历史数据,应用数理统计方法来推测事物的发展状况,或利用事物内部因果关系来预测事物发展的未来状况的方法。它主要有时间序列预测分析法和回归分析法等。时间序列预测分析法是将预测对象的历史资料,按时间顺序排列起来,运用数学方法寻求其内在规律和发展趋势,预测未来状态的方法。回归分析法是从事物发展变化的因素关系出发,通过大量数据的统计分析找出各相关因素间的内在规律,从而对事物的发展趋势进行预测的方法。

1)时间序列预测分析法

时间序列预测分析法,常用的方法有简单平均法、移动平均法及指数平滑法等。

(1)简单平均法

通过求一定观察期的数据平均数,以平均数为基础确定预测值的方法,称为简单平均法。它是市场预测的最简单的数学方法,它不需要复杂的运算过程,方法简单易行,是短期预测中常用的一种方法。简单平均法一般包括算术平均法和加权平均法。

①算术平均法。根据过去一定时期内,各个时期的历史资料求其算术平均值作为预测数据,就是算术平均法。其计算公式为

$$X = \frac{\sum\limits_{t=1}^{n} X_i}{n} = \frac{X_1 + X_2 + X_3}{n} \tag{2.14}$$

式中　X——预测值的算术平均值;

　　　X_i——第 t 期的数据;

　　　n——资料数或期数。

此方法适用于预测对象变化不大且无明显上升或下降趋势的情形。

②加权平均法。当一组统计资料每期数据的重要程度不同时,对各期数据分别给以不同的权数,然后加以平均,就是加权平均法。该方法的特点是所求得的平均数,包含了事件的长期变动趋势,适用于事件的发展比较平稳,仅有个别事件偶然性波动的情况。其计算公式为

$$Y = \frac{\sum\limits_{t=1}^{n} W_t X_t}{\sum\limits_{t=1}^{n} W_t} \tag{2.15}$$

式中　Y——观测值的加权平均值;

　　　X_t——第 t 期的数据;

　　　W_t——第 t 期的权数。

加权平均法的关键是合理地确定观测值的权数。一般的做法是,由于距离预测期越近的数据对预测值的影响越大,故给予近期数据以较大的权数,距离预测期远者权数则逐渐递

减。当历史数据变化幅度较大时,权数之间可以采用等比级数;当历史数据变化平稳时,权数之间可用等差级数;另外,若历史数据变化起伏波动较大,则可根据实际情况确定不同的权数。

减。当历史数据变化幅度较大时,权数之间可以采用等比级数;当历史数据变化平稳时,权数之间可用等差级数;另外,若历史数据变化起伏波动较大,则可根据实际情况确定不同的权数。

（2）移动平均法

移动平均法是以假定预测值与同预测期相邻的若干观察期数据有密切关系为基础的,把已知的统计数据按数据点划分为若干段,再按数据点的顺序逐点推移,逐点求其平均值,最后得出预测值。移动平均法的特点是对于具有趋势变化和季节性变动的统计数据,尤其是对于数值特别大或特别小的数据,经过移动平均的调整后,能够消除不规则的变化。因此,移动平均法常用于长期趋势变化和季节性变化的预测。其计算公式为

$$M_{t+1} = \frac{X_t + X_{t-1} + \cdots + X_{t-n+1}}{n} \tag{2.16}$$

式中　M_{t+1}——$t+1$ 期的移动平均值;

　　X_t——已知第 t 期的数据;

　　n——每段内的数据个数。

（3）指数平滑法

由于移动平均法不能反映观察期数据的整体变化趋势,同时,不能按要求对观察期数据的变化趋势进行主动调整,因此存在着一定的局限性。

指数平滑法则是移动平均法的演变和改进,在改进中有新的发展,它只用一个平滑系数 α,一个最接近预测期的观察期数据 x_t 和前一期的预测值 F_t 就可进行指数平滑计算。预测值 F_{t+1},是上期实际值 x_t 和上期预测值 F_t 不同比例之和。其特点是:

①进一步加强了观察期近期观察值对预测值的作用,通过对不同时间的观察值施以不同的权数,尤其是加大近期观察值的权数,使预测值能够迅速反映市场的实际变化。

②对于观察值所施予的权数有伸缩性,可以按需要进行调节,取不同的平滑系数 α 值以改变权数的变化速率。因此,运用指数平滑法,能够利用移动平均法的长处,可选择不同的 α 值来调节时间序列观察值的修匀程度(即趋势变化的平稳程度),应用比较广泛。计算公式为

$$F_{t+1} = \alpha X_t + (1-\alpha)F_t \tag{2.17}$$

式中　F_{t+1}——对 $t+1$ 期的预测值;

　　α——平滑系数,$0 < \alpha < 1$;

　　F_t——第 t 期的预测值。

平滑系数 α 实际上是一个加权系数,α 越小,X_t 所占的比重越小,F_t 所占的比重越大,所得的预测值就越能反映观察期数据的总体发展状态;α 越大,X_t 所占比重越大,而 F_t 所占比重越小,所得预测值对 X_t 的变化反应越灵敏;当 $\alpha=1$ 时,距离预测值最近的上一期观察期数据就是下一期的预测值;当 $\alpha=0$ 时,所有各期的预测值始终等于一常数。

关于初始值 F_1:当历史数据相当多($\geqslant 50$)时,可以取 $F_1 = X_1$,因为初始值 X_1 的影响将被逐步平滑掉;而当观察期的历史数据较少时,可取 $\bar{X}$(各期的算术平均值)作为 F_1。

【例题 2.8】 某市一年连续 12 个月的固定资产投资额见表 2.4,试用时间序列预测分析法预测第 2 年 1 月份的固定资产投资额。

解:(1)算术平均法

由式(2.12)有

$$X = \frac{\sum_{i=1}^{n} X_i}{n} = \frac{\sum_{i=1}^{12} X_i}{12}$$

$$= \frac{40 + 42 + 37 + 41 + 39 + 38 + 41 + 39 + 38 + 42 + 41 + 49}{12} = 40.6(亿元)$$

(2)加权平均法

设 $W_t = \dfrac{1}{n-(t-1)}$,由式(2.13) 有

$$Y = \frac{\sum_{t=1}^{n} W_t X_t}{\sum_{t=1}^{n} W_t} = \left(40 \times \frac{1}{12} + 42 \times \frac{1}{11} + 37 \times \frac{1}{10} + 41 \times \frac{1}{9} + 39 \times \frac{1}{8} + 38 \times \frac{1}{7} + \right.$$

$$\left. 41 \times \frac{1}{6} + 39 \times \frac{1}{5} + 38 \times \frac{1}{4} + 42 \times \frac{1}{3} + 41 \times \frac{1}{2} + 49 \times 1 \right) \times$$

$$\left(\frac{1}{1 + \frac{1}{2} + \frac{1}{3} + \frac{1}{4} + \frac{1}{5} + \frac{1}{6} + \frac{1}{7} + \frac{1}{8} + \frac{1}{9} + \frac{1}{10} + \frac{1}{11} + \frac{1}{12}} \right)$$

$$= 43(亿元)$$

(3)移动平均法

设 $n = 3$,由式(2.14)得

当 $n = 3, t = 3$ 时,有

$$M_{t+1} = M_{3+1} = \frac{X_3 + X_2 + X_1}{3} = \frac{37 + 42 + 40}{3} = 39.7(亿元)$$

又设 $n = 6, t = 12$ 时,有

$$M_{t+1} = M_{12+1} = \frac{X_{12} + X_{11} + X_{10} + X_9 + X_8 + X_7}{6} = \frac{49 + 41 + 42 + 38 + 39 + 41}{6}$$

$$= 41.7(亿元)$$

以此类推,将计算结果列入表 2.4 中第 3 栏和第 4 栏。

表 2.4 时间序列法分析计算表

时间周期 (t)月	实际投资额 X/亿元	$M_{t+1}, n = 3$ 预测值/亿元	$M_{t+1}, n = 6$ 预测值/亿元	$F_{t+1}, \alpha = 0.7$ 预测值/亿元	$F_{t+1}, \alpha = 0.2$ 预测值/亿元
(1)	(2)	(3)	(4)	(5)	(6)
1	40			40.6	40.6

续表

时间周期 (t)月	实际投资额 X/亿元	$M_{t+1}, n=3$ 预测值/亿元	$M_{t+1}, n=6$ 预测值/亿元	$F_{t+1}, \alpha=0.7$ 预测值/亿元	$F_{t+1}, \alpha=0.2$ 预测值/亿元
2	42			40.2	40.5
3	37			41.5	40.8
4	41	39.7		38.4	40.0
5	39	40.0		40.2	40.2
6	38	39.0		39.4	40.0
7	41	39.3	39.5	38.4	39.6
8	39	39.3	39.7	40.2	39.9
9	38	39.3	39.2	39.4	39.7
10	42	39.3	39.3	38.4	39.4
11	41	39.7	39.5	40.9	39.9
12	49	40.3	39.8	41.0	40.1
13		44.0	41.7	46.6	41.9

设 $F_1 = \bar{X} = 40.6$,当 $\alpha = 0.7$ 时,由式(2.6) 有

$$F_2 = \alpha X_1 + (1 - \alpha)F_1 = 0.7 \times 40 + (1 - 0.7) \times 40.6 = 40.2(亿元)$$

又设 $\alpha = 0.2$ 时,则

$$F_2 = \alpha X_1 + (1 - \alpha)F_1 = 0.2 \times 40 + (1 - 0.2) \times 40.6 = 40.5(亿元)$$

$$F_3 = \alpha X_2 + (1 - \alpha)F_2 = 0.2 \times 42 + (1 - 0.2) \times 40.6 = 40.8(亿元)$$

以此类推,将计算结果列入表2.2中第5栏和第6栏。

2)回归分析法

回归分析法是一种定量的预测技术,它是根据实际统计的数据,通过数学计算,确定变量与变量之间互相依存的数量关系,建立合理的数学模型,以推算变量的未来值。回归分析法是寻求已知数据变化规律的一种数理统计方法。如果处理的变量只有两个,称为一元回归分析,多于两个变量的称为多元回归分析。此处仅介绍一元回归分析法。

一元回归分析只涉及两个变量,导出的数学关系式是直线型的,所以又称为直线回归分析法。根据已知若干组 z 与 y 的历史数据,在直角坐标系上,描绘出各组数据的散点图,然后求出各组数据点距离最小的直线,即为预测值的回归直线。该直线方程为

$$y = a + bx \tag{2.18}$$

式中　y——因变量;

　　　x——自变量;

　　　a——回归系数,回归直线在 y 轴上的截距;

　　　b——回归系数,即回归直线的斜率。

用最小二乘法解得回归系数 a 与 b:

$$b = \frac{n\sum_{i=1}^{n} x_i y_i - \sum_{i=1}^{n} x_i \cdot \sum_{i=1}^{n} y_i}{n\sum_{i=1}^{n} x_i^2 - \left(\sum_{i=1}^{n} x_i\right)^2} = \frac{\sum_{i=1}^{n} x_i y_i - \bar{x}\sum_{i=1}^{n} y_i}{\sum_{i=1}^{n} x_i^2 - \bar{x}\sum_{i=1}^{n} x_i} \tag{2.19}$$

$$a = \frac{\sum_{i=1}^{n} y_i - b\sum_{i=1}^{n} x_i}{n} = \bar{y} - b\bar{x} \tag{2.20}$$

式中

$$\bar{x} = \frac{1}{n}\sum_{i=1}^{n} x_i$$

$$\bar{y} = \frac{1}{n}\sum_{i=1}^{n} y_i$$

直线回归分析法的出发点是根据一定时期的经济变量的分布图会呈现一定的趋向。采用直线回归分析法的关键是必须判断其预测变量(因变量)与自变量之间有无确定的因果关系,必须掌握预测对象与影响因素之间的因果关系,因为影响因素的增加或减少会导致回归直线随之发生变化。

采用直线回归分析法时,数据点的多少决定着预测的可靠程度,而且所需数据点的实际数量,又取决于数据本身的性质及当时的经济情况。一般说来,历史数据观察点至少要在20个以上。

检验回归直线的拟合程度,可用一个数量指标即相关系数来描述,通常用 r 表示。r 的计算公式为

$$r = \frac{\sum_{i=1}^{n} x_i y_i - \sum_{i=1}^{n} x_i \cdot \sum_{i=1}^{n} y_i}{\sqrt{n\sum_{i=1}^{n} x_i^2 - \left(\sum_{i=1}^{n} x_i\right)^2} \cdot \sqrt{n\sum_{i=1}^{n} y_i^2 - \left(\sum_{i=1}^{n} y_i\right)^2}} \tag{2.21}$$

由式(2.17)和式(2.18),可以得出

$$b = r \cdot \frac{\sqrt{\sum_{i=1}^{n} y_i^2 - n\bar{y}^2}}{\sqrt{\sum_{i=1}^{n} x_i^2 - n\bar{x}^2}} \tag{2.22}$$

在式(2.20)中:当 $r = 0$,此时 $b = 0$,则回归直线是一条与 x 轴平行的直线,说明 y 的变化与 x 无关,此时,x 与 y 无线性关系,通常情况下,点 (x_i, y_i) 的散布是完全不规则的。当 $|r| = 1$ 时,所有点 (x_i, y_i) 均在回归直线上,这种情况称 x, y 完全相关。当 $r = 1$ 时,称为完全正相关;当 $r = -1$ 时,称为完全负相关。

当 $0 < |r| < 1$ 时,r 的大小描述了 x 与 y 线性关系的密切程度。$r > 0$ 称为正相关;$r < 0$ 称为负相关。r 越接近 1,x 与 y 的线性关系越密切;r 越接近于 0,x 与 y 的线性关系密切程

度越小。因此,在建立回归方程之后,常常要观察 r 的大小以确定回归方程有无使用价值。一般说来,当数据的组数 $n \leqslant 10$ 时, $|r|$ 要大于0.602;当 $10 < n \leqslant 20$ 时, $|r|$ 要大于0.444;当 $20 < n \leqslant 52$ 时, $|r|$ 要大于0.273,才有意义。

直线回归分析法是通过从实践观察的大量数据中寻找事物发展的内在规律来预测事物的未来状况,对于外部条件如国家政策、市场供求关系、原材料和燃料供应、建材和劳务价格等变化都未作考虑。因此,预测值只能为确定计划指标提供参考,而不能作为唯一的依据。

【例题2.9】 已知某银行住房贷款1997—2002年度实际发放的数额见表2.5,试用直线回归分析法预测该银行2007年的住房贷款发放数额。

表2.5 回归分析计算表

年　度	贷款发放额 y_i / 百万元	时间 x_i	$x_i y_i$	x_i^2
2001	440	1	440	1
2002	500	2	1 000	4
2003	450	3	1 350	9
2004	600	4	2 400	16
2005	550	5	2 750	25
2006	700	6	4 200	36
$\sum$	3 240	21	12 140	91

解:由式(2.17)和式(2.18)有

$$\bar{x} = \frac{1}{n} \sum_{i=1}^{n} x_i = \frac{1}{6} \times 21 = 3.5$$

$$\bar{y} = \frac{1}{n} \sum_{i=1}^{n} y_i = \frac{1}{6} \times 3\,240 = 540$$

故

$$b = \frac{\sum_{i=1}^{n} x_i y_i - \bar{x} \sum_{i=1}^{n} y_i}{\sum_{i=1}^{n} x_i^2 - \bar{x} \sum_{i=1}^{n} x_i} = \frac{12\,140 - 3.5 \times 3\,240}{91 - 3.5 \times 21} = 45.71$$

$$a = \bar{y} - b\bar{x} = 540 - 45.71 \times 3.5 = 380$$

$$y = a + bx = 380 + 45.71\,x$$

该银行2007年的住房贷款发放数额为

$$y_7 = 380 + 45.7 \times 7 = 700(百万元)$$

由于本例中数据较少,因此所得的回归直线精度有限,在应用时为了使预测更加准确,接近实际,往往需要借鉴的历史数据较多、较大,在运算过程烦琐。实践中,为了提高精度,节省时间,可以根据时间序列的特点,按下述方法将时间序列数适当取值,使 $\sum x_i = 0$,从而使计算简化。当周期数为奇数,以中间一期为原点,则 x 的数列为 $\cdots -3, -2, -1, 0, 1, 2, 3, \cdots$。当周期数为偶数,可以以中间二期之间的点为原点,则 x 的数为 $\cdots -5, -3, -1, 1, 3, 5 \cdots$。这样,$\sum x_i = 0$,由此上述计算公式简化为

$$b = \frac{\sum x_i y_{ai}}{\sum x_i^2} \tag{2.23}$$

$$a = \frac{\sum y_{ai}}{n} \tag{2.24}$$

【例题 2.10】 某企业某年前 8 个月的销售额的统计资料见表 2.6,试用线性回归分析法预测 9,10 月份的可能销售额。

表 2.6　销售额统计表　　　　　　　　　　　　　　　　单位:万元

月份	1	2	3	4	5	6	7	8
销售额	42	43.85	45.83	48.03	50.6	52.8	54.3	56.3

解: 首先根据统计资料数据变化可以看出数据呈线性趋势,建立数学模型:

$$y = a + bx$$

列表计算见表 2.7。

表 2.7　线性趋势计算表

月　份	y_{ai}	x_i	x_i^2	$x_i y_{ai}$
1	42	-7	49	-294
2	43.85	-5	25	-219.15
3	45.83	-3	9	-137.49
4	48.03	-1	1	-48.03
5	50.6	1	1	50.6
6	52.8	3	9	158.4
7	54.3	5	25	271.5
8	56.3	7	49	394.1
合计	393.69	908	90	175.93

则

$$b = \frac{\sum x_i y_{ai}}{\sum x_i^2} = \frac{175.93}{168} = 1.05$$

$$a = \frac{\sum y_{ai}}{n} = \frac{393.69}{8} = 49.21$$

将 a, b 的值代入预测模型:

$$y = a + bx = 49.21 + 1.05x$$

9 月份预测值为

$$Y = 49.21 + 1.05 \times 9 = 58.66(万元)$$

10 月份预测值为

$$Y = 49.21 + 1.05 \times 10 = 59.71(万元)$$

综上所述,定性预测法和定量预测法都有各自的适用范围,都有一定的局限性。在实践中常常将定性预测和定量预测结合起来,兼收并蓄,取长补短,进行综合预测,从而提高预测的可靠性、准确度和全面性。

 情境小结

工程项目融资方案有多种渠道和方式,不同的融资方案组合对项目未来的现金流量影响也不同。学习任务一首先介绍了融资主体的概念及其融资方式——既有法人融资方式和新设法人融资方式;然后分析项目资本金的来源以及项目资本金筹措的多种方式,并介绍了筹集项目资本金应注意的问题;之后介绍了国内债务筹资和国外资金筹资的渠道和方式,并详细介绍了融资租赁和发行债券的方式、种类和优缺点;最后介绍了资金成本的定义、性质和作用以及资金成本的一般计算公式、各种融资方式资金成本的计算方法和加权平均资金成本的计算方法。

任何项目都要以市场需求为前提,在市场中生存,通过满足市场需求,其目的是为了追求经济效益的最大化。市场既是投资项目的起点,又是投资项目的归宿,是检验项目成败的唯一标准。因此,在进行投资项目可行性分析中必然要求将市场的分析预测放在首要的战略位置。一项投资项目,无论在技术分析、财务分析上多么可行,如果无法通过市场带来经济效益,任何分析都是没有意义的。

学习任务二中的市场调查通常是以投资者和购买方为对象对投资项目的市场容量、价格状况和竞争状况所进行的资料收集、记录、整理和分析的过程。通过抽样调查技术的应用,可以凭借有限的样本来把握总体的基本特征。

所谓预测,就是根据过去的实际资料和现在掌握的情况,运用科学的方法,对未来事件进行预计和推测。即由已知求未知,由过去分析未来。预测工作一般有 5 个基本步骤:确定目标;收集资料;预测;结论分析和追踪反馈。

预测包括两个方面工作的正确结合。一方面是对已有数据的科学计算;另一方面是预测人员、决策者的主观经验和判断力。因此,预测有两大类的方法与技术,一种是定性预测分析方法;另一种是定量预测技术。

定性预测方法有专家个人判断法、专家会议法和特尔菲法。特尔菲法是结合了前两种方法的优点而克服其不足的一种科学的预测分析方法。

两种定量预测技术:时间序列法和回归分析法。时间序列有简单平均法、移动平均法和指数平滑法;回归分析则根据教学的要求只进行了一元线性回归分析。无论哪种定量分析方法都应依据观察期数据的特征采用,否则预测结论的正确性就会出现问题。

 课后习题

一、简答题

1. 工程项目融资与传统企业融资相比有哪些区别?

2. 既有法人融资与新设法人融资的特点分别是什么?

3. 股票的种类以及股票筹资的优缺点是什么?

4. 简述市场调查的程序。

5. 什么是预测? 技术经济预测包括哪些内容?

6. 特尔菲法的主要程序是什么? 它与专家个人判断法和专家会议预测法相比有哪些优点?

二、计算题

1. 某公司发行总面额为 500 万元的 10 年期债券,票面利率为 9%,筹资费用率为 5%,公司所得税税率为 25%。该债券的资金成本率为多少?

2. 某公司发行优先股股票,票面价格为 100 元,实际发行价格为 98 元,股息率为 9%,筹资费用率为 1%。试计算该优先股的资金成本率。

3. 某项目从银行贷款 200 万元,年利率为 8%,在借贷期内每年支付利息两次,所得税税率为 25%,筹资费用率为 1%。试计算该借贷资金的借款成本率。

4. 某公司某年各月份某种材料的实际使用量见表2.8,预测下一年1月份使用52,运用指数平滑法,当 $\alpha = 0.2$, $\alpha = 0.5$ 和 $\alpha = 0.8$,列出下一年各月的预测一览表。

表2.8

月　份	1	2	3	4	5	6	7	8	9	10	11	12
用　量	43	55	62	71	73	73	62	54	49	41	47	48

5. 某混凝土构件厂第 1 年 ~ 第 7 年各年的销售额见表2.9,试预测第 8 年的销售额。

表2.9

年　序	1	2	3	4	5	6	7
销售额/万元	200	210	280	250	360	320	380

6. 某机械厂吊装队第 1 ~ 第 3 年各月实际完成产值见表2.10,试预测第 4 年各月的产值。

表 2.10

年序＼月份	1	2	3	4	5	6	7	8	9	10	11	12
第 1 年	60.0	65.6	64.0	64.9	71.9	61.1	63.4	69.3	88.9	74.5	72.6	60.1
第 2 年	60.8	63.2	67.6	67.6	83.0	75.7	70.3	72.9	91.8	79.5	80.7	63.0
第 3 年	69.4	68.1	73.9	74.2	72.2	71.5	73.6	76.0	92.0	90.1	87.1	67.1

▶学习情境三

工程经济的确定性评价方法

🄰 学习内容

时间型经济评价指标的概念、计算及应用;价值型经济评价指标的概念、计算及应用;效率型经济评价指标的概念、计算及应用;偿债能力指标的概念;运用 Excel 计算评价指标。互斥型方案经济评价的方法及其应用;独立型方案经济评价的方法及其应用;混合型方案经济评价的方法;互补型方案、现金流量相关型方案经济评价的方法。

1. 知识目标

(1)掌握静态投资回收期的计算公式、评价准则;

(2)掌握净现值的计算公式、评价标准;

(3)掌握内部收益率的经济含义、计算方法及评价准则;

(4)熟悉动态投资回收期的计算方式;

(5)熟悉净年值的计算方式及适用范围;

(6)了解净现值率、投资收益率的含义;

(7)了解偿债能力指标的含义及评价准则;

(8)了解 Excel 计算评价指标的常用函数;

(9)掌握工程项目方案类型划分标准;

(10)掌握互斥型方案比选的原则;

(11)掌握互斥型方案评价步骤;

(12)掌握寿命不等的互斥型方案经济评价方法;

(13)掌握寿命相等的互斥型方案经济评价方法;

(14)掌握资金不受限制的独立型方案经济评价方法；

(15)掌握资金受限制的独立型方案经济评价方法；

(16)熟悉混合相关型方案经济评价方法；

(17)熟悉现金流量相关型方案经济评价方法；

(18)了解互补型方案经济评价方法。

2.能力目标

(1)能够运用静态投资回收期进行单一方案的评价；

(2)能够合理运用净现值或净年值进行单一方案的评价；

(3)能够运用内部收益率进行单一方案的评价；

(4)能够运用 Excel 进行相关指标的计算；

(5)能够运用增量内部收益率、增量投资回收期、增量投资收益率等增量指标进行互斥型方案的经济评价；

(6)能够运用净现值等指标进行互斥型方案的经济评价；

(7)能够运用费用现值、费用年值等指标进行互斥型方案的经济评价；

(8)能够运用年值法、最小公倍数法等指标进行寿命不等的互斥型方案的经济评价；

(9)能够运用互斥方案组合法进行资金受限制的独立型方案的经济评价；

(10)能够运用净现值率排序法进行资金受限制的独立型方案的经济评价。

案例导入

案例一：某一工程项目预计投资 2 800 万元，投产后预计每年可获得总收入 480 万元，预计每年的总支出为 280 万元，假设第 10 年末可回收净残值 1 000 万元。试问这样的项目是否值得投资？

案例二：某集团公司下属 A、B、C 3 个分公司，在进行年度项目建设论证时，每个分公司都提出了 3 个项目方案建议，而总公司规定每个分公司最多可建设一个项目。试问如何站在集团公司的立场进行决策？

思考：

案例一，对于是否值得投资这一问题的判断，需要给出标准，标准不同，结果也不同。同一事物，可以从不同的角度分析，对于投资项目也可以从不同的角度去研究其值不值得投资。

案例二，站在集团公司的立场，应弄清楚每个分公司内部方案之间的关系，分公司之间方案的关系以及集团公司的年度投资总额对决策结果有何影响。

进一步分析：对于投资项目是否值得投资的判断，需要通过计算经济评价指标来回答。不同的评价指标是从不同的角度给出判断的，每一评价指标都有其相应的评判标准。各类评价指标的计算、评价标准的确定及其应用是学习任务一的主要内容。

对于多个投资项目方案比选或选优的问题，首先需要明确方案之间的关系类型。不同的方案类型,所采用的经济评价指标也是不同的。工程项目方案类型关系的确定、不同方案类型经济评价方法的建立及其应用是学习任务二的主要内容。

学习任务一　工程项目单方案的经济评价

根据工程技术项目经济效果评价所依据的经济要素是否确定,工程项目经济评价的方法包括确定性经济评价方法和不确定性经济评价方法两类。确定性经济评价方法的指标计算所依据的相关经济要素是确定的;不确定性经济评价方法的指标计算所依据的相关经济要素是可变的,不是唯一的,如盈亏平衡分析、敏感性分析属于不确定性分析。一般来说,同一个投资项目可同时进行确定性评价和不确定性评价。本书将先介绍确定性的经济评价方法,不确定性分析将在学习情境四中介绍。

一、工程项目确定性经济评价指标概述

(一)工程项目确定性经济评价指标

投资是商品经济及其发展过程中最为基本、广泛的经济活动。对于一个国家、一个地区而言,投资是提高综合经济实力和经济技术水平的根本途径;对于企业来说,投资是扩大生产经营规模,提高盈利能力,增强企业实力的基本手段。当企业进行项目投资时,一般要设定几种方案,然后对方案进行选优,这就需要运用各种投资决策方法进行认真的分析与评价。而经济效果评价是各种投资项目进行经济性评价的核心内容,有广阔的使用领域,如可广泛使用于新建项目、改扩建项目,技术改造等工程技术项目经济效果的评价。

为了确保投资项目决策的正确性和科学性,正确认识工程项目经济评价的指标和方法是十分必要的。实践中由于项目的复杂性,任何单一评价指标都只能从某一侧面反映经济效果,而很难达到全面评价项目的目的,为此需要有不同的评价指标来评判项目的经济效果。因此,工程项目经济评价指标体系的方法和指标是多种多样的,这些指标从不同的侧面反映投资项目的某一工程技术方案的经济性。在具体选用哪一种方法或指标时,评价者可以依据可获得资料的多少,以及项目本身所处条件的不同而选用不同的指标和方法。

工程项目确定性经济评价指标和方法可以从不同的角度进行分类,常见的分类有以下几种。

1. 按评价指标的计算是否考虑资金时间价值

按评价指标的计算是否考虑资金的时间价值,可将项目经济评价方法分为静态评价指

标和动态评价指标。静态评价指标是不考虑资金时间价值的指标,如静态投资回收期、投资收益率等,其特点是计算较简便、直观、易于掌握,但也存在着项目经济效益反映不准确等问题。动态评价指标是考虑资金时间价值的指标,如动态投资回收期、净现值、内部收益率等。动态评价指标克服了静态评价指标的缺点,但计算需要依据较多的数据和资料,过程也较复杂。

2. 按评价指标所反映的经济性质

工程项目的经济性质体现在所投入资金的回收速度、项目的盈利能力和资金的使用效率3个方面。同样可将工程项目的评价指标分为时间型评价指标、价值型评价指标和效率型评价指标。时间型评价指标是根据时间长短来衡量项目对其投资回收能力的指标;常用的时间型评价指标有静态投资回收期、动态投资回收期、增量静态投资回收期、增量动态投资回收期。价值型评价指标是反映项目投资的净收益绝对量的大小的指标;常用的价值型评价指标有净现值、净年值、费用现值和费用年值等。效率型评价指标是反映项目单位投资获利能力或项目对贷款利率的最大承受能力的指标。常用的效率型评价指标有投资收益率、内部收益率、净现值率和费用效益比等。

3. 按评价指标所反映的内容

工程项目经济评价指标可以从贷款者和借款者两个方面进行分析,评价指标可分为反映盈利能力的指标和反映清偿能力的指标。反映盈利能力的指标有静态投资回收期、动态投资回收期、净现值、内部收益率、投资收益率等;反映清偿能力的指标有借款偿还期、利息备付率、偿债备付率等。

4. 按评价指标在评价过程中所起的作用

工程项目经济评价指标根据其在评价过程中所起的作用可分为单方案评价指标和多方案优选指标。单方案评价指标仅能进行单一方案的可行性评价,如静态投资回收期、动态投资回收期、内部收益率、投资收益率、净现值率、费用效益比等。多方案优选指标适用于对两个或多个可行方案进行选优,如增量静态投资回收期、增量动态投资回收期、增量内部收益率等。由于计算公式本身的特殊性,净现值、净年值等指标既可用于单方案的评价,也可用于多方案的选优。

(二)工程项目确定性经济评价指标体系

表3.1所示为工程项目确定性经济评价的常用指标,这些相互独立又相互联系的评价指标构成了工程项目确定性经济评价指标体系,它们都是能够客观衡量经济效益状况的标尺。

表 3.1　工程项目确定性经济评价的常用指标

根据时间价值 根据所起作用 根据经济性质		时间型评价指标	价值型评价指标	效率性评价指标
静态评价指标	单方案评价指标	静态投资回收期	—	投资收益率
	多方案评价指标	增量静态投资回收期	—	增量投资收益率
动态评价指标	单方案评价指标	动态投资回收期	净现值、净年值	内部收益率、净现值率、费用效益比
	多方案评价指标	增量动态投资回收期	净现值、净年值费用现值、费用年值	增量内部收益率增量费用效益比

国家计委和建设部联合颁布了《建设项目经济评价方法与参数》,它和传统的项目评价方法相比,具有以下特点:

①静态分析与动态分析相结合,以动态为主。

②定性分析与定量分析相结合,以定量为主。

③阶段性效益分析与全过程效益分析相结合,以全过程为主。

④微观效益分析与宏观效益分析相结合,以宏观为主。

⑤实物量分析与价值量分析相结合,以价值量为主。

⑥统计分析与预测分析相结合,以预测为主。

二、工程项目单方案的确定性经济评价指标

(一)时间型评价指标

时间型评价指标指的是投资回收期,一般也称为返本期或投资返本年限,它是反映项目或方案投资回收速度的重要指标。它是以项目的净收益(包括利润和折旧)抵偿全部投资所需要的时间,通常以年表示。投资回收期一般从投资开始年算起,如果从投产开始年算起,应加以说明。根据是否考虑资金的时间价值,投资回收期分为静态投资回收期和动态投资回收期。

1. 静态投资回收期(P_t)

1)静态投资回收期定义

静态投资回收期是指在不考虑时间价值的情况下,收回全部原始投资额所需要的时间,即投资项目在经营期间内预计净现金流量的累加数恰巧抵偿其在建设期内预计现金流出量所需要的时间,也就是使投资项目累计净现金流量恰巧等于零所对应的期间。

静态投资回收期通常以年为单位,包括两种形式:即建设期(记作 S)的静态投资回收期(记作 PP)和不包括建设期的静态投资回收期(记作 PP'),且有 $PP = S + PP'$。它是衡量收回初始投资额速度快慢的指标,该指标越小,回收年限越短,则方案越有利。

2)静态投资回收期的计算式

(1)基于概念的计算式

根据静态投资回收期的定义,P_t 的计算式为

$$\sum_{t=0}^{P_t}(CI_t - CO_t) = \sum_{t=0}^{P_t} NCF_t = 0 \tag{3.1}$$

式中　CI——某年份的现金流入量,单位:元;

　　　CO——某年份的现金流出量,单位:元;

　　　NCF——某年份的净现金流量,单位:元;

　　　t——年份,单位:年。

(2)实际计算式

在实际的计算过程中,当累计净现金流量等于零时,往往不是某一自然年份。这时可采用式(3.2)计算

$$P_t = 累计净现金流量开始出现正值的年份数 - 1 + \frac{上年累计净现金流量的绝对值}{当年净现金流量} \tag{3.2}$$

(3)项目或方案净收益相等时

如果项目或方案的总投资为 I,项目或方案投产后年净收益相等且均为 R,则有

$$P_t = \frac{I}{R} + m \tag{3.3}$$

式中　m——项目或方案的建设期。

3)静态投资回收期的评价准则

将方案或项目计算得到的静态投资回收期 P_t 与行业或投资者设定的基准投资回收期 P_c 进行比较,若 $P_t \le P_c$,可以考虑接受该项目或方案;若 $P_t > P_c$,可以考虑拒绝该项目或方案。静态投资回收期主要用于判断单一方案的可行与否,以及项目盈利能力的分析。

4)静态投资回收期的特点

静态投资回收期 P_t 的优点在于:第一,其含义明确、直观、计算过程较方便;第二,静态投资回收期在一定程度上反映了项目或方案的抗风险能力,静态投资回收期评价项目或方案的标准是资金回收期限的长短,而风险随着时间的延长可能会增加,资金回收速度快表明项目在时间尺度上有一定的抗风险能力。由于静态投资回收期综合反映了项目的盈利能力和抗风险能力,所以该指标是人们容易接受和乐于使用的一种经济评价指标。

静态投资回收期 P_t 也有不足之处,主要表现为:第一,该指标没有考虑资金的时间价值,如果作为项目或方案的取舍依据,可能会作出错误的判断;第二,该指标舍弃了投资回收期

以后的现金流量情况,没有从整个项目周期出发来考虑,有一定的局限性;第三,基准回收期 P_c 的确定问题。P_c 的确定取决于项目的寿命,而决定项目寿命的因素既有技术方面的,还有产品市场需求方面的。随着技术进步的加速,各部门、各行业的项目寿命相对缩短,从而导致部门或行业的 P_c 各不相同,应及时加以调整。

总之,静态投资回收期没有从项目的寿命周期出发去考虑分析,也没有考虑资金的时间价值,有可能导致判断的失误;另外,由于没有公认的行业基准投资回收期,也给项目的经济评价工作带来了不明晰性。因此,作为能够反映一定经济性和风险性的指标,静态投资回收期在项目评价中具有独特的地位和作用,被广泛用作项目评价的辅助性指标。

【例题 3.1】　某项目的现金流量见表 3.1,设基准投资回收期为 8 年,试初步判断方案的可行性。

表 3.2　【例题 3.1】现金流量表　　　　　　　　　　　单位:万元

	0	1	2	3	4	5	6	7	8
净现金流量	− 100	− 50	20	20	50	50	50	50	50
累计净现金流量	− 100	− 150	− 130	− 110	− 60	− 10	40	90	140

解:根据式 3.2,有

$$P_t = 6 - 1 + \frac{|-10|}{50} = 5.2(\text{年})$$

由于该项目的静态投资回收期 $P_t = 6.25$ 年 < 8 年,所以该项目可以考虑接受。

2. 动态投资回收期(P'_t)

1)动态投资回收期的定义

动态投资回收期是指在考虑货币时间价值的条件下,以投资项目净现金流量的现值抵偿原始投资现值所需要的全部时间。即动态投资回收期是项目从投资开始起,到累计折现现金流量等于零时所需的时间。

2)动态投资回收期的计算式

(1)基于概念的计算式

根据动态投资回收期的定义,P'_t 的计算式为

$$\sum_{t=0}^{P'_t}(CI_t - CO_t)(1 + i_c)^{-t} = \sum_{t=0}^{P'_t} NCF(1 + i_c)^{-t} = 0 \qquad (3.4)$$

式中　CI——某年份的现金流入量,单位:元;

　　　CO——某年份的现金流出量,单位:元;

　　　NCF——某年份的净现金流量,单位:元;

　　　t——年份,单位:年;

　　　i_c——基准收益率。

(2)实际计算式

在实际的计算过程中,当累计净现金流量等于 0 时,往往不是某一自然年份。这时可采用式 3.5 计算

$$P_t' = 累计折现值出现正值的年份数 - 1 + \frac{上年累计折现值的绝对值}{当年净现金流量的现值} \tag{3.5}$$

(3)特殊计算式

设项目投资为 I,各年净现金流量相等为 R,寿命为 t,基准收益率为 i_c,动态投资回收期可按式(3.6)计算

$$R = I \frac{i_c(1 + i_c)^t}{(1 + i_c)^t - 1} \tag{3.6}$$

由式(3.6)可得

$$(1 + i_c)^t = \frac{1}{1 - i_c \dfrac{I}{R}} \tag{3.7}$$

对式(3.7)两边取对数有

$$t = - \frac{\ln 1 - i_c \dfrac{I}{R}}{\ln(1 + i_c)} \tag{3.8}$$

由式(3.8)可得动态投资回收期 P_t' 为

$$P_t' = \frac{\ln 1 - i_c \dfrac{I}{R}}{\ln(1 + i_c)} \tag{3.9}$$

【例题3.2】 【例题3.1】的动态投资回收期,设基准收益率为10%,并从动态投资回收期的角度考虑项目是否可行。

表 3.3 【例题3.2】计算表   单位:万元

年　份	0	1	2	3	4	5	6	7	8
净现金流量	-100	-50	20	20	50	50	50	50	50
10% 的折现系数	1	0.901 9	0.826 4	0.751 3	0.683 0	0.620 9	0.564 5	0.513 2	0.466 5
净现金流量折现值	-100	-45.095	16.528	15.026	34.15	31.045	28.225	25.66	23.325
累计净现金流量的折现值	-100	-145.095	-128.567	-113.541	-79.391	-48.346	-20.121	5.539	28.864

解:根据表 3.3 的计算结果,代入式(3.5)可得

$$P'_t = 7 - 1 + \frac{|-20.121|}{25.66} \approx 6.78(\text{年})$$

由于 $P'_t \approx 6.78$ 年 < 8 年,所以该项目可以考虑接受。

与静态投资回收期为 5.2 年相比较,项目的动态投资回收期要长一些。

3)动态投资回收期的评价准则

将方案或项目计算得到的动态投资回收期 P'_t 与行业或投资者设定的基准投资回收期 P_c 进行比较,若 $P'_t \leqslant P_c$,可以考虑接受该项目或方案;若 $P'_t > P_c$,可以考虑拒绝该项目或方案。动态投资回收期常用于判断单一方案的可行与否,从而反映项目的盈利能力。

4)动态投资回收期的特点

①动态投资回收期的计算,考虑了资金的时间价值,结果较为合理。

②动态投资回收期同样没有考虑投资回收期之后的现金流量情况,不能反映项目在整个寿命期内的真实经济效果。

三、价值型评价指标

价值型评价指标是通过计算各个项目方案在整个寿命期内的价值作为判断其经济可行性及选优的基础。

(一)净现值(NPV)

净现值(Net Present Value)指标是对投资项目进行动态评价的重要指标之一,该指标考察了项目寿命周期内各年的净现金流量。

1. 概念

所谓净现值是指将项目计算期内各年的净现金流量,按照一个给定的标准折现率(基准收益率)折算到建设期初(项目计算期第一年年初)的现值之和。净现值是考察项目在计算期内盈利能力的主要动态指标。

2. 表达式及计算方法

1)基于概念的表达式

根据净现值的概念,净现值的表达式为

$$NPV = \sum_{t=0}^{n} (CI_t - CO_t)(1 + i_c)^{-t}$$

$$= \sum_{t=0}^{n} CI_t(1 + i_c)^{-t} - \sum_{t=0}^{n} CO_t(1 + i_c)^{-t} \tag{3.10}$$

$$= \sum_{t=0}^{n} NCF_t(P/F, i_c, t) \tag{3.11}$$

式中 NPV——某方案或项目的净现值；

        CI_t——第 t 年现金流入量；

        CO_t——第 t 年现金流出量；

        n——计算期 $(1,2,3,\cdots,n)$；

        i_c——设定的基准收益率；

        $(1 + i_c)^{-t}$——第 t 年的折现系数；

        NCF——第 t 年净现金流量。

2)特殊表达式

设工程项目只有初始投资 I_0，以后各年具有相同的净现金流量 NB，则净现值的表达式为

$$NPV = NB(P/A,i_c,n) - I_0 \tag{3.12}$$

3)净现值的计算

净现值 NPV 通常利用公式计算，也可以利用现金流量表逐年折现累计而求得。利用现金流量表逐年折现累计计算时，计算结果一目了然，便于检查，适用于寿命期较长而各年现金流量值不同且没有规律可循时的计算。

3.经济含义及判别准则

1)经济含义

净现值的经济含义可以解释为：假如有一个投资项目，初始投资为 1 万元，其寿命期为 1 年，到期可获得净收益 12 000 元。如果设定基准收益率为 10%，根据净现值的计算公式，可求出该项目的净现值为

$$NPV = 12\,000 \times 0.909\,1 - 10\,000 \approx 909(元)$$

即投资者只要按照 10% 的利率筹集到资金，即使该项目再增加 909 元的投资，在考虑资金时间价值的前提下，项目在经济上可以做到不盈不亏。从另一个角度看，如果投资者以 10% 的利率筹集到 10 000 元的资金，项目在一年后可获得的利润为

$$12\,000 - 10\,000 \times (1 + 10\%) = 1\,000(元)$$

这 1 000 元利润的现值恰好是 909 元 $(1\,000 \times 0.909\,1)$。即净现值恰好等于项目在生产经营期所获得的净收益现值。

2)判别准则

根据式(3.10)计算出净现值后，结果不外乎 3 种情况，即：$NPV > 0$，$NPV = 0$，$NPV < 0$。在用于工程项目的经济评价时其判别准则如下：

若 $NPV > 0$，说明该项目或方案可行。因为这种情况说明投资方案实施后的投资收益水平不仅能够达到基准收益率的水平，而且还会有盈余，即项目的盈利能力超过其投资收益期望的水平。

若 $NPV = 0$，说明该项目或方案也可考虑接受。因为这种情况说明投资方案实施后的投资收益水平恰好等于基准收益率，即其盈利能力能达到所期望的最低盈利水平。

若 $NPV < 0$，说明该项目或方案不可行。因为这种情况说明投资方案实施后的投资收益达不到所期望的基准收益率水平。

【例题 3.3】 某项目各年现金流量见表 3.4，已知 $i_c = 12\%$，试用净现值指标确定其经济可行性。

表 3.4 某项目各年现金流量　　　　　　　　　　单位：万元

年　份	0	1	2 ~ 8
销售收入			2 500
投资	3 000	2 000	
经营成本			400
净现金流量	− 3 000	− 2 000	2 100

解： 利用式(3.10)和表 3.4 中各年的净现金流量可得

$$NPV = - 3\,000 - 2\,000(P/F,12\%,1) + 2\,100(P/A,12\%,7)(P/F,12\%,1)$$

$$= - 3\,000 - 2\,000 \times 0.892\,9 + 2\,100 \times 4.563\,8 \times 0.892\,9$$

$$\approx 3\,771.74(万元)$$

计算结果表明，该投资方案除达到预定的 12% 的收益率外，还有现值为 3 771.74 万元的余额。因此，该方案可行。

【例题 3.4】 某工程建设项目建设期为两年，第一年年初投资为 200 万元，第二年年底建成并投产运行，投产时需要流动资金 30 万元，若项目每年可获得销售收入 120 万元，年经营成本为 70 万元。项目服务年限为 10 年，回收残值 10 万元，年利率为 10%。试计算该项目的净现值。

解： 利用式(3.10)和题中已知条件可得

$$NPV = - 200 - 30(P/F,10\%,2) + (120 - 70)(P/A,10\%,10)(P/F,10\%,2) +$$
$$(10 + 30)(P/F,10\%,12)$$

$$= - 200 - 30 \times 0.826\,4 + 50 \times 6.144\,6 \times 0.826\,4 + 40 \times 0.318\,6$$

$$\approx 41.85(万元)$$

由于计算出的 $NPV > 0$，表明该项目用其项目生产期所获得的全部收益的现值补偿了全部投资现值之后，还有 41.85 万元的现值净收益。因此，该项目的经济效益是好的，方案是可行的。

4. 基准收益率的确定

由净现值的计算式(3.10)可以看出，一个方案或项目净现值的大小不仅取决于其本身的现金流量，还与基准收益率 i_c 有关系，即在现金流量一定的情况下，基准收益率越高，项目的净现值就越低。基准收益率也可称为基准折现率,是投资者以动态的观点确认的,可以接受的投资方案最低标准收益的收益水平,也代表了投资者所期望的最低的盈利水平。基准收益率的确定应综合考虑下述几个因素。

1)资金成本和机会成本

资金成本是指项目或方案为筹集和使用资金而付出的代价。主要包括资金筹集成本和资金使用成本。

资金筹集成本又称融资费用,是指资金在筹措过程中支付的各项费用,包括手续费、印刷费、公证费和担保费等。资金使用成本又称为资金占用费用,包括股利和各种利息资金筹集成本,属于一次性费用,在资金使用过程中不再发生,而资金的使用成本却在资金使用过程中多次发生。

机会成本是指投资者将有限的资金用于拟建项目而放弃的其他投资机会所能获得的最好收益。

一般来说,基准收益率不应低于单位资金成本和资金的机会成本。

2)投资风险

由于工程项目的收益在未来才可能取得,随着时间的推移,这种收益具有不确定性,相应会产生风险。为了补偿可能产生的风险损失,在确定基准收益率时要考虑一个适当的风险报酬率。风险报酬率的大小要根据未来工程项目经营风险的大小来定。一般来说,风险大的项目,风险报酬率也应该大。

3)通货膨胀

通货膨胀是指由于货币的发行量超过商品流通所需的货币量而引起的货币贬值和物价上涨现象。通常用通货膨胀率这一指标来表示通货膨胀的程度。当出现通货膨胀时,会造成工程项目在建设和经营过程中材料、设备、土地和人力资源费用等的上升,在确定基准收益率时,应考虑通货膨胀对其的影响。

综合以上分析,基准收益率的计算公式可以这样表达

$$i_c = (1 + r_1)(1 + r_2)(1 + r_3) - 1 = r_1 + r_2 + r_3 \tag{3.13}$$

式中　i_c——基准收益率;

　　　r_1——年单位资金成本和单位投资机会成本较大者,$r_1 = \mathrm{MAX}\{$单位资金成本,单位投资机会成本$\}$;

　　　r_2——年风险报酬率;

　　　r_3——年通货膨胀率。

在采用不变价格计算项目现金流量的情况下,基准收益率可表示为

$$i_c = (1 + r_1)(1 + r_2) - 1 \approx r_1 + r_2 \tag{3.14}$$

式(3.13)和式(3.14)近似处理的前提条件是 r_1、r_2、r_3 均为小数。

5. 计算期的确定

项目计算期 n 也影响着净现值及其他相关指标的最终计算结果。项目计算期也称项目

经济寿命,是指对项目进行经济评价时应确定的项目服务年限。一般来说,项目计算期包括拟建项目的建设期和生产期两个阶段。

项目建设期是指项目从开始施工到全部建成投产所需要的时间。一个拟建项目建设期的长短和其行业性质、建设方式以及建设规模有关,应根据实际需要和施工组织设计来确定。从现金流量分析的角度看,建设期内只有现金流出,没有或很少有现金流入;另一方面,过长的计算期会推迟项目获利时间点的到来,从而影响项目预期的投资效益。因此,在确保工程项目建设质量的前提下,应尽可能缩短建设期。

生产期是指项目从建成到固定资产报废为止所经历的一段时间。项目的生产期应根据项目的性质、设备技术水平、产品技术进步及更新换代的速度综合确定。对于工业生产类项目,其生产期一般不超过 20 年,而水利、交通等项目的生产期可延长到 30 年。

6. 净现值优缺点

净现值指标的优点在于,它不仅考虑了资金时间价值,是一个动态评价指标;而且考虑了项目方案整个计算期内的现金流量情况,能够比较全面地反映方案的经济状况;此外,该指标经济意义明确,能够直接以货币额表示项目的净收益。

该指标的缺点在于,首先必须确定一个较合理的基准收益率,而在实际的操作中,基准收益率的确定是非常困难的;另外,基准收益率只能表明项目方案的盈利能力超过、达到或未达到要求的收益水平,而实际的盈利能力究竟比基准收益率高多少或低多少,则反映不出来,不能真实反映项目方案投资中单位资金的效率。

7. 净现值适用范围

净现值可用于独立方案的评价及可行与否的判断,当 $NPV \geq 0$ 时,项目方案可行,可以考虑接受;当 $NPV < 0$ 时,项目方案不可行,应予以拒绝。此外,净现值还用于多方案的比较和选优,通常以净现值大的为优。

(二)净年值(NAV)

1. 概念及表达式

净年值(Net Annual Value),也称净年金,是指在项目的寿命周期内,通过资金等值计算,将各期所发生的不均匀的净现金流量换算成等额年值。等额年值越大,表示项目的经济效益越好。因此净年值是考察项目投资盈利能力的指标。

任何一个项目的净现金流量都可以先折算成净现值,然后用等额支付序列资金回收复利系数相乘,即可得到净年值。

净年值的表达式为

$$NAV = \sum_{t=0}^{n} (CI_t - CO_t)(1 + i_c)^{-t}(A/P, i_c, n) = NPV(A/P, i_c, n) \tag{3.15}$$

2. 判别准则

由 NAV 的表达式(3.15)可以看出, NAV 实际上是 NPV 的等价指标,也即在对于单个投资项目来说,用净年值指标进行评价和用净现值指标进行评价,其结论是相同的。其评价准则是:

当 $NAV \geq 0$ 时,可以认为项目方案可以考虑接受;

当 $NAV < 0$ 时,项目方案不可行。

3. 适用范围

净年值指标主要用于寿命期不同的多方案比选中。

需要指出的是,用净年值指标评价工程项目投资方案的经济可行与否的结论与净现值是一致的。但是,这两个指标所给出信息的经济含义是不同的。净现值所表达的信息是项目在整个寿命期内所获得的超出最低期望盈利的超额收益现值;净年值给出的信息是项目在整个寿命期内每年的等额超额收益。

【例题 3.5】 题意同【例题 3.4】,试用净年值判断其可行性。

解:利用式(3.15)和题中已知条件可得

$$NAV = -200(A/P,10\%,12) - 30(P/F,10\%,2)(A/P,10\%,12) +$$
$$(120 - 70)(P/A,10\%,10)(P/F,10\%,2)(A/P,10\%,12) +$$
$$(10 + 30)(P/F,10\%,12)(A/P,10\%,12)$$
$$= -200 \times 0.146\,8 - 30 \times 0.826\,4 \times 0.146\,8 + 50 \times 6.144\,6 \times 0.826\,4 \times$$
$$0.146\,8 + 40 \times 0.318\,6 \times 0.146\,8$$
$$\approx 6.14(万元)$$

由于计算出的 $NAV > 0$,表明该项目方案用其生产期所获得的全部收益的现值补偿了全部投资现值之后,每年还会有 6.14 万元的超额收益。因此,该项目的经济效益是好的,方案是可行的。

四、效率型评价指标

效率型评价指标是反映工程项目投资效率的高低,且以比率的形式体现的一类经济评价指标。

(一)内部收益率(IRR)

1. 概念

内部收益率是经济评价指标中重要的评价指标之一。内部收益率是净现值为 0 时的折现率,即在该折现率水平下,项目方案的现金流出量的现值等于现金流入量的现值。该指标同净现值一样是被广泛使用的项目方案经济评价指标。由于它所反映的是项目投资所能达到的收益率水平,其大小完全取决于方案本身,因而被称为内部收益率。

依据工程项目经济评价层次的不同,内部收益率又分为用于财务评价的财务内部收益率和用于费用效益分析的经济内部收益率。本学习情境的分析是围绕项目方案现金流量展开的,为不失一般性,用 IRR 表示内部收益率。

2. 表达式

根据内部收益率的概念,内部收益率的表达式可以写成如下形式:

$$\sum_{t=0}^{n}(CI_t - CO_t)(1 + IRR)^{-1} = 0 \qquad (3.16)$$

从经济意义上说,内部收益率 IRR 的取值范围应为: $-1 < IRR < \infty$,大多数情况下的取值范围为 $0 < IRR < \infty$ 。

3. 计算方式

由式(3.16)可知,求解内部收益率是解以折现率为未知数的多项高次代数方程。如果各年的净现金流量不等,且计算期 n 较长时,求解 IRR 更是烦琐,有时甚至难以实现。一般情况下,可采用线性内插法求解 IRR 的近似值。

如图 3.1 所示为净现值 NPV 随折现率 IRR 变化的示意图,ACi_0DB 为净现值函数曲线。由于 i_0 对应的净现值 NPV 为 0,所以 i_0 就是所求的 IRR。由于实际求得 i_0 也较困难,可以用直线 CD 代替曲线 CD,这样可以较方便地找到 i' 点,以 i' 点近似代替 i_0 点。

具体步骤如下:

第一,列出项目方案的净现值表达式;

第二,选择一个适当的折现率 i_1,代入净现

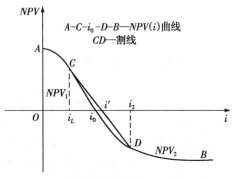

图 3.1　线性内插法求解 IRR 的示意图

值计算公式,使得 $NPV_1 > 0$;

第三,再选择一个适当的折现率;代入净现值计算公式,使得 $NPV_2 < 0$;

第四,重复第二、三步,要求 i_1 与 i_2 相差不超过 2%;

第五,代入式(3.17),即可求出项目方案的内部收益率。

$$IRR = i_1 + \frac{NPV_1}{NPV_1 + NPV_2}(i_2 - i_1) \qquad (3.17)$$

式中　i_1——试算用的较低的折现率;

　　　i_2——试算用的较高的折现率;

　　　NPV_1——用 i_1 计算的净现值(正值);

　　　NPV_2——用 i_2 计算的净现值(负值)。

【例题 3.6】 表 3.5 所表示为某项目方案的净现金流量,求其内部收益率。

表 3.5　某项目方案的净现金流量　　　　单位:万元

年　份	0	1	2	3	4	5
净现金流量	-100	20	30	20	40	40

解: 根据式(3.17) 得

$$NPV_1(i_1 = 13\%) = \sum_{t=0}^{5} NCF_t(1 + 0.13)^{-t} \approx 1.29(万元)$$

$$NPV_2(i_2 = 15\%) = \sum_{t=0}^{5} NCF_t(1 + 0.15)^{-t} \approx -4.02(万元)$$

$$IRR = 13\% + \frac{1.29}{1.29 + |-4.02|} \times (15\% \sim 13\%) \approx 13.49\%$$

所以,该项目方案的内部收益率为 13.49% 。

4. 判别准则

计算得到的 IRR 与项目的基准收益率 i_c 比较:

①IRR 大于或等于 i_c,表明项目的收益率已超过或达到设定的基准收益率水平,项目方案可以考虑接受。

②IRR 小于 i_c,表明项目的收益率未达到设定的基准收益率水平,项目应予以拒绝。

5. 内部收益率的经济含义

内部收益率的经济含义在于项目方案计算期内,如按 $i = IRR$ 计算各年的净现金流量时,会始终存在着未能收回的投资;只有在项目方案寿命终了时,投资恰好被完全收回。因此,内部收益率是建设项目寿命期内没有收回投资的收益率。

下面通过表 3.5 的具体实例加以说明。

表 3.6　某项目方案的净现金流量表　　　　单位:万元

年　份	0	1	2	3	4	5
净现金流量	-100	20	30	20	40	40

对于表 3.6 的净现金流量,可求其内部收益率 IRR。

$$i_1 = 12\% \text{ 时}, NPV_1 = 21.02 \text{ 万元}$$

$$i_2 = 14\% \text{ 时}, NPV_2 = -95.34 \text{ 万元}$$

根据式 3.17,$IRR = 12\% + \dfrac{21.02}{21.02 + |-95.34|} \times (14\% \sim 12\%) \approx 12.4\%$

可知,该项目方案的内部收益率为 12.4% 。

如果按照 12.4% 的增值率进行增值,则项目全部投资回收过程见表 3.6。

表3.7　全部投资回收的现金流量分析表　　　　单位:万元

年份①	年初未回收的投资②	年初未回收投资到年末的余额③	可用于回收投资的资金④	年末未回收的投资⑤
1	2 000	2 248	300	1 948
2	1 948	2 189	500	1 689
3	1 689	1 897	500	1 397
4	1 397	1 569	500	1 069
5	1 069	1 200	1 200	0

从表3.7的计算可以看出,以内部收益率作为投资增值的利率,在项目终了时,以每年的净收益恰好将投资全部收回来。也就是说,在项目方案的整个寿命期内,项目始终处于偿还未被收回投资的状态。因此,内部收益率是项目对初始投资偿还能力或项目对贷款利率的最大承担能力。其值越高,一般情况下方案的投资盈利能力越高。由于内部收益率不是用来计算初期投资收益的,所以不能使用内部收益率直接比较多个项目的优劣顺序。

6. 内部收益率的多解讨论

可以将内部收益率的表达式看作一元 n 次方程。若令 $(1 + IRR)^{-1} = X, F_t = (CI_t - CO_t)$,则

$$F_0 + F_1 X^1 + F_2 X^2 + \cdots + F_n X^n = 0 \tag{3.18}$$

式(3.18)应有 n 个解(包括复数根和重根)。由于负数根无经济意义,只有正实数根才有可能是项目的内部收益率,而方程正实数根的个数可能不止一个。

n 次方程正实数根的个数可以用笛卡尔符号规则来判断,即正实数根的个数不会超过项目净现金流量序列 $F_0, F_1, F_2, \cdots, F_n$ 的正负号变化的次数(0可视为无符号)。如果少的话,则少偶数个。也就是说,在 $-1 < IRR < \infty$ 的区域内,若项目净现金流量 $(CI_t - CO_t)(t = 0, 1, 2, \cdots, n)$ 的正负号仅变化一次,方程有唯一解,该解就是内部收益率;若项目净现金流量的正负号变化多次,则方程有多个正实数解,应通过检验确定是否存在内部收益率。具体以表3.8中4个方案的净现金流量来加以讨论。

表3.8　4个方案的净现金流量表　　　　单位:万元

年　份	0	1	2	3	4	5
方案1	- 2 000	300	500	500	150	1 200
方案2	- 1 000	- 500	- 500	500	0	2 000
方案3	- 100	60	50	- 200	150	100
方案4	- 100	470	- 720	360	0	0

在表 3.8 中,方案 1 的净现金流量序列的正负号变化一次,有一个正实数根就是内部收益率,前面分析过,$IRR = 12.4\%$;方案 2 净现金流量序列的正负号变化一次,只有一个正实数根,$IRR = 6\%$;方案 3 净现金流量序列的正负号变化 3 次,故最多有 3 个正实数根,能使净现值方程等于 0 成立的有 3 个解,即 0.129 7, -2.3, -1.423 8,经检验 0.129 7 符合内部收益率的经济含义,是该项目的内部收益率。方案 4 净现金流量序列的正负号变化 3 次,使净现值方程等于 0 成立的有 3 个解,即 0.2,0.5,1.0,经检验均不符合内部收益率的经济含义,所以该项目没有内部收益率。

从现金流量的角度来说,大多数项目都是在建设期集中投资,现金流入量小于现金流出量;甚至可能在投产初期也出现净现金流量为负值的现象;但进入正常生产期或达到设计规模后就可能出现现金流入量大于现金流出量的情况,此时净现金流量为正值。因此,正常情况在整个计算期内净现金流量序列的符号从负值到正值只改变一次。

如果在计算期内项目的净现金流量序列的符号只变化一次,这类项目称为常规项目。大多数投资项目为常规项目。对常规项目而言,由于净现金流量符号只变化一次,则内部收益率方程的正实数根是唯一的,此解就是该项目的内部收益率。

如果在计算期内项目的净现金流量序列的符号变化多次,则此类项目称为非常规项目。例如在生产期大量追加投资,或者某些年份集中偿还债务,或者经营费用支出过多等,都有可能导致净现金流量序列的符号正负多次变化,构成非常规项目。根据笛卡尔符号规则,非常规项目内部收益率方程的解显然不止一个。对其中的正实数根需要按照内部收益率的经济含义进行检验,即以这些根作为盈利率,看在项目的寿命期内是否存在未被收回的投资,或只有在项目终了时投资才能全部被收回。如果所有的正实数根都不能满足内部收益率的经济含义,则它们都不是项目的内部收益率。对这类工程项目,可以认为内部收益率这一评价指标已经失效,不能用它来进行项目的经济评价和选择。

7. 内部收益率的特点

1)内部收益率指标的优点

(1)内部收益率这一指标比较直观,概念清晰、明确,可以直接表明项目投资的盈利能力和资金的使用效率。

(2)内部收益率是由内部决定的,即其是由项目现金流量本身的特征决定的,不是由外部决定的。相对于净现值、净年值等指标需要事先设定一个基准收益率才能进行计算和比较来说,操作起来困难较小,容易决策。

2)内部收益率指标的缺点

(1)内部收益率计算烦琐,对于非常规项目来说,还存在着多解和无解的问题,分析、判断和检验比较复杂。

(2)内部收益率虽然能够明确表示出项目投资的盈利能力,但实际上内部收益率的过高或过低往往会失去实际意义。

(3)内部收益率适用于单一方案或独立方案的经济评价或可行性判断,不能直接用于多方案的比较和选优。

(二)净现值率(NPVR)

1.净现值率概念

净现值率又称净现值指数,是指项目方案的净现值与项目全部投资现值的比,一般用 $NPVR$ 表示。

净现值率是在净现值的基础上发展起来的。由于净现值指标仅反映一个项目所获净收益现值的绝对量大小,不直接考虑项目投资额的大小,为考察项目方案投资的使用效率,常用净现值率作为净现值指标的辅助评价指标。净现值率的经济含义是单位投资现值所能带来的净现值的大小。

2.净现值率表达式

$$NPVR = \frac{NPV}{I_p} = \frac{\sum_{t=0}^{n}(CI_t - CO_t)(1 + i_c)^{-t}}{\sum_{t=0}^{n}I_t(1 + i_c)^{-t}} \tag{3.19}$$

式中　I_t——第 t 年的投资;

　　　I_p——全部投资的现值。

3.净现值率判别标准

若 $NPVR \geq 0$,则项目方案在经济上是可以考虑接受的,反之则不行。用净现值率进行方案比较时,净现值率大的方案为优。

用净现值率指标和净现值指标进行单方案可行性比较时所得的结论是一致的,但是,进行多方案比较或进行项目方案排队时,这两个指标的评价结论会出现相互矛盾的情况。

【例题 3.7】　求【例题 3.1】中项目方案的净现值率,并判断其可行性。

解:已知该项目方案的净现值 $NPV = 3\,838.45$ 万元,则

$$NPVR = \frac{3\,838.45}{4\,000 + 4\,000(1 + 12\%)^{-1}} \approx 0.51$$

由于 $NPVR > 0$,则该项目在经济上是可以考虑接受的。

(三)投资收益率(R)

1.投资收益率的概念

投资收益率是指项目投资方案达到设计生产能力后一个正常年份的年净收益与方案的

投资总额的比率,一般用 R 表示。投资收益率表明投资方案在正常生产年份中,单位投资每年所创造的年净收益额。如果生产期内各年的净收益额变化幅度较大,可计算生产期内年平均净收益与投资总额的比率。投资收益率是衡量投资方案获利水平的静态评价指标。

2.投资收益率的表达式与评价准则

投资收益率的计算公式为

$$R = \frac{A}{I} \times 100\% \tag{3.20}$$

式中　A—— 项目投资方案达到设计生产能力后一个正常年份的年净收益或年平均收益;
　　　I—— 项目投资总额。

投资收益率的决策准则为:投资收益率 $R \geqslant$ 行业平均基准收益率。满足该条件,项目可行;否则,该项目应该被否定。

3.投资收益率的特点

投资收益率是考察项目单位投资盈利能力的静态指标。该指标的优点在于可简单、直观地反映项目单位投资的盈利能力。该指标的不足之处在于没有考虑资金的时间价值,是一种静态的评价方法。

4.投资收益率的一些应用指标

在投资收益率的实际计算中,经常应用到以下一些指标:

1)总投资收益率(R_Z)

总投资收益率表示总投资的盈利水平,是指项目达到设计生产能力后正常生产年份的年息税前利润或生产期年平均息税前利润与项目总投资的比率。其计算公式为

$$R_z = \frac{EBIT}{I} \times 100\% \tag{3.21}$$

式中　$EBIT$—— 项目正常生产年份的年息税前利润或生产期年平均息税前利润。

其中,年息税前利润 = 年营业收入 - 营业税金及附加息税前成本 - 息税前总成本
年经营成本 + 年固定资产折旧 + 无形资产摊销费 + 修理费

2)投资利润率(R_L)

投资利润率是项目达到正常生产年份的利润总额或生产期年平均利润总额与项目总投资的比率。其计算公式为

$$R_L = \frac{NP}{I} \tag{3.22}$$

式中　NP—— 项目正常生产年份的利润总额或生产期年平均利润总额。

3)资本金利润率(R_E)

资本金利润率是指项目达到生产能力后正常生产年份的利润总额或生产期年平均利润

总额与项目资本金的比率。资本金利润率是反映项目资本金盈利能力的重要指标。

$$R_E = \frac{NP}{EC} \times 100\% \tag{3.23}$$

式中　EC——项目资本金。

4）投资利税率（R_S）

投资利税率是指项目达到生产能力后的一个正常生产年份的利润和税金总额或项目生产期内的平均利税总额与总投资的比率。其计算公式为

$$R_S = \frac{TP}{I} \times 100\% \tag{3.24}$$

式中　TP——项目正常生产年份的利润和税金总额或项目生产期内的平均利税总额

$$TP = 年销售收入 - 年总成本费用 \tag{3.25}$$

投资利税率数值越大，说明项目为社会提供的利润和向国家缴纳的税金就越多。投资利税率要和同行业其他企业的平均投资利税率作比较，以判断项目的盈利水平。

五、清偿能力指标

（一）借款偿还期（P_d）

1. 借款偿还期的概念

借款偿还期是指根据国家财政规定及投资项目的具体财务条件，以项目收益（利润、折旧、摊销费及其他收益）来偿还项目投资借款本金和建设期利息所需要的时间，是反映项目借款偿债能力的重要指标。

2. 借款偿还期的计算公式

$$I_d = \sum_{t=1}^{P_d} (R_p + D + R_0 - R_r) \tag{3.26}$$

式中　P_d——借款偿还期（从借款开始年计算）；

I_d——投资借款本金和利息之和（不包括已用自有资金支付的部分）；

R_p——第 t 年可用于还款的利润；

D——第 t 年可用于还款的折旧和摊销费；

R_0——第 t 年可用于还款的其他收益；

R_r——第 t 年企业留利。

3. 借款偿还期的实际应用公式

在实际计算中，借款偿还期可直接根据资金来源表或借款还本付息计算表推算，其具体

推算公式如下

$$P_d = 借款偿还后开始出现盈余年份 - 开始借款年份数 + \frac{当年应偿还借款额}{当年可用于还款的资金额}$$

$$(3.27)$$

4. 借款偿还期评价准则

计算出借款偿还期后,要与贷款机构的要求期限进行对比,等于或小于贷款机构提出的要求期限,即认为项目是有清偿能力的。否则,认为项目没有清偿能力,从清偿能力角度考虑,则认为项目是不可行的。

借款偿还期指标适用于那些计算最大偿还能力,需要尽快还款的项目,不适用于那些预先给定借款偿还期的项目。对于预先给定借款偿还期的项目,应采用利息备付率和偿债备付率指标分析项目的偿债能力。

(二)利息备付率(ICR)

1. 利息备付率的概念

利息备付率(ICR)是指在借款偿还期内的息税前利润($EBIT$)与应付利息(PI)的比值,它从付息资金来源的充裕性角度反映项目偿付债务利息的保障程度。

2. 利息备付率的计算公式

利息备付率计算公式为

$$ICR = \frac{EBIT}{PI}$$

$$(3.28)$$

式中　PI—— 计入总成本费用的应付利息。

3. 利息备付率的评价准则

利息备付率从付息资金来源的充裕性角度反映项目偿付债务利息的能力,它表示使用项目息税前利润支付利息的保证倍率。对于正常经营项目,利息备付率应当大于2;否则,表示项目的付息能力不足。尤其是当利息备付率低于1时,表示项目没有足够的资金支付利息,偿债风险很大。

(三)偿债备付率($DSCR$)

1. 偿债备付率的概念

偿债备付率($DSCR$)是指项目在借款偿还期内,用于计算还本付息的资金($EBITDA - TAX$)与应还本付息金额(PD)的比值,它表示可用于还本付息的资金偿还借款本息的保障程度。

2. 偿债备付率的计算公式

偿债备付率计算公式为

$$DSCR = \frac{EBITDA - TAX}{PD} \tag{3.29}$$

式中　　$EBITDA$——息税前利润加折旧费和摊销费;

TAX——企业所得税;

PD——应还本付息金额,包括还本金额和计入总成本费用的全部利息。融资租赁费
用可视同借款偿还。运营期内的短期借款本息也应纳入计算。

如果项目在运行期内有维持运营的投资,可用于还本付息的资金应扣除维持运营的
投资。

3. 偿债备付率的评价准则

偿债备付率表示可用于还本付息的资金偿还借款本息的保证倍数,偿债备付率越高,表
示可用于还本付息的资金保障程度越高。正常情况下,偿债备付率应当大于1,且越高越
好。偿债备付率低,说明还本付息的资金不足,偿债风险大。当指标值小于1时,表示当年
资金来源不足以偿还当期债务,需要通过短期借款偿付已到期的债务。

(四)资产负债率($LOAR$)

1. 资产负债率的概念

资产负债率($LOAR$)是指各期末负债总额(TL)同资产总额(TA)的比率,是反映企业各
个时期面临的财务风险程度及偿债能力的指标。

2. 资产负债率的计算公式

资产负债率应按式(3.30)计算

$$LOAR = \frac{TL}{TA} \times 100\% \tag{3.30}$$

式中　　TL——期末负债总额;

TA——期末资产总额。

3. 资产负债率的评价准则

适度的资产负债率可表明企业经营安全、稳健,具有较强的筹资能力,也表明企业和债
权人的风险较小。资产负债率到底多少比较合适,这没有绝对的标准,一般认为该指标为
0.5 ~ 0.8 是合适的。从盈利性角度出发,权益的所有者希望保持较高的债务资本比,以此

赋予权益资金较高的杠杆力(即用较少的权益资金来控制整个项目)。另一方面,资产负债率越高,项目的风险也越大,因为权益资金投资的大部分形成土地使用权、房屋和机械设备,变现较为困难,除非企业宣布破产。因此,银行和债权人一般不愿意贷款给权益资金出资额低于总投资 50% 的项目。

(五)流动比率

1.流动比率的概念

流动比率是反映项目偿还短期债务能力的指标。

2.流动比率的计算公式

流动比率的计算公式

$$流动比率 = \frac{流动资产总额}{流动负债总额} \times 100\% \tag{3.31}$$

式中　流动资产 —— 可以在一年或超过一年的一个营业周期变现或耗用的资产资金、短期投资、待摊费用、存货、应收账款、预付资金等。流动负债包括短期借款、应付账款、应缴纳税金、一年内到期的长期借款等。

3.流动比率的评价准则

流动比率越高,单位流动负债将有更多的流动资产作为保障,短期偿债能力就越强。但比率过高,说明项目流动资产利用效率低;比率过低,不利于项目获得贷款。一般认为,流动比率为 2 较合适。

(六)速动比率

1.速动比率的概念

速动比率是指项目在很短的时间内偿还短期债务的能力。

2.速动比率的计算公式

速动比率的计算公式为

$$速动比率 = \frac{速动资产总额}{流动负债总额} \times 100\% = \frac{流动资产 - 存货}{流动负债总额} \times 100\% \tag{3.32}$$

3.速动比率的评价准则

在流动资产中,现金、应收账款等是变现最快的部分。速动比率越高,短期偿债能力越强。同样,速动比率过高也会影响资产利用的效率,进而影响项目经济效益。一般认为,速动比率为 1 左右比较合适。

六、运用 Excel 进行主要经济指标的计算

经济评价指标公式较多且结构复杂,可以借助 Excel 中的财务分析函数进行相关经济评价指标的计算,这里介绍主要经济评价指标的函数计算。

1. 净现值函数

Excel 中有净现值函数可以直接用来求解一系列未来净现金流量和折现率的某一投资项目的净现值。

净现值函数的格式为 NPV(rate1,rate2,…,rate29),通过使用贴现率以及一系列未来支出(负值)和收入(正值),返回一项投资的净现值。其中,rate 为某一期间的贴现率,是一固定值;rate1,rate2,…,rate29 为 1 ~ 29 个参数,代表支出及收入。且 NPV 使用 rate1,rate2,…的顺序来解释现金流的顺序 rate1,rate2,… 在时间上必须具有相等间隔,并且都发生在期末。所以要保证支出和收入的数额按正确的顺序输入。如果参数为数值、空白单元格、逻辑值或数字的文本表达式,则都会计算在内;如果参数是错误值或不能转化为数值的文本,则被忽略;如果参数是一个数组或引用,则只计算其中的数字。数组或引用中的空白单元格、逻辑值、文字及错误值将被忽略。

值得注意的是,净现值函数是假定前几期的现金流量为负,如果投资在第 0 年发生,那么就不能将投资作为函数 value 参数之一,需要从该函数的计算结果中减去预先支付的投资额。

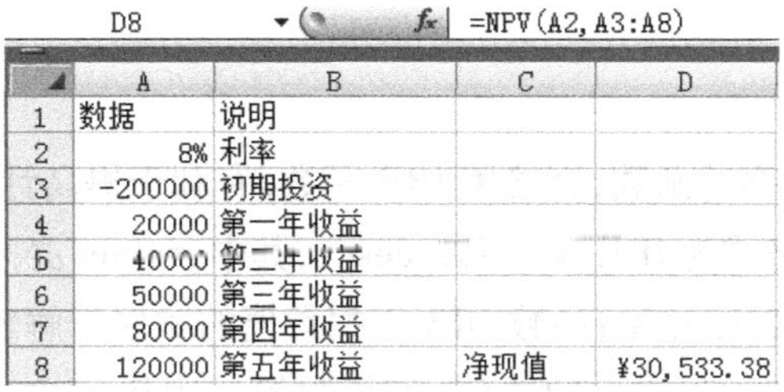
D8　=NPV(A2,A3:A8)

	A	B	C	D
1	数据	说明		
2	8%	利率		
3	-200000	初期投资		
4	20000	第一年收益		
5	40000	第二年收益		
6	50000	第三年收益		
7	80000	第四年收益		
8	120000	第五年收益	净现值	¥30,533.38

图 3.2　用 Excel 求解净现值

【例题 3.8】　假设开一家电器经销店。初期投资¥200 000,而希望未来 5 年中各年的收入分别为¥20 000,¥40 000,¥50 000,¥80 000 和¥120 000。假定每年的贴现率为 8%(相当于通货膨胀率或竞争投资的利率),则投资的净现值的公式是:

解:如果期初投资的付款发生在第一年年末,则投资的净现值的公式是: = NPV(A2,A3:A8)

如果期初投资的付款发生在第一年年初,则投资的净现值的公式是: = NPV(A2,A4:A8) + A3。

2. 求净年值

用 Excel 求解净年值 NAV，通常先来计算净现值，再用 PMT 函数来计算。

PMT 函数的格式为 PMT(rate,nper,pv,fv,type)，其中 nper 代表计算器；pv 代表计算期；fv 代表终值；type 代表数字 0 或 1，即 1 为期初，0 为期末或省略。用以指定各期的付款时间是在期初还是在期末，如果省略 type，则假定其值为零。

【例题 3.9】 某工程项目的净现金流量见表 3.9，求其净年值($i=15\%$)，并判断项目的可行性。

单位：万元

表 3.9 某工程项目的净现金流量

t 年末	0	1	2	3	4	5 ~ 12
净现值流量	−40	−80	−80	34	44	64

解：方法一：直接在 Excel 某单元格中输入

"PMT(15%,12, −(NPV(15%, −80, −80,34,44,64,64,64,64,64,64,64,64)))"

运算单元格后得到计算结果：7.68 万元。该项目可行。

方法二：可以直接运用 Excel 的内置函数，如图 3.3 所示，得到的结果与方法一相同。

B5	▼	f_x	=PMT(B3,N1,−B4)										
	A	B	C	D	E	F	G	H	I	J	K	L	M	N
1	t 年末	0	1	2	3	4	5	6	7	8	9	10	11	12
2	净现金流量	−40	−80	−80	34	44	64	64	64	64	64	64	64	64
3	I_c	0.15												
4	NPV	41.66												
5	NAV	¥7.69												

图 3.3 用 Excel 求解净年值

3. 内部收益率

Excel 求解内部收益率的函数，直接用 IRR 函数，有利于提高计算精度和速度。

内部收益率函数的格式为 IRR(values,guess)，其中，values 必须包含至少一个正值和一个负值，以计算返回的内部收益率；函数 IRR 根据数值的顺序来解释现金流的顺序。故应确定按需要的顺序输入了支付和收入的数值；如果数组或引用包含文本、逻辑值或空白单元格，这些数值将被忽略。内部收益率为投资的回收利率，其中包含定期支付（负值）和定期收入（正值）。这些现金流不必为均衡的，但作为年金，它们必须按固定的间隔产生，如按月或按年。

guess 为对函数 IRR 计算结果的估计值。Microsoft Excel 使用迭代法计算函数 IRR。从 guess 开始，函数 IRR 进行循环计算，直至结果的精度达到 0.000 01%。如果函数 IRR 经过 20 次迭代，仍未找到结果，则返回错误值"#NUM！"。在大多数情况下，并不需要为函数 IRR 的计算提供 guess 值。如果省略 guess，假设它为 0.1(10%)。如果函数 IRR 返回错误值 "#NUM！"，或结果没有靠近期望值，可用另一个 guess 值再试一次。

【例题 3.10】　题意同例题 3.6，求其内部收益率。

B3　　=IRR(B2:G2)

	A	B	C	D	E	F	G
1	t年末	0	1	2	3	4	5
2	净现金流量	-100	20	30	20	40	40
3	IRR	13%					

图 3.4　用 Excel 求解内部收益率

值得注意的是，函数 IRR 与函数 NPV(净现值函数)的关系十分密切。函数 IRR 计算出的收益率即净现值为 0 时的利率。下面的公式显示了函数 NPV 和函数 IRR 的相互关系。

解：从 0 年开始到 n 年结束 NPV(IRR(B1:B6)，B1:B6)等于 3.60E－08(在函数 IRR 计算的精度要求之中，数值 3.60E－08 可以当作 0 的有效值)。

【例题 3.11】　如果要开办一家五金商店，预计投资为￥110 000，并预期为今后 5 年的净收益为：￥15 000，￥21 000，￥28 000，￥36 000 和￥45 000。分别求出投资两年、4 年以及 5 年后的内部收益率。

	A	B
1	投资	-110000
2	预期第一年净收益	15000
3	预期第二年净收益	21000
4	预期第三年净收益	28000
5	预期第四年净收益	36000
6	预期第五年净收益	45000
7	二年后的内部收益率	-48.96%
8	四年后的内部收益率	-3.27%
9	五年后的内部收益率	8.35%

图 3.5　五金商店的内部收益率

解：在工作表的 B1:B6 输入数据“函数.xls”如图所示，计算此项投资 4 年后的内部收益率 IRR(B1:B5)为－3.27%；计算此项投资 5 年后的内部收益率 IRR(B1:B6)为 8.35%；计算两年后的内部收益率时必须在函数中包含 guess，即 IRR(B1:B3，－10%)为－48.96%。

学习任务二　工程项目多方案的经济评价

一、工程项目方案类型

前面介绍的工程项目经济评价的指标，对于单一方案而言，通过计算不同的经济评价指标，依据各个指标的评价标准，就可判断该方案的经济可行性，从而决定方案的取舍。在实践中，往往面临许多项目的选择，每个项目又会有很多方案，这些方案或是采用不同的技术工艺和设备，或是有不同的规模和坐落位置，或是利用不同的原料和半成品等。当这些方案在技术上都可行,经济上也都合理时,经济分析的任务就是从中选择最好的方案。在工程项目决策过程中,为保证项目最终效益的实现,都应从技术和经济相结合的角度进行多方案分析论证,根据经济评价的结果结合其他因素进行决策。可以认为,工程项目投资决策的过程就是多方案比较和选择的过程。多方案的比较和选择是指对根据实际情况所提出的各个备选方案,通过选择适当的经济评价方法和指标,对各个方案的经济效益进行比较,最终选择出最佳投资方案。多方案比选中不仅要考虑单方案的经济可行性,还要考虑项目群的整体最优。另外,并不是任何方案之间都是绝对可以比较的。多方案的比较和选择不仅涉及经济因素,而且还涉及技术因素以及项目内外部环境等其他相关因素(如产品质量、市场竞争、市场营销等),只有对这些因素进行全面的、系统的调查、分析和研究,才能决策出技术上先进,经济上合理,社会效益最大化的最优方案,从而作出科学的投资决策。

多方案经济评价方法的选择与项目方案的类型(即项目方案之间的相互关系)有关。按照方案之间经济关系的类型,多方案可以划分成下述几种类型。

1. 互斥型方案

互斥型方案是指采纳一组方案中的某一方案,必须放弃其他方案,即方案之间相互具有排他性。互斥型方案又可称为排它型方案、对立型方案、替代型方案等。互斥关系既可指同一项目的不同备选方案,也可指不同的投资项目。也就是说在互斥型方案中只能选择一个方案,其余方案必须放弃,方案之间的关系具有相互排斥的性质。互斥型方案是工程实践中最常见到的。如一栋楼房层数的选择、一座水库坝高的选择、一座建筑物结构类型的选择、一个工程主体结构施工工艺的确定等。这类决策问题常常面对的就是互斥型方案的选择。

2. 独立型方案

独立型方案是指作为评价对象的各个方案的现金流是独立的、互不具有相关性;且任一方案的采纳与否都不影响对其他方案是否采纳的决策。对于独立方案,应只考虑其自身的经济性,即只需分别进行绝对效果评价即可:凡能通过者均可接受;凡不能通过者,均应拒绝。当在一系列方案中某一方案的接受并不影响其他方案的接受时,方案之间的关系为独立关系。处在独立关系中的方案称为独立方案。例如某企业面临 3 个投资机会:一个是住宅开发,一个是生物制药项目,还有一个是某高速公路的投资建设,在没有资金约束的条件下,这 3 个方案之间不存在任何的制约和排斥关系,它们就是一组独立方案。在这些方案之间功能不存在矛盾的前提下,这些项目可视为独立项目。可以认为单一方案是独立型方案的特例。

3. 混合型方案

混合型方案是指项目组中存在着两个层次,高层次由一组独立型方案构成,每一个独立型方案又包括若干个互斥型方案,总体上称为混合型方案。如某集团公司有 3 个投资项目 A、B、C,A 是工业生产类项目,有 A_1、A_2、A_3 3 个生产方案;B 是一个房地产开发项目,有 B_1、

B_2、B_3 3 种不同用途的开发方案;C 是一个高速公路项目,有 C_1、C_2 两个建设方案。对该集团公司来说,A、B、C 3 个投资项目是相互独立的,即在资金允许的情况下,3 个项目可以同时投资,或者可以投资其中的一个或两个项目。但对于 A 项目只能采取其中的一个生产方案,即 A_1、A_2、A_3 3 个生产方案是互斥的;对于 B 项目只能开发一种用途的房地产项目,B_1、B_2、B_3 3 种用途的房地产开发项目方案是互斥的;对于 C 项目,只能开工建设一种方案的高速公路,C_1、C_2 两个建设方案是互斥的。该集团公司这样的投资方案就是混合型方案。

4. 互补型方案

互补型方案是指存在依存关系的一组方案,即执行一个方案会增加另一个方案的效益,方案之间存在互为利用、互为补充的关系。在大型商场设置餐饮和儿童娱乐设施会增加商场的收益,但餐饮和儿童娱乐设施并非是商场项目的必备条件。根据相互依存关系,互补型方案分为对称型互补方案和不对称型互补方案。在对称型互补方案中,方案间相互依存,互为对方存在的前提条件,如煤炭资源开发中矿井建设项目和铁路专用线项目,两者互为对方存在的前提条件,缺任何一个都不能实现预定目标;在不对称型互补方案中,其中某一个方案的存在是另一个方案存在的前提条件,如办公楼建设方案和空调系统建设方案,没有空调系统,办公楼仍可以发挥一定的作用,但空调系统必须依托于办公楼而存在。

5. 现金流量相关型方案

现金流量相关型关系是指在一组方案中,方案之间不完全是排斥关系,也不完全是独立关系,但其中某一方案的采用与否会对其他方案的现金流量带来一定的影响,进而影响其他方案的采用或拒绝。例如在两地之间修建铁路和(或)公路,其中铁路项目和公路项目的关系就是典型的现金流量相关型关系,铁路和公路可以单独修建,也可以同时修建,但与独立方案不同,如果两个项目同时选择,那么由于交通分流的影响,每个项目的现金流量与单独选择该项目时的现金流量是不同的,要充分考虑两个项目的相互影响,合理估计影响后的现金流量。

不同类型多方案经济评价指标和方法是不同的,但比较的宗旨只有一个,即最有效地分配有限资金,以获得最好的经济效益。

二、互斥型方案的经济评价

(一)互斥型方案比较概述

1. 互斥型方案比较的原则

1)可比性原则

在进行互斥方案比选时,必须满足可比性原则,以保证论证、评价过程能够全面、正确地反映实际情况,保证决策的正确性。方案的可比性具体又分为满足需要的可比性、消耗费用的可比性、价格的可比性和时间的可比性。

满足需要的可比性是指参与比较的各个方案必须满足同样的实际需要,只有这样,各个备选方案才可以相互替代。满足需要的可比性具体表现为产品产量(工作量)、品种和质量(功能)等方面具有可比性。产量可比强调相互比较的各个方案在品种和质量相同的情况下,如果产品产量相等或基本相等,则方案间具备可比性,可直接比较;对比方案差别不大的,可采用单位产品投资额、单位产品经营成本等指标进行比较;当产品产量差别较大时,可进行方案修正后再进行比较。品种的可比性是指相比较方案的产品品种结构相同或基本相同,方可参与比较;当相比较方案的产品品种结构有很大差别时,则方案满足同样需要的效果将有很大差别,方案间不具备直接的可比性,应通过产量折算等方式,使其具备可比性。质量(功能)的可比性是指参与比较的各个方案产品质量必须能满足特定的质量标准和质量要求;当相比较方案的产品质量有显著差别时,则意味着产品的使用效果将有很大的差别,方案间不具备直接的可比性,可用使用寿命或使用可靠性等使用效果系数进行质量可比性修正计算。

消耗费用的可比性包括 3 个方面的内容。第一,在计算和比较各个方案的费用指标时,除要考虑生产费用外,还要考虑储运、销售、使用等费用,从而达到寿命期成本的可比性;第二,应从整个国民经济角度出发,分析和计算与实现本方案有生产联系的部门或单位的费用变化,达到相关费用的可比性;第三,在进行方案的经济评价时,各种费用的计算要采取统一的规定和方法。

价格的可比性。价格的可比性是指在计算和比较各个方案的经济效益时,应采用合理的价格和一致的价格。合理的价格是价格能够较真实地反映价值和供求的关系,有关产品之间的比价要合理;一致的价格是指不同时期的方案相比较时,应采用统一的、某一时期的不变价格或用价格指数法折算成统一的现行价格,从而保证相互比较方案价格的可比性。

时间的可比性。时间的可比性包括两部分内容:一是对经济寿命不同的备选方案进行比较时,应采用相同的计算期;二是参与比较的各个方案在不同时间点发生的收益或费用支出不能简单地相加,应考虑资金的时间价值。

2)增量分析原则

对不同的方案进行评价和比较必须从增量角度进行,即投资额较低的方案在被证明是可行的基础上,计算两个方案的现金流量差,分析研究某一方案比另一方案增加的投资在经济上是否合算,得到相关的增量评价指标,再与基准指标对比,以确定投资大还是投资小的方案为最优方案。在对现金流量的差额进行评价时,要考察追加投资在经济上是否合算,如果增量收益超过增量费用,那么增加投资的方案是值得的。增量分析指标有:差额投资回收期、差额投资净现值、差额投资内部收益率等。

3)环比原则

在多个互斥方案进行比较时,为选出最优方案,从理论上来说,各方案除与"0"方案进行比较外("0"方案表示其净现值 NPV 为0或内部收益率为 $i_c > 0$,各方案间还应进行横向的两两比较,这带来了计算量的增加。在实际的比较中,可采用环比的原则来减少比较次数,将各方案按投资额从小到大排序,依次比较,最终选出最优方案。

2. 互斥型方案的评价步骤

对于互斥型方案的评价,主要包括下述两个步骤。

1)绝对经济效果检验

绝对经济效果检验主要是考察备选方案中各方案自身的经济效果是否满足评价准则的要求,这一步称为可行性判断。该步骤主要是采用学习情境四中的相关经济评价指标进行检验,如静态投资回收期 P_t、净现值 NPV、净年值 NAV、内部收益率 IRR 等。只有自身的经济效果满足了评价准则(静态投资回收期 $\leqslant$ 基准投资回收期,净现值 $NPV \geqslant 0$(或净年值 $NAV \geqslant 0$),内部收益率 $IRR \geqslant$ 基准收益率)要求的备选方案才能进入下一评价步骤。

2)相对经济效果检验

在通过绝对经济效果检验的方案中进行评价选择,选出相对最优的方案,这一步也可称为选优。

(二)寿命期相同的互斥型方案的经济评价

对于寿命期相同的互斥型方案,可将方案的寿命期设定为共同的分析期。这样,在利用资金时间价值等原理进行经济效果评价时,各方案在时间上具有可比性,寿命期相等的互斥型方案必选时,可采用增量分析法、直接比较法和最小费用法。

1. 增量分析法

对相互比较的两个方案,可计算它们在投资、年销售收入、年经营费用、净残值等方面的增量,构成新现金流量即增量现金流量。因此,对不同方案的增量现金流量进行分析的方法称为增量分析。对互斥方案进行经济评价时,根据不同方案的现金流量,可采用静态增量投资回收期 $\Delta P_t'$、动态增量投资回收期 ΔP_t、增量净现值 ΔNPV、增量内部收益率 ΔIRR 等指标进行方案的比选。

1)静态增量投资回收期(ΔP_t)

(1)增量投资回收期

增量投资回收期,也称追加投资回收期或差额投资回收期,指的是投资额不同的工程项目的建设方案,用成本的节约或收益的增加来回收增量投资期限。对于两个投资额不同的方案而言,一般来说,投资额大的方案其年经营成本往往低于投资额小的方案的年经营成本,或投资额大的方案其年净收益往往高于投资额小的方案的年净收益。增量投资回收期即投资额大的方案用其年经营成本的节约额或者年净收益的增加额来补偿其投资增量所需要的时间。

（2）静态增量投资回收期的概念及计算式

静态增量投资回收期是指在不考虑资金时间价值的条件下的增量投资回收期。其一般计算公式为

$$\Delta \sum_{t=0}^{\Delta p} (NCF_1 - NCF_2)_t = 0 \tag{3.33}$$

式中　NCF_1、NCF_2——方案1和方案2的净现金流量。

一般来说，方案1代表初始投资额较大的方案。

（3）静态增量投资回收期的特殊计算式

第一种情况，相比较的两个方案产出的数量和质量基本相同，且两方案的经营成本均为常数。

静态增量投资回收期是投资额大的方案1用其年经营成本的节约额来补偿其投资增量所需要的时间，计算公式为

$$\Delta P_t = \frac{I_1 - I_2}{C_1 - C_2} = \frac{\Delta I}{\Delta C} \tag{3.34}$$

式中　I_1, I_2——方案1和方案2的投资额；

　　　C_1, C_2——方案1和方案2的经营成本。

第二种情况，相比较的两个方案的投入和产出不同，但年净收益为常数。

静态增量投资回收期是投资额大的方案1用其年净收益的增加额来补偿其投资增量所需要的时间，计算公式为

$$\Delta P_t = \frac{I_1 - I_2}{R_1 - R_2} = \frac{\Delta I}{\Delta R} \tag{3.35}$$

式中　R_1, R_2——方案1和方案2的年净收益。

（4）静态增量投资回收期的评价准则

静态增量投资回收期的评价准则是：当$\Delta P_t \le P_c$时，说明投资额大的方案相比较于投资额小的方案的投资增量可在基准投资回收期内收回，即投资额大的方案优于投资额小的方案；否则，投资额小的方案优于投资额大的方案。

【例题3.12】　某项目有两个可行方案供选择，方案1的投资额为4 800万元，年平均经营成本为600万元；方案2的投资额为1 800万元，年平均经营成本为1 200万元。设基准回收期为6年。试选择较优的方案。

解：$I_1 = 4\,800, I_2 = 1\,800, \Delta I = 3\,000, C_1 = 600, C_2 = 1\,200, \Delta C = 600$，则有

$$\Delta P_t = \frac{\Delta I}{\Delta C} = \frac{3\,000}{600} = 5(年)$$

由于增量静态投资回收期小于基准投资回收期，所以，投资额大的方案为优方案。

特别值得提出的是，本题已知两个方案均为可行方案，故在解题的过程中省略了互斥型方案评价的第一步，即省略了可行性判断，而直接进行了选优。

2)动态增量投资回收期($\Delta P'_t$)

(1)动态增量投资回收期的概念及计算式

动态增量投资回收期是指在考虑资金时间价值的条件下,投资额大的方案用其年经营成本的节约额或者年净收益的增加额来补偿其投资增量所需要的时间。其计算公式为

$$\sum_{t=0}^{\Delta p} (NCF_1 - NCF_2)_t (1 + i_c)^{-t} = 0 \qquad (3.36)$$

动态增量投资回收期在实际的计算中,通常用表格的方式进行。

(2)动态增量投资回收期的评价准则

动态增量投资回收期的评价准则是:当 $\Delta P'_t \leqslant P_c$ 时,说明投资额大,经营成本低或年净收益高的方案较优;若 $\Delta P'_t > P_c$,则说明投资额小,经营成本高或年净收益低的方案较优。

需要说明的是,增量投资回收期主要用于互斥型方案的选优,对于较优的方案是否可行还需要另外作判断。

3)增量净现值(ΔNPV)

(1)增量净现值比选法的原理

增量净现值比选法的原理是,在参与比较的方案达到基准收益率要求的基础上,判定投资多的方案比投资少的方案所增加的投资是否值得,如果增量投资值得,则投资额大的方案为优方案;否则,投资额小的方案为优方案。

(2)增量净现值比选法的计算公式

设方案1和方案2是两个投资额不等的互斥型方案,有共同的计算期 n 年,方案1比方案2的投资额大,则两个方案的增量净现值计算为

$$
\begin{aligned}
\Delta NPV_{1-2} &= \sum_{t=0}^{n} \left[(CI_1 - CO_1)(CI_2 - CO_2)_t \right] \times (1 + i_c)^{-t} \\
&= \sum_{t=0}^{n} (CI_1 - CO_1)_t \times (1 + i_c)^{-t} - \sum_{t=0}^{n} (CI_2 - CO_2)_t \times (1 + i_c)^{-t} \qquad (3.37) \\
&= NPV_1 - NPV_2
\end{aligned}
$$

(3)增量净现值比选法的评价准则

如果 $\Delta NPV > 0$,则表明增量投资部分是值得的,投资额大的方案优于投资额小的方案;如果 $\Delta NPV < 0$,则表明增量投资部分不能达到预期的基准收益率水平,该部分投资是不值得的,因此,投资额小的方案是优方案。

(4)增量净现值比选法的评价步骤

第一步,将参与比较的各备选方案按投资额从小到大的顺序排列。

第二步,增设投资和净收益均为 0 的"0"方案,用以判定基础方案是否满足基准收益率的要求。

第三步,将投资小的方案 A_i 作为临时最优方案,投资大的方案 A_j 作为竞争方案($j > i$),计算 $\Delta NPV_{A_j - A_i}$,如果 $\Delta NPV_{A_j - A_i} > 0$,则方案 A_j 优于方案 A_i,方案 A_j 取代原来的临时最优方案 A_i,作为新的临时最优方案;如果 $NPV_{A_j - A_i}$,则淘汰方案 A_j,方案 A_i 仍作为临时最优方案与下

一个方案进行比较。

第四步,不断重复第三步,直到找到最优方案。

【例题3.13】 某企业购置设备,现有3个方案,各方案的现金流量见表3.10,各方案的寿命均为10年,10年末的残值为0,设基准收益率i_c为12%。问选择哪个方案在经济上更有利?

表3.10 3个方案的有关数据

项目方案	期初投资/万元	年净收益	寿命期/年
方案1	7 500	2 100	10
方案2	12 000	2 800	10
方案3	15 000	3 700	10

解: 将各备选方案按投资额的大小由小到大排序为方案1、方案2、方案3,增设投资和净收益均为0的"0"方案。

①将方案1和"0"方案进行比较,计算这两个方案的增量净现金流量,按基准收益率$i_c = 12\%$,计算增量净现值ΔNPV_{1-0}。

$$\Delta NPV_{1-0} = 2\,100(P/A, 12\%, 10) - 7\,500 = 2\,100 \times 5.650\,2 - 7\,500 \approx 4\,365(万元)$$

因为$NPV_{1-0} > 0$,说明方案1优于"0"方案,继续保留方案1作为临时最优方案的资格。

②将方案2和方案1进行比较,计算这两个方案的增量净现金流量,按基准收益率$i_c = 12\%$,计算增量净现值ΔNPV_{2-1}。

$$\Delta NPV_{2-1} = (2\,800 - 2\,100)(P/A, 12\%, 10) - (12\,000 - 7\,500)$$
$$= 700 \times 5.650\,2 - 4\,500 \approx -545(万元)$$

因为$\Delta NPV_{2-1} < 0$,说明增量投资不合适,方案1优于方案2,继续保留方案1作为临时最优方案的资格。

③将方案3和方案1进行比较,计算这两个方案的增量净现金流量,按基准收益率$i_c = 12\%$,计算增量净现值ΔNPV_{3-1}。

$$\Delta NPV_{3-1} = (3\,700 - 2\,100)(P/A, 12\%, 10) - (15\,000 - 7\,500)$$
$$= 1\,600 \times 5.650\,2 - 7\,500 \approx 1\,540(万元)$$

因为$\Delta NPV_{3-1} > 0$,说明方案3优于方案1,方案1被淘汰,方案3是最优方案。

4)增量内部收益率(ΔIRR)

(1)增量内部收益率的概念

增量内部收益率,又称为差额内部收益率或追加内部收益率。对于两个投资额不等的方案而言,如果投资额大的方案的年净现金流量与投资额小的方案的年净现金流量的差额现值之和等于0,则此时的折现率即为增量内部收益率。也可以表述成增量内部收益率是指增量净现值等于零的折现率或两个项目方案净现值相等时的折现率,一般用ΔIRR表示。

（2）增量内部收益率的表达式

$$\sum_{t=0}^{n} \left[(CI - CO)_2 - (CI - CO)_1 \right]_t (1 + \Delta IRR)^{-t} = 0 \qquad (3.38)$$

式中　ΔIRR——增量内部收益率；

　　　$\Delta(CI - CO)_2$——投资额大的方案的年净现金流量；

　　　$\Delta(CI - CO)_1$——投资额小的方案的年净现金流量。

（3）增量内部收益率的判别准则

若 $\Delta IRR > i_c$，则投资额大的方案为优；若 $\Delta IRR < i_c$，则投资额小的方案为优。

应注意的是，在使用增量内部收益率这一指标进行多方案比较时，必须保证每个方案都是可行的，或至少投资额最小的方案是可行的。而且，要求被比较的各方案的寿命期或计算期须相同。

由于增量内部收益率的计算式仍然是一元 n 次方程，故在实际计算中同样采用线性内插法求解。

（4）增量内部收益率的评价步骤

增量内部收益率比选法与增量净现值比选法的评价步骤基本相同。

第一步，将参与比较的各备选方案按投资额从小到大的顺序排列。

第二步，增设投资和净收益均为 0 的"0"方案，用以判定基础方案是否满足基准收益率的要求。

第三步，将投资小的方案 A_i 作为临时最优方案，投资大的方案 A_j 作为竞争方案（$j > i$），计算 $\Delta IRR_{A_j - A_i}$，如果 $\Delta IRR_{A_j - A_i} > i_c$，则，方案 A_j 优于方案 A_i，方案 A_j 取代原来的临时最优方案 A_i，作为新的临时最优方案；如果 $\Delta IRR_{A_j - A_i} < i_c$，则淘汰方案 A_j，方案 A_i 仍作为临时最优方案与下一个方案进行比较。

第四步，不断重复第三步，直到找到最优方案。

【例题 3.14】　以【例题 3.13】为例，试用增量内部收益率判断哪个方案在经济上最优。

解：① 比较方案 1 和"0"方案，计算两者的增量内部收益率 ΔIRR_{1-0}。

$$2\,100(P/A, \Delta IRR_{1-0}, 10) - 7\,500 = 0$$

求得 $\Delta IRR_{1-0} = 24.99\% > i_c = 12\%$，方案 1 优于"0"方案，淘汰"0"方案，方案 1 仍为临时最优方案。

②比较方案 2 和方案 1，计算两者的增量内部收益率 ΔIRR_{2-1}。

$$(2\,800 - 2\,100)(P/A, \Delta IRR_{2-1}, 10) - (12\,000 - 7\,500) = 0$$

求得 $\Delta IRR_{2-1} = 8.96\% > i_c = 12\%$，方案 1 优于方案 2，淘汰方案 2，方案 1 仍为临时最优方案。

③比较方案 3 和方案 1，计算两者的增量内部收益率 ΔIRR_{3-1}。

$$(3\,700 - 2\,100)(P/A, \Delta IRR_{3-1}, 10) - (15\,000 - 7\,500) = 0$$

求得 $\Delta IRR_{3-1} = 16.83\% > i_c = 12\%$，方案 3 优于方案 1，淘汰方案 1，方案 3 为最优方案。

5)增量投资收益率(ΔR)

(1)增量投资收益率的概念

增量投资收益率是指投资额较大方案的年经营成本节约额或年净收益的增加额与其投资增加额的比,用 ΔR 表示增量投资收益率。对于两个产出相同的方案,如果一个方案投资额高而年经营成本低或净收益高;另一个方案投资额小而年经营成本高或净收益低,此时,可以采用增量投资收益率作为比较的标准。

(2)增量投资收益率的计算公式

$$\Delta R = \frac{C_2 - C_1}{I_1 - I_2} \tag{3.39}$$

式中　C_1,C_2——对比两个方案的年经营成本,且 $C_2 > C_1$;

　　　　I_1,I_2——对比两个方案的投资额,且 $I_1 > I_2$。

或

$$\Delta R = \frac{A_1 - A_2}{I_1 - I_2} \tag{3.40}$$

式中　A_1,A_2——对比两个方案的年净收益,且 $A_1 > A_2$。

(3)增量投资收益率的评价标准

$\Delta R \geq i_c$ 时,投资额大的方案为优;$\Delta R < i_c$ 时,投资额小的方案为优。增量投资收益率主要用于多方案在可行基础上的选优。

在产量不同的几个方案作比较时,可按单位产品的投资额及单位产品的经营成本进行计算。

【例题3.15】　已知3个工程项目方案的有关数据(表3.15),试比较这3个方案的优劣,设基准收益率为15%。

表3.11　3个工程项目方案的有关数据　　　　　　　　　　单位:万元

有关数据	方案1	方案2	方案3
投资额	200	220	280
年收入	90	100	110
年经营成本	40	30	20

解:3个方案的投资收益率计算如下:

$$R_1 = \frac{90 - 40}{200} \times 100\% = 25\%$$

$$R_2 = \frac{100 - 30}{220} \times 100\% \approx 31.8\%$$

$$R_3 = \frac{110 - 20}{280} \times 100\% \approx 32.1\%$$

计算结果表明3个方案的投资收益率均大于15%,均为可行方案。下面按增量投资收益率来分析 3 个方案的优劣。

$$\Delta R_{2-1} = \frac{(100 - 30) - (90 - 40)}{220 - 200} = \frac{70 - 50}{20} = 100\%$$

$\Delta R_{1-2} = 100\% > 15\%$，应选择投资额大的方案 2；

$$\Delta R_{3-2} = \frac{(110 - 20) - (100 - 30)}{280 - 220} = \frac{90 - 70}{60} \approx 33.3\%$$

$\Delta R_{3-2} = 33.3\% > 15\%$，应选择投资额大的方案 3。

由上面的计算可以看出，3 个方案中，方案 3 为最优方案。

2. 直接比较法

1）净现值 NPV 或净年值 NAV

当互斥型方案的计算期相同时，在已知各投资方案的现金流入量与现金流出量的前提下，直接用净现值或净年值进行方案的评价选优最为简便。

（1）评价步骤

第一步，绝对经济效果检验：计算各方案的净现值 NPV 或净年值 NAV，并加以检验，若某方案的 $NPV \geqslant 0$ 或 $NAV \geqslant 0$，则该方案通过了绝对经济效果检验，可以继续作为备选方案，进入下一步的选优；若某方案的 $NPV < 0$ 或 $NAV < 0$，则该方案没有资格进入下一步的选优。

第二步，相对经济效果检验：两两比较通过绝对经济效果检验的各方案的净现值 NPV 或净年值 NAV 的大小，直至保留净现值 NPV 或净年值 NAV 最大的方案。

第三步，选最优方案，相对经济效果检验后保留的方案为最优方案。

（2）评价准则

若 $NPV_i \geqslant 0$ 且 $\max(NPV_i)$ 所对应的方案为最优方案。

若 $NAV_i \geqslant 0$ 且 $\max(NAV_i)$ 所对应的方案为最优方案。

【例题 3.16】　以【例题 3.13】为例，试用净现值和净年值判断哪个方案在经济上最优。

解：①用净现值进行方案的选优

$NPV_1 = -7\,500 + 2\,100(P/A, 12\%, 10) = -7\,500 + 2\,100 \times 5.650\,2 \approx 4\,365$（万元）

$NPV_2 = -12\,000 + 2\,800(P/A, 12\%, 10) = -12\,000 + 2\,800 \times 5.650\,2 \approx 3\,821$（万元）

$NPV_3 = -15\,000 + 3\,700(P/A, 12\%, 10) = -15\,000 + 3\,700 \times 5.650\,2 \approx 5\,906$（万元）

方案 3 的净现值最大，方案 3 为最优方案。

②用净年值进行方案的选优

$NAV_1 = -7\,500(A/P, 12\%, 10) + 2\,100 = -7\,500 \times 0.177\,0 + 2\,100 \approx 773$（万元）

$NAV_2 = -12\,000(A/P, 12\%, 10) + 2\,800 = -12\,000 \times 0.177\,0 + 2\,800 = 676$（万元）

$NAV_3 = -15\,000(A/P, 12\%, 10) + 3\,700 = -15\,000 \times 0.177\,0 + 3\,700 = 1\,045$（万元）

方案 3 的净年值最大，方案 3 为最优方案。

2)净现值 NPV 与增量净现值 ΔNAV 的比较

通过上面的【例题 3.13】【例题 3.16】可以看出,当互斥型方案寿命相等时,直接比较各方案的净现值 NPV,并取 NPV 最大的方案与用增量净现值分析的结果是一致的。这是因为:

$$NPV_{2-1} = \sum_{t=0}^{n} \left[(CI_2 - CI_1) - (CO_2 - CO_1) \right]_t (1 + i_c)^{-t}$$

$$= \sum_{t=0}^{n} (CI_2 - CO_2)_t (1 + i_c)^{-t} - \sum_{t=0}^{n} (CI_1 - CO_1)_t (1 + i_c)^{-t}$$

$$= NPV_2 - NPV_1$$

所以,当 $NPV_{2-1}(i_c) \geq 0$ 时,必有 $NPV_2 \geq NPV_1$,即 NPV 指标具有可加性。在互斥型方案寿命相等时,以直接用净现值指标比选最为简便。在互斥型方案比选中,可计算出各方案自身现金流量的净现值,净现值最大的方案即为最优方案。

3.最小费用法

1)最小费用法应用前提

在互斥型方案经济评价的实践中,经常会遇到各个产出方案的效果相同或基本相同,有时又难以估算,比如一些公共基础类项目、环保类项目、教育类项目等。这些项目所产生的效益无法或很难用货币来直接计量,也就得不到其具体现金流量的情况,因而无法用净现值、增量内部收益率等指标进行经济评价,前面提到的增量分析法或直接比较法也就无法应用。此时,可假设各方案的收益相同,方案比较时可不考虑收益,而仅对各备选方案的费用进行比较,以备选方案中费用最小的作为最优方案,这种方法称为最小费用法。最小费用法包括费用现值法和费用年值法。

2)费用现值(Present Cost)法

(1)费用现值的概念

项目方案在寿命期内不同时点的现金流出量按设定的折现率折现到期初的现值之和称为费用现值,一般用 PC 表示费用现值。

(2)费用现值的表达式

一般表达式:

$$PC = \sum_{t=0}^{n} CO_t (1 + i_c)^{-t} = \sum_{t=0}^{n} CO_t (P/F, i_c, t) \tag{3.41}$$

若用 I 表示投资, C 表示经营成本,存在着净残值 L_F:

$$PC = \sum_{t=0}^{n} (I + C - L_F)_t (P/F, i_c, t) \tag{3.42}$$

若投资 I 为一次性投入,年经营成本 C 相等,无残值 L_F:

$$PC = I + C(P/A, i_c, t) \tag{3.43}$$

若投资 I 为一次性投入,年经营成本 C 相等,有残值 L_F:

$$PC = I + C(P/A, i_c, n) - L_F(P/F, i_c, n) \tag{3.44}$$

（3）费用现值的使用前提

费用现值这一指标的应用是建立在如下的假设基础上的：用于计算费用现值的项目方案是可行的。主要用于以下两种情况：一是各方案产出效益相同或基本相同；二是各方案满足相同需要，效益难以用价值形态表示。

（4）费用现值的判别准则

只能用于多方案比较选优，以费用现值最小的方案为最优方案。

【例题 3.17】　某项目的两个采暖方案均能满足相同的供热需求，有关数据见表 3.12。在基准折现率为 10% 的情况下，试计算各方案的费用现值。

表 3.12　两个采暖方案的有关数据　　　　　　　　　　单位：万元

方　案	总投资（第 0 时点）	年运营费（1 ~ 10 年）
方案 1	300	90
方案 2	360	75

解：根据题意及式（3.43）计算各方案的费用现值如下：

$$PC_1 = 300 + 90(P/A,10\%,10) = 300 + 90 \times 6.1446 \approx 853.01(万元)$$
$$PC_2 = 360 + 75(P/A,10\%,10) = 300 + 75 \times 6.1446 \approx 820.85(万元)$$

根据费用现值最小的选优原则，方案 2 的费用现值最小，方案 2 为最优方案。

3）费用年值（Annual Cost）法

（1）费用年值的概念

按设定的折现率将方案寿命期内不同时点发生的所有支出费用换算为与其等值的年值称为费用年值，也称年成本。一般用 AC 表示。

（2）费用年值的表达式

$$AC = PC(A/P,i_c,n) = \sum_{t=0}^{n} CO_t(P/F,i_c,t,n)(A/P,i_c,n) \tag{3.45}$$

（3）费用年值的判别准则

费用年值 AC 只能用于多方案的比较和选择，且以费用年值最小的方案为最优方案。

【例题 3.18】　两个采暖方案，能满足相同的供热需求，有关数据见表 3.13，$i_c = 15\%$。试用费用年值进行选择。

表 3.13　两个采暖方案的有关数据　　　　　　　　　　单位：万元

方　案	总投资（第 0 时点）	使用寿命／年	年经营成本	净残值
方案 1	30	6	20	5
方案 2	40	9	16	0

解：根据题意及式（3.45）得

$$AC_1 = 30(P/A,15\%,6) + 20 - 5(A/F,15\%,6) \approx 27.36(万元)$$

$$AC_2 = 40(P/A,15\%,9) + 16 \approx 24.38(万元)$$

由于 $AC_2 < AC_1$，根据费用年值的判别准则，可知方案2为最优方案。

(三)计算期不同的互斥型方案的经济评价

当相互比较的互斥型方案具有不同的计算期时，由于方案之间不具有可比性，不能直接采用增量分析法或直接比较法进行方案的比选。为了满足时间上的可比性，需要对各备选方案的计算期进行适当调整，使各方案在相同的条件下进行比较，才能得出合理的结论。

1. 年值法

年值法主要采用净年值指标进行方案的比选，当各个方案的效益难以计量或效益相同时，也可采用费用年值指标。在年值法中，要分别计算各备选方案净现金流量的等额净年值 NAV 或费用年值 AC，并进行比较，以净年值 NAV 最大(或费用年值 AC 最小)的方案为最优方案。年值法中是以"年"为时间单位比较各方案的经济效益的，从而使计算期不同的互斥型方案间具有时间的可比性。

采用年值法进行计算期不等的互斥型方案的比选，实际上隐含着这样的假设：各方案在其计算期结束时可按原方案重复实施。由于一个方案在其重复期内，等额净年值不变，故不管方案重复多少次，只需计算一个计算期的等额净年值就可以了。

【例题3.19】 建筑公司要购买一种用于施工的设备，现有两种设备可供选择，设基准收益率为12%，有关数据见表3.14。试问应选择哪种设备？

表3.14 两种设备的有关数据 单位：万元

设 备	总投资(第0时点)	使用寿命／年	年销售收入	年经营成本	净残值
设备1	16 000	6	11 000	5 200	1 500
设备2	27 000	9	11 000	4 600	3 000

解：

$$NAV_1 = -16\,000(A/P,12\%,6) + (11\,000 - 5\,200) + 1\,500(A/F,12\%,6)$$
$$= -16\,000 \times 0.243\,2 + 5\,800 + 1\,500 \times 0.123\,2$$
$$\approx 2\,094(万元)$$

$$NAV_2 = -27\,000(A/P,12\%,9) + (11\,000 - 4\,600) + 3\,000(A/F,12\%,9)$$
$$= -27\,000 \times 0.187\,7 + 6\,400 + 3\,000 \times 0.067\,7$$
$$\approx 1\,535(万元)$$

由于 $NAV_1 > NAV_2$，应该选择设备1。

2. 最小公倍数法

最小公倍数法是以各备选方案计算期的最小公倍数为比较期，假定在比较期内各方案可重复实施,现金流量重复发生,直至比较期结束。以最小公倍数作为共同的计算期,使得各备选方案有相同的比较期,具备时间上的可比性,可采用净现值等指标进行方案的选择。

当相互比较的各方案最小公倍数不大,故考虑技术进步等因素的影响不大时,现金流量可以重复发生的假定可以认为基本符合事实,这是因为技术进步与通货膨胀具有一定的相互抵消作用。但当最小公倍数很大时(两个相互比较的方案计算期分别为 10 年和 11 年,其最小公倍数为 110 年),假定在最小公倍数的比较期内各方案的现金流量可以重复实施就会脱离实际。另外,某些不可再生的矿产资源开发类项目,方案可重复实施的假设也不成立,因此也就无法用最小公倍数法进行方案的比选。最小公倍数法主要适用于方案确实可重复实施的、技术进步不快的产品及设备方案。

【例题 3.20】 对【例题 3.19】应用最小公倍数法进行设备的选择。

解:由于两种设备的寿命不同,它们的最小公倍数为 18 年,即设备 1 重复 2 次,设备 2 重复 1 次,最小公倍数 18 年为共同的计算期。

$$NPV_1 = -16\,000 - (16\,000 - 1\,500) \times (P/F, 12\%, 6) - (16\,000 - 1\,500) \times$$
$$(P/F, 12\%, 12) + 1\,500 \times (P/F, 12\%, 18) + (11\,000 - 5\,200) \times$$
$$(P/A, 12\%, 18)$$
$$= -16\,000 - 14\,500 \times 0.506\,6 - 14\,500 \times 0.256\,7 + 1\,500 \times 0.130\,0 +$$
$$5\,800 \times 7.249\,7$$
$$\approx 15\,175(万元)$$

$$NPV_1 = -27\,000 - (27\,000 - 3\,000) \times (P/F, 12\%, 9) - 3\,000 \times (P/F, 12\%, 18) +$$
$$(11\,000 - 4\,600) \times (P/A, 12\%, 18)$$
$$= -27\,000 - 24\,000 \times 0.360\,6 + 3\,000 \times 0.130\,0 + 6\,400 \times 7.249\,7$$
$$\approx 15\,175(万元)$$

由于 $NPV_1 > NPV_2$,应该选择设备 1。

3. 研究期法

研究期法是选择一个共同的研究期作为各备选方案共同的计算期,在计算期内,直接采用方案本身的现金流量(或假定现金流量重复),计入计算期来结束方案的余值。通过研究期法的处理,计算期不同的方案有了共同的计算期,可以按照计算期相同的互斥型方案的比较方法进行方案的选择。

采用研究期法时,应尽可能利用方案原有的现金流量信息,将主观判断方案余值的影响减到最小。一般来说有以下 3 种做法:

①取最长寿命作为共同分析的计算期。

②取最短寿命作为共同分析的计算期。

③取计划规定的年限作为共同分析的计算期。对于共同分析计算期末,对未结束方案的余值,可预测此时方案的市场价值作为现金流入量。

研究期法有效弥补了最小公倍数法的不足,适用于技术更新较快的产品和设备方案的比选,但在计算期末未结束方案余值的确定是否准确,应引起重视。

(四)寿命无限长互斥型方案的经济评价

通常情况下,各备选方案的计算期都是有限的;但某些特殊工程项目的服务年限或工作状态是无限的,如果维修得足够好,可以认为能无限期延长,即其使用寿命无期限,如公路、铁路、桥梁、隧道等。对这种永久性设施的等额年费用可以计算其资本化成本。所谓资本化成本是指项目在无限长计算期内等额年费用的折现值,可用 CC 表示。设等额年费用(或年净收益)为 A:

$$CC = \lim_{n \to \infty}(P/A, i_c, n) = A \lim_{n \to \infty}\left[\frac{(1 + i_c)^n - 1}{i_c(1 + i_c)^n}\right]$$

$$A\left[\lim_{n \to \infty}\frac{(1 + i_c)^n}{i_c(1 + i_c)^n} - \lim_{n \to \infty}\frac{1}{i_c(1 + i_c)^n}\right] = \frac{A}{i_c} \tag{3.46}$$

【例题 3.21】 有两个互斥型方案,有关数据见表 3.15,设基准收益率为 10%。试求方案可以无限重复下去时的最优方案。

表 3.15 两个方案的有关数据 单位:万元

方 案	总投资(第 0 时点)	使用寿命 / 年	年经营成本
方案 1	7 500	4	3 800
方案 2	12 000	6	4 000

解:计算方案 1、方案 2 寿命为无限大时的净现值

$$NPV_{\infty 1} = [-7\,500(A/P, 10\%, 4) + 3\,800](P/A, 10\%, \infty)$$
$$= 114\,338(万元)$$
$$NPV_{\infty 2} = [-12\,000(A/P, 10\%, 6) + 4\,000](P/A, 10\%, \infty)$$
$$= 12\,448(万元)$$

因为 $NPV_{\infty 1} > NPV_{\infty 2}$,故方案 1 为最优方案。

三、独立型方案的经济评价

独立型方案经济评价的特点主要表现为不需要进行方案比较,所有的方案都是独立的;各个方案之间不具有排他性,选用一个方案并不要求放弃另一个方案;在资金允许或资金无限制的条件下,几个方案或全部方案可以同时成立。

(一)资金不受限制的独立型方案的经济评价

在资金不受限制的情况下,独立型方案的采纳与否,只取决于方案自身的经济效果。也就是说,资金不受限制的独立型方案的经济评价只需检验它们是否通过净现值 NPV 或内部

收益率 IRR 等指标的评价标准 $(NPV \geq 0, IRR \geq i_c)$ 即可,凡是通过了方案自身的"绝对经济效果检验",即认为它们在经济效果上达到了基本要求,可以接受,否则,应予以拒绝。

【例题 3.22】　两个独立型方案的投资和净收益等数据见表 3.16,基准收益率 i_c 为 15%。试进行评价和选择。

表 3.16　两个方案的有关数据　　　　　　　　　单位:万元

方　案	总投资(第 0 时点)	使用寿命/年	年经营成本
方案 1	7 500	4	3 800
方案 2	12 000	6	4 000

解:计算两个方案的净现值 NPV

$$NPV_1 = -150 + 75(P/A, 15\%, 5) = 101(万元)$$
$$NPV_2 = -150 + 40(P/A, 15\%, 5) = -16(万元)$$

由于 $NPV_1 > 0, NPV_2 < 0$,所以方案 1 可以接受,方案 2 应予以拒绝。

【例题 3.23】　有两个独立型方案 A 和 B,方案 A 期初投资 20 万元,每年净收益为 50 万元,寿命为 8 年;方案 B 期初投资 400 万元,每年净收益为 80 万元,寿命为 10 年。若基准收益率为 15%,试对两方案进行选择。

解:选择净年值指标进行评价:

$$NAV_A = -200(A/P, 15\%, 8) + 50 = 5(万元)$$
$$NAV_B = -400(A/P, 15\%, 10) + 80 = 0.3(万元)$$

由于方案 A 和方案 B 的净年值均大于 0,根据净年值的评判标准,可以得出 A、B 两方案均合理可行的结论。

(二)资金受限制的独立型方案的经济评价

在独立型方案经济评价中,如果资金受到限制,就不能像资金不受限制的方案那样,凡是通过了绝对经济效果检验的方案都可以被采用。因此,在通过了绝对经济效果检验的方案中,由于资金受限,也必须放弃其中一个或一些方案。资金受限制的独立型方案经济评价的标准是:在满足资金限额的条件下,取得最好的经济效果。

1. 互斥方案组合法

互斥方案组合法是利用排列组合的方法,列出待选择方案的所有组合。保留投资额不超过限额且净现值大于 0 的方案组合,淘汰其余方案组合,在保留的组合方案中,净现值最大的一组所包含的方案即为最优的方案组合。

互斥方案组合法进行方案选择的步骤:

第一步,列出独立方案的所有可能组合,形成若干个新的组合方案,则所有可能组合方案形成互斥组合方案(m 个独立方案则有 2^m 个组合方案):

①每个组合方案的现金流量为被组合的各独立方案的现金流量的叠加。

②将所有的组合方案按初始投资额从小到大的顺序排列。

③排除总投资额超过投资资金限额的组合方案。

④对所剩的所有组合方案按互斥方案的比较方法确定最优的组合方案。

⑤最优组合方案所包含的独立方案即为该组独立方案的最佳选择。

互斥方案组合法能够在各种情况下确保选择的方案组合是最优的可靠方法,是以净现值最大化作为评价目标,保证了最终所选出的方案组合的净现值最大。

【例题 3.24】 现有 3 个独立型项目方案 A、B、C,其初始投资分别为 150 万元、450 万元和 375 万元,年净收益分别为 34.5 万元、87 万元和 73.5 万元。3 个方案的计算期均为 10 年,基准收益率为 10%。若投资限额为 700 万元,试进行方案选择。

解:首先计算 3 个方案的净现值:

$$NPV_A = -150 + 34.5(P/A,10\%,10) = 62.0(万元)$$

$$NPV_B = -450 + 87(P/A,10\%,10) = 84.6(万元)$$

$$NPV_C = -375 + 73.5(P/A,10\%,10) = 76.6(万元)$$

由 A,B,C 3 个方案的净现值均大于 0,从单方案检验的角度来看各方案均可行。

现在由于总投资要限制在 700 万元以内,而 A,B,C 3 个方案加在一起的总投资额为 975 万元,超过了投资限额,因而不能同时实施。

按照互斥方案组合法,其计算结果见表 3.17。

表 3.17　互斥方案组合法必选最佳方案

单位:万元

序　号	组合方案 ABC	总投资额	年净收益	净现值	结　论
1	000	0	0	0	
2	100	150	34.5	62	
3	010	450	87	84.6	
4	001	375	73.5	76.6	
5	110	600	121.5	146.6	最佳
6	101	525	108	138.6	
7	011	825			投资超限
8	111	975			投资超限

计算结果表明,方案 A 和方案 B 的组合为最佳投资组合方案,即最终应选择方案 A 和方案 B。

2.净现值率排序法

净现值率排序法就是在计算各方案净现值率的基础上,将净现值率大于或等于 0 的方案按净现值率从大到小排序,并依次选取项目方案,直至所选项目方案的投资总额最大限度地接近或等于投资限额为止。净现值率排序法所要达到的目标是在一定的投资限额的约束下,使所选项目方案的投资效率最高。

【例题 3.25】 有 8 个可供选择的独立型方案,见表 3.18,各方案初始投资及各年净收益见表中数据。如投资限额为 1 400 万元,用净现值率排序法作出选择($i_c = 12\%$)。

表 3.18 8 个独立型方案的相关数据 单位:万元

方 案	初始投资	1 ~ 10 年净收益
A	240	44
B	280	50
C	200	36
D	300	56
E	160	34
F	240	50
G	220	44
H	180	30

解:根据表 3.18,计算各方案的净现值、净现值率及按净现值率排序结果见表 3.19。根据表 3.19,首先选择排序第一的方案 E,所需资金为 160 万元,离 1 400 万元的资金约束还有 1 240 万元;选择排序第二的方案 F,所需资金为 240 万元,在选择了方案 E、F 后,还有 1 000 万元的剩余资金…… 依此类推,直到选择方案所需要的资金总额小于或等于 1 400 万元为止,此时,所选择的方案组合为最优的方案。按照这样的思路,该题的最优组合为 E、F、G、D、A、C,所用资金总额为 1 360 万元。

表 3.19 两个方案的有关数据 单位:万元

方 案	净现值 NPV	净现值率 NPVR	按净现值率 NPVR 排序
A	8.6	0.036	5
B	2.5	0.009	7
C	3.4	0.017	6
D	16.4	0.055	4
E	32.1	0.201	1
F	42.5	0.177	2
G	28.6	0.130	3
H	− 10.5	—	—

由于投资项目的不可分性,净现值率排序法不能保证现有资金的充分利用,不能达到净

现值最大的目标。因此,只有在各方案投资占预算投资比例很低,或各方案投资额相差不大时,它才能达到或接近达到净现值最大的目标。

四、其他类型方案的经济评价

除上面提到的互斥型方案、独立型方案外,在工程建设的实践中,还有其他类型的方案,如混合型方案、互补型方案、现金流量相关型方案等,需要选择合适的经济评价方法,选择最优的方案或方案组合。

(一)混合型方案的经济评价

1.无资金约束条件下的选择

这种情况下由于各个项目相互独立,而且没有资金限制,因此,只要项目可行,就可以采纳。将各个独立型项目所属的互斥型方案进行比较后择优,即只要从各个独立项目中选择净现值最大且不小于 0 的互斥型方案加以组合即可。

2.有资金约束条件下的选择

这种情况下最优方案组合选择的思路与无资金约束条件下选择混合方案的方法基本相同。只是选择方案的时候应考虑到总投资额不能超过资金限额。其基本步骤为:

①评价各方案的可行性,舍弃不可行的方案。

②在总投资额不超过资金限额的情况下,进行独立方案的组合,并且在每个项目之中只能选择一个方案。

③求每一组合方案的净现值或净年值。

④根据净现值最大或净年值最大选择最优的方案组合。

【例题 3.26】 某公司有 3 个下属部门 A、B、C,每个部门提出了若干个方案,其有关数据见表 3.20。

表 3.20 3 个部门有关投资方案的现金流量   单位:万元

部 门	方 案	总投资额	年净收益
A	A_1	100	28
	A_2	200	50
B	B_1	100	14
	B_2	200	30
	B_3	300	45

续表

部　门	方　案	总投资额	年净收益
C	C_1	100	51
	C_2	200	63
	C_3	300	87

假设3个部门之间的投资是相互独立的,但部门内部的投资方案是互斥的,寿命期为8年,基准收益率为10%。①若无资金限制,应选择哪些方案?②若资金限额为450万元,应选择哪些方案?

解:用净现值法求解。

①若资金无限制,应在各个部门中选择一个净现值最大且大于0的方案加以组合。

先求各个方案的净现值并判断其可行性。各个方案的净现值见表3.21,从该表可以看出,B部门所有投资方案均不可行。因此,应在A、C部门中各选一个净现值最大的方案进行组合,最优方案组合为 A_2 和 C_1。

表3.21　3个部门各个投资方案的净现值　　　　　　　　　　单位:万元

部　门	方　案	总投资额	净现值
A	A_1	100	49.40
	A_2	200	66.70
B	B_1	100	− 25.30
	B_2	200	− 35.95
	B_3	300	− 59.93
C	C_1	100	172.08
	C_2	200	136.10
	C_3	300	164.14

②在资金限额450万元的情况下,将可行的方案进行组合,求得每一组合的净现值,净现值最大的组合就是最优组合,各组合方案及其净现值见表3.22。

表3.22　3个部门各个投资方案的净现值　　　　　　　　　　单位:万元

部　门	方　案	总投资额	净现值
1	A_1	100	49.40

续表

部门	方 案	总投资额	净现值
2	A_2	200	66.70
3	C_1	100	172.08
4	C_2	200	136.10
5	C_3	300	164.14
6	$A_1 C_1$	200	221.48
7	$A_1 C_2$	300	185.50
8	$A_1 C_3$	400	213.54
9	$A_2 C_1$	300	238.78
10	$A_2 C_2$	400	202.80
11	$A_2 C_3$	500	投资超限

由表 3.22 可以看出,由 A_2 和 C_1 组成的方案组合净现值最大,为 23 878 万元,最优组合方案为 A_2 和 C_1。

(二)互补型方案的经济评价

对于对称型互补方案,如方案 A 和方案 B 互为前提条件,此时,应将两个方案作为一个综合项目(A + B)进行经济评价;对于不对称型互补方案,可以转化为互斥型方案进行经济评价和选择,如写字楼建设方案和空调安装方案,可以转化为有空调的写字楼和没有空调的写字楼两个互斥型方案的比较问题。

(三)现金流量相关型方案的经济评价

对现金流量相关型方案的经济评价,应首先确定方案之间的相关性,对其现金流量之间的相互影响作出准确的估计,然后根据方案之间的关系,将方案组合成互斥的组合方案。如实现跨江运输,可以考虑的方案有轮渡方案 L 或建桥方案 Q,则方案 L 和方案 Q 为现金流量相关型方案,可以考虑的方案组合有方案 L、方案 Q 和 LQ 组合方案。要注意的是在 LQ 组合方案中,某一方案的现金流入量将因另一方案的存在而受到影响,方案 L 和方案 Q 同时建设时,对其现金流入量应重新进行预测。应按照互斥型方案的经济评价方法对组合方案进行比选。

【例题 3.27】 为满足运输需要,可在两地间建一条公路或架一座桥梁,也可既建公路又架桥梁。若两个方案都上,由于运输量分流,两个项目的现金流量都将减少,有关数据见表 3.23。当 i_c 为 10% 时,请选择最佳方案。

表 3.23　3 个方案的现金流量表　　　　　　　　　单位:万元

方　案	第 0 时刻点投资	第 1 年年末投资	第 2 ~ 10 年净收益
建公路 A	200	100	120
架桥梁 B	100	50	60
建公路和架桥梁 C	300	150	150

解:求 3 个方案的净现值,净现值最大的为最优方案。

$NPV_A = -200 - 100(P/F,10\%,1) + 120(P/A,10\%,9)(P/F,10\%,1) = 337.29(万元)$

$NPV_B = -100 - 50(P/F,10\%,1) + 60(P/A,10\%,9)(P/F,10\%,1) = 168.65(万元)$

$NPV_C = -300 - 150(P/F,10\%,1) + 150(P/A,10\%,9)(P/F,10\%,1) = 348.89(万元)$

根据净现值判断准则,应选择既建公路又架桥梁的方案 C。

 **情境小结**

　　工程项目经济评价的指标体系介绍了常用的时间型指标、价值型指标、效率型指标的概念、计算方式、经济意义、评价标准等,对常见的偿债能力指标也作了简要的说明。时间型评价指标反映了项目的投资回收时间,结合该时间段内其他影响现金流量的因素,可用于风险的控制和评价。价值型评价指标可以反映该项目的投资价值,效率型评价指标反映了该项目的盈利能力。这些指标的应用对工程项目的评价与决策有着重要的意义和作用。通过计算评价指标,可以提高项目经济评价的效率。

　　工程项目经济评价在进行多方案比较择优时,要分析各备选方案以及相互之间存在的多种关系,根据方案之间的关系选择合适的判断择优方法,一般将方案之间的关系分成互斥型方案、独立型方案、混合型方案和现金流量相关型方案,不同的方案类型,比较选优的方法是不同的。

 课后习题

一、名词解释

1. 投资回收期 　　　　　　　2. 静态投资回收期

3. 动态投资回收期 　　　　　4. 净现值

5. 净年值 　　　　　　　　　6. 内部收益率

7. 投资收益率 　　　　　　　8. 利息备付率偿债备付率

9. 资产负债率 　　　　　　　10. 增量分析法

11. 增量静态投资回收期 　　　12. 增量动态投资回收期

13. 增量内部收益率 　　　　　14. 费用现值费用年值

二、简答题

1. 试分析静态投资回收期的特点。

2. 静态投资回收期和动态投资回收期有何区别？

3. 净现值和净现值率的经济含义有何区别？

4. 试分析基准收益率的变化对净现值的影响。

5. 内部收益率的经济含义是什么？

6. 流动比率和速动比率有何区别？

7. 试总结工程项目经济评价中静态指标和动态指标各有哪些？

8. 对互斥型方案进行经济评价包括哪些步骤？

9. 静态增量投资回收期评价准则是什么？

10. 增量内部收益率评价准则是什么？

11. 试分析互斥方案组合法进行方案选择的步骤。

三、选择题

1. 下列评价指标中,属于动态指标的是(　　　)。

    A. 投资利润率　　　　B. 投资利税率　　　　C. 内部收益率　　　　D. 平均报酬率

2. 若某项目净现值为0,则表明该项目(　　　)。

    A. 盈亏平衡　　　　　　　　　　B. 利润为0

    C. 盈利能力刚好达到设定的收益率水平　　D. 盈利能力为行业的最低水平

3. NPV 与基准收益率的关系表现为(　　　)。

    A. 基准收益率增大,NPV 值相应增大　　　B. 基准收益率减小,NPV 值相应增大

    C. 基准收益率的大小与 NPV 值无关　　　D. 基准收益率减小,NPV 值相应减小

4. 下列关于内部收益率的表述中,不正确的是(　　　)。

    A. 内部收益率是使净现值为 0 的收益率

    B. 内部收益率是该项目能够达到的最大收益率

    C. 内部收益率是允许借入资金利率的最低值

    D. 内部收益率小于基准收益率时,应该拒绝该项目

5. 在经济评价中,一个项目内部收益率的决策准则为(　　　)。

    A. IRR 低于基准收益率　　　　　　B. $IRR < 0$

    C. IRR 大于或等于基准收益率　　　D. $IRR > 0$

6. 若项目的 $NPV(18\%) > 0$,则必有(　　　)。

    A. $NPV(20\%) > 0$　　　　　　　　B. $IRR > 18\%$

    C. 动态投资回收期 $= n$　　　　　　D. $NPV(18\%) > 1$

7. 下列属于投资方案静态评价指标的是(　　　)。

    A. 总投资收益率　　　B. 内部收益率　　　C. 净现值率　　　　D. 经济内部收益率

8. 对于一个确定的项目来说,若基准折现率变大,则(　　)。

    A. 净现值与内部收益率均减小   B. 净现值与内部收益率均增大

    C. 净现值减小,内部收益率增大   D. 净现值减小,内部收益率不变

9. 用线性内插法求解的内部收益率的精确解与近似解之间的关系是(　　)。

    A. 精确解大于近似解   B. 精确解小于近似解

    C. 精确解等于近似解   D. 不确定

10. 偿债备付率是指项目在借款偿还期内各年(　　)的比值。

    A. 可用于还本付息的资金与当期应还本付息金额

    B. 可用于还款的利润与当期应还本付息金额

    C. 可用于还本付息的资金与全部应还本付息金额

    D. 可用于还款的利润与全部应还本付息金额

11. 在多方案决策中,如果各个投资方案的现金流量是独立的,其中任一方案的采用与否均不影响其他方案是否采用,则方案之间存在的关系为(　　)。

    A. 依赖   B. 互补   C. 独立   D. 互斥

12. 已知 A、B、C 3 个方案独立,投资分别为 200 万元、300 万元、450 万元,且其净现值分别为 100 万元、150 万元、260 万元,寿命相同,若只有可用资金 650 万元,则应选择(　　)项目投资组合。

    A. A,B   B. A,C   C. B,C   D. C

13. 增量内部收益率就是两方案(　　)时的内部收益率。

    A. 净现值变大   B. 净现值变小   C. 净现值相等   D. 内部收益率相等

14. 若两方案的增量内部收益率小于基准收益率,则说明(　　)。

    A. 投资多的方案不可行   B. 投资少的方案不可行

    C. 投资少的方案较优   D. 投资多的方案较优

15. 方案 1 与方案 2 比较,计算得 $\Delta IRR_{2-1} = 16\%$,若基准收益率为 12%,则(　　)。

    A. $\Delta IRR_2 - \Delta IRR_1 = 16\%$ B. $\Delta NPV(12\%)_{2-1} = 0$

    C. $\Delta NPV(16\%)_1 = \Delta NPV(16\%)_2$ D. $\Delta NPV(12\%)_1 = \Delta NPV(12\%)_2$

16. 已知方案 1、方案 2、方案 3 的 3 个可行方案,其投资额排序为:方案 1 < 方案 2 < 方案 3,设基准收益率为 i_c,若计算出的增量内部收益率为:$\Delta IRR_{2-1} < i_c$,$\Delta IRR_{2-3} > i_c$,$\Delta IRR_{1-3} > i_c$ 则 3 方案由优到劣的排序为(　　)。

    A. 方案 2—方案 1—方案 3   B. 方案 2—方案 3—方案 1

    C. 方案 3—方案 1—方案 2   D. 方案 1—方案 2—方案 3

四、计算题

1. 某方案净现金流量表见表 3.24,若基准收益率为 8%,求静态投资回收期、动态投资回收期、净现值和内部收益率。

表 3.24 某方案净现金流量表 单位:万元

年 末	1	2	3	4	5	6	7	8	9	10
净现金流量	− 15 000	− 2 500	− 2 500	4 000	4 000	4 000	4 000	5 000	6 000	7 000

2. 某工程项目投资为一次性完成,各年的净收益均相等,若静态投资回收期为 4 年,基准收益率为 10% ,求其动态投资回收期。

3. 某方案初始投资为 180 万元,年销售收入为 150 万元,寿命为 6 年,残值为 15 万元,年经营费用为 75 万元。试求该方案的内部收益率。

4. 若建一个仓库需要 80 000 元,一旦拆除,即毫无价值,假定仓库每年净收益为 14 000 元。

①若该仓库使用寿命为 8 年,求其内部收益率。

②若希望得到 10% 的收益率,则该仓库至少使用多少年才值得投资?

5. 某设备有两种不同的型号,有关数据见表 3.25,若要求的基准收益率为 10% 。试分析应该选择哪种设备。

表 3.25 两种设备的有关数据 单位:元

设 备	初始投资	年销售收入	年经营费用	残 值	寿命/年
设备 A	120 000	70 000	6 000	20 000	10
设备 B	90 000	70 000	8 500	10 000	8

6. 某拟建项目计划第一年年初投资 1 000 万元,第二年年初投资 2 000 万元,第三年年初投资 1 500 万元,从第三年起连续 8 年每年可获得净现金流量 1 450 万元,期末残值忽略不计。若投资者希望的收益率为 12% 。试判断该项目是否可行。

7. 某工程项目初期投资 150 万元,年销售收入 90 万元,年折旧费用 20 万元,计算期为 6 年,年经营成本 50 万元,所得税税率为 25% ,不考虑固定资产残值。试计算该工程项目的内部收益率。

8. 已知两个项目建设方案,方案 A 投资额为 300 万元,年净收益为 60 万元,方案 B 投资为 270 万元,年净收益为 54 万元,基准投资回收期为 6 年,请选出最优方案。

9. 两个互斥型方案的数据见表 3.26,寿命均为 10 年,若基准收益率 15% ,试用增量内部收益率判定方案的优劣。

表 3.26 两个互斥型方案的有关数据 单位:万元

方 案	投 资	年经营费用	年销售收入
方案 A	1 500	650	1 150
方案 B	2 300	825	1 475

10. 现有 4 个互斥型投资方案,有关数据见表 3.27,假定各方案的寿命期均为 8 年,基准收益率为 10%,试用增量内部收益率选出最优方案。

表 3.27　4 个互斥型方案的有关数据　　　　单位:万元

方　案	投　资	年净收益
方案 A	2 000	400
方案 B	2 500	480
方案 C	3 000	600
方案 D	3 500	720

11. 有两种可供选择的设备。A 设备须投资 1 万元,使用寿命为 5 年,残值为 1 000 元,使用后年净收益为 4 500 元;B 设备须投资 3 万元,使用寿命为 10 年,残值为 0,使用后年净收益为 1 万元。设基准收益率为 15%,试分别用净现值法、净年值法比较两个方案的经济效益。

12. 某项目规划 15 年完成。开始投资 6 万元,5 年后再投资 5 万元,10 年后再投资 4 万元。每年的保养费用分别为:前 5 年每年 1 500 元,中间 5 年每年 2 500 元,最后 5 年每年 3 500 元。15 年年末的残值为 8 000 元。试用 8% 的基准折现率计算该项目的费用现值和费用年值。

13. 设计部门提出了两种运动看台设计方桌。方案一:钢筋混凝土建造,投资 35 万元,每年保养费 2 000 元;方案二:砖混结构,投资 20 万元,以后每三年油漆一次需 1 万元,每 12 年更换座位需 4 万元,36 年全部木造部分拆除更新需 10 万元。设基准收益率为 5%,在永久使用的情况下,哪个方案更经济?

14. 现有 3 个独立型方案 A、B、C,寿命期均为 10 年,初始投资和年净收益见表 3.28,当投资额为 800 万元时,试用互斥型方案组合法求最优方案组合(i_c = 10%)。

表 3.28　3 个独立型方案的有关数据　　　　单位:万元

方　案	A	B	C
投资	200	375	400
年净收益	42	68	75

15. 有 6 个可供选择的独立型方案,各方案初始投资及年净收益见表 3.29,当资金限额分别为 1 950 万元、2 700 万元时,按净现值率排序法,对方案作出选择(i_c = 12%)。

表 3.29　6 个独立型方案的有关数据　　　　单位:万元

方　案	A	B	C	D	E	F
投资	600	640	700	750	720	680
1 ~ 10 年净收益	250	280	310	285	245	210

16. 现有 8 个相互独立的投资方案,期初投资额和每年年末净收益见表 3.30,各方案寿命均为 10 年,基准收益率为 10%,当资金限额分别为 95 万元、180 万元时,用净现值率排序法进行方案选择。

表 3.30　8 个独立型方案的有关数据　　　　单位:万元

方　案	A	B	C	D	E	F	G	H
投资	10	14	13	15	18	17	16	12
1 ~ 10 年净收益	3.04	3.47	3.56	3.91	4.86	4.34	4.25	3.30

17. 现有 3 个独立型方案 A、B、C,寿命期均为 10 年,初始投资和年净收益见表 3.31,当投资额为 800 万元时,试用互斥型方案组合法求最优方案组合($i_c = 10\%$)。

表 3.31　3 个独立型方案的有关数据　　　　单位:万元

方　案	A	B	C
投资	200	375	400
年净收益	42	68	75

▶学习情境四

工程经济的不确定性和风险分析

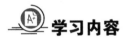 **学习内容**

不确定性问题概述;盈亏平衡分析;敏感性分析;概率分析;准则分析;风险分析;Excel
在不确定性分析中的应用。

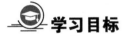 **学习目标**

1.知识目标

(1)掌握不确定性分析的概念;

(2)掌握主要的不确定因素;

(3)掌握盈亏平衡分析的概念;

(4)掌握线性盈亏平衡分析、互斥型方案盈亏平衡分析;

(5)掌握敏感性分析的概念;

(6)掌握概率分析的决策树分析方法;

(7)掌握风险分析的防控方法;

(8)熟悉单因素敏感性分析和多因素敏感性分析;

(9)熟悉 Excel 在不确定性分析中的应用;

(10)了解不确定性问题产生的原因;

(11)了解敏感性分析的步骤;

(12)了解敏感性分析的局限性;

(13)了解准则分析的适用情况。

2. 能力目标

(1)能够运用线性盈亏平衡分析法对项目进行分析;

(2)能够运用互斥型方案盈亏平衡分析法对项目进行选优;

(3)能够运用单因素敏感性分析方法对项目进行分析;

(4)能够运用决策树进行方案决策;

(5)能够运用 Excel 进行相关计算。

案例导入

某房地产开发商欲开发城市近郊的一宗 30 亩(1 亩 = 666.67 m²)的土地,该开发商现有资金 5 000 万元,拟开发建设居民住宅,容积率为 2.5。假设该商品房开发项目楼面单方造价 4 500 元/m²,其中土建费用为 1 300 元/m²,土建工程拟采用公开招标方式由建筑公司建设,建设期为 1 年,开工预付工程款为 20%,期中支付 50%,期末竣工验收后支付 25%,剩余 5% 在交付使用后 1 年支付;除此以外,其他费用在开工时全部支付。预计商品房在建成 2 年后全部售出。其商品房销售量和销售价格预计见表 4.1 和表 4.2。

表 4.1　商品房销售量占建筑面积的百分比

概　率	0.2	0.5	0.3
预售	10%	30%	20%
第 1 年	40%	60%	55%
第 2 年	50%	10%	25%

表 4.2　商品房销售价格预测

概　率	0.3	0.5	0.2
预售	5 000 元	5 200 元	5 300 元
第 1 年	5 200 元	5 300 元	5 600 元
第 2 年	5 400 元	5 600 元	5 800 元

销售费用支出预计:开工时 50 万元;完工开盘时 100 万元;开盘 1 年后每年 50 万元。基准收益率 10%。

该项目在前期决策阶段所采用的数据均来自估算和预测,投资、销售量、销售价格等因素在将来的建设销售过程中存在很大的不确定性。

思考: 如何应用盈亏平衡分析和敏感性方法确定项目的不确定性。

进一步分析: 盈亏平衡分析、敏感性分析的局限性,如何运用 Excel 进行敏感性分析。

在工程经济分析中,所考察的项目大多处在可行性研究阶段,所采用的数据大部分来自人们的估算和预测,与未来项目建设、经营中的实际值很有可能不一致,即具有一定程度的不确定性(Uncertainty)。进行不确定性分析,主要是为了分析不确定因素对经济评价指标的影响,也就是说,通过分析其对投资方案经济效果的影响程度,了解项目可能存在的风险和财务的可靠性。不确定性分析包括敏感性分析、盈亏平衡分析、概率分析和准则分析。

学习任务一 不确定性分析概述

一、不确定性分析概念

不确定性是指对与项目有关的因素或未来的情况缺乏足够的信息因而无法作出正确的估计。不确定性分析就是在预测或估计一些主要因素发生变化的情况下,分析其对经济评价指标的影响。它是决策分析中常用的一种方法。

在投资项目实际执行过程中,由于某些因素的变动会导致项目经济效益指标偏离原来的预测值。这些因素是否会出现,出现的可能性有多大,都是不确定的。为了分析不确定性因素对项目经济评价指标的影响,需要进行不确定性分析。在项目财务和国民经济评价中,研究项目投资、生产成本、销售收入、汇率、产品价格和寿命周期等不确定性因素的变化,分析它们所引起的项目各经济效益指标的变化和变化程度,称为不确定性分析。只有在考虑了各种易发生的不确定性因素的影响后,项目有关的经济评价指标仍不低于基准值,才能说明项目在经济上是可行的。

与不确定性相区别的是风险的概念。风险是指由于随机原因所引起的项目总体的实际价值与预期价值之间的差异。风险是与出现不利结果的概率相关联的,出现不利结果的概率(可能性)越大,风险也就越大。严格地说,不确定性分析与风险分析是有区别的。前者主要着重于由于信息、资料或经验的不足,对未来情况所作的估计与实际值的差异,而后者则着重于因随机原因而引起的实际与预测值之间的差异。如果对每一个可能的值能知道其发生的概率,对这种情况的分析称为风险分析;如果不能确定其发生的概率,就需要采用别的办法来处理这些情况,即称为不确定性分析。一般来说,人们常对二者不加区分,统称为不确定性分析。

通过不确定性分析可以掌握不确定性因素对项目经济评价的影响程度,可在一定程度上避免或减少投资决策的失误,为防范风险的措施提供依据。

二、不确定性分析的产生因素

为了提高技术经济分析的科学性,减少评价结论的偏差,就需要进一步研究某些技术经济因素的变化对技术方案经济效益的影响,于是就形成了不确定性分析。

决策在实施过程中,将受到许多因素的影响。产生不确定性的因素有下述几类。

1.通货膨胀和物价变动

通货膨胀是世界各国经济中存在的一种普遍现象,在市场经济条件下,由于价值规律的作用,货币价值随着时间的推移而降低,即物价的总体趋势是上涨的。实际中,通货膨胀和物价上涨总是紧密联系的,具体来讲,通货膨胀直接表现为物价水平的持续上涨。项目的产品价格或原材料价格是影响经济效益的最基本因素,它通过投资费用、生产成本和产品的价格反映到经济效益指标上来。在项目的寿命周期内,各种原材料或产品价格必然会发生变动,因此价格的变动是项目评价中重要的不确定性因素。

2.技术装备和生产工艺变革

随着科学技术的迅猛发展,在项目可行性研究和评估时拟定的生产工艺和技术方案,有可能在项目建设和实施过程中发生变更。项目采用的技术装备甚至可能被淘汰。这样,根据原有技术条件和生产水平估计的项目收入和产品的质量、数量价格,也将由于新技术、新产品、新工艺和新设备的出现和替代而发生变化,从而在经济分析中产生不确定性。

3.生产能力的变化

生产能力是反映企业所拥有的加工能力的一个技术参数,生产能力的变化能否与市场需求相适应是每位企业经营管理者调整生产规模的重要因素。以市场预测为依据的生产能力计划需要考虑两个量,一个是需求量;另一个是供给量。当需求旺盛时,他需要考虑如何增加生产能力,以满足需求的增长;当需求不足时,他需要考虑如何缩小规模,避免产能过剩,尽可能减少损失。在市场态势不明确的情况下,生产能力计划具有风险性。一是表现为在短期能力计划时,生产能力看似简单的概念,却表现为难以精确计算的特殊性。例如,品种结构的影响、设备开动率的影响、管理因素的影响等。二是生产能力达不到项目的设计生产能力。由于原材料供应、能源、动力保证不足造成,或是管理水平、技术水平过低,生产能力的变化会使项目的规模效益下降,减少盈利甚至亏损,它是产生不确定性的一个重要原因。

4.建设资金和工期的变化

由于筹集资金的措施落实不利,外购生产设备不及时到货等原因,会使项目建设工期延长,推迟投产时间,这不仅会因贷款利息增加而提高建设成本,也会使销售收入和其他各种收益发生变化。建设资金结构变动,会影响建设成本和经营成本,最终反映在投资效益指标上。此外,在评价项目时,由于各种原因,忽视了非定量的无形因素的估计,也会低估项目固定资产投资和流动资金投资,从而对各种效益指标产生影响。

5. 项目寿命期的变化

随着科学技术的发展,无形损耗增大,项目采用的工艺、技术、设备等都将被快速更新,使整个项目的技术寿命期缩短。同时,随着经济的发展和市场需求的变动,产品寿命周期也会缩短,从而影响项目的效益,是产生不确定性的又一重要原因。

6. 国家经济政策和法规、规定的变化

由于国内外政治、经济形势与体制改革的影响,政府的各项经济政策和财务制度规定的变化,必然会对投资项目的财务预测产生重要影响。经济政策,如政府的产业政策、税收政策、企业经营制度、对外经贸政策的变化,在项目评价中无法预见和控制,但这些变化的结果会造成投资项目经济效益的变化,给项目带来较大风险。例如,企业的经营决策将受到国家经济政策调整、市场需要变化、原材料和外协件供应条件改变、产品价格涨落、市场竞争加剧等因素的影响,这些因素大都无法事先加以控制。

除以上主要原因外,诸如汇率的变动、自然灾害、战争、突发事件等不可预测的意外事件也都是影响项目经济效益和决策的因素。在不确定性分析中要找出对项目财务效益和国民经济效果影响较大的不利因素,分析其对投资项目的影响程度,研究应对措施,以减少和消除对项目的不利影响,保证项目的顺利实施。

三、不确定性分析的方法

项目评价中不确定性分析常用的基本方法包括盈亏平衡分析、敏感性分析、概率分析和准则分析等。要根据建设项目的类型、特点及其对国民经济的影响程度来选择分析方法进行不确定性分析。一般来说,盈亏平衡分析只用于财务评价,而敏感分析和概率分析可同时用于财务评价和国民经济评价。目前由于统计数据不齐全,概率分析还不普及,可按照项目的特点和实际需要,在条件具备时进行概率分析。

按不确定性类型及处理方法不同也可进行表 4.3 所示的分类。

表 4.3　不确定性分析的方法

变化情况	处理方法
变化有一定范围	盈亏平衡分析、敏感性分析
变化遵循统计规律	概率分析
变化既无范围又无规律	准则分析

学习任务二　盈亏平衡分析

一、盈亏平衡分析的概念

盈亏平衡分析（Break Even Analysis），又称损益平衡分析，它是通过盈亏平衡点 BEP（Break Even Point）分析项目的成本与收益的平衡关系的一种方法，也是在项目的不确定性分析中常用的一种方法。它是根据项目正常生产年份的产品产量（或销售量）、固定成本、可变成本、产品价格和销售税金等因素，确定项目的盈亏平衡点 BEP，即盈利为零时的临界值，然后通过 BEP（盈亏平衡点）分析项目的成本与收益的平衡关系及项目抗风险能力的一种方法。由于方案的盈亏平衡分析是研究产品产量、成本和盈利之间的关系，所以又称为量本利分析。

根据成本总额对产量的依存关系，全部成本可以分成固定成本和变动成本两部分。在一定期间把成本分解成固定成本和变动成本两部分后，再同时考虑收入和利润，建立关于成本、产销量和利润三者关系的数学模型。这个数学模型的表达形式为

$$利润 = 销售收入 - 总成本 - 税金 \tag{4.1}$$

工程项目的经济效果会受到许多因素的影响，当这些因素发生变化时，可能会导致原来盈利的项目变为亏损项目。盈亏平衡分析的目的就是找出这种由盈利到亏损的临界点，据此判断项目风险的大小以及项目对风险的承受能力，为投资决策提供科学的依据。

二、单方案盈亏平衡分析

单方案盈亏平衡分析是通过分析产品产量、成本和盈利能力之间的关系找出方案盈利与亏损在产量、单价、单位产品成本等方面的临界值，以判断方案在各种不确定因素作用下的风险情况。由于单方案盈亏平衡分析是研究产品产量、成本和盈利之间的关系，所以又称为量本利分析。

由于项目的收入与成本都是产品产量的函数，一般又根据它们之间的函数关系，将盈亏平衡分析分为两种：

即：

①当项目的收入与成本都是产量的线性函数时，称为线性盈亏平衡分析。

②当项目的收入与成本都是产量的非线性函数时，称为非线性盈亏平衡分析。

通过盈亏平衡分析可以找出盈亏平衡点，考察企业（或项目）对产出品变化的适应能力

和抗风险能力。用产量和生产能力利用率表示的盈亏平衡点越低,表明企业适应市场需求变化的能力越大,抗风险能力越强,用产品售价表示的盈亏平衡点越低,表明企业适应市场价格下降的能力越大,抗风险能力越强,盈亏平衡分析只适宜在财务分析中应用。

(一)线性盈亏平衡分析

1. 销售收入、产品成本与产品产量的关系

1)销售收入与产品产量的关系

投资项目的销售收入与产品销量(假设以销定产)的关系有两种情况:

第一种情况是销售不会影响市场供需状况,则在其他市场条件不变时,产品的售价不会随销售量的变化而变化,即

$$TR = PQ \tag{4.2}$$

式中　TR—— 销售收入;

　　　P—— 单位产品价格;

　　　Q—— 产品销售量,即项目的产量。

第二种情况是该项目的生产销售将明显地影响市场的供求关系,或存在批量折扣时,这时 $P - P(Q)$,项目的销售收入为

$$TR = \int_0^Q P(Q)\,\mathrm{d}Q \tag{4.3}$$

2)产品成本与产品产量的关系

项目的成本由固定成本和变动成本两部分构成。固定成本指在一定生产规模内不随产量的变动而变动的费用;变动成本指随产品的产量变动而变动的费用。变动成本与产品产量接近正比例关系。因此总成本费用与产品产量的关系可近似地认为是线性关系,即

$$TC = C_f + C_v Q \tag{4.4}$$

式中　TC—— 总成本费用;

　　　C_f—— 固定成本;

　　　C_v—— 单位产品变动成本。

2. 线性盈亏平衡分析模型

线性盈亏平衡分析模型是假定产品销售收入与产品总成本都是产品产量的线性函数。对应的盈亏平衡点也相应地称为线性平衡点,或称为保本点,即企业不赔不赚时的销售量所在之处。在线性的情况下,在盈亏平衡图(图4.1)上,BEP 点表示总成本与总销售收入线相交之点。

盈亏平衡点是个重要的数量指标,在进行可行性研究时,无论是预测利润,还是分析项目的抗风险能力,都需要计算盈亏平衡点。根据盈亏平衡点的定义,当达到盈亏平衡状态时,总成本费用等于总销售收入,设 Q^* 为盈亏平衡点时的产量,TC 表示总成本,达到盈亏平

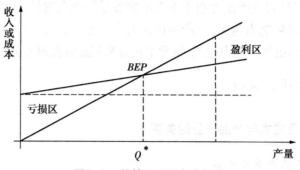

图 4.1　线性盈亏平衡分析图

衡时有

$$TR = TC , PQ^* = C_f + C_v Q^* \tag{4.5}$$

即

$$Q^* = \frac{C_f}{P - C_v} \tag{4.6}$$

如果价格是含税的,则可用式 4.7 来计算盈亏平衡点产量,即

$$P(1 - r)Q^* = C_f + C_v Q^* \tag{4.7}$$

则有

$$Q^* = \frac{C_f}{P(1 - r) - C_v} \tag{4.8}$$

式中　r——产品销售税率。

对建设项目运用盈亏平衡点分析时应注意:盈亏平衡点要按项目投产后的正常年份计算,而不能按计算期内的平均值计算。若产量 $Q > Q'$,则利润 $TR - TC > 0$;若产量 $Q < Q'$,则利润 $TR - TC < 0$。从图 4.1 中可以看到,盈亏平衡点越低,达到此点的盈亏平衡产销量就越少,项目投产后盈利的可能性就越大,适应市场变化的能力就越强,抗风险能力也就越强。

盈亏平衡点除可用产量表示外,还可用销售收入、生产能力利用率、单位产品价格以及单位产品变动成本等来表示。

如果按设计生产能力进行生产和销售,BEP 还可以由盈亏平衡点价格 $BEP(P)$ 来表示,即

$$P^* = \frac{C_f}{Q_c(1 - r)} + C_v \tag{4.9}$$

式中　P^*——盈亏平衡点价格;

　　　Q_c——设计生产能力的产量即达产的产量。

生产能力利用率的盈亏平衡点是指盈亏平衡点销售量占达产时产量的比例,即

$$q^* = \frac{Q^*}{Q_c} \times 100\% = \frac{C_f}{Q_c[P(1 - r) - C_v]} \times 100\% \tag{4.10}$$

若按设计生产能力进行生产和销售,且销售价格已定,则盈亏平衡单位产品变动成本为

$$C_v = P(1-r) - \frac{C_f}{C_v} \tag{4.11}$$

对于一些项目不知道产品的价格时,盈亏平衡点通常可采用生产能力利用率或产量表示,计算公式如下

$$BEP(q^*) = \frac{年固定成本}{年销售收入 - 年可变成本 - 年销售税金及附加} \times 100\%$$

$$BEP(Q^*) = BEP(q^*) \times 设计生产能力 \tag{4.12}$$

【例题4.1】　某项目生产某种产品年设计生产能力为20 000件,单位产品价格为3 000元,总成本费用为6 150万元,其中固定成本3 000万元,总变动成本与产品产量成正比,销售税率为6%,求以产量、生产能力利用率、销售价格、销售收入、单位产品变动成本表示的盈亏平衡点。

解:单位产品变动成本

$$C_v = \frac{TC - C_f}{Q_c} = \frac{(6\ 150 - 3\ 000) \times 10^4}{3.5 \times 10^4} = 900(元/件)$$

盈亏平衡点的产量

$$Q^* = \frac{C_f}{P(1-r) - C_v} = \frac{3\ 000 \times 10^4}{3\ 000 \times (1 - 6\%) - 900} \approx 1.6(万件)$$

盈亏平衡点的生产能力利用率

$$q^* = \frac{Q^*}{Q_c} \times 100\% = \frac{1.6 \times 10^4}{3.5 \times 10^4} \times 100\% \approx 45.7\%$$

盈亏平衡点的价格

$$P^* = \frac{C_f}{Q_c(1-r)} + C_v = \frac{3\ 000 \times 10^4}{3.5 \times 10^4 \times (1 - 6\%)} + 900 \approx 1\ 811.9(元/件)$$

盈亏平衡点的销售收入(税后)

$$TR = P(1-r)Q^* = 3\ 000 \times (1 - 6\%) \times 1.6 \times 10^4 = 4\ 512(万元)$$

盈亏平衡点的单位产品变动成本

$$C_v = P(1-r) - \frac{C_f}{C_v} = 3\ 000 \times (1 - 6\%) - \frac{3\ 000 \times 10^4}{3.5 \times 10^4} \approx 1\ 962.9(元/件)$$

通过盈亏平衡分析得出盈亏平衡点,使决策的外部条件简单地表现出来,根据盈亏平衡点的高低,可以大致了解项目抗风险的能力。由于这种分析方法简便,所以被广泛地应用于项目的评价分析中。但它也有一定的局限性。首先必须假定产量等于销售量,但在实际工作中并不都是如此,因而难以全面反映项目未来的实际情况;其次,这种分析方法要求产品单一,并将所有不同的收入和不同的成本都集中在两条线上表现出来,难以精确地描述实际工作中可能出现的各种具体情况,从而影响到这一分析的精确性,而只能粗略地对变量因素进行分析。要获得项目较为精确的评价结果,必须配合其他评价方法进行深入分析。

因此,在实际的生产经营过程中,收益和支出与产品产量之间还可能呈现出一种非线性的关系,这时就需要用到非线性盈亏平衡分析方法。

3. 非线性盈亏平衡分析

在实际生产中,销售收入和生产总成本与产销量之间不一定都是线性变化的关系,而往往是非线性变化的。例如:在新产品研制中,变动成本与生产量之间就不是直线关系而是曲线变化。主要因素有研制阶段产量少而成本高;正式投产以后,大批量生产工效高,单位变动成本就会下降;又如变动成本中的原材料费,也可能由于购买量大而得到优惠;另外,销售收入也可能因为产品的批量出售而给客户优惠价格而减少。此外在垄断竞争下,随着项目产销量的增加,市场上产品的单位价格就要下降,因而销售收入与产销量之间是非线性关系;同时,企业增加产量时原材料价格可能上涨,同时要多支付一些加班费、奖金及设备维修费,使产品的单位可变成本增加,从而总成本与产销量之间也成非线性关系。

当产量、成本和盈利呈非线性关系时,可能出现两个以上的平衡点,如图 4.2 所示。在此情况下,这两个平衡点统称为盈利限制点。产量只有保持在 Q_1 与 Q_2 之间时才能盈利,如果达不到 Q_1 点或超过 Q_2 点后就要亏损。当收入等于变动成本时,就达到开关点(SDP),这时销售收入只够补偿变动成本,亏损额正好等于固定成本。开关点是表明在产量达到这一点后,若继续提高产量,那么所造成的亏损就大于停产的亏损。

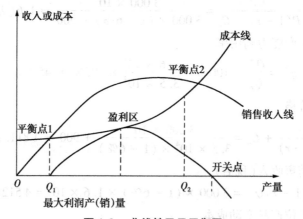

图 4.2 非线性盈亏平衡图

投资项目投产后的产量、收入和成本的非线性关系,可以用二次曲线的函数式表示:

$$f(x) = ax^2 + bx + c \tag{4.13}$$

式中 x—— 盈亏平衡时的产量。

在求盈亏平衡点的产量时,应令销售利润方程式为零,即销售收入总额减去成本总额等于零,以求平衡点的产量 x。

$$f(x) = f(R) = f(s) - f(c) = f(px) - f(F + vx) = (px - F - vx) = 0$$

式中 R—— 销售利润;

s—— 销售收入;

c—— 生产成本总额;

p—— 单位产品价格;

F—— 固定成本总额；

v—— 单位产品变动成本。

运用二次方程求根公式，可解得产量 x：

$$x = \frac{-b \pm \sqrt{b^2 - 4ac}}{2a}$$

由此解得的 x_1 和 x_2 分别为盈亏平衡点的最低产量和最高产量。在这两个平衡点之间，存在着最大的利润点，在这个点的左侧，利润率上升，在这个点的右侧，利润率下降。这种与产量的变动相关的利润变化率就是边际利润。在这个最高利润点上，利润变化率肯定为零。要找到这个点，就应对利润方程式求导，令其导数等于零，解出 x。

由于 $R = s - c, s - px, c = F + vx$

$$\frac{d(R)}{d(x)} = \frac{d(s - c)}{d(x)} = \frac{d(px - F - vx)}{d(x)}$$

$$= \frac{d(px)}{d(x)} - \frac{d(F + vx)}{d(x)} = 0$$

$$\frac{d(px)}{d(x)} = \frac{d(F + vx)}{d(x)} \tag{4.14}$$

由式4.14看出，当达到最高利润的产量时，每增加一个销售单位产品所带来的收入等于多生产一个单位产品所增加的费用，即边际收入等于边际费用。若产量继续上升，则会出现边际费用大于边际收入，即利润下降的情况，一直到第二平衡点。此时，若产量继续上升，则开始亏损，产量达到开关点时，年亏损额正好等于年固定成本额，相当于企业停产。

【例题4.2】　某项目生产某种型号的微波炉，预计每年的销售收入 $s = 600x - 0.02x^2$，年固定成本总额为 $F = 400\,000$（元），年变动成本为 $vx = 200x + 0.02x^2$，年总成本 $c = 400\,000 + 20x + 0.02x^2$，试对该项目进行盈亏平衡分析。

解：项目的利润方程式为：

$$R = (600x - 0.02x^2) - (400\,000 + 20x + 0.02x^2)$$

$$= 400x - 0.04x^2 - 400\,000$$

令上式 $R = 0$，则：

$$x = \frac{-400 \pm \sqrt{400^2 - 4 \times 0.04 \times 400\,000}}{0.08}$$

$$x_1 = 1\,127（台）$$

$$x_2 = 8\,873（台）$$

令

$$\frac{d(R)}{d(x)} = \frac{d(400x - 0.04x^2 - 400\,000)}{d(x)} = 0$$

$$x = 5\,000（台）$$

再看利润方程的二阶导数，若其小于零，则一阶导数等于零时的产量，即为该项目最大盈利时的产量。

$$\frac{\mathrm{d}^2 R}{\mathrm{d}(x^2)} = -0.08 < 0$$

因此,当 $x = 5\,000$ 台时,该项目的盈利最大。

若要进一步计算开关点,则:

$$R = 400x - 0.04x^2 - 400\,000$$

令 $R = 0$,得 $x_1 = 0$,$x_2 = 10\,000$(台)。

当项目产量达到 10 000 台时,亏损额等于全年固定成本,与企业处于停产状态一样。

(二)多方案盈亏平衡分析

多方案盈亏平衡分析是盈亏平衡分析方法的延伸,它是将同时影响各方案经济效果指标的共有的不确定因素作为自变量,将各方案的经济效果指标作为因变量,建立各方案经济效果指标与不确定因素之间的函数关系。

由于各方案的经济效果函数的斜率不同,所以各函数曲线必然会发生交叉,即在不确定因素的不同取值区间内,各方案的经济效果指标高低的排序不同,由此来确定方案的取舍。

通过盈亏平衡分析,不仅能够预先估计项目对市场变化情况的适应能力,有助于了解项目可承受的风险程度,还可以对决策者确定项目的合理经济规模及该项目工艺技术方案。

将盈亏平衡分析的方法用于不同方案的比较,其结果就不是不盈不亏的问题,而是哪一个方案优劣的问题。这里的优劣,是指达到相同质量、产量的前提下,哪一个方案更好。如果两个或两个以上的方案,其成本都是同一变量的函数时,便可以找到该变量的某一数值,恰能使对比方案的成本相等,该变量的这一特定值,称为方案的优劣平衡点。

设有两个互斥方案,它们的成本函数决定于一个共同的变量 Q:

$$C_1 = f_1(Q) \quad C_2 = f_2(Q)$$

令 $C_1 = C_2$,即

$$f_1(Q) = f_2(Q) \tag{4.15}$$

由此可求出 Q 值,即为两个方案费用平衡时的变量值,据此可判断方案的优劣。

对于两个以上方案的优劣分析,原理与两个方案的优劣分析相同,仍然先设共同变量,再以共同变量建立每个方案的成本费用函数方程,如:

$$C_1 = f_1(x)$$
$$C_2 = f_2(x)$$
$$C_3 = f_3(x)$$
$$\cdots$$

不同之处是在求优劣平衡点时要对每两个方案进行求解,分别求出两个方案的平衡点,然后两两比较,选择其中最经济的方案。

【例题 4.3】 某施工队承接一挖土工程,可以采用两个施工方案:一个是人工挖土,单价为 10 元/m^3;另一个是机械挖土,单价为 8 元/m^3,但需机械的购置费是 20 000 元,试问这两个方案的适用情况如何?

解:设两个方案共同应该完成的挖土工程量为 Q,则人工挖土成本为: $C_1 = 10Q$;机械挖土成本为: $C_2 = 8Q + 20\ 000$

令: $C_1 = C_2$,即 $10Q = 8Q + 20\ 000$

得: $Q_{BEP} = \dfrac{20\ 000}{10 - 8} = 10\ 000\ (\text{m}^3)$

故当 $Q > 10\ 000\ \text{m}^3$ 时,采用机械挖土合算;当 $Q < 10\ 000\ \text{m}^3$ 时,采用人工挖土合算。

学习任务三 敏感性分析

一、敏感性分析的概念

(一)敏感性分析的概念

由于某种因素的作用,给项目经济效益指标带来牵一发而动全身的变化,人们通常称为敏感。用敏感程度可说明各影响因素发生变化单位时引起评价指标变化多大,并以此确定关键因素。用敏感方向反应影响因素变化会引起评价指标同向变化还是反向变化,并以此确定影响因素的变化给项目带来有利影响还是有害影响。因此,敏感性就是指经济评价指标对其影响因素变化反应。

敏感性分析又称灵敏度分析,它主要研究不确定性因素的变化对项目经济效益的影响程度。通过敏感性分析,找出对项目经济效益影响最大、最关键的主要因素,并确定项目可行区间,进而制订控制负敏感因素的对策,对项目提出合理的控制与改善措施,允分利用有利因素,尽量避免不利因素,确保项目的经济评价、总体评价的安全性,以便达到最佳经济效益。

敏感性分析是项目评估中常用的一种不确定性分析方法,具体来说,它是分析预测某一拟建项目中,对评估起作用的各个因素发生变化时,对项目经济效益影响程度的分析方法。一个建设项目在整个分析期内,会有许多不确定因素对项目的经济效益产生影响,在各个不确定因素当中,有些因素稍微有变化就引起了某一个或几个评估指标的明显变化,但也有一些不确定因素,当其改变时,只能引起某一个或几个评估指标有一般性变化,对项目经济效益影响不大。也就是说,不同因素对项目经济效益反应的灵敏程度各不相同,前者被称为敏感因素,而后者为不敏感因素。敏感性分析就是在诸多的不确定性因素中找出对项目经济评估指标反应敏感的变化因素,测定这些因素在一定范围内变动时有关评估指标的影响程度。

一般进行敏感性分析所涉及的不确定因素主要有：产量（生产负荷）、产品生产成本、主要原材料价格、燃料或动力价格、可变成本、固定资产投资、建设周期、折现率、外汇汇率等。敏感性分析不仅能使决策者了解不确定因素对项目经济评价指标的影响，也能使决策者对最敏感的因素或可能产生最不利变化的因素提出相应的决策和预防措施，还可以启发评价者对那些较为敏感的因素重新搜集资料进行分析研究，以提高预测的可靠性。

（二）敏感系数（敏感度）

敏感系数表示技术方案经济效果评价指标对不确定因素的敏感程度。就是用评价指标的变化率除以不确定因素的变化率。其计算公式为

$$E = \frac{\Delta A}{\Delta F} \tag{4.16}$$

式中　　E——经济评价指标 A 对因素 F 的敏感度系数；

　　　　ΔF——不确定性因素 F 的变化率，%；

　　　　ΔA——不确定性因素 F 变化 ΔF 时，经济评价指标 A 的变化率，%。

当 $E > 0$ 表示评价指标与不确定性因素同方向变化；$E < 0$ 表示评价指标与不确定性因素反方向变化。$|E|$ 越大，表明评价指标 A 对于不确定性因素 F 越敏感；反之，则不敏感。

（三）敏感性分析应注意的问题

①敏感性分析是针对某一个（或几个）效益指标而言，找其对应的敏感因素，即具有针对性。

②必须有一个定性（定量）的指标来反映敏感因素对效益指标的影响程度。

③作出因这些因素变动对投资方案承受能力的判断。

（四）敏感性分析方法分类

按照经济财务分析，分为经济敏感性分析和财务敏感性分析。经济敏感性分析是根据国民经济评价指标所作的敏感性分析；财务敏感性分析是根据项目财务评价指标所作的敏感性分析。

按照分析要素，分为单因素敏感性分析和多因素敏感性分析。单因素敏感性分析是指假设每次只变动一个参数而其他参数不变；多因素敏感性分析则考虑各种因素可能发生的不同变动幅度的多种组合，分析其对方案经济效果的影响程度。

二、敏感性分析的步骤

敏感性分析的方法主要是因素替换法，又称逐项替换法。它是先将方案中的其他因素固定，而每次替换一个变动因素，以求得该因素的敏感性的一种方法。计算时，只变动某个因素而令其他因素固定不变，观察该变动因素对方案经济效果的影响程度，从而确定其是否

是敏感因素;然后逐次替换其他因素,计算出其他影响因素的敏感性,直到得出方案全部影响因素的敏感性为止。敏感性分析的具体步骤如下所述。

1.确定敏感性分析的指标

在进行敏感性分析时,首先要确定最能反映项目经济效益的分析指标,具有不同特点的项目,反映经济效益的指标也大不相同,一般为净现值 NPV 和内部收益率 IRR。

2.选定需要分析的不确定因素,设定这些因素的变化范围

影响建设项目经济效益的不确定因素有很多,严格来说,凡影响项目经济效益的因素都在某种程度上带有不确定性,但事实上没有必要对所有的不确定因素都进行敏感性分析,只需对那些在成本收益的构成中占有较大比重、对经济效益指标有重大影响、并在项目分析期内最有可能发生变动的因素进行分析,对于一般的建设项目来说,要做敏感性分析的因素通常从下列因素中选定:原材料及产品价格、生产能力利用率、经营成本、总投资、建设期、投产期等。

3.确定不确定因素的变化范围

不确定因素的变化,一般都有一定的范围。如销售收入,将来会受市场影响,项目产量和售价,将在一定预测范围内变化,这个范围可通过市场调查或初步估计获得。假设其变化幅度和范围就应限制在这个范围之中。假设某产品价格近几年变化在 -10% ~ +10% 的范围内,即可将价格变化范围定为 -15% ~ +15% 来进行敏感性分析。

4.计算评价指标,绘制敏感性分析图并进行分析

计算各种不确定因素在可能的变动幅度和范围内导致项目经济评价指标的变化结果,并以一一对应的数量关系,绘制出敏感性分析图。

在进行这种分析计算的过程中,先假设一个变量发生变化,其他因素变量不变,计算其不同变动幅度,如 -5% ~ +5%, -10% ~ +10% 等所对应的经济评价指标值,这样一个一个地计算下去,直到将所有敏感性因素计算完为止。然后,利用计算出来的一一对应关系,在敏感性分析图上绘出相应因素的敏感性变化曲线。纵坐标表示敏感性分析指标,横坐标表示各敏感性因素的变化,零点为原来没变的情况;分析曲线的变化趋势,确定最大允许变化的幅度和最敏感因素。敏感性分析作为一种风险分析,主要是为了表明项目承担风险的能力,如某个不确定因素变化引起项目经济评价指标的变化不大,则认为项目经济生命力强,承担风险能力大。显然,项目经济评价指标对不确定因素的敏感度越低越好。所以,敏感性分析,主要是寻找引起项目经济评价指标下降的最敏感性因素并对其进行综合评价,提出将风险降到最低限度的对策,为投资决策提供参考。

敏感性分析不仅可以应用在拟建项目的经济评价中,以帮助投资者作出最后的决策,还可以用在项目规划阶段和方案选择中。敏感性分析一般分为两类:单因素敏感性分析和多

因素敏感性分析。单因素敏感性分析是指在进行敏感性分析时,假定只有一个因素是变化的,其他的因素均保持不变,分析这个可变因素对经济评价指标的影响程度和敏感程度。多因素敏感性分析是指同时有两个或者两个以上的因素发生变化时,分析这些可变因素对经济评价指标的影响程度和敏感程度。

三、单因素敏感性分析

单因素敏感性分析是敏感性分析的基本方法,下面介绍其实现步骤和注意要点。

(一)确定敏感性分析经济评价指标

敏感性分析的对象是具体的技术方案及其反映的经济效益。投资回收期、投资收益率、净现值、内部收益率等,都可作为敏感性分析的指标。需要注意的是选择进行敏感性分析的指标,必须与确定性分析的评价指标相一致,一般选择主要指标即可。

(二)选取不确定因素,并设定它们的变化范围

在进行敏感性分析时,并不需要对所有的不确定因素都考虑和计算,而应视方案的具体情况选取几个变化可能性较大的现金流入和现金流出,并对经济效益目标值影响作用较大的因素(指标)即可。如产品售价变动、产量规模变动、投资额变化等,或是建设期缩短、达产期延长等,一般都会对方案的经济效益造成影响。而且应尽可能选择基本的又彼此独立的不确定因素。实践中不确定因素变化程度主要以变化率表示,通常取 ±10% 的变化率。

(三)计算因素变动对分析指标的影响程度

假定其他因素不变,一次仅变动一个因素。重复计算各个敏感性分析的因素变化对评价指标影响的具体数值。然后采用敏感性分析计算表或分析图的形式,将不确定因素的变动与分析指标的对应数量关系反映出来,以便于测定敏感性因素。

(四)分析指标变动的幅度,确定敏感性因素

敏感性因素是指能引起评价指标产生较大变化的因素。确定某一因素敏感与否,有两种方法:一是相对测定法,即设定要分析的因素均从基准值开始变动,且各因素每次变动的幅度相同,比较在同一变动幅度下各因素的变动对评价指标的影响,即可判断出各因素的敏感程度;二是绝对测定法,即先设定有关经济效果评价指标的临界值,如净现值为零或内部收益率等于基准收益率,然后求出待分析因素允许的最大变动幅度,并与其可能出现的最大变动幅度相比较,如果某因素可能出现的变动幅度超过允许的最大变动幅度,则表明该因素是方案的敏感性因素。

1. 敏感度系数(E)

敏感度系数是项目评价指标变化的百分率与不确定因素变化的百分率之比。敏感度系

数高,表示项目效益对该不确定因素敏感程度高,提示应重视该不确定因素对项目效益的影响(见式4.16)。

2. 临界点(开关点)

不确定因素的极限变化,即该不确定因素使项目财务内部收益率等于基准收益率时的变化百分率。临界点的高低与设定的基准收益率有关,对于同一个投资项目,随着设定基准收益率的提高,临界点就会变低(即临界点表示的不确定因素的极限变化变小)。而在一定的基准收益率下,临界点越低,说明该因素对项目效益指标影响越大,项目对该因素就越敏感。因此,临界点是指项目允许不确定因素向不利方向变化的极限点。

(五) 绘制敏感性分析图,结合确定性分析进行综合评价,判断方案的风险程度

绘制敏感性分析图,分析图信息:一方面,可直观分析敏感性大小,斜率越大,越敏感,这是一种相对分析方法;另一方面,可看出因素从不利于提高效益方向变动的临界变动值,这是绝对分析的方法。因素允许不利变化的临界值越小,对经济效益的影响越敏感。敏感度系数的绝对值越大越敏感。

在项目的各方案比较中,对主要因素变化不敏感的方案,其抵抗风险的能力比较强,获得满意经济效果的可能性比较大,优于敏感方案,应优先考虑接受。有时,还可根据敏感性分析的结果,采取相应的对策。

【例题 4.4】　某一投资方案,其设计能力为年产某产品 1 500 台,预计产品售价 1 800 元／台,单位产品成本为 700 元／台,估算投资额为 800 万元,方案寿命期为 8 年,试对此方案的静态投资回收期作敏感性分析。

解:本例敏感性分析指标是静态投资回收期,先作确定性分析:

$$静态投资回收期 = \frac{800 \times 10^4}{1\ 500 \times (1\ 800 - 700)} \approx 4.8(年)$$

选择产品售价、产量和投资作为进行敏感性分析的因素,并计算这些因素变化时对静态投资回收期的影响程度,具体计算结果见表4.4。

表4.4　因素变化对静态投标回收期的影响程度

变化率 影响因素	+ 20%	+ 10%	0	− 10%	− 20%
产量/(台·年⁻¹)	4	4.4	4.8	5.39	6.06
售价/(元·台⁻¹)	3.65	4.17	4.8	5.8	7.21
投资方	5.82	5.33	4.8	4.4	3.88

确定敏感性因素。根据表4.4绘制敏感性分析图4.3,由图4.3中可以看出,方案的静态投资回收期对产品售价最敏感。在其他因素不变的情况下,如果售价降低幅度超过24%,则静态投资回收期将超过方案的寿命期 8 年,方案将无利可图。因此,产品售价为敏感性因

素,应注意采取有效措施,防止产品售价大幅下跌。

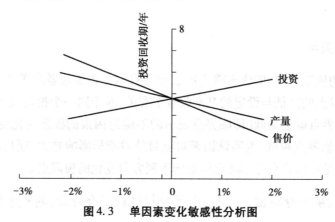

图 4.3 单因素变化敏感性分析图

【例题 4.5】 某企业拟投资生产一种新产品,计划一次性投资 2 000 万元,建设期为 1 年,第二年起每年预计可取得销售收入 650 万元,年经营成本预计为 250 万元,项目寿命期为 10 年,期末预计设备残值收入 50 万元,基准收益率为 10%,试分析该项目净现值对投资、年销售收入、年经营成本、项目寿命期以及基准收益率等因素的敏感性。

解:①选定项目净现值作为项目经济效果评价指标。

首先计算该项目的净现值 $NPV = -2\,000 + (650 - 250)(P/A,10\%,9)(P/F,10\%,1) + 50(P/F,10\%,10) = 113.48$(万元)

②以项目的总投资、年销售收入、年经营成本、项目寿命期和基准收益率为不确定因素,设定因素变化的幅度可能在 ±20% 范围内。

③计算各不确定因素变动后,分析指标变动的幅度。

对于影响项目净现值的各参数,任何一个不同于预计值的变化都会使净现值发生变化。现假设在其他参数不变的前提下,分别计算各影响参数在其预测值的基础上变化 -20%、-10%、+10%、+20% 的幅度时项目的净现值,计算结果列于表 4.5。

表 4.5 单因素变化对净现值的敏感性分析结果

变化率 \ 影响因素	+ 20%	+ 10%	0	- 10%	- 20%	E	敏感性排序
总投资 / 万元	- 286.52	- 86.52	113.48	313.48	513.48	23.69	2
年销售收入 / 万元	796.48	455.88	113.48	- 225.32	- 567.12	30.21	1
年经营成本 / 万元	- 146.72	- 15.72	113.48	246.28	377.28	11.39	4
项目寿命期 / 年	377.77	251.73	113.48	- 38.78	- 206.48	12.20	3
基准收益率 /%	- 80.95	12.92	113.48	221.05	336.80	8.86	5

3. 敏感度

总投资：$E = [(-86.52 - (-113.38))/113.38]/10\% = 23.69$

年销售收入：$E = [(455.88 - 113.38)/113.38]/10\% = 30.21$

年经营成本：$E = [(-15.72 - (-113.38))/113.38]/10\% = 11.39$

项目寿命期：$E = [(251.73 - 113.38)/113.38]/10\% = 12.20$

基准收益率：$E = [(12.92 - 113.38)/113.38]/10\% = 8.86$

根据表中数据(见表4.5)，可以画出敏感性分析图，如图4.4所示。

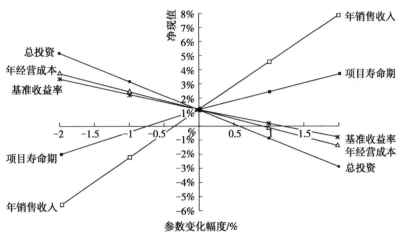

图 4.4　单因素变化敏感性分析图

从图4.4中可以看出，年销售收入、总投资、年经营成本、基准收益率、项目寿命期曲线的陡度依次从高到低，并在同一百分率变动的情况下，它们引起净现值变化的幅度也依次从高到低，即净现值对年销售收入、总投资、年经营成本、基准收益率、项目寿命期变化的敏感程度依次从高到低。因此在敏感性分析图上，直线的陡度越大，项目评价指标对该因素的变动越敏感；反之，直线越平缓，项目评价指标对该因素的变动越不敏感。

四、多因素敏感性分析

单因素敏感性分析方法适合于分析项目方案的最敏感因素，但它忽略了各个变动因素综合作用的可能性。无论是哪种类型的技术项目方案，各种不确定因素对项目方案经济效益的影响，都是相互交叉综合发生的，而且各个因素的变化率及其发生的概率是随机的。因此，研究分析经济评价指标受多个因素同时变化的综合影响，研究多因素的敏感性分析，更具有实用价值。多因素敏感性分析要考虑可能发生的各种因素不同变动幅度的多种组合，计算起来要比单因素敏感性分析复杂得多。

(一)双因素敏感性分析

单因素敏感性分析可得到一条敏感曲线,而分析两个因素同时变化的敏感性时,得到的是一个敏感曲面。

【例题4.6】 某项目基本方案的参数估算值见表4.6,基准收益率 $i_c = 9\%$,试进行双因素敏感性分析。

表4.6 某项目基本方案参数估算值

因素	初期投资/万元	年内销售收入 B/万元	年经营成本 C/万元	期末残值 L/万元	寿命 n/年
估算值	1 500	600	250	200	6

解: 设 x 表示初期投资额(或投资)变化的百分比,用 y 表示年销售收入(或价格)变化的百分比,则当折现率为 i 时,净现值为

$$NPV(i) = -I(1+x) + [B(1+y) - C](P/A,i,6) + L(P/F,i,6)$$
$$= -I + (B-C)(P/A,i,6) + L(P/F,i,6) - Ix + B(P/A,i,6)y$$
$$NPV(i) = -1\,500 + 350 \times NPV(P/A,i,6) + 200 \times (P/A,i,6) - 1\,500x + 600 \times (P/A,i,6)y$$

显然 $NPV(i) > 0$,则 $IRR > i$。取 $i = i_c = 9\%$(基准收益率),则

$$NPV(i_c) = 189.36 - 1\,500x + 2\,691.6y$$

此式为一平面方程。令 $NPV(i_c) = 0$,可得该平面与 Oxy 坐标面的交线

$$y = 0.557x - 0.070\,4$$

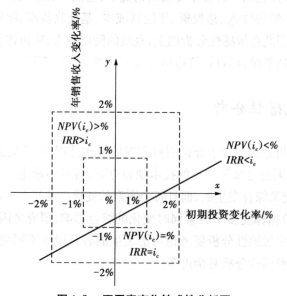

图4.5 双因素变化敏感性分析图

如图4.5所示,此交线将 Oxy 平面分为两个区域, Oxy 平面上任意一点 (x,y) 都代表投资和价格的一种变化组合,当这点在交线的左上方时,净现值 $NPV(i) > 0$,即 $IRR > i_c$;若在交线的右下方,则净现值 $NPV(i_c) < 0$,因而 $IRR < i_c$,为了保证方案在经济上可被接受,应该设法防止处于交线右下方区域的变化组合情况出现。

(二)多因素敏感性分析

以上仅是两个因素同时变化的敏感性分析,若变化因素多于两个,就比较难以用图形表示。若发生变化的因素扩大到3个,可以将其中一个因素依次改变,就可以得到另两个因素同时变化的一组临界曲线族。

【例题4.7】 对【例题4.6】的方案做投资、价格、寿命三因素同时变化的敏感性分析。

解:设 x 和 y 的意义同例题4.6, n 表示寿命期。 $NPV(n)$ 表示寿命为 n 年,方案的折现率为基准收益率($i_c = 9\%$),投资和价格分别具有变化率 x 和 y 时的净现值,则

$$NPV(n) = -I + (B-C)(P/A,9\%,n) + L(P/F,9\%,n) - Ix + B(P/A,9\%,n)y$$

同样的,对于给定的 x、y 和 n,$NPV(n) > 0$,意味着内部收益率 $IRR > i_c$。依次取 $n = 5$,6,7,并令 $NPV(n) = 0$,按照例4.6中对双因素变化中的敏感性分析过程,得到下列的临界线,如图4.6所示。

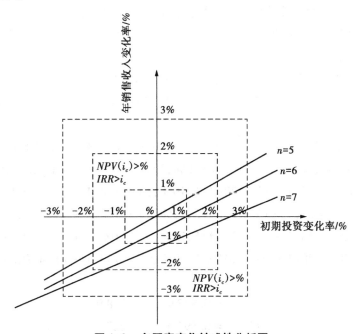

图4.6 多因素变化敏感性分析图

$$NPV(5) = -8.654 - 1\,500x + 2\,333.76y = 0$$
$$Y_s = 0.642\,7x + 0.003\,7$$
$$NPV(6) = -189.36 - 1\,500x + 2\,691.6y = 0$$
$$Y_s = 0.557x + 0.070\,4$$

$$NPV(7) = 370.92 - 1\ 500\ x + 3\ 019.74y = 0$$
$$Y_s = 0.496\ 7\ x - 0.122\ 8$$

由此可知,$n = 5$,$Y_{x=0} = 0.003\ 7 > 0$,所以,若使内部收益率达到基准收益率,就要增加销售收入或减少投资而使条件保持不变。$n = 6,7$,$Y_{x=0} < 0$,项目在价格和投资方面都有一定的潜力,可承担一定的风险。随着 n 的不断增大,即寿命期不断延长,x 的系数逐渐减小。因此,投资的敏感度将越来越小。同样的,如果取 $x = 10\%$ 等,可得到关于年销售收入大于寿命期的临界值。例如,$x = 10\%$ 时,令 $NPV = 0$,其临界曲线为

$$y = \frac{664 - 403 \times 1.09^n}{1\ 200 \times (1.09^n - 1)}$$

或

$$n = (\ln 1.09)^{-1}\ln\left(1 + \frac{261}{403 + 1\ 200y}\right)$$

同样可得 $x = 20\%,0,-20\%$ 时的临界曲线,并绘制敏感性分析图。

同理,假若存在【例题 4.8】的情况。

【例题 4.8】 某投资方案初始投资为 100 万元,预计项目寿命为 5 年,每年可提供净收益 28 万元,基准收益率为 8%,项目期末残值为 20 万元。由于初始投资 100 万元是估算值,实际上有偏差,而且受物价变化的影响,原材料和燃料动力价格的变化引起预计的年收益也发生变化。若同时考虑基准收益率 i 为可变因素,试分析这 3 个因素对净年值的影响。

解:根据题意,净年值为

$$NAV = 28(1 + y) + 20(A/F,i,5) - 100(1 + x)(A/P,i,5)$$

当基准收益率 i 分别为 6%、8%、10%、12%、15% 和 20%,可得净年值的一组临界曲线。

$$NAV(6\%) = 28(1 + y) + 20(A/F,6\%,5) - 100(1 + x)(A/P,6\%,5) = 0$$
$$NAV(8\%) = 28(1 + y) + 20(A/F,8\%,5) - 100(1 + x)(A/p,8\%,5) = 0$$
$$NAV(10\%) = 28(1 + y) + 20(A/F,10\%,5) - 100(1 + x)(A/P,10\%,5) = 0$$
$$NAV(12\%) = 28(1 + y) + 20(A/F,12\%,5) - 100(1 + x)(A/P,12\%,5) = 0$$
$$NAV(15\%) = 28(1 + y) + 20(A/F,15\%,5) - 100(1 + x)(A/P,15\%,5) = 0$$
$$NAV(20\%) = 28(1 + y) + 20(A/F,20\%,5) - 100(1 + x)(A/P,20\%,5) = 0$$

即:

$$y(6\%) = 0.847\ 9\ x - 0.278\ 9$$
$$y(8\%) = 0.894\ 6\ x - 0.227\ 1$$
$$y(10\%) = 0.942\ 1\ x - 0.174\ 9$$
$$y(12\%) = 0.990\ 7\ x - 0.121\ 7$$
$$y(15\%) = 1.065\ 3\ x - 0.040\ 6$$
$$y(20\%) = 1.194\ 3\ x - 0.098\ 29$$

从上例可知,基准收益率 i 上升,临界线向上方移动,使净现值 $NAV > 0$ 的范围缩小,基

准收益率降低;临界线向下方移动,使净现值 $NAV > 0$ 的区域扩大。根据这种三因素敏感性分析图,能够直观地了解投资额、年净收益和基准收益率这 3 个因素同时变动对项目经济效益的影响,有助于作出正确的决策。

总之,通过敏感性分析,可以找出影响项目经济效益的关键因素,使项目评价人员将注意力集中于这些关键因素,必要时可对某些敏感的关键因素重新预测和估算,并在此基础上重新进行经济评价,以减少投资的风险。

五、敏感性分析的局限性

不论是单因素敏感性分析还是多因素敏感性分析,对敏感性分析的结果都应进行汇总,通常是将敏感性分析的结果汇集于敏感性分析表。敏感性分析表应同时给出基本方案的指标数值,所考虑的是不确定因素及其变化率,在这些不确定因素变化的情况下项目效益指标的计算数值及各不确定因素的敏感度系数和临界点。当针对某种不确定因素的敏感性指标不能被计算时,应采用文字描述的形式说明该不确定因素的影响。

敏感性分析的局限性主要表现在它不能明确指出某个因素变动对经济效果影响的可能性有多大。因为无论何种类型的项目,各个不确定性因素对项目经济效果的影响是交叉发生的,而且各个因素变化的幅度大小及其发生的概率也是随机的。所以,实际上会出现这样的状况:某一敏感因素在未来可能发生某一幅度变动的概率很小,甚至完全可以不考虑该因素的影响;而另一不敏感因素可能发生某一幅度变化的概率却很大,甚至必须考虑其变动对项目经济效果的影响。这些问题的解决,不能依靠敏感性分析而只有借助于其他方法。

学习任务四　概率分析和准则分析

一、概率分析

(一)概率分析的定义

概率分析又称风险分析,是通过研究各种不确定性因素发生不同变动幅度的概率分布及其对项目经济效益指标的影响,对项目可行性和风险性以及方案优劣作出判断的一种不确定性分析法。概率分析常用于对大中型重要若干项目的评估和决策之中,通过计算项目目标值(如净现值)的期望值及目标值大于或等于零的累积概率来测定项目风险大小,以为投资者决策提供依据。

敏感分析具体考察了各变化因素对项目净现值、内部收益率等投资效益指标的影响程度。但是,所得出的结论只能表示某个因素造成项目风险是大还是小,而不能给出这个因素出现的可能性有多大以及会给项目造成多大的风险。实际上,项目对各变化因素敏感性有大有小,各因素在项目实施中发生变化的可能性也各不相同,有的不确定性因素发生的可能性大,敏感性也大;有的发生的可能性小,敏感性也小。但有的因素敏感性不大而发生的可能性小;有的敏感性小而发生的可能性大。在这种复杂的情况下,仅有敏感性分析还不能完全说明问题,概率分析在这里却能起到重要的补充和完善作用。一个项目中不确定性因素发生的概率确定了,这个项目的净现值、内部收益率就可以随之确定,不确定性因素通过概率分析的数量化而转化为确定因素。

项目评估中不确定性因素的概率分析,是确定各种影响投资效益的不确定性因素的变化范围以及在此范围内可能出现的概率,以此计算投资效益指标的期望值,得出定量分析结果的分析方法。其目的是为了提高项目效益指标的准确性,以此作为决策的依据,保证决策分析的可靠性。

(二)概率分析的方法

概率分析的方法通常有效用函数法、期望值法和决策树法等。这里将主要介绍决策树法。

1. 效用函数法(Utility Function Method)

所谓效用,是对总目标的效能价值或贡献大小的一种测度。在风险决策的情况下,可用效用来量化决策者对待风险的态度。通过效用这一指标,可将某些难以量化、有质的差别的事物(事件)给予量化,将要考虑的因素折合为效用值,得出各方案的综合效用值,再进行决策。效用函数反映决策者对待风险的态度。不同的决策者在不同的情况下,其效用函数是不同的。

2. 期望值法(Expectancy Method)

1)定义

期望值法在项目评估中应用较为普遍,是通过计算项目净现值的期望值和净现值大于或等于零时的累计概率来比较方案优劣、确定项目可行性和风险程度的方法。

2)步骤

采用期望值法进行概率分析,一般需要遵循以下步骤:

①选用净现值作为分析对象,并分析选定与之有关的主要不确定性因素。

②按照穷举互斥原则,确定各不确定性因素可能发生的状态或变化范围。

③分别估算各不确定性因素在每种情况下发生的概率。各不确定性因素在每种情况下的概率,必须小于等于1、大于等于0,且所有可能发生情况的概率之和必须等于1。这里的

概率为主观概率,是在充分掌握有关资料的基础之上,由专家学者依据其自己的知识、经验经系统分析之后,主观判断作出的。

④分别计算各可能发生情况下的净现值(NPV)。各年净现值期望值、整个项目寿命周期净现值的期望值、各年净现值期望值的计算公式为

$$E(NPV_t) = \sum_{i=1}^{n} X_{it} P_{it} \qquad (4.17)$$

式中　$E(NPV_t)$——第 t 年净现值期望值;

　　　X_{it}——第 t 年第 i 种情况下的净现值;

　　　P_{it}——第 t 年第 i 种情况发生的概率;

　　　n——发生的状态或变化范围数。

整个项目寿命周期净现值的期望值的计算公式为

$$E(NPV) = \sum_{i=1}^{m} \frac{E(NPV_t)}{(1+i)^t} i \qquad (4.18)$$

式中　$E(NPV)$——整个项目寿命周期净现值的期望值;

　　　i——折旧率;

　　　m——项目寿命周期长度。

项目净现值期望值大于0,则项目可行;否则,不可行。

⑤计算各年净现值标准差、整个项目寿命周期净现值的标准差或标准差系数,各年净现值标准差的计算公式为

$$\delta_t = \sqrt{\sum_{i=1}^{n} [X_{it} - E(NPV_t)]^2 P_{it}} \qquad (4.19)$$

式中　δ_t——第 t 年净现值的标准差,其他符号意义同前。

整个项目寿命周期的标准差计算公式为

$$\delta = \sqrt{\sum_{i=1}^{m} \frac{\delta_t^2}{(1+i)^t}} \qquad (4.20)$$

式中　δ——整个项目寿命周期的标准差。

净现值标准差反映每年在各种情况下净现值的离散程度和整个项目寿命周期各年净现值的离散程度,在一定程度上能够说明项目风险的大小。但由于净现值标准差的大小受净现值期望值影响较大,两者基本上呈同方向变动。因此,单纯以净现值标准差大小衡量项目风险性高低,有时会得出不正确的结论。为此需要消除净现值期望值大小的影响,利用式4.21计算整个项目寿命周期的标准差系数,则

$$V = \frac{\delta}{E(NPV)} \times 100\% \qquad (4.21)$$

式中　V——标准差系数。

一般来说,V 越小,项目的相对风险就越小;反之,项目的相对风险就越大。根据净现值期望值、净现值标准差和标准差系数,可以用来选择投资方案。判断投资方案优劣的标准

是:期望值相同、标准差小的方案为优;标准差相同、期望值大的方案为优;标准差系数小的方案为优。

⑥计算净现值大于或等于零时的累计概率。累计概率值越大,项目所承担的风险就越小。

⑦对以上分析结果作综合评价,说明项目是否可行及承担风险性大小。

【例题 4.9】 某投资者以 25 万元购买了一个商铺单位 2 年的经营权,第一年净现金流量可能为:22 万元、18 万元和 14 万元,概率分别为 0.2、0.6 和 0.2;第二年净现金流量可能为:28 万元、22 万元和 16 万元,概率分别为 0.15、0.7 和 0.15,折现率为 10%,问该购买商铺的投资是否可行。

解:
$$E(NPV_1) = 22 \times 0.2 + 18 \times 0.6 + 14 \times 0.2 = 18(万元)$$
$$E(NPV_2) = 28 \times 0.15 + 22 \times 0.7 + 16 \times 0.15 = 22(万元)$$
$$E(NPV) = \frac{E(NPV_1)}{(1+i)} + \frac{E(NPV_2)}{(1+i)^2} - 25 = 9.54(万元)$$
$$\delta_1 = 2.530 \quad \delta_2 = 3.286 \quad \delta = 3.840$$
$$V = \frac{\delta}{E(NPV)} \times 100\% = 40.25\%$$

因此,该投资项目可行,且风险较小。

3. 决策树法(Model Analysis)

1)定义

决策树(Decision Tree)利用了概率论的原理,并且利用一种树形图作为分析工具。其基本原理是用决策点代表决策问题,用方案分枝代表可供选择的方案,用概率分枝代表方案可能出现的各种结果,经过对各种方案在各种结果条件下损益值的计算比较,为决策者提供决策依据。它是在已知各种情况发生概率的基础上,通过构成决策树来求取净现值的期望值大于等于零的概率,从而评价项目风险,判断其可行性的决策分析方法,是直观运用概率分析的一种图解法。由于这种决策分支画成图形很像一棵树的枝干,故称决策树。在学习中,决策树是一个预测模型,其代表的是对象属性与对象值之间的一种映射关系,树中每个节点表示某个对象,而每个分叉路径则代表的某个可能的属性值,而每个叶结点则对应从根节点到该叶节点所经历的路径所表示的对象的值。决策树仅有单一输出,若欲有复数输出,则可以建立独立的决策树以处理不同输出。在数据挖掘中,决策树是一种经常要用到的技术,可以用于分析数据,同样也可以用作预测。在各种分类算法中,决策树是较为直观的一种。

决策树由决策点、状态节点、结果节点、方案枝和概率枝等要素组成。

□——决策点,是对几种可能方案的选择,即最后选择的最佳方案。如果决策属于多级决策,则决策树的中间可以有多个决策点,以决策树根部的决策点为最终决策方案。

○——状态节点,代表备选方案的经济效果(期望值),通过各状态节点的经济效益对比,按照一定的决策标准就可以选出最佳方案。由状态节点引出的分支称为概率枝,概率枝的数目表示可能出现的自然状态数目,每个分枝上要注明该状态出现的概率。

△——结果节点,将每个方案在各种自然状态下取得的损益值标注于结果节点的右端。

从决策点引出的支路称为方案枝,每个支路代表一个可行方案。

从状态点引出的支路称为概率枝,每个支路代表一个自然状态和可能发生的概率。

决策树学习也是资料探勘中一个普通的方法。在这里,每个决策树都表述了一种树型结构,它由它的分支来对该类型的对象依靠属性进行分类。每个决策树可以依靠对源数据库的分割进行数据测试。这个过程可以递归式地对树进行修剪。当不能再进行分割或一个单独的类可以被应用于某一分支时,递归过程就完成了。另外,随机森林分类器将许多决策树结合起来以提升分类的正确率。

决策树同时也可以依靠计算条件概率来构造。决策树如果依靠数学的计算方法可以取得更加理想的效果。数据库已如下所示:

$$(x,y) = (x_1, x_2, x_3, \cdots, x_k, y)$$

相关的变量 y 表示人们尝试去理解、分类或者更一般化的结果。其他的变量 x_1, x_2, x_3 等则是帮助人们达到目的的变量。

决策树易于理解和实现,人们在学习过程中不需要使用者了解很多的背景知识,这同时是它能够直接体现数据的特点,只要通过解释后都有能力去理解决策树所表达的意义。对于决策树,数据的准备往往是简单或者是不必要的,而且能够同时处理数据型和常规型属性,在相对短的时间内能够对大型数据源作出可行且效果良好的结果。易于通过静态测试对模型进行评测,可以测定模型可信度;如果给定一个观察的模型,那么根据所产生的决策树很容易推出相应的逻辑表达式。但决策树对连续性的字段比较难预测;对有时间顺序的数据,需要很多预处理的工作;当类别太多时,错误可能就会增加得比较快;在一般的算法分类的时候,只是根据一个字段来分类。

科学的决策是现代管理者的 项重要职责。人们在企业管理实践中,常遇到的情景是:若干个可行性方案制订出来了,分析一下企业内、外部环境,大部分条件是已知的,但还存在一定的不确定因素。每个方案的执行都可能出现几种结果,各种结果的出现有一定的概率,企业决策存在着一定的胜算,也存在着一定的风险。这时,决策的标准只能是期望值。即各种状态下的加权平均值。

针对上述问题,用决策树法来解决不失为一种好的选择。决策树法作为一种决策技术,已被广泛地应用于企业的投资决策之中,它是随机决策模型中较为常见、较为普及的一种决策模式和方法,此方法有效地控制了决策带来的风险。所谓决策树法,就是运用树状图表示各决策的期望值,通过计算,最终优选出效益最大、成本最小的决策方法。决策树法属于风险型决策方法,不同于确定型决策方法,二者适用的条件也不同。应用决策树决策方法必须具备以下条件:

①具有决策者期望达到的明确目标。

②存在决策者可以选择的两个以上的可行备选方案。

③存在着决策者无法控制的两种以上的自然状态(如气候变化、市场行情、经济发展动向等)。

④不同行动方案在不同自然状态下的收益值或损失值(简称损益值)可以计算出来。

⑤决策者能估计出不同的自然状态发生概率。

2)决策树的画法

第一步:画决策树。

决策树的画法是从左至右分阶段展开的。画图时先分析决策点的起点、备选方案、各方案所面临的自然状态概率以及各方案在不同自然状态下的损益值;然后再画一个方框作为出发点,从出发点向右引出若干条直线,在每个方案枝的末端画一个圆圈,从自然状态点引出代表各自然状态的分枝,则概率分枝末端画三角形,表示终点。

如果一个决策树只在树的根部有一决策点,则称为单级决策;若一个决策不仅在树的根部有决策点,而且在树的中间也有决策点,则称为多级决策。如果是多级决策,则要确定是哪几个阶段逐段展开其方案枝、状态节点、概率枝及结果节点。最后将决策点、状态点自左向右分别编号。如图 4.7 所示,从树的根部只生出一个决策点,称为单级决策;树的中间还有决策点则为多级决策。

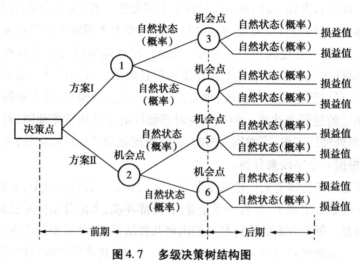

图 4.7　多级决策树结构图

第二步:计算期望值。

一般按反向的时间程序逐步计算,将各方案的几种可能结果的数值和它们各自的概率相乘,并汇总所得之和,其和就是该方案的期望值。

第三步:确定决策方案。

比较不同方案的期望值,在比较方案考虑的是收益值时,则取最大期望值;若考虑的是损失时,则取最小期望值。舍弃的方案可在方案枝上画"11"符号,称为剪枝。最后决策点只留下一根方案枝,即为最优方案枝。

决策树是利用树枝形状的图形模式来进行风险决策的一种方法,它不仅可以解决单级决策的问题,对于决策盈亏矩阵表不易表达的多级序贯决策问题,也不失为一种简单而有效的工具。

【例题4.10】 假设有一项工程,施工管理人员需要决定下月是否开工。如果开工后天气好,则可为国家创收4万元;若开工后天气坏,将给国家造成损失1万元,不开工则损失1 000元。根据过去的统计资料,下月天气好的概率是0.3,天气坏的概率是0.7。请作出决策。现采用决策树方法进行决策。

解:第一步:画决策树。

根据题意,将数据表格化,便于画图使用,见表4.7。

表4.7 例题4.10概率表

自然状态	概 率	行动方案	
		开工	不开工
天气好	0.3	40 000	-1 000
天气坏	0.7	-10 000	-1 000

决策树示意图如图4.8所示。

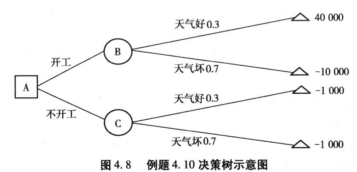

图4.8 例题4.10决策树示意图

第二步:计算期望值。

一般按反向的时间顺序逐步计算,将各方案的几种可能结果的数值和它们各自的概率相乘,并汇总所得之和,其和就是该方案的期望值。

点 Ⓑ:$40\ 000 \times 0.3 + (-10\ 000) \times 0.7 = 5\ 000$

点 Ⓒ:$(-1\ 000) \times 0.3 + (-1\ 000) \times 0.7 = -1\ 000$

第三步:确定决策方案。

在比较方案考虑的是收益时,则取最大期望值;若考虑的是损失时,则取最小期望值。根据计算出的期望值分析,本题采取开工方案较好。

【例题4.11】 某建筑公司拟建一预制构件厂,一个方案是建大厂,需投资300万元,建成后如销路好每年可获利100万元;如销路差,每年要亏损20万元,该方案的使用期均为10年;另一个方案是建小厂,需投资170万元,建成后如销路好,每年可获利40万元,如销路差每年可获利30万元;若建小厂,则考虑在销路好的情况下3年以后再扩建,扩建投资130万元,可使用7年,每年盈利85万元。假设前3年销路好的概率是0.7,销路差的概率是0.3,后7年的销路情况完全取决于前3年;试用决策树法选择方案。

解:这个问题可以分前3年和后7年两期考虑,属于多级决策类型,如图4.9所示。

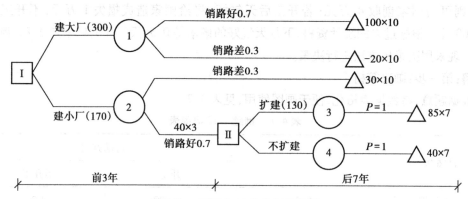

图4.9 例题4.11决策树示意图

考虑资金的时间价值,各点益损期望值计算如下:

点①:净收益 $= [100 \times (P/A,10\%,10) \times 0.7 + (-20) \times (P/A,10\%,10) \times 0.3] - 300 = 93.35(万元)$

点③:净收益 $= 85 \times (P/A,10\%,7) \times 1.0 - 130 = 283.84(万元)$

点④:净收益 $= 40 \times (P/A,10\%,7) \times 1.0 = 194.74(万元)$

可知决策点Ⅱ的决策结果为扩建,决策点Ⅱ的期望值为 $283.84 + 194.74 = 478.58(万元)$

点②:净收益 $= (283.84 + 194.74) \times 0.7 + 40 \times (P/A,10\%,3) \times 0.7 + 30 \times (P/A,10\%,10) \times 0.3 - 170 = 345.62(万元)$

由上可知,最合理的方案是先建小厂,如果销路好,再进行扩建。在本例中,有两个决策点Ⅰ和Ⅱ,在多级决策中,期望值计算先从最小的分枝决策开始,逐级决定取舍到决策能选定为止。

【**例题4.12**】 根据【例题4.11】,为了适应市场的变化,投资者又提出了第3个方案,即先小规模投资160万元,生产3年后,如果销路差,则不再投资,继续生产7年;如果销路好,则再作决策是否再投资140万元扩建至大规模(总投资300万元),生产7年。前3年和后7年销售状态的概率见表4.8。试用决策树法选择最优方案。

解:(1)将概率数据表格化,绘制决策树。

表4.8 销售概率表

项 目	前3年销售状态概率		后7年销售状态概率	
	好	差	好	差
销路差	0.7	0.3	0.9	0.1

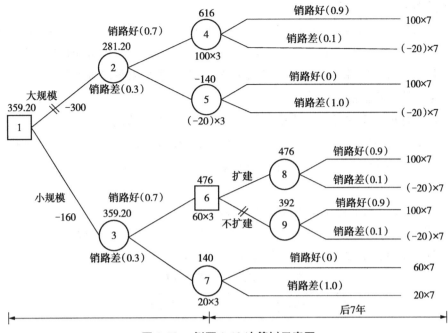

图4.10　例题4.12决策树示意图

(2)计算各节点的期望收益值,并选择方案。

节点④:[100 × 7 × 0.9 + (-20) × 7 × 0.1] = 616(万元)

节点⑤:[100 × 7 × 0 + (-20) × 7 × 1.0] = -140(万元)

节点②:(616 + 100 × 3) × 0.7 + [(-140) + (-20) × 3] × 0.3 - 300 = 281.20(万元)

节点⑧:[100 × 7 × 0.9 + (-20) × 7 × 0.1] - 140 = 476(万元)

节点⑨:(60 × 7 × 0.9 + 20 × 7 × 0.1) = 392(万元)

节点⑧的期望收益值为476万元,大于节点⑨的期望损失值392万元,故选择扩建方案,"剪去"不扩建方案。因此,节点⑥的期望损益值取扩建方案的期望损益值476万元。

节点⑦:(60 × 7 × 0 + 20 × 7 × 1.0) = 140(万元)

节点③:[(476 + 60 × 3) × 0.7 + (140) + 20 × 0.3] - 160 = 359.20(万元)

节点③的期望损益值359.20万元,大于节点②的期望损益值281.20万元,故"剪去"大规模投资方案。

综上所述,投资者应该先进行小规模投资,3年后如果销售状态好则再扩建,否则不扩建。

(3)概率分析的步骤。

①列出各种考虑的不确定因素。例如销售价格、销售量、投资和经营成本等,均可作为不确定因素。需要注意的是,所选取的几个不确定因素应是互相独立的。

②设想各不确定因素可能发生的情况,即其数值发生变化的几种情况。

③分别确定各种可能发生情况产生的可能性,即概率。各不确定因素的各种可能发生

情况出现的概率之和必须等于1。

④计算目标值的期望值。可根据方案的具体情况选择适当的方法。若采用净现值为目标值,则一种方法是将各年净现金流量所包含的各不确定因素在各可能情况下的数值与其概率分别相乘后再相加,得到各年净现金流量的期望值,然后求得净现值的期望值。另一种方法是直接计算净现值的期望值。

⑤求出目标值大于或等于零的累计概率。对于单个方案的概率分析应求出净现值大于或等于零的概率,由该概率值的大小可以估计方案承受风险的程度,该概率值越接近1,说明技术方案的风险越小,反之,方案的风险越大。可以列表求得净现值大于或等于零的概率。

【例题4.13】 某工程建设项目,根据市场预测和经验判断,项目投资基本不变;销售收入、经营费用可能会发生变化,其概率分布情况见表4.9。取折现率为12%,对该项目净现值的期望值及净现值大于或等于零的累计概率进行计算。

表4.9 例题4.13 累计概率表

净现值	累计概率
−1.66	0.06
−0.62	0.16
−0.22	0.31
0.42	0.35
0.82	0.60
1.22	0.69
1.86	0.79
2.26	0.94
3.30	1.00

下面以此为例介绍概率分析的运用。

解:每一个支点表示在一定不确定条件下可能发生的事件。根据题意,共有9个分支。第一个分支表示销售收入、经营费用分别增加10%的情况,第二个分支表示销售收入增加10%、经营费用不变的情况,依此类推共有9种可能发生的情况。

(1)分别计算各种可能发生事件(各个分支)的概率值。

第一分支为:$0.2 \times 0.2 = 0.04$

第二分支为:$0.2 \times 0.5 = 0.1$

第三分支为:$0.2 \times 0.3 = 0.06$(以下类推)

(2)分别计算各种可能发生事件情况下的项目净现值。

如第一分支按销售收入和经营费用分别增加10%后,引起成本费用、效益的一系列变化,重新计算项目净现金流量,并求出项目净现值为0.42亿元。

同理,计算出第二分支的净现值为0.62亿元,余者类推。

(3)将各个事件发生的可能性(即概率值)分别与其净现值相乘,得出加权净现值,然后将各个加权净现值相加得0.86亿元,即为净现值的期望值。

(4)列出净现值的累计概率表(表4.9)及净现值累计概率图(图4.11)。

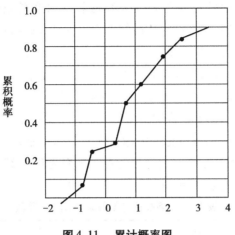

图4.11　累计概率图

由表4.9和图4.12可以得净现值$P(NPV < 0)$的概率为0.31,从而计算出净现值大于、等于零的概率为:

投资	销售收入	经营费用	发生可能性	净现值/亿元	加权净现值/亿元
		-10% (0.2)	0.04	0.42	0.017
	0.2	0 (0.5)	0.10	-0.62	0.062
		+10% (0.3)	0.06	-1.66	-0.100
		-10% (0.2)	0.10	1.86	0.186
投资 1	0.5	0 (0.5)	0.25	0.82	0.205
		+10% (0.3)	0.15	-0.22	-0.033
		-10% (0.2)	0.06	3.30	0.198
	0.3	0 (0.5)	0.15	2.26	0.339
		+10% (0.3)	0.09	1.22	1.10
		合计	1.00	期望值	0.86

图4.12　期望值计算图

$$P(NPV \geqslant 0)) = 1 - P(NPV < 0) = 1 - 0.31 = 0.69$$

根据以上计算结果,该项目净现值的期望值为 0.86 亿元,净现值大于或等于零的概率为 0.69。由于净现值大于或等于的概率低于 70%,说明该项目要承担一定的风险。

同时,为了适应社会主义市场经济体制的需要,加强政府对工程建设施工招标投标的管理,使建设单位和施工企业进入建筑市场进行公平交易、平等竞争,达到控制建设工期、确保工程质量和提高投资效益的目的,凡政府和公有制企、事业单位投资的新建、改建、扩建和技术改造工程项目的施工,除某些不适宜招标的特殊工程外,均实行招标投标。施工企业在同一时期内有多个工程项目可以参加投标,由于本企业资源条件有限,不可能将这些项目都承包下来,这类问题就可用分析风险决策的决策树法来进行定量分析。

【例题 4.14】 某市属建筑公司面临 A,B 两项工程。因受本单位资源条件限制,只能选择其中一项工程投标或者这两项过程均不参加投标。根据过去类似工程投标的经验数据,A工程投高标的中标概率为 0.3,投低标的中标概率为 0.8,编制该工程投标文件的费用为 4 万元;B 工程投高标的中标概率为 0.5,投低标的中标概率为 0.6,编制该工程投标文件的费用为 2.5 万元各方案承包的效果、概率、损益值见表 4.10。

表 4.10　各投标方案效果、概率、损益值

方　案	效　　果	概　　率	损益值 / 万元
A 工程投高标	好	0.3	180
	中	0.5	120
	差	0.2	60
A 工程投低标	好	0.2	125
	中	0.7	75
	差	0.1	0
B 工程投高标	好	0.4	115
	中	0.5	75
	差	0.4	40
B 工程投低标	好	0.5	90
	中	0.5	40
	差	0.3	− 20
不投标		1.0	0

解: ① 根据题意,绘制决策树示意图,如图 4.13 所示。

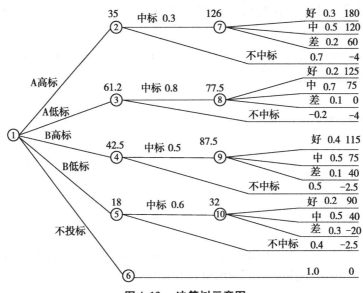

图 4.13 决策树示意图

②计算决策树上各机会点的期望值,并将计算出来的期望值标注在各机会点上方。

机会点 ⑦:$180 \times 0.3 + 120 \times 0.5 + 60 \times 0.2 = 126$

机会点 ②:$126 \times 0.3 - 4 \times 0.7 = 35$

机会点 ⑧:$125 \times 0.2 + 75 \times 0.7 + 0 \times 0.1 = 77.5$

机会点 ③:$77.5 \times 0.8 - 4 \times 0.2 = 61.2$

机会点 ⑨:$115 \times 0.4 + 75 \times 0.5 + 40 \times 0.1 = 87.5$

机会点 ④:$87.5 \times 0.5 - 2.5 \times 0.5 = 42.5$

机会点 ⑩:$90 \times 0.2 + 40 \times 0.5 - 20 \times 0.3 = 32$

机会点 ⑤:$32 \times 0.6 - 2.5 \times 0.4 = 18$

机会点 ⑥:0

③决策分析

根据上述计算结果,综合考虑,方案枝上机会点③的期望值(61.2)最大方案(A 低标)为最佳方案,该施工企业应对 A 工程投低标。

3)决策树优缺点

决策树法是管理人员和决策分析人员经常采用的一种行之有效的决策工具。它具有下列优点:

①决策树列出了决策问题的全部可行方案和可能出现的各种自然状态,以及各可行方法在各种不同状态下的期望值。

②能直观地显示整个决策问题在时间和决策顺序上不同阶段的决策过程。

③在应用于复杂的多阶段决策时,阶段明显,层次清楚,便于决策机构集体研究,可以周密地思考各种因素,有利于作出正确的决策。

当然,决策树法也不是十全十美的,它也有缺点,如使用范围有限,无法适用于一些不能用数量表示的决策;对各种方案出现概率的确定有时主观性较大,可能导致决策失误;等等。

在实际操作过程中,综合考虑实际情况尽量规避决策树方法带来的风险,克服人为主观性失误,实现决策的科学化和合理性。

二、准则分析

(一)准则分析的概述

1. 准则分析的定义

不确定分析中既无范围又无规律的变化情况下,只能依靠决策者的判断作为决策的主要依据,按照一定的标准决策的分析方法就是准则分析。

2. 准则分析的条件及特点

①存在着决策者希望达到的目标(利益最大或损失最小)。
②存在着两个或两个以上的行动方案可供决策者选择。
③存在着两个或两个以上的不以决策者的主观意志为转移的自然状态。
④不同的行动方案在不同自然状态下的相应易损值(利益或损失)可以计算出来。
⑤各种自然状态出现的可能性(概率)决策者预先无法估计或计算。

准则分析的特点是通过决策者的主观判断进行决策。但决策的对象和内容是客观的,影响决策的诸多因素也是客观存在的,因此在进行决策时,必须解决主客观相一致、相适应的问题,这是解决不确定型决策的关键。同一事物,站在不同的角度进行观察,将有不同的结果。因此决策者必须加强学习,注意经验的积累,提高判断力,并善于从多角度来观察和分析问题,充分利用已知信息,准确把握现实环境和条件,才能解决好不确定型决策问题。

(二)准则分析的方法

进行准则分析所采用的标准,主要取决于决策者的素质和特点,下面分别加以介绍。

1. 小中取大决策标准

小中取大决策标准又称悲观标准。持这种标准的决策者,对客观环境总是抱悲观态度,万事总觉得不会如意,所以为了保险起见,总是从最不利处估计事情的结果,而从最坏的情况中选择最好的方案。采用这种决策标准,首先从每一方案中选择一个最小的收益值,然后选取最小的收益值中的最大值相应的方案为最优方案。其模型为:

$$\max_i [\min_j u_{ij}]$$

【例题4.15】　某预制厂要确定下一施工年度空心板的生产批量,空心板的需求量有多、中、少3种情况,可采取的生产方案也有大、中、小批量3种,各生产方案可能获得的效益值可以相应地计算出来,见表4.11。对于表4.11给出的问题,采用悲观标准进行决策的过程,见表4.11。

表4.11　小中取大决策标准决策计算表

收益值/万元　　　自然状态　　方案	空心板需求量			$\min_{j}(u_{ij})$
	N_1(多)	N_2(中)	N_3(少)	
S_1(大批量生产)	20	12	8	8
S_2(中批量生产)	16	16	10	10
S_3(小批量生产)	12	12	12	12
$\max_{i}\left\{\min_{j}(u_{ij})\right\}$				12
最优方案				S_3

2. 大中取大决策标准

大中取大决策标准又称乐观标准。持这种标准的决策者,对客观环境总是抱乐观态度,不放弃任何一个获得最好结果的机会。决策时,首先将每一方案在各种自然状态下的最大收益值求出来,再选取与最大收益值中的最大值相应的方案为最优方案。其模型为:

$$\max_{i}\left[\min_{j} u_{ij}\right]$$

【例题4.16】　采用乐观标准,对如上问题进行决策,其计算过程见表4.12。

表4.12　大中取大决策标准决策计算表

收益值/万元　　　自然状态　　方案	空心板需求量			$\max_{j}(u_{ij})$
	N_1(多)	N_2(中)	N_3(少)	
S_1(大批量生产)	20	12	8	20
S_2(中批量生产)	16	16	10	16
S_3(小批量生产)	12	12	12	12
$\max_{i}\left\{\max_{j}(u_{ij})\right\}$				20
最优方案				S_1

3. 折中标准

折中标准是对以上两种标准的折中,决策时,先确定介于0和1之间的乐观系数 α ,再找到每个方案在各种自然状态下的最大收益值$\max_j(u_{ij})$和最小收益值$\min_j(u_{ij})$,则各个方案的折中收益值$CV_i = \alpha \max_j(u_{ij}) + (1-\alpha) \min_j(u_{ij})$,最后比较$CV_i$,选取与$\max_i(CV_i)$,相应的方案为最优方案。

【例题 4.17】 对表 4.11 给出的收益表,令乐观系数 $\alpha = 0.7$。采用折中标准进行决策,其计算过程见表 4.13。

显然,乐观标准与悲观标准均是这种标准的特例。取 $\alpha = 1$ 是乐观的情况,而取 $\alpha = 0$ 则是悲观的情况。

α 的值应根据具体情况取定,取值不同,可能会得到不同的决策结果。

表 4.13　折中标准决策计算

收益值/万元　　自然状态　　　方案	空心板需求量			$\max_j(u_{ij})$	$\min_j(u_{ij})$	$\alpha \max_j(u_{ji}) + (1-\alpha) \min_j(u_{ij})$
	N_1(多)	N_2(中)	N_3(少)			
S_1(大批量生产)	20	12	8	20	8	$0.7 \times 20 + 0.3 \times 8 = 16.4$
S_2(中批量生产)	16	16	10	16	10	$0.7 \times 16 + 0.3 \times 10 = 14.2$
S_3(小批量生产)	12	12	12	12	12	$0.7 \times 12 + 0.3 \times 12 = 12$
$\max_i(CV)$						16.4
最优方案						S_1

4.“后悔值”的标准

后悔值是指某种自然状态下可能获得的最大收益与采用某一方案所实际获得的收益的差值,即应当得到,但由于失去机会未得到的那一部分收益。采用这种决策标准,需先找出每个方案的最大后悔值,再选取与最大后悔值中的最小值相应的方案为最优方案。其决策模型为

$$\min_i \left\{ \max_j [u'_{ij}] \right\}$$

u'_{ij} 为方案 i 在自然状态 j 下的后悔值。

【例题 4.18】 对表 4.11 给出的收益表,计算出的后悔值列于表 4.14,由此可确定 S_1 和 S_2 均为最优方案。

表 4.14　“后悔值”标准决策计算表

自然状态　　收益值/万元　方案	空心板需求量			最大后悔值 $\max(u'_{ij})$
	N_1(多)	N_2(中)	N_3(少)	
S_1(大批量生产)	$20 - 20 = 0$	$16 - 12 = 4$	$12 - 8 = 4$	4

续表

自然状态 收益值／万元 方案	空心板需求量			最大后悔值 $\max(u'_{ij})$
	N_1（多）	N_2（中）	N_3（少）	
S_2（中批量生产）	$20-16=4$	$16-16=0$	$12-10=2$	4
S_3（小批量生产）	$20-12$	$16-12=4$	$12-12=0$	8
最小最大后悔值$\min\limits_{i}\left\{\max\limits_{j}(u_{ij})\right\}$				4
最优方案				S_1、S_2

5. 机会均等标准

机会均等标准又称为拉普拉斯标准，其基本出发点是不偏不倚地对待可能发生的每一状态，即假设各种自然状态发生的概率是相等的。当所面临的问题情报资料缺乏，无法说明某一状态比另一状态有更多的发生机会时，可应用这一标准。

【例题 4.19】　对于如上问题，由于需求状态未知，可假定各种状态发生的概率为$\dfrac{1}{n}=\dfrac{1}{3}$，此时，可根据各方案的期望值确定最优方案。计算过程见表 4.15。

表 4.15　机会均等标准决策计算表

自然状态 概率 收益值／万元 方案	空心板需求量			期望收益值 $\sum\limits_{j=1}^{3}p_ju_{ij}$
	N_1（多）	N_2（中）	N_3（少）	
	$p_1=1/3$	$p_2=1/3$	$p_3=1/3$	
S_1（大批量生产）	20	12	8	$(20+12+8)/3=13.33$
S_2（中批量生产）	16	16	10	$(16+16+10)/3=14$
S_3（小批量生产）	12	12	12	$(12+12+12)/3=12$
最大期望收益值$\max\limits_{i}\left(\sum\limits_{i=1}^{3}p_1u_{ij}\right)$				14
最优方案				S_2

学习任务五　风险分析

风险与不确定性广泛存在于社会经济生活的方方面面,项目决策分析与经济评价中不仅要深入开展不确定性分析,还应对风险分析进行正确认识,找出风险因素,并分析其影响,制订有效措施,合理应对其不利影响。本学习任务介绍风险与不确定性的概念、特征、性质和分类,阐述风险分析的基本内容和主要方法。

一、风险概述

(一)风险概念

1. 风险的概念与特征

1) 风险的概念

人们对风险(risk)的研究由来已久,目前存在多种定义。按照传统的理解,风险总是与灾害或损失联系在一起的,风险的本质是有害的或是不利的。如英国风险管理学会(IRM)将风险定义为"不利结果出现或不幸事件发生的机会。"此外,一些学者对风险仍有多种定义,典型的如风险是意外结果出现的概率;风险是事件出现差错并影响工作(任务)完成的可能性;风险是特定威胁发生的概率或频率以及后果的严重性;风险是影响工作(任务)成功完成的高概率事件;风险是因采取特定活动所涉及的可变性导致经济、财务损失、身体伤害或伤亡等的可能性。不同的行业,风险也有着不同的定义。如在保险界,风险被定义为可保险以规避事故或损失的项目或条款,它表明承担保险责任的保险公司存在损失机会;在管理术语中,风险被视为变化或不确定性;在加工工业特别是化学工业中,风险指火灾、泄漏、爆炸、人员伤亡、财产损失、环境损害、经济损失等灾害事件。

以上定义被称为狭义的风险,其只反映了风险的一个方面,即风险是有害的和不利的,将给项目带来威胁。而风险的另一方面,即风险也可能是有利的和可以利用的,将给项目带来机会,被称为广义的风险。越来越多的国际性项目管理组织开始接受"风险是中性的"这一概念,英国项目管理学会(APM)因此将"风险"定义为"对项目目标产生影响的一个或若干个不确定事件",英国土木工程师学会(ICE)更明确定义"风险是一种将影响目标实现的不利威胁或有利机会"。国际标准化组织(ISO)则定义风险为"某一事件发生的概率和其后果的组合"。概括起来,广义的风险可以定义为:风险是未来变化偏离预期的可能性以及其对目标产生影响的大小。其特征是:风险是中性的,既可能产生不利影响,也可能带来有利影响;风险的大小与变动发生的可能性有关,也与变动发生后对项目影响的大小有关。变动出现的可能性越大,变动出现后对目标的影响越大,风险就越高。一般投资项目决策分析与评价主要侧重于分析、评价风险带来的不利影响,因此项目管理中涉及的风险内容主要针对的是狭义风险。

2)风险的特征

①风险是中性的,既可能产生不利影响,也可能带来有利影响。

②风险的大小与变动发生的可能性有关,也与变动发生后对项目影响的大小有关。变动出现的可能性越大,变动出现后对目标的影响越大,风险就越高。

2.不确定性与风险

不确定性(uncertainty)是与确定性(certainty)相对的一个概念,是指某一事件、活动在未来可能发生,也可能不发生,其发生状况、时间及其结果的可能性或概率是未知的。1921年,美国经济学家弗兰克奈特(Frank Knight)对风险进行了开拓性的研究,他首先将风险与不确定性区分开来,认为风险是介于确定性和不确定性之间的一种状态,其出现的可能性是可以知道的;而不确定性的概率是未知的。故出现了基于概率的风险分析以及未知概率的不确定分析两种决策分析方法。

不确定性与风险的区别体现在以下4个方面,见表4.16。

1)可否量化

风险是可以量化的,即其发生概率是已知的或通过努力可以知道的;而不确定性则是不可以量化的。因而,风险分析可以采用概率分析方法,分析各种情况发生的概率及其影响;而不确定性分析只能进行假设分析,假定某些情况发生后,分析不确定因素对项目的影响。

2)可否保险

风险是可以保险的,而不确定性是不可保险的。由于风险概率是可知的,理论上保险公司就可以计算确定的保险收益,从而提供有关保险产品。

3)概率可获得性

不确定性的发生概率未知,而风险的发生概率是可知的,或是可以测定的,可以用概率分布来描述。

4)影响大小

不确定性代表不可知事件,因而有更大的影响。而如果事件可以量化风险,则其造成的影响可以防范并得到有效降低。

表 4.16 不确定性与风险的区别

区 别	风 险	不确定性
可否量化	可以量化,其发生概率是已知的或通过努力是可以知道的,风险分析可以采用概率分析方法,分析各种情况发生的概率及其影响	不可量化,不确定性分析只能进行假设分析,假定某些因素发生后,分析不确定因素对项目的影响
可否保险	可以保险	不可保险
概率可获得性	发生概率是可知的,或是可以测定的,可以用概率分布来描述	发生概率未知
影响大小	可以量化,可以防范并得到有效降低	代表不可知事件,因而有更大的影响

概括起来,确定性是指在决策涉及的未来期间内一定要发生或者一定不发生,其关键特征是只有一种结果。不确定性则指不可能预测未来将要发生的事件。因为存在多种可能性,其特征是可能有多种结果。由于缺乏历史数据或类似事件信息,不能预测某一事件发生的概率,因而该事件发生的概率是未知的。风险则是介于不确定性与确定性之间的一种状态,其概率是可知的或已知的。在项目决策分析与评价中,虽然对项目要进行全面的风险分析,但重点在于对风险的不利影响和防范对策研究上。

(二)风险的性质和分类

1. 风险的性质

一般而言,风险的主要来源可以归纳为 3 个要素:

①不可控制的因素,是超出决策者或管理者的能力而根本不可能人为控制的因素,如地质环境、气候条件、国家经济和法律政策等。

②不易控制的因素,是需要项目决策者或管理者花费巨大代价和大量时间才能改变的因素,如产品的市场价格。

③缺乏足够的信息或资源短缺,由于资金、时间、能力、知识或设施等条件的约束,前期工作不能深入,以致存在许多不确定的信息。因此风险具有以下性质:

1)客观性

客观性即不确定性与风险是客观存在的,无论是自然现象中地震、洪水等自然灾害,还是现实社会中的矛盾、纠纷等社会冲突,不可能完全根除,只能采取措施降低其不利影响。随着社会的发展和科技进步,人们对自然界和社会的认识逐步加深,对风险的认识也逐步提高,有关风险防范的技术不断完善,但仍然存在大量的风险。

2)可变性

可变性是指可能造成损失,也可能带来收益是不确定性与风险的基本特征;风险是否发生,风险事件的后果如何都是难以确定的。但是可以通过历史数据和经验,对风险发生的可能性和后果进行一定的分析预测。

3)阶段性

投资项目的不同阶段存在的主要风险有所不同,投资决策阶段的风险主要包括政策风险、融资风险等,项目实施阶段的主要风险可能是工程风险和技术风险等,而在项目运营阶段的主要风险可能是市场风险、管理风险等。因此,风险对策是因时而变的。

4)多样性

依行业和项目不同具有特殊性,不同的行业和不同的项目具有不同的风险,如高新技术行业投资项目的主要风险可能是技术风险和市场风险,而基础设施行业投资项目的主要风险则可能是工程风险和政策风险,必须结合行业特征和不同项目的情况来识别风险。

5)相对性

对于项目的有关各方(不同的风险管理主体)可能会有不同的风险,而且对于同一风险因素,对不同主体的影响是不同的甚至是截然相反的;如工程风险对业主而言可能产生不利后果,而对于保险公司而言,正是由于工程风险的存在,才使得保险公司有了通过工程保险而获利的机会。

6)层次性

风险的表现具有层次性,需要层层剖析,才能深入最基本的风险单元,以明确风险的根本来源。如市场风险可能表现为市场需求量的变化、价格的波动以及竞争对手的策略调整等,而价格的变化又可能包括产品或服务的价格、原材料的价格和其他投入物价格的变化等,故必须挖掘最关键的风险因素,才能制订有效的风险应对措施。

7)不利性

风险一旦产生,就会使风险主体产生挫折、失败、甚至损失,这对风险主体是极为不利的。风险的不利性要求人们在承认风险、认识风险的基础上,做好决策,尽可能地避免风险,将风险的不利性降至最低。

2.风险的分类

基于不同的分类标准,风险可以划分成多种类型,不同的风险分类间又可能有交叉。具体分类如下所述。

按风险后果划分风险可分为纯粹风险和投机风险两种。纯粹风险是指风险导致的结果只有两种,即没有损失或有损失(不会带来利益)。投机风险是指风险导致的结果有三种,即没有损失、有损失或获得利益。纯粹风险一般可重复出现,因而可以预测其发生的概率,从而相对容易采取防范措施。投机风险重复出现的概率小,因而预测的准确性相对较差。纯粹风险和投机风险常常同时存在。

①按风险来源划分可分为自然风险和人为风险两种。自然风险是指由于自然力的不规

则变化导致财产毁损或个人员伤亡,如风暴、地震等。人为风险是指由于人类活动导致的风险。人为风险又可细分为行为风险、政治风险、经济风险、技术风险和组织风险等。

②按风险的形态划分可分为静态风险和动态风险。静态风险是由于自然力的不规则变化或由于人的行为失误导致的风险。从发生的后果来看,静态风险多属于纯粹风险。动态风险是由于人类需求的改变、制度的改进和政治、经济、社会、科技等环境的变迁导致的风险。从发生的后果来看,动态风险既可属于纯粹风险,又可属于投机风险。

③按风险可否管理划分可分为可管理风险和不可管理风险两类。可管理风险是指用人的智慧、知识等可以预测、可以控制的风险。不可管理风险是指用人的智慧、知识等无法预测和无法控制的风险。

④建设工程项目的风险按分类依据的不同有各种各样的风险,按风险的来源可以细分为市场风险、技术风险、资源风险、工程风险、融资风险、管理风险、政策风险、外部配套条件风险、社会风险和其他风险等,下面将对其作详细介绍。

a. 市场风险。市场风险是竞争性项目经常遇到的重要风险,是指由于市场需求的变化、竞争对手的竞争策略调整等给项目带来损失的可能性。市场风险主要表现在项目产品销路不畅,产品价格低迷等,以致产量和销售收入达不到预期的目标。市场风险一般来自 3 个方面:一是由于市场预测方法或数据错误,导致市场需求分析出现重大偏差;或者是由于消费者的消费习惯发生变化,使得市场需求发生重大变化,导致项目的市场出现问题,市场供需总量的实际情况与预测值发生偏离;二是项目产品市场竞争能力或者竞争对手情况发生重大变化,竞争者采取了进攻策略,或者是出现了新的竞争对手,打破了原有的市场竞争格局,对项目产品的销售产生重大影响;三是由于市场条件的变化,项目产品和主要原材料的实际价格与预测价格发生重大偏离,对项目的效益产生了重大影响。

b. 技术与工程风险。技术风险是指项目采用技术(包括引进技术)的先进性、可靠性、适用性和经济性与原方案发生了重大变化,导致生产能力利用率降低、生产成本提高、产品质量达不到预期要求的可能性。可行性研究阶段应考虑的技术方面的风险因素还有:对技术发展趋势预测不足,出现了新的技术替代了原有技术;对主要生产设备选择不当,或是设备之间配套存在问题,不能正常投入生产,对于引进国外二手设备的项目,还应认真分析设备的性能是否能满足产品生产需要、所采用的工艺技术能否适应当地的原材料等各种风险。工程风险是指工程地质条件、水文地质条件和工程设计发生重大变化,导致工程量增加、投资增加、工期拖长造成损失的可能性。工程风险一般来源于:由于前期工作不足或者工程设计方案不合理。导致项目实施阶段建设方案发生变化;由于及时和资金的限制,对项目的工程地质和水文地质条件勘探不足、情况不清,致使在项目的建设和运营中出现问题从而造成损失。工程风险还包括不可抗力的自然及环境灾害造成的风险。在地质情况复杂地区建设项目,应慎重分析工程风险因素。

c. 管理与组织风险。管理风险是指由于项目管理模式不合理,项目内部组织不当、管理混乱或者主要管理者能力不足等,导致投资大量增加、项目不能按期建成投产造成损失的可能性。因此,合理设计项目的管理模式、选择适当的管理者和加强团队建设是规避管理风险的主要措施。组织风险是指由于项目存在众多参与方,各方的动机与目的不一致将导致项目合作的风险,从而影响项目的进展和项目目标的实现。另外还包括项目组织内部各部门对项目的理解、态度和行动的不一致而产生的风险。完善项目各参与方的合同,加强合同管理,可以降低项目的组织风险。

　　d.政策风险。政策风险主要是指国内外政治经济条件发生重大变化或者政策调整,项目原定目标难以实现的可能性。项目是在一个国家或地区的社会经济环境中存在的,由于国家或地方的各种政策,包括经济政策、技术政策、产业政策等,涉及税收、金融、环保、投资、土地、产业等政策的调整变化,都会对项目带来各种影响。特别是对于境外投资项目,由于不熟悉当地政策,规避政策风险更是项目决策阶段的重要内容。如产业政策的调整,国家对某些过热的行业进行限制,并相应调整信贷政策,收紧银根,提高利率等,将导致企业融资的困难,可能带来项目的停工甚至破产,又如国家土地政策的调整,严格控制项目新占耕地,提高项目用地利用率,对建设项目的生产布局带来重大影响,花园式的工厂将被禁止。

　　e.其他风险。其他风险主要有环境风险、社会风险、资源风险、融资风险和外部协作条件风险等。环境风险是指由于对项目的环境生态影响分析深度不足,或者是环境保护措施不当,引起项目的环境冲突,导致社会的反对或抵制,从而影响项目的建设和运营。社会风险是指由于对项目的社会影响估计不足,或者项目所处的社会环境发生变化,给项目建设和运营带来困难和损失的可能性。有的项目由于选址不当,或者因为项目的受损者补偿不足,都可能导致当地单位和居民的不满和反对,从而影响项目的建设和运营。社会风险的影响面非常广泛,包括宗教信仰、社会治安、文化素质、公众态度等方面,因而社会风险的识别难度极大。资源风险主要是指资源开发项目,如金属与非金属矿、石油、天然气等矿产资源的储量、品位、可采储量、开拓工程量及采选方式等与原预测结果发生较大偏离,导致项目开采成本增高,产量降低或者开采期缩短的可能性。在水资源短缺地区建设项目,或者项目本身耗水量大,水资源风险因素应予重视。水资源风险因素有水资源勘测不明、气候不正常等因素的影响,对于农业灌溉项目还可能有水资源分配问题。融资风险是指出于融资方案不合理、资金供应不足或者来源中断导致建设工期拖延甚至被迫终止建设;或者由于利率、汇率变化导致融资成本升高造成损失的可能性。外部协作条件风险是指由于供水、供电、供汽、交通运输以及上下游配套等外部协作条件发生重大变化,给项目建设和运营带来困难的可能性。对于某些项目,还要考虑其特有的风险因素。例如,对于合资项目,要考虑合资对象的法人资格和资信问题,还有合作的协调性问题;对于农业投资项目。还要考虑因气候、土壤、水利等条件的变化对收成不利影响的风险因素等。

　　⑤按工程建设项目参与者划分可分为:业主风险、承包商风险和专业咨询人员风险3类。业主风险,在工程建设中,因为对任何风险损失大小的衡量均要以货币的形式体现,而业主是建设资金的支付方,因此业主是风险造成经济损失的主要承担者之一,常见的业主风险有:决策风险、财务风险、技术风险、经济风险、不可抗力风险、管理失误风险、政治法律风险、组织风险等。承包商风险主要包括:投标决策阶段的风险,如信息缺失风险、中介与代理

带给承包商的风险、报价失误风险、合作风险等;签约和履约阶段的风险,如合同条款的风险、工程管理的风险、合同管理的风险、物资供应的风险、成本管理的风险、业主履行合同能力的风险、分包或转包的风险、不可抗力造成的风险等;工程验收与交付阶段的风险,如竣工验收的风险、竣工验收资料管理的风险。专业咨询人员风险,专业咨询人员为业主在投资、设计、成本、合同安排和其他各方面提供专业咨询服务,这些人员必须精心运用它们的技能、知识和经验以确保业主的利益受到保护,因此专业咨询人员主要承担的是与工程建设项目有关的责任风险,主要有:行为责任风险、工作技能风险、技术资源风险、职业道德风险等。

根据工程项目管理的实践,工程项目风险可按如图4.14所示的方式进行分类,这种分类方法有利于区分各类风险的性质及潜在影响,风险因素之间的关联性较小,有利于提高风险管理人员对风险的辨识程度,是风险管理策略的选择更具明确性。

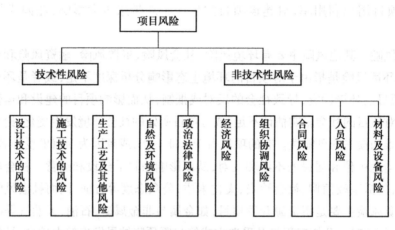

图4.14 建设工程项目风险因素分类

二、不确定性分析与风险分析

不确定性分析是对影响项目的不确定性因素进行分析,测算其增减变化对项目效益的影响,找出主要的敏感因素及其临界点的过程。

风险分析是识别风险因素、估计风险概率、评价风险影响、制订风险对策的过程。

(一)不确定性分析与风险分析的作用

①风险分析的结果有助于在可行性研究的过程中,通过信息反馈改进或优化方案,直接起到降低风险的作用,避免在决策中忽视风险的存在而蒙受损失。

②利用风险分析结果建立风险管理系统,有助于为项目全过程风险管理打下基础,防范实施和经营过程中的风险。

风险分析应贯穿于项目分析的各个环节和全过程。风险分析超出了市场分析、技术分析、财务分析和经济分析的范畴,是一种系统分析,应由项目负责人牵头,项目组成员参加。

(二)不确定性分析与风险分析的区别与联系

1. 相同点

两者的目的是共同的,都是识别、分析、评价影响项目的主要因素,防范不利影响,提高项目的成功率。

2. 区别

不确定性分析与风险分析的区别在于分析方法的不同。

①不确定性分析。对投资项目受不确定性因素的影响进行分析,并粗略地了解项目的抗风险能力,其主要方法是敏感性分析和盈亏平衡分析。

②风险分析。对投资项目的风险因素和风险程度进行识别和判断,主要方法有概率树分析、蒙特卡洛模拟等。

3. 联系

敏感性分析可以得知影响项目效益的敏感因素和敏感程度,但不知这种影响发生的可能性,如需得知可能性,就必须借助于概率分析。敏感性分析所找出的敏感因素又可作为概率分析风险因素的确定依据。

三、风险分析

项目风险分析是认识项目可能存在的潜在风险因素,估计这些因素发生的可能性及由此造成的影响,研究防止或减少不利影响而采取对策的一系列活动,它包括风险识别、风险评估、风险响应与对策研究 4 个基本阶段。风险分析所经历的四个阶段,实质上是从定性分析到定量分析,再从定量分析到定性分析的过程,其基本流程如图 4.15 所示。

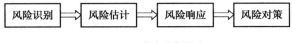

图 4.15　风险分析流程

项目决策分析与评价中的风险分析应遵循以下程序:首先从认识风险特征入手去识别风险因素;其次根据需要和可能选择适当的方法估计风险发生的可能性及其影响;再次,按照某个标准评价风险程度,包括单个风险因素风险程度估计和对项目整体风险程度的估计;最后,提出针对性的风险对策,将项目风险进行归纳,提出风险分析结论。

(一)风险分析的基础及风险分析内容

1. 风险函数

描述风险有两个变量。一是事件发生的概率或可能性(probability);二是事件发生后对项目目标的影响(impact)。因此,风险可以用一个二元函数描述:

$$R(P,I) = P \times I \qquad (4.22)$$

式中　P—— 风险事件发生的概率;

　　　I—— 风险事件对项目目标的影响。

显然,风险的大小或高低既与风险事件发生的概率成正比,也与风险事件对项目目标的影响程度成正比。

2. 风险影响

按照风险发生后对项目的影响大小,可以划分为 5 个影响等级。其说明如下:

①严重影响:一旦风险发生,将导致整个项目的目标失败,可用字母 S 表示。

②较大影响:一旦风险发生,将导致整个项目的目标值严重下降,用 H 表示。

③中等影响:一旦风险发生,对项目的目标造成中度影响,但仍然能够部分达到,用 M 表示。

④较小影响:一旦风险发生,对于项目对应部分的目标产生影响,但不影响整体目标,用 L 表示。

⑤可忽略影响:一旦风险发生对于项目对应部分的目标影响可忽略,并且不影响整体目标,用 N 表示。

3. 风险概率

按照风险因素发生的可能性,可以将风险概率划分为 5 个档次:

①很高:风险发生的概率为81% ~ 100%,即风险很有可能发生,用 S 表示。

②较高:风险发生的概率为61% ~ 80%,即发生的可能性较大,用 H 表示。

③中等:风险发生的概率为41% ~ 60%,即可能在项目中预期发生,用 M 表示。

④较低:风险发生的概率为21% ~ 40%,即不可能发生,用 L 表示。

⑤很低:风险发生的概率为0 ~ 20%,即非常不可能发生,用字母 N 表示。

风险评价矩阵。 风险的大小可以用风险评价矩阵,也称概率 — 影响矩阵(Probability-Impact Matrix,PIM) 表示,它以风险因素发生的概率为横坐标,以风险因素发生后对项目的影响大小为纵坐标,发生概率大且对项目影响也大的风险因素位于矩阵的右上角,发生概率小且对项目影响也小的风险因素位于矩阵的左下角,如图 4.16 所示。

影响(I)	很低	较低	中等	较高	很高
严重	M	H	H	S	S
较大	L	M	H	H	S
中等	L	L	M	H	H
较小	N	L	L	M	H
可忽略	N	N	L	L	M

概率(P)

图 4.16　风险概率 — 影响矩阵

4. 风险等级

根据风险因素对投资项目影响程度的大小，采用风险评价矩阵方法，可将风险程度分为微小风险、较小风险、一般风险、较大风险和重大风险 5 个等级。

1)微小风险

风险发生的可能性很小，且发生后造成的损失较小，对项目的影响很小，对应如图 4.16 所示的 *N* 区域。

2)较小风险

风险发生的可能性较小，或者发生后造成的损失较小，不影响项目的可行性，对应如图 4.16 所示的 *L* 区域。

3)一般风险

风险发生的可能性不大，或者发生后造成的损失不大，一般不影响项目的可行性，但应采取一定的防范措施，对应如图 4.16 所示的 *M* 区域。

4)较大风险

风险发生的可能性较大，或者发生后造成的损失较大，但造成的损失是项目可以承受的，必须采取一定的防范措施，对应如图 4.16 所示的 *H* 区域。

5)重大风险

风险发生的可能性大，风险造成的损失大，将使项目由可行转变为不可行，需要采取积极有效的防范措施，对应如图 4.16 所示的 *S* 区域。

5. 风险分析的内容

风险分析的主要内容包括风险识别、风险评估、风险响应、风险对策和风险分析结论等内容。

1)风险识别

风险识别首先要认识和确定项目究竟可能存在哪些风险因素,这些风险因素会给项目带来什么影响,具体原因又是什么? 在对风险特征充分认识的基础上,识别项目潜在的风险和引起这些风险的具体风险因素,只有首先将项目主要的风险因素揭示出来,才能进一步通过风险评估确定损失程度和发生的可能性,进而找出关键风险因素,提出风险对策。风险因素识别应注意借鉴历史经验,特别是后评价的经验。同时可运用"逆向思维"方法来审视项目,寻找可能导致项目"不可行"的因素,以充分揭示项目的风险来源。投资项目可行性研究阶段涉及的风险因素较多,各行业和项目又不尽相同。风险识别要根据行业和项目的特点,采用适当的方法进行。风险识别要采用分析和分解原则,将综合性的风险问题分解为多层次的风险因素。常用的方法主要有风险分解法、流程图法、头脑风暴法和情景分析法等。在具体操作中,大多通过专家调查的方式完成。

2)风险评估

风险评估是估计风险发生的可能性及其对项目的影响。投资项目涉及的风险因素有些是可以量化的,可以通过定量分析的方法对它们进行分析;同时客观上也存在着许多不可量化的风险因素,它们有可能给项目带来更大的风险,有必要对不可量化的风险因素进行定性描述。因此风险评估应采取定性描述与定量分析相结合的方法,从而对项目面临的风险作出全面的估计。应该注意定性与定量不是绝对的,在深入研究和分解之后,有些定性因素可以转化为定量因素。风险评估的方法包括风险概率估计方法和风险影响估计方法两类,前者又分为主观估计和客观估计;后者分为概率分析、蒙特卡洛模拟等方法。

3)风险响应

风险响应是指在风险评估的基础上,通过相应的指标体系和评价标准对风险程度进行划分,从而揭示影响项目成败的关键风险因素,以便针对关键风险因素采取防范对策。风险响应包括单因素风险响应和整体风险响应。单因素风险响应,即评价单个风险因素对项目的影响程度,以找出影响项目的关键风险因素。响应方法主要有风险概率矩阵、专家评价法等。项目整体风险响应,即综合评价若干主要风险因素对项目整体的影响程度。对于重大投资项目或估计风险很大的项目,应进行投资项目整体风险分析。按照评估和评价结果,结合自身各种因素制订风险管理计划。

4)风险对策

投资项目的建设是一种大量耗费资源的经济活动,投资决策的失误将引起不可挽回的损失。在投资项目决策前的可行性研究中,不仅要了解项目可能面临的风险,且要提出针对性的风险对策,避免风险的发生或将风险损失减低到最低程度,才能有助于提高投资的安全性,促使项目获得成功。同时,可行性研究阶段的风险对策研究可为投资项目实施过程的风险监督与管理提供依据。另外,风险对策研究的结果应及时反馈到可行性研究的各个方面,并据此修改部分数据或调整方案,进行项目方案的再设计。为将风险损失控制在最小的范围内,促使项目获得成功,在项目的决策、实施和经营的全过程中实施风险管理是十分必要的。在投资项目周期的不同阶段,风险管理具有不同的内容。可行性研究阶段的风险对策研究是整个项目风险管理的重要组成部分,对策研究的基本要求包括下述内容。

①风险对策研究应贯穿于可行性研究的全过程。可行性研究是一项复杂的系统工程,而风险因素又可能存在于技术、市场、工程、经济等各个方面。在正确识别出投资项目各方面的风险因素之后,应从方案设计上采取规避防范风险的措施,才能防患于未然。因此风险对策研究应贯穿于可行性研究的全过程。

②风险对策应具有针对性。投资项目可能涉及各种各样的风险因素,且各个投资项目又不尽相同。风险对策研究应有很强的针对性,并结合行业特点,针对特定项目主要的或关键的风险因素提出必要的措施,将其影响降低到最低程度。

③风险对策应有可行性。可行性研究阶段所进行的风险对策研究应立足于现实客观的基础之上,提出的风险对策应是切实可行的。所谓可行,不仅指技术上可行,还要从财力、人力和物力方面可行。

④风险对策必须具有经济性。规避防范风险是要付出代价的,如果提出的风险对策所花费的费用远大于可能造成的风险损失,该对策将毫无意义。在风险对策研究中应将规避防范风险措施所付出的代价与该风险可能造成的损失进行权衡,旨在寻求以最少的费用获取最大的风险效益。

⑤风险对策研究是项目有关各方的共同任务。风险对策研究不仅有助于避免决策失误,而且是投资项目以后风险管理的基础,因此它应是投资项目有关各方的共同任务。项目发起人和投资者应积极参与和协助进行风险对策研究,并真正重视风险对策研究的结果。

5)风险分析结论

在完成风险识别和评估后,应归纳和综述项目的主要风险,说明其原因、程度和可能造成的后果,以全面、清晰地展现项目的主要风险,同时将风险对策研究结果进行汇总,见表4.17。

表4.17　风险对策研究结果汇总表

主要风险	风险起因	风险程度	后果与影响	主要对策
A 技术风险				
B 技术风险				
……				

(二)风险识别

风险识别的重要性。风险管理首先必须识别和分析评价潜在的风险领域,分析风险事件发生的可能性和危害程度,这是项目风险管理中重要的步骤。项目风险经理(或称为项目风险管理人员)若不能准确地识别项目面临的所有潜在风险,就失去了处理这些风险的最佳时机,将无意识地被动地滞留这些风险。风险识别包括确定风险的来源、风险产生的条件,描述其风险特征和确定哪些风险会对本项目产生影响。风险识别的参与者应尽可能包括项目团队、风险管理小组、来自公司其他部门的某一问题专家、客户、最终使用者、其他项目经理、项目相关者、外界专家等。

项目风险识别并非一蹴而就的事情,应当在项目实施的全过程中自始至终反复进行。一旦风险被识别,就可以制订甚至实施简单有效的风险应对措施。

1. 风险识别的步骤

风险识别的基本步骤如下所述。

第一步,在调查研究的基础上列出初步风险清单。初步风险清单一般根据企业对过去项目管理的历史资料整理,也包括搜集同类项目、同地区项目档案资料或其他公开资料,包括商业数据库、学术研究、行业标准、规章制度等。然后结合本项目的特点,包括本项目的目标、范围、任务、进度计划、费用计划、资源计划、采购计划、WBS,以及业主、出资人、承包商等,对项目目标的期望值等,最后列出初步风险清单。

第二步,对列入清单的风险进行分析评价。初步风险清单列出后,要对产生这些风险的源泉、促成风险产生的条件、风险发生概率、风险影响面和危害程度进行分析评价。

第三步,在风险分析评价的基础上,对各项风险进行分类排队。风险分类排队的目的,是为了对不同类型的风险采取不同的对策和措施。可以从不同的角度进行分类。如按影响程度分类可确定管理的重点;按可能发生概率的时段和部门分类,如地下作业部门风险、高空作业风险等,以利于有关部门加强风险管理;也可以按风险处理途径分类,如可以通过保险转移的风险,通过与合作者签订协议或合同分散或转移的风险等。

科学合理地识别项目风险,需要有合理的识别依据。建设工程项目风险识别的依据主要有企业外部有关风险管理的信息资源、组织内部信息资源、项目范围说明书、风险管理体系文件、相关项目管理计划等。

风险识别的基础在于对项目风险的分解。然而通过分解意识到项目存在风险是远远不够的,还需要进一步判断是哪些风险因素,在何种条件下、以何种方式导致风险的发生。项目风险的分解就是根据项目风险的相互关系将其分解成若干个子系统,而且分解的程度足以使人们较为容易地识别出项目的风险,使风险识别具有较好的准确性、完整性和系统性。

项目风险的分解可以根据工程项目的特点以及风险管理人员的知识按下述途径进行。

①目标维:按项目目标进行分解,即考虑影响项目费用、进度、质量和安全目标实现的风险。

②时间维:按项目建设的阶段分解,即考虑工程项目进展不同阶段的不同风险。

③结构维:按项目结构组成分解,同时相关技术群也能按其并列或相互支持的关系进行分解。

④环境维:按项目与其所在环境的关系分解。在此,环境指的是自然环境和社会、政治、军事、社会心理等非自然环境中一切同项目建设有关的联系。

⑤因素维:按项目风险因素的分类分解。

在风险分解过程中,有时并不仅仅是采用一种方法就能达到目的,而需要几种方法的相互组合,如并列、镶嵌等。通常采用的组合方式是时间维、目标维和因素维3方面的组合,如图4.17所示。

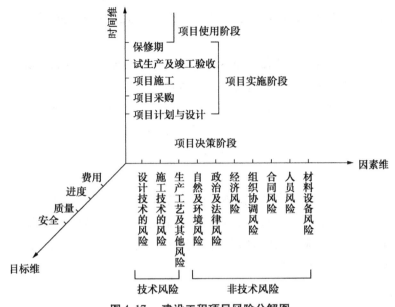

图4.17　建设工程项目风险分解图

风险识别的目的在于确认项目风险的存在及其性质 —— 在何时可能以何种方式造成何种后果,以进行分析和提出风险管理的对策。因此,单纯地通过某一种分解方法识别出广泛存在的项目风险是很难的。例如,只是从目标维去搜寻风险,就比较难以反映项目风险可能发生的原因和发生的时间。从风险管理的角度来看,任何一种风险识别的方法或途径都不是没有弱点或万无一失的。管理策略必须是利用最适合工程项目具体情况的那种方法或者是几种方法的组合。方法的选择取决于工程项目的性质、规模和风险管理人员的风险分析技术等因素。

2. 风险识别的方法

任何能进行潜在问题识别的信息源都可用于风险识别。信息源有主观和客观两类。客观的信息源包括过去项目中记录的经验和表示当前项目进行情况的文件,如工程文档、WBS、计划分析、需求分析、技术性能评价等;主观的信息源是基于有经验的专家经验判断。识别风险是一项复杂的工作,下面是有代表性的几种方法。

1)文件审查

对项目文件(包括计划、假设、以前项目档案和其他信息)进行系统和结构性的审查。项目计划的质量,各个计划之间以及计划与项目需求和假设之间的一致性,都可能是项目的风险指标。

2)信息采集技术

①头脑风暴法。头脑风暴法的目标是得到一份项目风险的综合清单。项目团队经常与一批外部的各学科专家一起举行头脑风暴。在一位主持人的推动下,与会人员会产生出许多有关项目风险的想法,许多风险就可以被识别出来,并且按照风险的类型进行分类,进一步强化其定义。

②德尔菲技术。德尔菲技术是一种达成专家一致意见的方法。项目风险管理专家以匿名方式参与此项活动。主持人用问卷征求对重要项目风险的意见;答卷在总结之后退给专家,请他们进一步发表意见;在经过几轮该过程之后,就可能达到一致意见。德尔菲技术有助于减少数据中的偏移,并防止任何个人对结果造成不当的影响。

③访谈。访问有经验的项目参与者、有关当事人或专题事务专家可以识别风险。访谈是收集风险识别数据的主要方法之一。

④根本原因识别。这是对项目风险本质原因的调查。它加强了风险的定义并且能够按照成因给风险分组。如果找出了风险根源,就可以制订有效的风险应对措施。

⑤优势、弱点、机会与威胁(SWOT)分析。这种技术保证从SWOT的每个角度对项目进行审议,以扩大所考虑风险的广度。

3)核对表分析

风险识别所用的核对表可以根据历史资料,以往类似项目所积累的知识,以及其他信息来源着手制订。风险分解结构的最底层可以作为风险核对表使用。使用核对表的优点之一是风险识别过程迅速简便,其缺点之一就是所制订的核对表不可能包罗万象。应该注意探讨标准核对表上未列出的事项。在项目收尾过程中,应对风险核对表进行审查、改进,以供将来项目使用。

4)假设分析

每个项目都是根据一套假定、设想或者假设进行构思和发展的。假设分析是一种将假设用于项目时检验假设有效性的工具。它从假设的错误、矛盾或不完整中识别项目风险。

5)图形技术

图形技术首先要建立一个工程项目总流程图与各分流程图,要展示项目实施的全部活动。流程图可用网络图来表示,也可利用WBS来表示。其他图形技术包括下述内容。

①因果分析图 —— 也称"鱼刺图"或"石川图",用于确定风险的起因。

②影响图 —— 一种用图解表示问题的方法,反映出变量和结果之间因果关系的相互作用、事件的时间顺序及其他关系。

3. 风险识别报告的编写

风险识别的结果主要表现为风险清单、可能的应对措施、风险因素及更新的风险分类等形式。同时应结合以上分析结构编写项目风险识别报告。

1)风险清单

风险识别过程的结果一般载入风险名单文件中。风险识别的主要成果是进入风险清单,随着风险管理过程的继续,风险清单作为风险管理流程的成果,可以用于项目风险管理过程和其他项目管理过程。风险清单描述已经识别出来的风险,包括其根本原因、不确定的项目假设等。风险几乎可以涉及任何方面,下述为其中个别例子。例如有少数几个交货期长的重大采购事项出现在关键路线上,由于港口的劳资争议将推迟交货,耽误了施工的完成;另一个例子是一个项目管理计划,假设有 10 人参与项目,但实际仅有 6 人可用,资源缺乏将影响完成工作所需要的时间,因此相关活动也将被拖延。

2)可能的应对措施

在风险识别过程中,可以确定针对一种风险可能的应对措施。如果确定了这样的措施,它可作为风险应对计划过程的依据。

3)风险因素

风险因素包括风险发生的基本条件或事件、风险征兆或预警信号。

4)更新的风险分类

识别风险的过程可能产生需要加入风险分类清单的新风险分类。根据风险识别过程的成果,可能需要扩大或改进风险管理计划过程中形成的风险分解结构。

(三)风险评估

项目风险评估包括定性评估和定量评估两部分。定性风险评估的目的是利用已识别风险的发生概率、风险发生对项目目标的相应影响以及其他因素,例如时间框架和项目费用、进度、范围和质量等制约条件的承受度,对已识别风险的优先级别进行评价。概率和影响级别的定义以及专家访谈,可以帮助纠正该过程所使用的数据中的偏移。有关风险行动的时间紧迫性可能会加大风险的重要性。对可用的项目风险信息进行质量评价,有助于理解风险对于项目的重要性。

定性风险评估一般是一种为风险应对计划所建立优先级的快捷、有效的方法,它也为定量风险评估(如果需要该过程)奠定了基础。定性风险评估在项目寿命期间应当被回访,从而与项目风险的变化保持同步。定性风险评估需要使用风险管理计划和风险识别所产生的结果。在这个过程后是定量风险评估过程或直接进入风险应对计划过程。

定性风险评估依据类似项目的风险分析信息、项目范围说明书、风险管理体系文件、风险清单进行评估。风险识别后提出的风险清单是定性风险评估的对象。

定性风险评估一般采用风险概率和影响评价法、概率和影响矩阵法、风险数据质量评价法、风险分类法、风险紧迫性评价等方法进行评估。

定性评估的结果是产生风险清单(更新)。风险清单在风险识别过程中形成,并根据定性风险评估的信息进行更新,更新后的风险清单被纳入项目管理计划。来自定性风险评估的风险清单更新包括:

1）项目风险的相对排序或优先级清单

可以使用风险概率和影响矩阵,根据风险的重要程度进行分类。项目经理可以参考风险优先级清单,集中精力处理高重要性的风险,以获得更好的项目成果。如果组织更关注其中某一项目标,则可以分别为费用、时间、范围和质量目标单独列出风险优先级。对于被评定为对项目十分重要的风险而言,应对其风险概率和影响的评定基础和依据进行说明。

2）按种类分组的风险

按种类分组的风险可以揭示风险的共同根源,或需要特别关注的项目领域。在发现风险集中的领域之后,可提高风险应对的有效性。

3）需要在近期采取应对措施的风险清单

需要采取紧急应对措施的风险和可以以后处理的风险应放在不同的分组。

4）需要补充分析和应对的风险清单

有些风险可能需要补充分析(包括定量风险分析)以及采取风险应对措施。

5）低优先级风险观察清单

在定性风险分析过程中,将评为不重要的风险放入观察清单中继续监测。

6）定性风险分析结果中的趋势

随着分析的反复进行,特定风险的某种趋势可能显现出来,从而采取应对措施或进行进一步的分析,有不同程度的紧迫性或重要性。

定量风险评估是对通过定性风险分析排除优先顺序的风险进行量化评估。一般情况下定量风险评估在定性风险评估后进行。定量风险评估一般应当在确定风险分析应对计划时再次进行,以确定项目总风险是否已经减少到满意程度。重复进行定量风险评估反映出来的趋势可以指出需要增加还是减少风险管理措施,它是风险应对计划的一项依据,并作为风险监测和控制的组成部分。

定量风险评估依据历史信息、项目范围说明书、风险管理体系文件、风险清单、有关项目管理计划进行。

定量风险评估方法以数据收集、灵敏度分析、期望值分析、概率分析等为基础建立分析模型进行风险评估。

通过定性风险评估和定量风险评估相结合的方法,经过风险因素发生概率分析、风险损失量分析确定风险等级。风险损失量的估计应包括下列内容:工期损失的估计、费用损失的估计、对工程的质量、功能、使用效果等方面的影响,并最终提出风险评估报告。

风险评估报告模板一般包括以下内容:

第一部分　项目概况

一、项目建设单位概况

二、项目概况

第二部分　重大建设项目的合法性分析

一、发展规划分析

二、产业政策分析

三、行业准入分析

第三部分　重大建设项目的合理性分析

一、项目选址及用地方案

二、土地利用合理性分析

三、征地拆迁安置方案

四、生态环境影响分析

第四部分　重大建设项目的可行性分析

一、项目建设条件分析

二、经济费用效益或费用效果分析

三、宏观经济影响分析

第五部分　重大建设项目的安全性分析

一、社会影响效果分析

二、社会适应性分析

三、社会稳定风险及对策分析

第六部分　综述

(四)风险响应

风险响应指的是针对风险而采取的相应对策。常用的风险对策包括风险利用、规避、减轻、自留、转移及其组合等策略。对难以控制的风险向保险公司投保是风险转移的一种措施。一旦风险被识别和评估出来,就必须决定其处理方法,企业将如何应对风险呢? 一般有如下述方式。

1. 利用

承受风险是业务成功的基础,不过厌恶风险的人一直都存在。例如,一些大型传媒公司过分关注其数字权限管理,所以未将其信息在线利用,从而迫使部分需要电子信息的客户通过非法手段获取信息,反而减少了公司的收入。相反,那些能关注数字传输风险,同时又善于把握和利用机会的公司则开发出可行的业务模式,扩大了客户群体。

2. 避免

避免风险是常见的应对措施,例如,一些电信企业因为意识到地区性政治风险而选择不进入某些市场。能引起地区性政治风险的因素很多,比如社会动荡、政治不稳、不友善的政治体制、战争、叛乱和恐怖主义等。此外,较差的基础设施、教育的缺乏、政府腐败、市场不成熟和其他因素也可能阻碍公司进入或扩展某些特定市场,尽管该市场存在巨大发展潜力。

3. 接受

当然,总有许多不得不接受的外在风险因素。例如,电信公司可能在花费几十亿美元建设光纤网络之后,发现客户仅仅购买网络容量,却没有购买先进的产品和应用软件。众所周知,应用软件价值不菲,而其他公司无需像电信公司那样投资基础设施就可以进行销售。

4. 转移

当暴露的风险超出公司的风险承受能力,或者企业希望消除突发事件的影响或降低成本的时候,就会采用风险转移的方法。保险和期货合同是风险转移的两个常用方法。公司应当确保风险转移符合其预期。例如,计算机顾问和软件研发人员应详察任何异常事项,以便及时发现并更正错误。

5. 管理

智能化风险管理是最重要的策略。例如,电信公司在客户服务问题上经常面临大量诉讼,范围很大,从对客户过度收取费用到未披露无线覆盖的限制性等问题都有涉及。一个智能化风险管理方法可以识别电信公司的这些弱点,以提醒其留意监管机构的动向、关注高频率的公众诉讼,并采取措施应对这些风险。例如,美国立法机构和监管部门一直关注无线运营商强加给提前终止合同客户的费用。为了应对可能发生的管制风险,许多无线运营商最近宣布,当客户更换到另一家运营商时,此项费用将按比例分派。

风险响应的载体为风险管理计划,也称风险应对计划。制订风险应对计划,确定要采取的增加对项目目标的机会以及减少对项目目标危害的措施。风险应对计划在定性风险分析和定量风险分析之后进行,它确认和指定一个或多个人(风险应对措施的所有人)承担已商定且已得到资金的风险应对措施的责任。风险应对计划根据风险的优先级别处理风险,在需要时将资源和活动加入预算、进度计划和项目管理计划中。

所计划的风险应对措施必须与风险的重要性相符,能低成本地应付挑战,要及时,要在项目环境下实现,所有参与各方要意见一致,并由一个责任人负责。通常需要从几个方案中选择一项最佳的风险应对措施。

制订风险应对计划的依据包括风险管理体系文件、风险分析后的风险清单。

1)风险管理体系文件

风险管理体系文件的重要内容包括:岗位职责、风险分析定义、进行项目风险管理需要的时间和预算。还包括低、中、高风险的极限,这种极限可帮助人们了解那些需要采取应对措施的风险,以及用于制订风险应对计划的人员分配、进度计划和预算。

2)风险分析后更新的风险清单

风险清单最初在风险识别过程中形成,在风险定性和定量分析中得到更新。风险应对计划在制订风险应对策略时,可能要重新参考和已识别的风险、风险的根本原因、可能的应对措施清单、风险所有人、征兆和预警信号。风险清单给风险应对计划提供的重要依据包括:项目风险的相对等级或优先级清单、近期需要采取应对措施的风险清单、需要补充分析和应对的风险清单、风险分析结果中的趋势、根本原因,按分类分组的风险,以及低优先级风险的观察清单。

有若干种风险应对策略可用。应当为每个风险选择最有可能产生效果的策略或策略组合。可以利用风险分析的工具选择最适当的应对方法,然后为了实施该项策略而制订具体行动。可以选定主要策略和备用策略。可以制订一个退出计划,在所选策略被证明不是充分有效或者发生了一个可以接受的风险时实施。通常要分配不可预见事件的时间或费用储备。最后,可以制订一个不可预见事件计划,识别引发这些事件的条件。

风险应对策略包括消极风险或危害的应对策略、积极风险或机会的应对策略、同时应对危害和机会的策略和应急应对策略4种。消极风险或危害的应对策略主要包括回避、转移、减轻3种。积极风险或机会的应对策略主要包括利用、分享、增加3种。同时应对危害和机会的策略是接受。应急应对策略只有在某些事件发生时才使用,因此该类策略一般以预案或应对计划方式体现。

根据《建设工程项目管理规范》相关规定,风险管理计划的主要内容包括:

①风险管理目标。

②风险管理范围。

③可使用的风险管理方法、工具以及数据来源。

④风险分类和风险排序要求。

⑤风险管理的职责与权限。

⑥风险跟踪的要求。

⑦相应的资源预算。

风险管理目标的制订要适合项目自身的情况,风险管理目标能够保证工程项目顺利进展即可。风险管理范围中以风险要素为主要对象,同时明确各风险要素是否在本项目进展阶段中,界定风险管理范围,从而明确风险管理的对象。风险分类和风险排序要求最终反映需要应对的风险清单即可,风险清单最初在风险识别过程中形成,在风险评估中得到更新。应对计划的风险清单包括:已识别的风险、风险的描述、受影响的项目领域、原因,以及它们可能怎样影响项目目标。风险清单要符合优先权的排序并和所计划的应对策略的详细程度一致。高、中级风险通常会更仔细地处理。在风险跟踪的要求中要明确风险发生的征兆和预警信号,同时对应急方案和实施方案的引发因素进一步明确。对于特定的风险,如果它们可能发生,为了规定各方的责任,可以准备用于保险、服务或其他相应事项的合同。

(五)风险应对

风险应对就是依据风险管理计划对风险进行应对处置。本部分核心内容主要是风险应对措施。任何经济活动都可能有风险,面对风险,人们的选择可能不同。由于风险具有威胁和机会并存的特征,所以应对风险的对策可以归纳为消极风险或威胁的应对策略及积极风险或机会的应对策略。前者的具体对策一般包括风险回避、风险减轻、风险转移和风险接受,针对的是可能对项目目标带来消极影响的风险;后者针对的是可以给项目带来机会的某些风险,采取的策略总是着眼于对机会的把握和充分利用。由于大多数投资项目决策过程中更为关注的是可能给项目带来威胁的风险,因此下面陈述的主要风险对策仅涉及消极风险或威胁的应对策略。

1. 风险回避

风险回避是彻底规避风险的一种做法,即断绝风险的来源。对投资项目可行性研究而言意味着提出推迟或否决项目的建议或者放弃采纳某一具体方案。在可行性研究过程中,通过信息反馈彻底改变原方案的做法也属于风险回避方式。如风险分析显示产品市场方面存在严重风险,若采取回避风险的对策,就会作出缓建(待市场变化后再予以考虑)或放弃项目的决策。这样固然避免了可能遭受损失的风险,同时也放弃了投资获利的可能,因此风险回避对策的采用一般都是很慎重的,只有在对风险的存在与发生,对风险损失的严重性有把握的情况下才有积极意义。所以风险回避一般适用于两种情况:其一是某种风险可能造成相当大的损失,且发生的频率较高;其二是应用其他的风险对策防范风险代价昂贵,得不偿失。

2. 风险减轻

风险减轻是指将不利风险事件发生的可能性和(或)影响降低到可以接受的临界值范围内,也是绝大部分项目应用的主要风险对策。提前采取措施以降低风险发生的可能性和(或)可能给项目造成的影响,比风险发生后再设法补救要有效得多。可行性研究报告的风险对策研究应十分重视风险减轻措施的研究,应就识别出的关键风险因素逐一提出技术上可行、经济上合理的预防措施,以尽可能低的风险成本来降低风险发生的可能性,并将风险损失控制在最低程度。在可行性研究过程中所做风险对策研究提出的风险减轻措施运用于方案的再设计;在可行性研究完成之时的风险对策研究可针对决策、设计和实施阶段提出不同的风险减轻措施,以防患于未然。典型风险减轻措施包括通过降低技术方案复杂性的方式降低风险事件发生的概率,通过增加那些可能出现风险的技术方案的安全冗度以降低日后一旦风险发生可能带来的负面效果。风险减轻措施必须针对项目具体情况提出,既可以是项目内部采取的技术措施、工程措施和管理措施等,也可以采取向外分散的方式来减少项目承担的风险。如银行为了减少自己的风险,只贷给投资项目所需资金的一部分,让其他银行和投资者共担风险。在资本筹集中采用多方出资的方式也是风险分散的一种方法。

3. 风险转移

风险转移是试图将项目业主可能面临的风险转移给他人承担,以避免风险损失的一种方法。转移风险是把风险管理的责任简单地推给他人,而并非消除风险。在一般情况下,采用风险转移策略需要向风险承担者支付风险费用。转移风险有两种方式,一是将风险源转移出去;二是只把部分或全部风险损失转移出去。就投资项目而言,第一种风险转移方式是风险回避的一种特殊形式,如将已做完前期工作的项目转给他人投资。

第二种风险转移方式又可细分为保险转移方式和非保险转移方式两种。保险转移是采取向保险公司投保的方式将项目风险损失转嫁给保险公司承担,如对某些人力难以控制的灾害性风险就可以采取保险转移方式,但应注意,保险公司承保的风险并不涵盖所有人力难以控制的灾难性风险。非保险转移方式是项目前期工作涉及较多的风险对策,如采用新技术可能面临较大的风险,可行性研究中可以提出在技术合同谈判中注意加上保证性条款,如达不到设计能力或设计消耗指标时的赔偿条款等,以将风险损失全部或部分转移给技术转让方,在设备采购和施工合同中也可以采用转嫁部分风险的条款,如采用总价合同形式将风险转移给卖方。

无论采用何种风险转移方式,风险的接收方应具有更强的风险承受能力或更有利的处理能力。

4.风险接受

顾名思义,风险接受就是将风险损失留给项目业主自己承担,也称风险自留。风险接受措施可能是主动的,也可能是被动的。已知有风险但由于可能获利而需要冒险,而且此时无法采用其他的合理应对策略,必须被动地保留和承担这种风险。另一种情况是已知有风险,但若采取某种风险措施,其费用支出会大于自担风险的损失时,常常主动接受风险,常见的主动接受策略是建立应急储备,安排一定的时间、资金或资源来应对风险。

以上所述,风险对策不是互斥的,实践中常常组合使用。比如在采取措施降低风险的同时并不排斥其他的风险对策,例如向保险公司投保。可行性研究中应结合项目的实际情况,研究并选用相应的风险对策。

(六)风险监测与控制

1.风险监测的目的和依据

项目应对计划中的应对措施在项目管理期间得到执行,但为了发现新风险和变化着的风险,应当连续地监测项目工作。

风险监测与控制是这样一个过程,它识别、分析和预测新风险,保持对已识别风险和"观察清单"中的风险的跟踪,重新分析现存的风险,监测不可预见事件的引发条件,监测残留风险,评审风险应对策略的实施效果。风险监测与控制使用一些技术,例如偏差和趋势分析,这些分析需要使用项目实施过程中生成的绩效数据。风险监测的其他目的还包括下述内容。

①项目的假设是否仍然正确。

②已评价的风险,以及趋势分析与原来状态相比是否改变。

③正确的风险管理政策和程序是否得到遵守。

④不可预见事件的费用或进度储备是否随着项目风险的改变而修正。

风险监测与控制可能涉及选择一些替代策略、实施一项应急或退出计划、采取纠正措施，或修改项目管理应对计划。风险应对的负责人应当定期向项目经理汇报计划的有效性、未曾预料到的后果，以及为了适当地处理风险需要采取的任何中间纠正措施。风险监测与控制过程还包括更新组织过程资源，其中包括为了有利于未来项目所建立的项目经验教训数据库和风险管理模板。

风险监测与控制的依据主要有风险应对计划、批准的变更请求、工作绩效信息和绩效报告等。批准的变更请求可能包括诸如工作方法、合同条款、范围和进度计划的修订。批准的变更可能产生新的风险或已识别风险的变化，需要对这些变化进行分析，从而得到它们对风险清单、风险应对计划的影响。应当正式记载所有的变更。任何只是口头商议却未作记载的变更都不应当得到处理或执行。工作绩效信息包括项目可交付成果的状态、纠正行动和绩效报告在内的工作绩效信息，是风险监测与控制的重要依据。绩效报告提供项目工作绩效信息，例如可能影响风险管理过程的某项分析，一般以表格式为多见。

2. 风险监测与控制的方法

风险监测与控制常见的方法有风险再评价法、风险审核法、偏差和趋势分析法、技术绩效测定法、储备分析法和状况检查会等。

1) 风险再评价

风险监测与控制需要在适当的时候，利用本章讲述的流程识别新风险并对风险进行重新评价。应当预定好定期的风险再评价。项目风险管理应当是团队状况检查会议的一个议题。合适的重复次数和详细程度取决于项目相对于目标的进展情况。例如，如果出现了没有在风险清单中预计的风险或没有包含在"观察清单"中的风险，或对目标的影响与预期的影响不同，则计划的应对措施可能不当，就有必要补充风险应对计划，从而对风险进行控制。

2) 风险审核

风险审核是对风险管理过程的检查并用文件表述风险对策的效果。

3) 偏差和趋势分析

应当利用绩效资料评审项目实施当中的趋势。可以使用赢得值分析、其他项目偏差和趋势分析方法监测项目总体绩效。这些分析的结果可以预测出在项目完成时项目费用和进度目标可能的偏离。与基准计划的偏差可以表明威胁或机会的可能影响。

4) 技术绩效测定

技术绩效测定将项目执行期间的技术成果与项目计划中的技术成果进度计划进行比较。诸如在一个里程碑时刻显示出比计划或多或少的功能性之类的偏差，可以帮助预测实现项目范围的成功度。

5)储备分析

在整个项目实施过程中,有些风险可能发生,从而对预算或进度的不可预见事件储备造成积极或消极的影响。储备分析在项目的任何时点比较剩余的不可预见事件储备与剩余风险量,以确定剩余的储备是否充足。

6)状况检查会

项目风险管理可以是定期召开的项目状况检查会的一项议程。这个事项占用的会议时间可长可短,取决于已经识别出的风险、风险的优先级以及应对的难度。越经常检查风险管理,就越容易解决风险管理存在的问题。

3. 风险监测与控制的结果形式

风险监测与控制的结果表现为下述几种形式。

1)风险清单(更新)

更新的风险清单包括:风险再评价、风险审核和定期风险评审,可能对概率、影响、优先级、应对计划、管理人以及风险名单其他元素进行更新;项目风险和风险应对策略的实际结果可以帮助项目经理为整个组织的风险和未来项目的风险进行计划。

2)请求的变更

经常实施应急计划或随机应变措施往往需要为了应对风险而改变计划。

3)推荐的纠正措施

推荐的纠正措施包括应急方案或随机应变措施。后者针对的是那些开始并没计划到,但又需要处理的以前未曾识别出来或被动接受了的正在发生的风险。

4)推荐的预防措施

使用推荐的预防措施,以使项目符合项目管理计划。

5)组织的过程资源(更新)

项目风险管理流程产生的信息可以用于未来的项目,应当将这些资料收入组织的过程资源当中,包括概率和影响矩阵以及风险清单在内的风险管理模板,可以在项目收尾时得到更新,包括更新风险管理文件和更新风险分解结构;来自项目风险管理活动的经验教训,可以加入组织的经验教训知识数据库中;项目活动实际费用和持续时间的数据,可以加入组织的数据库中。需要更新的内容包括风险清单的最终版本、风险管理计划模板、核对表和风险分解结构。

6)项目管理计划(更新)

如果批准的变更请求对整个项目的管理过程产生影响,为了反映批准的变更,项目管理计划也需要更新。

四、工程保险

风险是时时、处处存在的,风险发生时人们可以采取对应的措施规避或减少风险带来的损失,或是将损失降到最低,实际中人们常常购买保险作为对风险防范的事前控制手段之一,因此,工程保险是在项目管理和施工过程中经常性遇见的,故有必要对工程保险进行正确认识。

工程保险是承保工程在施工建设期间各种风险的保险。工程保险是一种综合性保险,它取决于工程风险的综合性。工程保险不同于其他保险,其特点表现为:

①对工程保险承包业务的专业水准要求高。

②保险金额很高。

③工程保险领域存在信息不对称问题,一方面,保险人占有保险方面的信息优势,保险人通过设置对自己有利的保险合同条款,从投保人缴纳的保险费中获得更多的收益;另一方面,投保方占有工程方面的信息优势,依据建筑安装中的风险情况,选择对自己有利的险种,而且在保险条款协商方面占有优势。

④工程保险可以附加承保 —— 工程保险除了可以承保主险外,还可以承保附带的保险责任。

⑤关键保险条款具有个性化。

⑥保险条款可以变更。

⑦保险标的投保时具有不完整性。

工程保险能起到分散工程风险损失的作用,具体表现在:

①保护工程承包商或分包商的利益。承包商或分包商可以通过投保工程一切险或质量责任险等险种将风险损失赔偿责任转移给保险公司。

②保护业主利益。业主可以通过投保雇主责任险将工程施工过程中可能造成的雇员人身伤亡和疾病的经济赔偿风险转嫁给保险公司;还可以自己投保或要求承包商投保两年或十年责任险将风险损失赔偿责任转移给保险公司。

③减少工程风险的发生。保险公司可能从自身利益出发,凭借积累的工程风险与保险的工作经验,为被保险人提供风险管理指导,并采取合理的措施尽量减少风险发生的概率和风险损失程度。

(一)工程保险的类别

广义的工程保险包括工程建设期间的建筑安装工程保险以及其他与工程相关的保险,狭义的工程保险一般仅指建筑安装工程保险。根据适用工程性质的不同,目前国内和国际保险市场常用的建筑安装工程保险主要为"建筑工程一切险"和"安装工程一切险"。

1. 建筑工程一切险

建筑工程保险是承保以土木建筑为主体的各类工程在整个建筑期间因自然灾害和意外事故造成的物质损失，以及被保险人对第三者依法应承担的赔偿责任的险种，简称"建工险"。

2. 安装工程一切险

安装工程一切险专门承保各类机器设备或钢结构建筑物在整个安装、调试期间，由于自然灾害和意外伤害事故造成的物质损失，以及被保险人对第三者依法应承担的赔偿责任的险种，简称"安工险"。在大多数情况下，同一个工程建设项目既包含建筑工程项目也包含安装工程项目，往往需要将建工险和安工险组合成一张建筑和安装工程险保单，有时也可根据工程建设项目中建筑工程和安装工程部分的占比情况，按照建工险或安工险投保。

3. 工程相关保险

工程建设项目建设期间，除了对主体工程投保的建筑安装工程保险外，还可能会涉及下述险种。

1）相关人员保险

对于施工过程中可能造成的人员伤害，可以通过投保雇主责任险或施工人员意外伤害保险提供保险保障。雇主责任险的被保险人是所有人、承包人和分包人，一般由各方分别投保，承包的是被保险人因施工意外事故造成雇员人身伤害而对雇员承担的经济赔偿责任；意外伤害保险的被保险人是从事工程施工的各类人员，在发生施工意外事故造成人身伤害时，保险公司按照保险单约定的金额向受益人支付保险赔偿金。

2）施工机具保险

施工单位需要为其在施工中使用的各种施工机具投保专门保险。施工机具也可以作为单独的保险项目，放到建工险或安工险中投保。

3）相关职业责任保险

工程中的设计方、监理方等专业工作者，可以为其在工程建设中的专业工作投保职业责任保险，转移其面临的由于自身工作中的过失而承担经济赔偿责任的职业风险。目前国内这类险种包括设计责任保险、监理责任保险等。

4）其他险种

在上述险种中，建工险和安工险（包括其中的责任险）、人员相关保险、施工机具保险应是最基本和最必要的。

(二)工程保险安排

1. 投保人和被保险人

工程保险一般可由所有人或总承包人投保,由哪方投保,会在工程承包合同中写明。所有工程建设项目的最终受益方 —— 所有人投保可以使其对工程保险的成本、执行情况等加以控制。而承包人是工程项目建设的实施方,对工程建设更加了解,由其投保,办理保险投保和索赔手续等更加直接和便利。国际上保险费已列入工程合同承包价,由承包人投保的情况较多。国内是将工程保险费作为工程项目建设其他费用列入工程合同价。无论哪方投保,在一般情况下,均应将对方及工程其他相关方(如分包商)列为共同被保险人。在承包人投保的情况下,所有人一般会对保险条件提出明确的要求,保险合同签订、变更等都须征得所有人的同意。

保险方案的确定。根据工程的实际情况,在通用保险合同范本的基础上,根据工程项目的实际情况,设计制订出最符合工程需要的保险方案。需要考虑的关键因素如下:一是保险项目和保险金额／赔偿限额的确定;二是免赔额的确定;三是保险期限的确定。

保险费率和保险费。保险费率是保险的单位成本,是一定时期保险费与保险金额的比例关系。影响保险费率的因素主要包括:工程性质、施工难度、工程各关系方的资质、工程所处的地理位置、施工现场的条件、工期长短及施工安装季节、免赔额的高低等。保险费是指投保人按一定的保险条件取得保险人的保障而应交纳的价款。保险费的计算公式为:

$$工程保险费 = 保险金额 \times 保险费率$$

工程保险费与投保方要求的保障程度成正比。保单规定的保险项目越多,保险责任范围越宽且保险金额越大,意味着保险提供的风险保障程度越高,则保费就要相应增加。另外,若保险标的的风险程度增加,说明潜在风险转移的可能性增加,则需提高保险费率。总之,保险金额和保险费率是影响工程保险保费的两个重要因素。

2. 保险公司的选择

在选择保险公司时,除了保险费因素外,还应充分考虑保险公司的实力和资质,考察其财务状况、偿债能力、类似项目的承保理赔经验、人员的专业技能等。

(三)工程保险期限

工程保险的期限包括下述几部分。

1)施工期(建筑安装期)

自被保险工程在工地动工之日起,至工程所有人对部分或全部工程签发完工验收证书或验收合格之日止／或至工程所有人实际占有或使用接受该部分或全部工程之时止,上述两项以先发生者为准。

2）试车期和考核期

在安装工程中，机器设备安装完毕后，投入生产性使用前，为保证正式运行的可靠性和准确性，必须进行试车考核。

3）保证期

保证期是指根据工程合同的规定，承保人对于所承包的工程项目在工程验收并交付使用之后的一定时期内，对施工中存在的质量问题应承担修复或赔偿责任。

上述各部分期限应与工程承包合同中的规定一致。需要说明的是，试车考核期和保证期的保险责任不同于施工期，应在保险合同中通过附加条款等予以明确。

（四）工程保险原则

工程保险的四项基本原则是保险利益原则、损害补偿原则、近因原则和最大诚信原则。

1）保险利益原则

保险利益是指投保人对保险标的所具有的法律上承认的利益。它体现了投保人和保险人之间存在的利害关系。保险利益原则是指在签订保险合同时或履行保险合同过程中，投保人和被保险人对保险标的必须具有保险利益的规定。我国《保险法》第十二条规定："投保人对保险标的应当具有保险利益。投保人对保险标的不具有保险利益的，保险合同无效。"

2）损害补偿原则

损害补偿原则表述为：被保险方在保险期限内遭受到保险责任事故的损害，有向保险方索要赔款和申请保险金的权力，保险方也必须承担所约定的保险保障的义务。

3）近因原则

近因原则是在处理赔案时决定保险人是否承担保险赔偿与保险金给付责任的重要原则。可表述为：保险赔偿与保险金给付的先决条件是造成保险标的损害后果的近因必须是保险责任事故。

4）最大诚信原则

我国《保险法》第五条规定："保险活动当事人行使权利、履行义务应当遵循诚实信用原则。"工程保险合同是最大诚信合同。最大诚信的含义是指当事人真诚地向对方充分而准确地告知有关保险的所有重要事实，不允许存在任何虚伪、欺骗、隐瞒行为。最大诚信原则可表述为：保险合同当事人订立合同及在合同有效期内，应依法向对方提供足以影响对方作出订约与履约决定的全部实质性重要事实，同时绝对信守合同订立的约定与承诺。否则，受到损害的一方，按民事立法规定可以此为由宣布合同无效，或解除合同，或不履行合同约定的义务或责任，甚至对因此受到的损害还可要求对方予以赔偿。

（五）工程保险合同管理

工程保险合同管理主要包括工程保险合同的订立、履行、变更和续保等关键环节。根据合同管理主体的不同,工程保险合同管理分为两个层面:一方面是监管当局对工程保险合同的监督管理;另一方面是保险公司在相关政策法规允许的条件下,实施全方位合同管理。

工程保险合同签订后,投保人和被保险人应严格按照合同履行自身的义务,否则有可能会影响保险合同的效力,从而影响索赔。

投保人和被保险人在工程合同下的义务主要包括下述内容。

1)如实相告

在投保时,被保险人及其代表应对投保申请书中列明的事项以及保险公司提出的其他事项作出真实、详尽的说明或描述;在保险期内,如被保险工程有重大变化(如合同金额、设计、施工方案、工期等),应及时通知保险公司。

2)按期缴费

被保险人或其代表应根据保险单中的规定按期缴付保险费。

3)防灾防损

被保险人应采取一切合理的预防措施,遵守一切与施工有关的法规和安全操作规程;若在某一被保险财产中发现的缺陷表明或预示类似缺陷也存在于其他被保险财产中时,被保险人应立即调查并纠正该缺陷;在发生事故时,被保险人应采取一切必要措施防止损失的进一步扩大并将损失减少到最低程度。

4)及时报案并配合保险公司的调查

在发生引起或可能引起保险索赔的事故时,被保险人或其代表应立即通知保险公司,保留事故现场及有关实物证据,根据保险公司的要求提供作为索赔依据的所有证明文件、资料和单据。

5)协助追偿

若保险单项下负责的损失涉及其他责任方时,被保险人应立即采取一切必要的措施行使或保留向该责任方索赔的权力。在保险公司支付赔款后,被保险人应将向该责任方追偿的权利转让给保险公司,并协助保险公司向责任方追赔。

(六)工程保险的理赔程序和理赔原则

理赔是保险产品的重要组成部分,关系消费者对保险产品的满意度,而且具有示范效应。保险理赔服务质量将影响消费者对保险产品的进一步需求。

1)工程保险的理赔程序

工程保险的损失原因分析和损失估算非常复杂,因而其理赔过程也很复杂。工程保险理赔流程如图 4.18 所示,主要经历六大步骤。首先进行查勘前准备,审阅保险单,了解险情;其次进行现场勘察,主要是查勘受损项目,清点损失;第三是事故调查,分为初步调查、详细调查和技术测试签订;第四是进行灾害事故原因及责任分析,原因分析适用近因原则,责任分析主要认定是保险责任还是除外责任;第五是审核财务情况;第六是进行赔偿支付和损余处理。

在建筑安装工程保险中,被保险人的索赔时效自损失发生之日起,不超过 2 年。

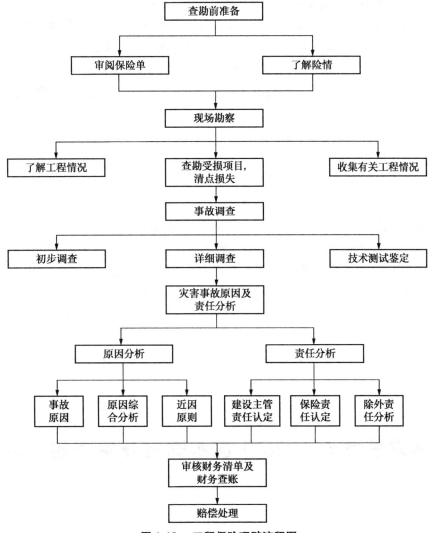

图 4.18　工程保险理赔流程图

2)工程保险的理赔原则

(1)重合同、守信用

保险合同是保险双方权利义务的依据。双方均应遵守合同约定,保证合同严格顺利实现。

(2)实事求是

在理赔工作中,要认真勘查现场,注意在事实调查的基础上,一方面坚持按保险合同办事;另一方面要具体情况具体分析,灵活处理赔案。

（3）主动、迅速、准确、合理

这一原则是衡量和检验保险理赔工作质量的标准，是保险企业信誉的集中表现。

（4）近因

保险理赔遵循的一条重要原则是近因原则。近因原则是指按照造成保险标的的损失的有效原因来判断理赔责任。保险公司只对与损失有直接因果关系的承保风险所造成的损失负赔偿责任，而对不是由承保风险造成的损失，不负赔偿责任，这就是我国保险法规定的近因原则。利用近因原则判定责任时，共分为下述 4 种情况。

①单一原因造成的损失。这种情况比较简单，只要判断这一原因是否属于保险责任范围即可。若是，保险公司则赔偿；若不是，则保险公司部赔偿。

②多种原因同时发生造成的损失。如果多种风险因素对事故损失都起着重要影响，那么应该逐一研究风险因素是否属于保险责任。如果各种风险因素导致的损失能够区分开，则保险公司负责赔偿属于保险责任内的风险因素导致的损失。如果不能划分开，则双方协商赔付。

③多种原因连续发生造成的损失。如果前后风险原因存在必然的因果关系，且前后原因之间的因果链未中断，那么根据牵引是否属于保险责任范围来判断最终是否赔偿。如果前因在保险责任内，则保险公司负责赔偿；若前因不在保险责任内，后因是前因的必然结果，即使后因在保险责任内，保险公司也不负责赔偿。

④多种原因间断发生。当多种原因间断发生时，依据新出现而且独立的风险原因是否在保险责任范围内来判断。如果在保险责任范围内则赔偿，不在保险责任范围内则不赔偿。如果新出现的风险因素与前面发生的风险因素有关，则按照前一种情况来判断。

学习任务六　Excel 在不确定分析中的应用

一、利用 Excel 进行盈亏平衡分析

结合实例，说明利用 Excel 进行盈亏平衡分析。

【例题 4.20】　某企业生产 A、B、C 3 种产品，A 产品年销售量 100 000 件，单价 10 元／件，单位变动成本 8.5 元／件；B 产品年销售量 25 000 台，单价 20 元／台，单位变动成本 16 元／台；C 产品年销售量 10 000 套，单价 50 元／套，单位变动成本 25 元／套；全厂固定成本 300 000 元。

解：根据以上资料，可以建立分析表格如图 4.19 所示。

	A	B	C	D	E	F	G	H
1			多品种静态盈亏平衡分析			单位：万元		
2	项目	销售量	单价	单位变动成本	销售收入	边际贡献	贡献边际率	固定成本
3	A产品	1000000	10	8.5	1000000	150000	15%	
4	B产品	25000	20	16	500000	100000	20%	
5	C产品	10000	50	25	500000	250000	50%	
6					2000000	500000	25%	300000
7	项目	销售比重		保本额	保本量			
8	A产品	50%		600000	60000			
9	B产品	25%		300000	15000			
10	C产品	25%		300000	6000			
11	全厂综合保本额			1200000				

图 4.19　某企业的多品种盈亏平衡分析

有关计算分析公式如下：

销售收入 = 销售量 × 单价

边际贡献 = 销售量 ×（单价 − 单位变动成本）

$$\text{边际贡献率} = \frac{\text{边际贡献}}{\text{销售收入}}$$

$$\text{销售比重} = \frac{\text{某产品销售收入}}{\text{全厂各产品销售收入合计}}$$

$$\text{全厂综合边际贡献率} = \sum \text{某产品边际贡献率} \times \text{该产品销售比重}$$

$$\text{全厂综合保本额} = \frac{\text{全厂固定成本}}{\text{全厂综合边际贡献率}}$$

某产品保本额 = 全厂综合保本额 × 该产品销售比重

$$\text{某产品保本量} = \frac{\text{某产品保本额}}{\text{该产品单价}}$$

输入已知数据及定义完公式后，即可计算出各个可变单元格的数值，即全厂综合保本额 1 200 000 元，产品 A、B、C 的保本额分别为 600 000 元、300 000 元和 300 000 元，保本量分别为 60 000 件、15 000 台和 6 000 套。

各单元格的计算公式为

单元格 E3:E5:“= B3:B5 * C3:C5”（数组公式输入）。

单元格 F3:F5:“= B3:B5 * (C3:C5 − D3:D5)”（数组公式输入）。

单元格 G3:G6:“= F3:F6/E3:E6”（数组公式输入）。

单元格 E6:“= SUM(E3:E5)”。

单元格 F6:“= SUM(F3:F5)”。

单元格 B8:B10:“= E3:E5/E6”（数组公式输入）。

单元格 D8:D10:“= B8:B10 * D11”（数组公式输入）。

单元格 E8:E10:“= D8:D10/C3:C5”（数组公式输入）。

单元格 D11:“= H6/G6”。

图 4.19 建立了各产品的单价、单位变动成本和固定成本与保本额或保本量之间的关系，利用图 4.19 就可分析它们对盈亏平衡点的影响。

二、利用 Excel 进行敏感性分析

结合实例,说明利用 Excel 进行敏感性分析。

【例题 4.21】 图 4.20 所示为某一投资方案的有关资料,所采用的数据是根据对未来可能出现的情况预测的,未来的投资额、付现成本和销售收入都有可能在 30% 的范围内变动。试对这 3 个因素做敏感性分析。企业采用直线法计提折旧,基准收益率为 15%。

	A	B	C	D	E	F	G	H	I	J
1				投资项目的原始数据						
2	年份	第0年	第1～9年	第10年	基准收益率	所得税税率				
3	初始投资	2000			15%	33%				
4	销售收入		1800	1800						
5	付现成本		1100	1100						
6	期末残值			120	净现值					
7	净现金流量	-2000	531.04	651.04	694.83					
8				不确定因素变化时对项目净现值的影响						
9	因素变动率	-30%	-20%	-10%	0%	10%	20%	30%	净现值为零时的因素变动率	
10	投资额变动	1195.46	1028.58	851.71	694.83	527.95	361.08	194.2	41.64%	0
11	销售收入变动	-1120.96	-515.7	89.57	694.83	1300.09	1905.36	2510.62	-11.48%	0
12	付现成本变动	1804.48	1434.6	1064.71	694.83	324.95	-44.94	-414.82	18.79%	0

图 4.20　不确定性因素对净现值的影响

解:一般性的敏感性分析方法和步骤如下:

(1)设计如图 4.20 所示的分析表格。

(2)在单元格 B10:H10 中输入投资额变动对净现值的影响计算公式:

"=PV(E3,10,-((C4-C5)*(1-F3)+SLN(B3*(1+B9:H9),D6,10)*F3))+D6/(1+E3)^10-B3*(1+B9:H9)"。

(3)在单元格 B11:H11 中输入销售收入变动对净现值的影响计算公式:

"=PV(E3,10,-((C4*(1+B9:H9)-C5)*(1-F3)+SLN(B3,D6,10)*F3))+D6/(1+E3)^10-B3"。

(4)在单元格 B12:H12 中输入付现成本变动对净现值的影响计算公式:

"=PV(E3,10,-((C4-C5*(1+B9:H9))*(1-F3)+SLN(B3,D6,10)*F3))+D6/(1+E3)^10-B3"。

以上各单元格区域的公式输入均为数组公式输入,则计算结果如图 4.20 所示。

对计算结果绘制分析图如图 4.21 所示,步骤如下:

(1)选取单元格区域 A9:H12,单击工具栏上的"图表向导"按钮,在"图表向导-4 步骤之1—图表类型"对话框中,"图表类型"选择"XY 散点图","子图表类型"选择"平滑线散点图",单击"下一步"按钮。

(2)在"图表向导-4 步骤之 2—图表源数据"对话框中,不作任何输入,单击"下一步"按钮。

(3)在"图表向导-4 步骤之 3—图表选项"对话框中,在"图表标题"栏中输入"敏感性分析图",在"数值(X)轴"栏中输入"不确定性因素变动幅度",在"数值(Y)轴"栏中输入"净现

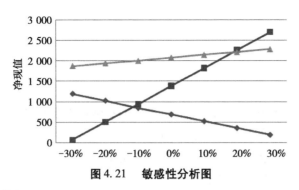

图 4.21　敏感性分析图

值",单击"下一步"按钮。

(4)在"图表向导 -4 步骤之 4— 图表位置"对话框中,不作任何输入,单击"确定"按钮。

(5)对图表的大小、坐标数值、标题等格式进行调整,使图表赏心悦目,则图表制作即告完成。

可见,销售收入对净现值的影响最大,付现成本其次,而投资额的影响最小。

然后可以利用单变量求解工具求出当净现值为零时每个不确定性因素的变动数值,方法为:在 J10 中输入公式"$= PV(E3,10, -((C4 - C5) * (1 - F3) + SLN(B3 * (1 + I10),D6,10) * F3)) + D6/(1 + E3)^{10} - B3 * (1 + I10)$",并将 J10 作为目标单元格,I10 作为可变单元格,即可利用单变量求解工具计算出净现值为零时的投资额最大变动率。用同样的方法可以求出净现值为零时的销售收入和付现成本最大变动率。可见,当销售收入和付现成本不变时,投资额增加到 41.64% 以上时会使方案变得不应被接受;当投资额和付现成本不变时,销售收入低于预期值的 11.48% 以上时会使方案变得不应被接受;而当投资额和销售收入不变时,付现成本高于预期值 18.79% 以上时会使方案变得不应被接受。因此,3 个因素的敏感性由强到弱的排序依次为:销售收入、付现成本和投资额。

 情境小结

本学习情境首先介绍了不确定因素的概念,不确定问题的产生以及主要的不确定因素;然后介绍了盈亏平衡分析的概念,线性盈亏平衡分析、非线性盈亏平衡分析方法,并通过例题帮助学生更好地学习和理解相应的盈亏平衡分析方法;之后介绍了敏感性分析的概念和步骤以及单因素敏感性分析和多因素敏感性分析的内容,同时辅以例题以助于学生更好地熟悉敏感性分析的方法。除此以外,对概率分析和准则分析进行了简单介绍和举例。在实践中,众多的风险应对策略中工程保险已经成为工程风险防范中必不可少的策略之一,随着保险制度的不断完善,工程保险的预防作用也越显著,故应对对学生需要了解的工程保险知识进行说明。最后将 Excel 运用于不确定性分析中,使学生能借助信息技术手段了解不确定性分析。

 课后习题

一、简答题

1. 简述什么是不确定性？什么是风险？主要的不确定因素有哪些？

2. 简述盈亏平衡分析的概念、原理及作用。

3. 简述线性盈亏平衡分析模型并画出盈亏平衡图。

4. 简述敏感性分析的概念及进行敏感性分析的步骤。

5. 风险是什么？具有哪些特征？

6. 风险分析和不确定分析的区别和联系主要有哪些？

7. 风险分析的 4 个环节是什么，各自重点有哪些，各环节成果表现形式有哪些？

8. 工程保险有哪些种类？

二、单选题

1. 下面对盈亏平衡点位置与项目抗风险能力关系的叙述，正确的是(　　)。

　　A. 盈亏平衡点越高，项目抗风险能力越强

　　B. 盈亏平衡点越高，项目适应市场变化能力越强

　　C. 盈亏平衡点越高，项目适应市场变化能力越强，抗风险能力越弱

　　D. 盈亏平衡点越低，项目抗风险能力越强

2. 盈亏平衡分析分为线性盈亏平衡分析和非线性盈亏平衡分析。其中，线性盈亏平衡分析的前提条件之一是(　　)。

　　A. 只生产单一产品，且生产量等于销售量

　　B. 单位可变成本随生产量的增加成比例降低

　　C. 生产量等于销售量

　　D. 销售收入是销售量的线性函数

3. 在对投资项目经济评价中进行敏感性分析时，首先应确定分析指标。如果要分析产品价格波动对投资方案超额净收益的影响，可选用的分析指标是(　　)。

　　A. 投资回收期　　　　B. 净现值　　　　C. 内部收益率　　　　D. 借款偿还期

4. 某项目设计生产能力为年产 60 万件产品，预计单位产品价格为 100 元，单位产品可变成本为 75 元，年固定成本为 380 万元。若该产品的销售税金及附加的合并税率为 5%，则用生产能力利用率表示的项目盈亏平衡点为(　　)。

　　A. 31.67%　　　　B. 30.16%　　　　C. 26.60%　　　　D. 25.33%

5. 盈亏平衡点越低，表明项目(　　)。

　　A. 适应市场变化能力越小　　　　　　B. 适应市场变化能力一般

　　C. 适应市场变化能力较差　　　　　　D. 适应市场变化能力越大

6. 保本产量是指年销售收入等于下列( )时的产品产量。

    A. 年总成本费用　　　　　　　　　B. 年经营成本

    C. 单位产品总成本费用　　　　　　D. 单位产品经营成本

7. 在敏感性分析中,下列因素最敏感的是( )。

    A. 产品价格下降 30%,使 $NPV = 0$　　B. 经营成本上升 50%,使 $NPV = 0$

    C. 寿命缩短 80%,使 $NPV = 0$　　　　D. 投资增加 120%,使 $NPV = 0$

8. 某项目单因素敏感性分析图如 4.22 所示,3 个不确定性因素 Ⅰ、Ⅱ、Ⅲ,按敏感性由大到小的顺序排列为( )。

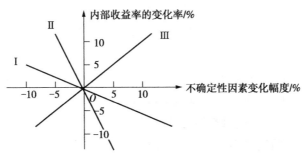

图 4.22　题 8 单因素敏感性分析图

    A. Ⅰ—Ⅱ—Ⅲ　　　B. Ⅱ—Ⅲ—Ⅰ　　　C. Ⅲ—Ⅱ—Ⅰ　　　D. Ⅲ—Ⅰ—Ⅱ

9. 设定要分析的因素均从初始值开始一个相同的幅度变动(相对于确定性分析中的取值),比较在同一变动幅度下各因素的变动对分析指标的影响程度,影响程度大者为敏感因素,该法称为( )。

    A. 相对测定法　　B. 绝对测定法　　C. 盈亏平衡法　　D. 代数分析法

10. 在投资项目经济评价中进行敏感性分析时,如果要分析投资大小对方案资金回收能力的影响,可选用的分析指标是( )。

    A. 投资回收期　　B. 净现值　　　C. 内部收益率　　D. 借款偿还期

11. 有关单因素敏感性分析图,理解正确的是( )。

    A. 一张图只能反映一个因素的敏感性分析结果

    B. 临界点表明方案经济效果评价指标达到最高要求所允许的最大变化幅度

    C. 不确定因素变化超过临界点越多,方案越好

    D. 将临界点与未来实际可能发生的变化幅度相比,大致可分析项目的风险情况

12. 风险分析的流程图正确的是( )。

    A. 风险识别 → 风险估计 → 风险评价 → 风险对策

    B. 风险估计 → 风险识别 → 风险对策 → 风险评价

    C. 风险评价 → 风险识别 → 风险评价 → 风险对策

    D. 风险对策 → 风险识别 → 风险对策 → 风险评价

三、多选题

1. 不确定性分析方法的应用范围是(　　)。

    A. 盈亏平衡分析既可用于财务评价,又可用于国民经济评价

    B. 敏感性分析可用于国民经济评价

    C. 概率分析可同时用于财务评价和国民经济评价

    D. 敏感性分析可用于财务评价

    E. 盈亏平衡分析只能用于财务评价

2. 对于盈亏平衡分析的论述,下列说法中正确的是(　　)。

    A. 盈亏平衡点的含义是指企业的固定成本等于变动成本

    B. 当实际产量小于盈亏平衡产量时,企业亏损

    C. 经营安全度越高,抗风险能力就越强

    D. 生产能力利用率大于盈亏平衡点就可赢利

    E. 盈亏平衡产量越大,抗风险能力就越强

3. 对于敏感性分析的论述,下列说法中错误的是(　　)。

    A. 敏感性分析对不确定因素的变动而造成项目投资效果的影响作了定量的描述

    B. 敏感性分析得到了维持投资方案在经济上可行所允许的不确定因素发生不利变动的最大幅度

    C. 敏感性分析不能说明不确定因素发生情况的可能性

    D. 敏感性分析考虑了不确定因素在未来发生变动的概率

    E. 敏感性分析可以分为单因素敏感性分析和多因素敏感性分析

4. 敏感因素的方法包括(　　)。

    A. 代数分析法　　　　　　B. 相对测定法　　　　　　C. 公式法

    D. 图解法　　　　　　　　E. 绝对测定法

5. 下面(　　)可以用来表示盈亏平衡点。

    A. 销售收入　　　　　　　B. 产量　　　　　　　　　C. 销售价格

    D. 单位产品变动成本　　　E. 生产能力

6. 风险与不确定性的区别体现在(　　)方面。

    A. 可否量化　　　　　　　B. 可否保险　　　　　　　C. 可否控制

    D. 影响大小　　　　　　　E. 概率可获得性

7. 不确定性与风险的性质包括(　　)。

    A. 客观性　　　　　　　　B. 可变性　　　　　　　　C. 阶段性

    D. 单一性　　　　　　　　E. 级别性

8. 敏感性分析的方法与步骤包括(　　)。

    A. 选取确定因素　　　　　B. 确定不确定因素变化程度　　C. 选取分析指标

    D. 计算敏感性指标　　　　E. 分析不确定因素

四、计算题

1. 某企业投产后，年固定成本为 60 000 元，单位变动成本为 25 元，由于原材料整批购买，每多生产一件产品，单位变动成本可降低 0.001 元，单位销售价格为 55 元，销售量每增加一件，售价下降 0.003 5 元。试求盈亏平衡点及最大利润时的销售量。

2. 某项目的建设有 3 种备选方案。A 方案：从国外引进设备，固定成本 800 万元，单位可变成本 10 元；B 方案：采用一般的国产自动化装置，固定成本 500 万元，单位可变成本 12 元；C 方案：采用自动化程度较低的国产装置，固定成本 300 万元，单位可变成本 15 元。试分析不同方案适用的生产规模。

3. 企业加工某一产品，有 A、B 两种设备供选择，有关数据见表 4.18。

表 4.18 A、B 两种设备的相关数据

设 备	初始投资 / 万元	加工费 /（元·件$^{-1}$）
A	2 000	800
B	3 000	600

（1）$i = 12\%$，使用年限为 8 年，年产量多少时，使用 A 设备有利？

（2）$i = 12\%$，年产量为 13 000 件，设备使用年限为多长时，选用 A 设备有利。

4. 设拟建优质供水项目投资 1 200 万元，期初一次性投入，年设计生产能力为 10 万 t，预计水价为 35 元 /t，年经营成本 140 万元（含税金），计算期为 10 年，到期时预计设备残值收入为 80 万元，基准折现率为 10%，试就投资额、单位产品价格和年经营成本 3 个影响因素对该项目作敏感性分析。

▶学习情境五
财务评价和经济费用效益评价

 学习内容

项目财务评价的含义、任务和步骤;财务报表的编制和评价指标的计算。经济费用效益分析的必要性,经济费用效益分析的对象;经济费用效益分析与财务评价的关系;经济费用效益分析的程序;经济效益与经济费用的识别;经济费用效益分析参数;经济费用效益分析的评价指标及报表;经济费用效果分析的概念、步骤、计算方法等。

学习目标

1.知识目标

(1)掌握财务评价的指标;

(2)掌握主要财务评价基本报表的内容;

(3)掌握各类财务评价指标的计算;

(4)掌握经济效益与经济费用的识别原则,掌握项目直接效益与直接费用、项目间接效益与间接费用的识别方法;

(5)掌握经济费用效益分析参数的确定方法;

(6)掌握经济费用效益分析的评价指标和计算方法;

(7)掌握经济费用效益分析基本及辅助报表的编制方法;

(8)熟悉经济费用效益分析与财务评价的关系以及经济费用效益分析的程序;

(9)了解财务评价辅助报表的内容;

（10）了解经济费用效益分析的必要性以及经济费用效益分析的对象。

2.能力目标

（1）能够运用各种报表计算财务评价指标；
（2）能够运用评价指标和标准参数评价项目的财务状况；
（3）能够正确识别项目直接效益与直接费用、间接效益与间接费用；
（4）能够对项目进行经济费用效益分析,进而判断项目的可行性。

案例导入

某企业新建一个化肥厂,此项目计算期为 10 年。该项目建设期为两年,第三年投产,第四年达到设计生产能力。其他基本数据见本情境案例。

思考：

1.评价该项目的财务可行性。
2.评价该项目的经济可行性。

进一步分析：财务评价是在项目的层次上,从项目经营者、投资者、未来债权人的角度,根据项目直接发生的财务收支,分析项目在财务上的可能性。为了完整体现项目的可行性还需在政府部门的层次上,从全社会资源配置经济效益的角度对项目进行经济费用效益分析。因此,财务评价和经济费用效益评价是本学习情境的主要任务。

工程项目的经济评价是项目建议书和可行性研究报告的重要组成部分,是项目决策科学化的重要手段。对于加强固定资产投资宏观调控,提高投资决策的科学化水平,引导和促进各类资源合理配置,优化投资结构,减少和规避投资风险,充分发挥投资效益具有重要作用。建设项目经济评价应根据国民经济与社会发展以及行业、地区发展规划的要求,在项目初步方案的基础上,采用科学的分析方法,对拟建项目的财务可行性和经济合理性进行分析论证,为项目的科学决策提供经济方面的依据。工程建设项目经济评价包括财务评价(也称财务分析)和经济费用效益分析(也称经济分析)。

学习任务一　工程项目的财务评价

为了使经济评价的指标体系科学化、标准化和实用化,本学习情境特以国家发改委和建设部 2006 年 7 月颁发的《关于建设项目经济评价工作的若干规定》《建设项目经济评价方法》和《建设项目经济评价参数》(第三版)为依据,并结合国家财税体制和投资体制改革的新内容,介绍有关财务评价分析指标。这些指标原则上既适用于新建项目的财务评价,也适用于改、扩建和技术改造项目的财务评价;同时,这些指标也适用于工程项目各阶段的财务评价。

一、工程项目财务评价概述

(一)财务评价的概念和作用

建设项目的财务评价又称为企业经济评价,根据国家现行财税制度、市场价格体系和项目评价的有关规定,从项目的财务角度分析计算项目直接发生的财务效益和费用,编制财务报表,计算财务评价指标,对可行性研究报告中有关项目的基本生存能力、盈利能力、偿债能力和抗风险能力等财务状况进行分析评价,据以判断项目的财务可行性,明确项目对投资主体的价值贡献,为项目投资决策提供科学依据。

财务评价是从企业的角度出发,以企业盈利最大化为目标,对工程项目进行考察;分析、计算的范围是与项目有直接关系的投入和产出,不包括那些与项目无直接关系的经济活动;评价中采用的价格是市场价格;跟踪的是货币流动。因此,财务评价是经济评价的核心内容。建设项目的财务评价,主要是通过对各个技术方案的财务活动的分析,凭借一系列评价指标的测算和分析来论证建设项目财务上的可行性,并以此来判别建设项目在财务上是否有利可图。

从财务上分析建设项目经济效益时,不仅要测算、分析正常经营条件下的项目经济效益,同时还应测算、分析在不利条件下,不利因素对建设项目经济效益的影响,进行建设项目经济效益的不确定性分析,以估计项目可能承担的风险,确定项目在经济上的可靠性。

财务评价对项目的投资主体、项目法人、债权人以及国家有关管理机构等都具有十分重要的作用,主要表现如下所述。

1.反映竞争性项目的财务盈利能力

企业投资的竞争性项目由企业承担决策风险,因此项目的财务盈利能力、投资主体的预期收益、债务的清偿能力等就成为了投资决策的基本依据,同时也是金融机构向企业提供建设贷款的前提条件。

2.为权衡基础性项目和公益性项目的财政补贴及经济优惠措施提供依据

一般来说,基础性项目和公益性项目或者是微利保本,或者是亏损,单纯依靠企业自身难以进行投资建设和维持运营,这就需要政府采取财政补贴或多种经济优惠措施使项目具有财务上的生存能力,此时,财务评价可以为权衡补贴及优惠的内容、方式和幅度提供依据。

3.制订项目资金规划的重要依据

确定项目所需的投资资金规模、来源、用款计划和筹资方案都是财务评价的重要内容,也是制订项目资金规划的重要依据。

4. 为中外合资合营合作项目提供基础

项目的财务可行性是中外双方合作的基础。因为在合同中必须规定各方的责、权、利关系，尤其是在经济上的责任分担与利益分享，更要靠财务评价的结果来确定和划分；对外方而言，项目的财务评价是作出投资决策的唯一依据；对中方而言，则应视审批机关的要求，必要时还要进行经济费用效益分析。

5. 为经济费用效益分析提供了调整计算的基础

财务评价是经济费用效益分析的基础，大多数的国民经济评估是在财务评估项目数据资料上进行的，为经济费用效益分析提供了调整计算的基础。这将在后续经济费用效益分析的内容中详述。

(二)工程项目财务评价的任务

项目财务评价的基本任务是分析评价项目的基本生存能力、盈利能力、偿债能力和抗风险能力，主要包括下述内容。

1. 项目的基本生存能力分析

根据财务计划现金流量表，考察项目计算期内各年的投资活动、融资活动和经营活动所产生的各项现金流入和流出，计算净现金流量和累计盈余资金，分析项目是否有足够的净现金流量(净收益)来维持正常运营。各年累计盈余资金不应出现负值，出现负值时应进行短期融资。项目生产(运营)期间的短期融资应体现在财务计划现金流量表中。

2. 项目的盈利能力分析

项目的盈利能力分析就是分析项目投资的盈利水平。应从以下两方面对其进行评价。

①评价项目达到设计生产能力的正常生产年份可能获得的盈利水平，即按静态方法计算项目正常生产年份的企业利润及其占总投资的比率大小，如采用总投资收益率和权益投资收益率分析评价项目年度投资的盈利能力。

②评价项目整个寿命期内的总盈利水平。运用动态方法考虑资金时间价值，计算项目整个寿命期内企业的财务收益和总收益率，如采用财务净现值和财务内部收益率等指标分析评价项目寿命期内所能达到的实际财务总收益。

3. 项目的偿债能力分析

项目的偿债能力分析就是分析项目按期偿还到期债务的能力。通常表现为借款偿还期，对于已约定借款偿还期限的投资项目，还应采用利息备付率和偿债备付率指标分析项目的偿债能力。它们都是银行进行项目贷款决策的重要依据，也是分析评价项目偿债能力的重要指标。

4. 项目投资的抗风险能力分析

通过不确定性分析(如盈亏平衡分析、敏感性分析)和风险分析(如概率分析),预测分析客观因素变动对项目盈利能力的影响,检验不确定因素的变动对项目收益、收益率和投资借款偿还期等评价指标的影响程度,分析评价投资项目承受各种投资风险的能力,提高项目投资的可靠性和盈利水平。

(三)工程项目财务评价的基本内容、方法和步骤

1. 工程项目财务评价的内容

项目财务评价是在对项目建设方案、产品方案和建设条件、投资估算和融资方案等进行详尽的分析论证、优选和评价的基础上,再对项目财务效益进行的可行性研究分析评价工作。

根据财务评价与资金筹措的关系,财务评价可分为融资前分析评价和融资后分析评价。

融资前分析评价应以销售(营业)收入、建设投资、经营成本和流动资金(净营运资金)的估算为基础,考察项目整个计算期内的现金流入和现金流出,编制项目投资财务现金流量表,根据资金时间价值原理,计算项目投资财务内部收益率和财务净现值等指标,从项目投资获利能力角度,考察评价项目的基本面和项目方案设计的合理性。融资前分析计算的相关指标可选择计算所得税前指标和(或)所得税后指标,以此作为初步投资决策与融资方案研究的依据。

融资后分析评价应以融资前分析和初步的融资方案为基础,考察评估项目的基本生存能力、盈利能力(可采用静态分析和融资后动态分析)及偿债能力,判断项目方案在既定融资方案下的合理性。融资后盈利能力分析应计算静态和动态分析指标,并进行权益投资和投资各方财务效益分析。

2. 工程项目财务评价的方法

1)现金流量分析

现金流量分析是以项目作为一个独立系统,反映工程项目在建设期与生产经营期内各年流入和流出的现金活动,即工程项目寿命期内各年现金流入与现金流出的数量以及净现金流量。

在项目经济评价前,必须尽可能准确无误地预先估计出切合实际的各项现金流量、现金流出量和净现金流量,做好财务和经济效益预测工作,这是项目评价的基础和起点。

2)静态和动态获利性分析

静态分析方法是一种简易分析法。它的计算特点是:

①不计算资金的时间价值,所采用的年度资金流量是当年的数值,而不是折现值。

②计算现金流量时,只选择某一个典型年份(通常为项目达到设计生产能力的正常生产年份)的净现金流量或取年平均值,而不反映项目整个寿命期间的现金流量。

动态分析法是采用折现现金流量的分析方法,它比静态分析方法复杂,其计算特点是:

①考虑资金的时间价值,根据资金占用的时间长短,按照指定的利息率计算资金的实际价值。

②计算项目整个寿命期内的总收益,能如实反映资金实际运行情况和全面体现项目整个寿命期内的经济活动和经济效益,从而能正确地对项目财务作出符合实际的评价。

3)财务报表分析

财务报表分析是根据项目的具体财务条件及国家有关财税制度和条例的规定,把建设项目在建设期内的全部投资和投产后的经营收入、经营支出与净收益,逐年进行计算和平衡,并用报表格式反映出来。通过财务报表分析,可以预计项目寿命期内各年的利润和资金盈缺情况,选择合适的资金筹措方案,制订资金筹措及偿还计划,进行偿债能力分析和预测项目总的获利能力。

3. 工程项目财务效益评价的步骤

1)确定项目财务基础数据,选用财务评价的参数

通过项目的市场预测和技术方案分析,确定项目产品方案、合理规划生产规模;根据优选的生产工艺方案、设备选型、工程设计方案、建设地点和投资方案,拟订项目实施进度计划,组织机构与人力资源配置,选用财务评价的参数。其包括主要投入物和产出物的财务价格、税率、利率、汇率、计算期、固定资产折旧率、无形资产和其他资产摊销年限、生产负荷和基准收益率等基础数据和参数,据此进行项目财务预测,获得项目总资金、生产成本费用、销售(营业)收入、税金及项目利润等一系列直接财务费用和效益数据,并对这些财务基础数据和参数进行分析。

2)编制财务评价基本报表

将上述财务基础数据和参数进行汇总,编制出财务评价基本报表。基本报表主要有项目投资现金流量表、项目资本金现金流量表、投资各方现金流量表、利润及利润分配表、财务计划现金流量表、资产负债表和借款还本付息计划表等。

3)分析评价财务效益评价指标

通过编制上述财务评价基本报表,可以直接计算出一系列财务效益评价指标,包括反映项目盈利能力、偿债能力等的静态和动态评价指标,并将这些指标值分别与国家有关部门规定所对应的指标评价基准值进行对比,对项目的各种财务状况作出分析评价,并从财务角度提出项目在财务上是否可行的评价结论。

4)进行不确定性分析评价和风险分析评价

采用敏感性分析、盈亏平衡分析和概率分析等方法,对上述项目财务评价指标进行不确

定性分析评价和风险分析评价。计算出各类抗风险能力指标,分析评价项目可能面临的风险及项目在不确定情况下承受风险的能力,得出项目在不确定情况下财务评价的结论与建议。

5)编写财务评价报告,作出项目财务评价最终结论

根据项目财务效益评价和不确定性与风险分析评价的结果,对投资项目的财务可行性作出最终的判断,并编写项目财务评价报告。

(四)影响财务评价的若干因素

在财务评价中,有若干因素会对评价活动本身及评价结果产生直接影响,须认真加以考虑。这些因素如下所述。

1. 财务条件

一般来说,一个项目的盈利性最终取决于投资费用、生产成本以及收入的数量、结构和时间。而这些又是由项目的技术经济特征和项目的财务条件共同决定的。项目的财务条件指项目资金的来源、还款方式以及资金筹集运用的时间安排等。它们影响项目各年的现金流量,因而也进一步影响项目的财务经济效果。

财务计划的最低标准是能够满足需要即可行,也就是说必须使各种来源的资金流入和资金运用在时间上相一致。否则会造成项目执行或利息支付的延误,从而导致收益上的重大损失。然而可行并不等于最佳,若由于借款、用款、还款计划不周,形成大量闲置资金,造成不必要的债务负担,必然会降低项目的经济效果。

2. 财务价格

财务评价用的价格可简称为财务价格,即以现行价格体系为基础的预测价格。项目评价人员应根据项目的实际情况,实事求是地通过分析、论证加以确定。

国内现行价格是指现行商品价格和收费标准,有国家定价、国家指导价和市场价3种价格形式。在多种价格并存的情况下,项目财务价格应采用预计最有可能发生的价格。现行价格的变化受多种因素的影响。例如,因价格政策变化引起的国家定价和市场价比例的变化,因商品供求关系变化引起的供求均衡价格的变化,等等。导致价格变动的这类因素称为相对价格变动因素。

另一类使价格变动的因素是物价总体水平的上涨,即因货币贬值(或称通货膨胀)而引起的所有商品的价格以相同比例向上浮动。预测现行价格除必须考虑前一类相对价格变动因素外,原则上还应考虑后一类物价总水平的上涨因素。

在财务评价中,对于价格变动因素,项目财务盈利能力分析和清偿能力分析原则上应作不同处理,即:为了消除通货膨胀引起的财务报表上的"浮肿"利润,计算"实际值"的内部收益率等盈利能力指标,使项目与项目之间、项目评价指标与行业财务评价参数(不含通货膨胀的基准收益率和基准投资回收期)之间具有可比性,财务盈利能力分析应采用以基年(或

建设期初)物价总水平为基础,并考虑了计算期内相对价格变化,但是不考虑物价总水平上涨因素的价格,计算财务内部收益率和投资回收期等指标;同时,为了使项目投资估算、资金筹措及清偿能力的计算与项目实施中实际发生的数值相一致,清偿能力分析应采用时价(既考虑计算期内相对价格变化,又考虑物价总水平上涨因素)进行还本付息等财务平衡计算。

结合我国情况,《建设项目经济评价方法与参数》中规定,对物价总水平上涨因素可区别以下不同情况,分别作不同的简化处理:

对于建设期较短的项目,两种分析在建设期内各年均可采用时价,生产经营期内各年均采用以建设期末(生产期初)物价总水平为基础、并考虑生产经营期内相对价格变化的价格。

对于建设期较长,确实难以预测物价上涨指数的项目,两种分析在计算期内均可采用以基年(或建设期初)物价总水平为基础、仅考虑相对价格变化、不考虑物价总水平上涨因素的价格。但应就物价总水平变动元素对项目盈利能力的影响,进行敏感性分析。

上述处理主要出于以下考虑:

①按国家规定,要备足投资,不留缺口。为此,在投资估算中要求考虑物价总水平的上涨因素,即预留涨价预备费。在财务评价中,建设期考虑物价总水平的上涨因素,各年采用时价,可与投资估算数保持一致。

②相对来说,建设时间较短,价格水平上涨指数预测比较容易;生产经营期时间较长,价格水平上涨指数预测难度较大。在生产经营期不考虑物价总水平的上涨因素,可避免因测算不准而人为地导致指标的虚假成分。

③当建设期较长时,在建设期内预测物价总水平的变化,同样存在因测算不准人为地导致指标虚假的问题。项目盈利能力分析和清偿能力分析在整个计算期内均不考虑物价总水平上涨因素,按基年(或建设期初)物价总水平确定财务价格,计算有关评价指标,可以在不同程度上避免这些实际上难以克服的困难。

3. 项目计算期

项目计算期一般包括两个阶段:建设期、生产期(或经营期、使用期)。有的项目计算期包括3个阶段:建设期、试产期、正常生产期。

对于项目计算期究竟取多少年限,《建设项目经济评价方法与参数》中未作统一规定。总的来说,计算期不宜定得过长,一般生产期不宜超过20年。因为按折现法计算,将20年后的收益折算为现值,其余额对于投资而言为数甚微,对于评价结论难以产生关键性影响;且大多数生产设备的折旧年限也在20年以内,故在20年之后的项目经营活动完全可以忽略不计。

但是,有些工程项目的折旧年限很长,甚至是"永久性"的,如大型水利枢纽、铁路、机场、港口等,其计算期中的生产期(或使用期)可低于其折旧年限。此时在现金流量表及资金来源与运用表中最末一年的"回收固定资产余值"栏内,可填写该年的固定资产净值。

4. 计算期的年序

财务现金流量表的年序为1,2,…,建设开始年作为计算期的第一年,年序为1。为了与复利系数表的年序相对应,在折现计算中采用了年末习惯法。如果在项目建设期以前发生的费用占总费用的比例不大,为简化计算,这部分费用可列入年序1。这样计算的净现值或内部收益率,比列在建设期以前计算的略大一些,但一般不会影响评价的结论。有些项目如改、扩建项目,需要计算改、扩建后效益,且原有固定资产净值占改、扩建后总投资的比例较大,需要单独列出时,可在建设期以前另加一栏"建设起点",将建设期以前发生的现金流出填入该栏,计算净现值时不予折现。

5. 项目范围

为了正确预测投资费用和生产成本,一定要首先弄清楚项目范围。一个企业除了生产厂区内的活动,还有各种投入品的供应、产出品的交付及辅助设施的投资和运营。在评价前要明确哪些属于项目范围,哪些不属于项目范围。

为了更好地弄清楚项目的结构并便于计算投资费用和生产成本,可将整个项目分成一些易于计算的功能单元,如生产车间、库房、办公楼、供水、供气和供电网,污水排出系统和内部连接道路等。与项目有关的部分单元应纳入评价范围,否则应剔除。

二、新建工程项目财务评价

(一)新建工程项目财务评价所需要的基础数据

1. 生产规模与产品品种方案

工程项目建成后的生产规模与产品品种方案必须通过市场调查(国内和国外),对各种对产品供求情况的分析,以及对未来发展趋势作出的有依据的预测才能确定。

2. 销售收入

销售收入是指工程项目建成后销售产品或提供服务取得的收入。生产多种产品和提供多项服务的项目,应分别估算各种产品及劳务的销售收入,对那些不便于按详细的品种分类计算销售收入的项目,可采用折算为标准产品的方法计算销售收入。在计算销售收入时,假设生产出来的产品全部售出,销售量等于生产量。销售价格采用经市场预测的出厂价格,也可根据需要采用送达用户的价格或离岸价。

3. 总投资估算及资金筹措资料

总投资估算包括固定资产投资估算和流动资金估算(估算方法见学习情境四);资金筹措资料包括资金来源的分项构成及总投资的分年度使用计划,资金筹措方案及贷款条件(包括贷款利率、偿还方式及偿还时间)等资料。

4. 成本费用

成本费用包括总成本费用、单位生产成本、固定资产折旧,借款利息等。

1)总成本费用的估算

总成本费用是指在一定时期(如1年)为生产和销售产品而发生的全部费用。将总成本按不同消耗水平分摊就得到了单位产品成本。总成本费用的构成与估算通常有以下两种方法:

①产品制造成本加企业期间费用估算法。计算公式为

$$总成本费用 = 制造成本 + 销售费用 + 管理费用 + 财务费用 \tag{5.1}$$

其中:

$$制造成本 = 直接材料费用 + 直接染料和动力费 + 直接工资 + 其他直接支出 + 制造费用 \tag{5.2}$$

②生产要素估算法。从估算各种生产要素的费用入手,汇总得到项目总成本费用。即将生产和销售过程中消耗的外购原材料、辅助材料、燃料、动力、人员工资、福利费以及外部提供的劳务或服务等费用要素,加当期应计提的折旧、摊销及财务费用,构成项目的总成本费用。采用这种估算方法,不必计算项目内部各生产环节成本的转移,这样也较容易计算项目的可变成本和固定成本,计算公式为

$$总成本费用 = 外购原材料染料及动力费 + 人员工资及福利费 + 外部提供的劳务及服务费 + 修理费 +$$
$$摊销费 + 财务费用 + 其他费用 \tag{5.3}$$

维简费就是维持简单再生产的费用,与一般固定资产(如设备、厂房等)不同,矿山、油井、天然气和森林等自然资源是一种特殊资产,其资产的价值随着已完成的采掘与采伐量的增加而减少。我国自20世纪60年代以来,对于这类资产不提折旧,而是按照生产产品数量(采矿按每吨原矿产量,林区按每立方米原木产量)计提维持简单再生产费。

2)经营成本

经营成本是项目经济评价所特有的概念,用于项目财务评价的现金流量分析。经营成本是指总成本费用扣除固定资产折旧费、维简费、无形资产及递延资产摊销费和利息支出后的成本费用。

现金流量计算与成本核算(会计方法)不同,按照现金流量的定义,只计算现金收支,不计算非现金收支。固定资产折旧费及摊销费只是项目系统内部固定资产投资的价值转移,而非现金支出。因此,经营成本中不包括折旧费、摊销费和维简费。

$$经营成本 = 总成本费用 - 折旧费 - 维简费 - 无形资产及递延资产摊销费 \tag{5.4}$$

另外,在编制全部投资资金流量表时,全部投资均假定为自有资金,因此,经营成本中不包括投资的借款利息。而在成本核算中根据我国现行规定,流动资金借款利息包括在总成本的财务费用中。经营成本的计算公式应为

$$
\begin{array}{c}
经营 \\
成本
\end{array}
=
\begin{array}{c}
总成本 \\
费用
\end{array}
-
\begin{array}{c}
折旧 \\
费
\end{array}
-
\begin{array}{c}
无形资产及 \\
递延资产摊销费
\end{array}
-
\begin{array}{c}
利息 \\
支出
\end{array}
\tag{5.5}
$$

5. 职工人数、工资及福利费

职工人数,是指与企业订立劳动合同的所有人员数量,含全职、兼职和临时职工,也包括虽未与企业订立劳动合同但由企业正式任命的人员数量,如董事会成员、监事会成员等。

职工工资是指用人单位在一定时期内直接支付给本单位职工的劳动报酬,一般由计时工资、计件工资、奖金、津贴和补贴、福利、加班工资、特殊情况下支付的工资组成。

职工福利费是指企业按工资一定比例提取出来的专门用于职工医疗、补助以及其他福利事业的经费。职工福利费的开支范围包括:职工医药费、职工的生活困难补助、主要是指上下班交通补贴、计划生育补助、住院伙食费等方面的福利费开支。

6. 项目实施进度

项目实施进度包括项目建设、投产及达到设计生产能力的进度。

7. 财会、金融、税务及其他有关规定

根据以上数据编制财务评价的辅助报表,其格式见表5.1至表5.11。

表5.1 固定资产投资估算值 单位:万元

序号\项目	建筑工程	设备购置	安装工程	其他费用	合计	其中外币	占固定资产投资的比例/%	备注
1 固定资产投资								
1.1 建筑工程费用								
⋮								
1.2 设备、工器具购置费用								
⋮								
1.3 预备费用								
1.3.1 基本预备费								
涨价预备费								
1.3.2 其他费用								
固定资产投资方向调节税								
1.4 建设期利息								
2 合计(1 + 2 + 3)								
3								

注:工程或费用名称,可根据本部门的要求分项列出。

表5.2 流动资金估算表　　　　　　　　　　　　　　　　单位:万元

序号	项目　　年份	最低周转天数	周转次数	投产期		达到设计能力生产期				合计
				3	4	5	6	…	n	
1	流动资金									
1.1	应收账款									
1.2	存货									
1.2.1	原材料									
1.2.2	燃料									
1.2.3	在产品									
1.2.4	产成品									
1.2.5	其他									
1.3	现金									
2	流动负债									
2.1	应收账款									
	⋮									
3	流动资金									
4	流动资金本年增加额									

注:原材料、燃料栏目应分别列出具体名称,分别计算。

表5.3 投资计划与资金筹措表　　　　　　　　　　　　单位:万元

序号	项目　　年份	建设期								投产期								合计
		1				2				3				4				
		外币	折人民币	人民币	小计	外币	折人民币	人民币	小计	外币	折人民币	人民币	小计	外币	折人民币	人民币	小计	
1	总投资																	
1.1	固定资产投资																	
1.2	建设期利息																	
1.3	流动资金																	
2	资金筹措																	
2.1	自有资金																	

续表

序 号	项 目 / 年份	建设期 1				建设期 2				投产期 3				投产期 4				合计
		外币	折人民币	人民币	小计	外币	折人民币	人民币	小计	外币	折人民币	人民币	小计	外币	折人民币	人民币	小计	
	其中:用于流动资金																	
2.2	借款																	
2.2.1	长期借款																	
2.2.2	流动资金借款																	
2.2.3	其他短期借款																	
2.3	其他																	

注:如有多种借款方式时,可分项列出。

表 5.4　固定资产折旧费估算表　　　　　　　　　　单位:万元

序 号	项 目 / 年份	折旧年限	投产期 3	投产期 4	达到设计能力生产值 5	6	…	n	合计
1	房屋及建筑物								
	原值								
	折旧费								
	净值								
2	A 设备								
	原值								
	折旧费								
	净值								
3	B 设备								
	原值								
	折旧费								
	净值								

注:1.本表自生产年份起开始计算,各类固定资产按《工业企业财务制度》规定的年份分列。

　　2.生产期内发生的更新改造投资列入其投入年份。

表5.5 无形资产及递延资产摊销估算表

单位:万元

序 号	项 目	摊销年限	原值	投产期		达到设计能力生产值			
				3	4	5	6	…	n
1	无形资产小计								
1.1	土地使用权								
	摊销								
	净值								
1.2	专用技术和专用权								
	摊销								
	净值								
1.3	其他无形资产								
	摊销								
	净值								
2	递延资产(开办费)								
	摊销								
	净值								
3	无形资产递延资产合计(1 + 2)								
	摊销								
	净值								

注:摊销期相同的项目允许适当归并。

表5.6 工资及福利费计算表

单位:万元

序 号	项 目	摊销年限	原值	投产期		达到设计能力生产值			
				3	4	5	6	…	n
1	工人								
	人数								
	人均年工资								
	工资额								
2	技术人员								
	人数								
	人均年工资								
	工资额								

续表

序 号	项 目	摊销年限	原值	投产期		达到设计能力生产值			
				3	4	5	6	…	n
3	管理人员								
	人数								
	人均年工资								
	工资额								
4	工资总额								
5	福利额								
	合计								

表5.7 外购原材料费用估算表 单位:万元

序 号	项 目	合计	投产期		达到设计能力生产值			
			3	4	5	6	…	n
1	原材料费用							
1.1	原材料A购置费							
	单价(含税)							
	数量							
	进项税额							
1.2	原材料B购置费							
	单价(含税)							
	数量							
	进项税额							
	⋮							
2	辅助材料费用							
	进项税额							
3	其他材料费用							
	进项税额							
4	外购原材料费合计							
5	外购原材料进项税额合计							

表 5.8　外购燃料动力费用估算　　　　　　　　　　　　　　单位:万元

序号	项　　目	合计	投产期		达到设计能力生产值			
			3	4	5	6	…	n
1	燃料费用							
1.1	燃料 A 费用							
	单价(含税)							
	数量							
	进项税额							
	动力费用							
	动力 A 费用							
	单价(含税)							
	数量							
2	进项税额							
2.1	⋮							
3	外购燃料及动力费用合计							
4	外购燃料及动力进项税额合计							

表 5.9　单位产品生产成本估算表　　　　　　　　　　　　　单位:元

序　号	项　　目	规　格	单　位	消耗定额	单　价	金　额
1	原材料					
	⋮					
2	燃料和动力					
	⋮					
3	工资和福利费					
4	制造费用					
5	副产品回收					
6	生产成本					
	(1 + 2 + 3 + 4 − 5)					

表 5.10　总成本费用估算表　　　　　　　　　单位:万元

序号	年份 项目	投产期		达到设计能力生产期				合计
		3	4	5	6	…	n	
1	外购原材料							
2	外购燃料及动力							
3	工资及福利费							
4	修理费							
5	折旧费							
6	维简费							
7	摊销费							
8	利息支出							
9	其他费用							
	其中:土地使用税							
10	总成本费用合计							
	(1 + 2 + … + 9)							
	其中:固定成本							
	可变成本							
11	经营成本							
	(10—5—6—7—8)							

表 5.11　销售收入、销售税金及附加和增值税估算表　　　　　单位:万元

序号	项目	合计	投产期		达到设计能力生产值			
			3	4	5	6	…	n
1	销售营业收入							
1.1	产品 A 销售收入							
	单价(含税)							
	销售量							
	销售项额							
1.2	产品 B 销售收入							
	单价(含税)							
	销售量							
	销售税额							

续表

序　号	项　目	合　计	投产期		达到设计能力生产值			
			3	4	5	6	…	n
	⋮							
2	销售(营业)税金及附加							
2.1	营业税							
2.2	消费税							
2.3	城市维护建设税							
2.4	教育费附加							
3	增值税							
3.1	销项税额							
3.2	进项税额							

注:所有辅助报表适用于新建工程项目基础数据的估算,同样适用改建和技术改造工程项目基础数据估算。

(二)新建工程项目财务评价的基本报表

财务报表是对企业财务状况、经营成果和现金流量的结构性描述,是反映企业每一特定日期财务状况和某一会计期间经营成果和现金流量的书面文件。主要有财务现金流量表、损益表和利润分配表、资金来源与运用表、借款偿还计划表和资产负债表等财务报表。

1.财务评价报表的种类

在投资项目财务评价中将财务报表分为基本报表和辅助报表。

1)基本报表主要包括以下报表

①项目投资现金流量表。

②项目资本金现金流量表。

③投资各方现金流量表。

④利润及利润分配表。

⑤财务计划现金流量表。

⑥资产负债表。

⑦借款还本付息计划表。

2)辅助报表主要包括以下报表

①投资使用计划与资金筹措表。

②固定资产投资估算表。

③流动资金估算表。

④总成本费用估算表。

⑤外购材料、燃料动力估算表。

⑥固定资产折旧费估算表。

⑦无形资产与递延资产摊销费估算表。

⑧销售收入及销售税金估算表。

2. 现金流量表

(1)现金流量表的概念

工程项目的现金流量系统将项目计算期内各年的现金流入与现金流出按照各自发生的时点序列排列,表达为具有确定时间概念的现金流量系统。现金流量表是反映企业现金流入和流出的报表,是对建设项目现金流量系统的表格式反映,用以计算各项静态和动态评价指标,从而进行项目财务盈利能力分析。

现金流量表的编制基础是会计上的收付实现制原则,它是以现金是否收到或付出,作为该时期收入和费用是否发生的依据。只有收到现金的收入才能记作收入,同样,只有付出现金的费用才能记作费用。因此,现金流量表中的成本是经营成本。按投资计算基础的不同,现金流量表分为项目投资现金流量表、项目资本金现金流量表和投资各方现金流量表。

(2)项目投资现金流量表

项目投资现金流量表是以项目为一独立系统,从融资前的角度进行设置的。它将项目建设所需的总投资作为计算基础,反映项目在整个计算期(包括建设期和生产经营期)内现金的流入和流出,其现金流量构成见表5.12。通过项目投资现金流量表可计算项目财务内部收益率、财务净现值和投资回收期等评价指标,并可考察项目的盈利能力,为各个方案进行比较建立共同的基础。

表5.12 项目投资现金流量表

序 号	项 目	计算期							
		1	2	3	4	5	6	…	n
1	现金流入								
1.1	销售(营业)收入								
1.2	补贴收入								
1.3	回收固定资产余值								
1.4	回收流动资产								
2	现金流出								
2.1	建设投资								
2.2	流动资金								
2.3	经营成本								

序　号	项　目	计算期							
		1	2	3	4	5	6	…	n
2.4	销售税金及附加								
2.5	维持运营投资								
3	所得税前净现金流量(1－2)								
4	累计税前净现金流量								
5	调整所得税								
6	所得税后净现金流量(3－5)								
7	累计税后净现金流量								

计算指标:　　　　　　　　　　　所得税收　　　　　　　　所得税后

　　财务净现值(i_c = %):

　　财务内部收益率:

　　投资回收期:

根据需要,可从所得税前(即息税前)和(或)所得税后(即息税后)两个角度进行考察,选择计算所得税前和(或)所得税后指标。但要注意,这里所指的"所得税"是根据息税前利润(计算时其原则上不受融资方案变动的影响,即不受利息多少的影响)乘以所得税率计算的,称为"调整所得"。这区别于"利润及利润分配表""项目资本金现金流量表"和"财务计划现金流量表"中的所得税。

(3)项目资本金现金流量表

项目资本金现金流量表是从项目法人(或投资者整体)角度出发,以项目资本金作为计算的基础,把借款本金偿还和利息支付作为现金流出,用以计算资本金内部收益率,反映投资者权益投资的获利能力,项目资本金现金流动表见表5.13。

表5.13　项目资本金现金流动表

序　号	项　目	计算期							
		1	2	3	4	5	6	…	n
1	现金流入								
1.1	销售(营业)收入								
1.2	补贴收入								
1.3	回收固定资产余值								
1.4	回收流动资产								
2	现金流出								
2.1	项目资本金								

续表

序　号	项　目	计算期							
		1	2	3	4	5	6	…	n
2.2	借款本金偿还								
2.3	借款利息支付								
2.4	经营成本								
2.5	销售税金及附加								
2.6	所得税								
2.7	维持运营投资								
3	净现金流量(1－2)								
计算指标: 资本金内部收益率:									

项目资本金包括用于建设投资、建设期利息和流动资金。

(4)投资各方现金流量表

投资各方现金流量表是分别从各个投资者的角度出发,以投资者的出资额作为计算的基础,用以计算投资各方的收益率。投资各方现金流量表见表5.14。

表5.14　投资各方现金流量表

序　号	项　目	计算期							
		1	2	3	4	5	6	…	n
1	现金流入								
1.1	实分利润								
1.2	资产处置收益分配								
1.3	租赁费收入								
1.4	技术转让或使用收入								
1.5	其他现金流入								
2	现金流出								
2.1	实交资本								
2.2	租赁资产支出								
2.3	其他现金流出								
3	净现金流量(1－2)								
计算指标: 投资各方内部收益率:									

3. 利润及利润分配表

利润及利润分配表是反映企业在一定会计期间的经营成果的报表。此表编制的基础是会计上的权责发生制原则,根据该原则,收入或费用的确认,应当以收入或费用的实际发生作为确认计量的标准,凡是当期已经实现的收入和已经发生或应当负担的费用,不论款项是否收付,都应当作为当期的收入和费用处理;凡是不属于当期的收入和费用,即使款项已经在当期收付,也不应当作为当期的收入和费用处理。因此,利润及利润分配表使用的是总成本费用,利润及利润分配表格式见表 5.15。

表 5.15　利润及利润分配表

序　号	项　目	投产期	达产期		
		1	2	…	n
1	销售收入				
2	销售税金及附加				
3	总成本费用				
4	利润总额				
5	所得税(25%)				
6	税后利息				
7	期初未分配利息				
8	可供分配利息				
9	盈余公基金(10%)				
10	可供投资者分配的利润				
11	分配投资者股利				
12	未分配利润				
13	息税前利润				
14	利息备付率				
15	偿债备付率				

利润及利润分配表的编制分为以下 3 个步骤:

第一步,以营业收入为基础,减去营业成本、营业税金及附加、销售费用、管理费用、财务费用、资产减值损失,加上公允价值变动收益(减去公允价值变动损失)和投资收益(减去投资损失),计算出营业利润。

第二步,以营业利润为基础,加上营业外收入,减去营业外支出,计算出利润总额。

第三步,以利润总额为基础,减去所得税费用,计算出净利润(或净亏损)。

4. 财务计划现金流量表

财务计划现金流量表反映项目计算期各年的投资、融资及经营活动的现金流入和流出，用于计算累计盈余资金,分析项目的财务生存能力。财务计划现金流量表见表 5.16。

表 5.16　财务计划现金流量表

序　号	项　　目	合计	计算期					
			1	2	3	4	…	n
1	经营活动净现金流量							
1.1	现金流入							
1.1.1	营业收入							
1.1.2	增值税收入							
1.1.3	补贴收入							
1.1.4	其他现金流入							
1.2	现金流出							
1.2.1	经营成本							
1.2.2	增值税进项税							
1.2.3	营业税金及附加							
1.2.4	增值税							
1.2.5	所得税							
1.2.6	其他现金流入							
2	投资活动净现金流量							
2.1	现金流入							
2.2	现金流出							
2.2.1	建设投资							
2.2.2	维持运营投资							
2.2.3	流动资金							
2.2.4	其他现金流出							
3	筹资活动净现金流量							
3.1	现金流入							
3.1.1	资本金投入							
3.1.2	建设资金借款							
3.1.3	流动资金借款							
3.1.4	债券							

续表

序　号	项　　目	合计	计算期					
			1	2	3	4	…	n
3.1.5	短期借款							
3.1.6	其他现金流入							
3.2	现金流出							
3.2.1	各种利息支出							
3.2.2	偿还债务本金							
3.2.3	应付利息							
3.2.4	其他现金流出							
4	净现金流量(1 + 2 + 3)							
5	累计盈余资金							

5. 资产负债表

资产负债表综合反映项目计算期内各年末资产、负债和投资人权益的增减变化及对应关系,用以考察项目资产、负债、投资人权益的结构是否合理,进行偿债能力分析。资产负债表的编制依据是:资产 = 负债 + 投资人权益,报表格式见表5.17。

表 5.17　资产负债表

序　号	项　　目	计算期			
		1	2	…	n
1	资产				
1.1	流动资产总额				
1.1.1	货币资金				
1.1.2	应收账款				
1.1.3	预付账款				
1.1.4	存货				
1.2	在建工程				
1.3	固定资产净值				
1.4	无形及其他资产净值				
2	负责及投资人权益				
2.1	流动负债总额				
2.1.1	应付账款				

续表

序　号	项　目	计算期			
		1	2	…	n
2.1.2	流动资金借贷				
2.2	长期借款				
2.3	负债小计				
2.4	投资人权益				
2.4.1	资本金				
2.4.2	资本公积金				
2.4.3	累计未分配利润				
资产负债率					
流动比率					
速动比率					

6. 借款还本付息计划表

借款还本付息计划表反映项目计算期内各年借款本金偿还和利息支付情况,用于计算偿债备付率和利息备付率指标。借款还本付息计划表的基本结构见表5.18。

表 5.18　借款还本付息计划表

序　号	项　目	合计	计算期					
			1	2	3	4	…	n
1	借贷							
1.1	期初借款余额							
1.2	当期还本付息							
	其中:还本							
	付息							
1.3	期末借款余额							
2	借款							
2.1	期初借款余额							
2.2	当期还本付息							
	其中:还本							
	付息							
2.3	期末借款余额							
3	债券							

序　号	项　目	合计	计算期					
			1	2	3	4	…	n
3.1	筹资活动净现金流量							
3.1.1	期初债务余额							
3.1.2	当期还本付息							
	其中:还本							
	付息							
3.1.3	期末债务余额							
4	借款和债权合计							
4.1	期初余额							
4.2	当期还本付息							
	其中:还本							
	付息							
4.3	期末余额							
计算指标	偿债备付息							
	利息备付率							

(三)财务评价基本报表与评价指标的关系

财务评价基本报表与评价指标的关系见表5.19。

表5.19　财务评价基本报表与评价指标的关系

评价内容	基本报表	评价指标	
		静态指标	动态指标
盈利能力分析	项目投资现金流量表	全部投资回收期	财务内部收益率 财务净现值
	项目资本金现金流量表		资本金财务内部收益率
	投资各方现金流量表		投资各方财务内部收益率
	利润及利润分配表	总投资收益率	
偿债能力分析	利润及利润分配表	偿债备付率 利息备付率	
	资产负债率	资产负债率 流动比率 速动比率	
	借款还本付息计划表	借款偿还期	

续表

评价内容	基本报表	评价指标	
		静态指标	动态指标
生存能力分析	财务计划现金流量表	净现金流量 累计盈余资金	

【案例 5.1】 新设法人财务评价实例

背景资料:某企业新建一厂,此项目计算期为 10 年。该项目建设期为 2 年,第三年投产,第四年达到设计生产任务。

一、财务评价基础数据

①固定资产投资 4 000 万元,其中项目资本金投资为 2 000 万元。不足部分向银行贷款。贷款年利率 i 为 3%,建设期只计息不还款,第三年投产后开始还贷,每年付清利息并分 6 年等额偿还本金。

②流动资金投资 2 400 万元,全部用银行贷款,年利率 4%,第三年年初开始贷款并投入,项目分年投资及贷款情况见表 5.20。

表 5.20　项目分年投资及贷款情况

项　　目	计算期		
	1	2	3
固定资产投资	1 500	2 500	
流动资金投资	0	0	2 400
自有资金	500	1 500	

③营业收入、营业税金及附加和经营成本见表 5.21。

表 5.21　营业收入、营业税金及附加和经营成本　　　　　　　单位:万元

项　　目	计算期		
	3	4 ~ 10	
营业收入	3 920	5 600	
营业税金及附加	117.6	168	
经营成本	2 450	3 500	

④按平均年限法计算固定资产折旧。折旧年限为 10 年,净残值率为 5%。

⑤假设每年可分配利润扣除公积金后全部向投资者分配。

⑥假设基准折现率 $i = 10\%$。

二、财务评价报表编制及指标计算

（一）投资计划与资金筹措表

投资计划与资金筹措表见表5.22。

表5.22　投资计划与资金筹措表　　　　　　单位:万元

序　号	项　　目	计算期				
		1	2	3	4 ~ 10	合计
1	项目总投资	1 515	2 545.45	2 400	0	6 460.45
1.1	固定资产投资	1 500	2 500			4 000
1.2	建设期利息	15	45.45	0	0	60.45
1.3	流动资金			2 400		2 400
2	资金筹措	1 515	2 545.45	2 400	0	6 460.45
2.1	自有资金	500	1 500			2 000
2.2	借款	1 015	1 045.45	2 400		4 460.45
2.2.1	长期借款	1 015	11 045.45			2 060.45
2.2.1	流动资金借款			2 400		2 400
2.3	其他					0

（二）固定资产折旧表

$$折旧率 = \frac{1 - 净残值率}{折旧年限} \times 100\%$$

$$年折旧额 = 原值 \times 折旧率$$

第三年的折旧额为 $4\ 060.45 \times (1 - 0.05)/10 \approx 385.74$（万元）

固定资产折旧费估算表见表5.23。

表5.23　固定资产折旧费估算表　　　　　　单位:万元

项　　目	计算期							
	3	4	5	6	7	8	9	10
固定资产原值	4 060.45	4 060.45	4 060.45	4 060.45	4 060.45	4 060.45	4 060.45	4 060.45
折旧费	385.74	385.74	385.74	385.74	385.74	385.74	385.74	385.74
固定资产原值	3 674.71	3 288.97	2 903.23	2 517.49	2 131.75	1 746.01	1 360.27	974.53

（三）借款还本付息计划表

借款还本付息计划表见表5.24。

表5.24　借款还本付息计划表　　　　　　　　单位:万元

项　目		计算期									
		1	2	3	4	5	6	7	8	9	10
年初欠款累计	长期借款		1 015	2 060.45	1 717.04	1 373.63	10 309.23	686.82	343.41		
	流动资金借款										
本年利息	长期借款	1 000	1 000								
	流动资金借款			2 400	2 400	.2 400	2 400	2 400	2 400	2 400	2 400
建设期利息		15	45.45								
付息合计				157.81	147.51	137.21	126.91	116.6	106.3	96	96
年初欠款利息累计	长期借款利息			61.81	51.51	41.21	30.91	20.6	10.3		
	流动资金借款利息			96	96	96	96	96	96	96	96
本年还本	长期借款			343.41	343.41	343.41	343.41	343.41	343.41		
	流动资金借款										
还贷本金来源				932	1 330	1 337	1 344	1 351	1 358	0	2 400
利润				545.97	944.16	951.11	958.74	965.02	971.97		
折旧与摊销				385.74	385.74	385.74	385.74	385.74	385.74		
自有资金											
资产回收											2 400

(四)总成本费用估算表

总成本费用估算表见表5.25。

表5.25　总成本费用估算表　　　　　　　　单位:万元

项　目		计算期									
		1	2	3	4	5	6	7	8	9	10
年初欠款累计	长期借款		1 015	2 060.45	1 717.04	1 373.63	10 309.23	686.82	343.41		
	流动资金借款										
本年利息	长期借款	1 000	1 000								
	流动资金借款			2 400	2 400	2 400	2 400	2 400	2 400	2 400	2 400
建设期利息			15	45.45							
付息合计				157.81	147.51	137.21	126.91	116.6	106.3	96	96
年初欠款利息累计	长期借款利息			61.81	51.51	41.21	30.91	20.6	10.3		
	流动资金借款利息			96	96	96	96	96	96	96	96
本年还本	长期借款			343.41	343.41	343.41	343.41	343.41	343.41		
	流动资金借款										

续表

项目	计算期									
	1	2	3	4	5	6	7	8	9	10
还贷本金来源			932	1 330	1 337	1 344	1 351	1 358	0	2 400
利润			545. 97	944. 16	951. 11	958. 74	965. 02	971. 97		
折旧与摊销			385. 74	385. 74	385. 74	385. 74	385. 74	385. 74		
自有资金										
资产回收										2 400

(五)利润及利润分配表

利润及利润分配表见表5.26。

表 5.26　利润及利润分配表　　　　　　　　　　　　单位:万元

序号	项目	计算期							
		3	4	5	6	7	8	9	10
1	销售收入	3 920	5 600	5 600	5 600	5 600	5 600	5 600	5 600
2	销售税金及附加	117. 6	168	168	168	168	168	168	168
3	总成本费用	2 993. 55	4 033. 25	4 022. 95	4 012. 65	4 002. 34	3 992. 04	3 981. 74	3 981. 74
4	利润总额	808. 85	1 398. 75	1 409. 05	1 419. 35	1 429. 66	1 439. 96	1 450. 26	1 450. 26
5	所得税(25%)	202. 21	349. 69	352. 26	354. 84	357. 41	359. 99	362. 57	362. 57
6	税后利润	606. 64	1 049. 06	1 056. 79	1 064. 51	1 072. 25	1 079. 97	1 087. 69	1 087. 69
7	期初未分配利润	0	0	0	0	0	0	0	0
8	可供分配利润	606. 63	1 049. 06	1 056. 79	1 064. 51	1 072. 24	1 079. 97	1 087. 7	1 087. 7
9	盈余公积金	60. 66	104. 91	105. 68	106. 45	107. 22	108	108. 77	108. 77
10	可供投资者分配的利润	545. 97	944. 16	951. 11	958. 06	965. 02	971. 97	978. 93	978. 93
11	分配投资者股利	545. 97	944. 16	951. 11	958. 06	965. 02	971. 97	978. 93	978. 93
12	未分配利润	0	0	0	0	0	0	0	0
13	息税前利润	966. 66	1 546. 26	1 546. 26	1 546. 26	1 546. 26	1 546. 26	1 546. 26	1 546. 26
14	EBITDA	1 352. 4	1 932	1 932	1 932	1 932	1 932	1 932	1 932
15	利息备付率/%	6. 13	10. 48	11. 27	12. 18	13. 26	14. 55	16. 11	16. 11
16	偿债备付率/%	2. 29	3. 22	3. 29	3. 35	3. 42	3. 5	16. 35	16. 35

(六)项目投资现金流量表

项目投资现金流量表见表5.27。

表 5.27 项目投资现金流量表　　　　　　单位:万元

序号	项 目	建设期		投产期	计算期						
		1	2	3	4	5	6	7	8	9	10
	生产负荷/%			70	100	100	100	100	100	100	100
1	现金流入	0	0	3 920	5 600	5 600	5 600	5 600	5 600	5 600	8 974.53
1.1	产品销售收入			3 920	5 600	5 600	5 600	5 600	5 600	5 600	5 600
1.2	固定资产回收										974.53
1.3	流动资金回收										2 400
2	现金流出	1 500	2 500	4 976.6	3 668	3 668	3 668	3 668	3 668	3 668	3 668
2.1	建设投资	1 500	2 500								
2.2	流动资金			2 400							
2.3	经营成本			2 450	3 500	3 500	3 500	3 500	3 500	3 500	3 500
2.4	销售税金	117.6			168	168	168	168	168	168	168
2.5	维持运营投资										
3	税前净现金流量	−1 500	−2 500	−1 047.6	1932	1932	1932	1932	1932	1932	5 306.53
4	累计税前净现金流量	−1 500	−4 000	−5 047.6	−3 115.6	−1 183.6	748.4	2 680.4	4 612.4	6 544.4	11 850.93
	调整所得税/%			241.67	386.57	386.57	386.57	386.57	386.57	386.57	386.57
5	税后净现金流量	−1 500	−2 500	−1 289.27	1 545.43	1 545.43	1 545.43	1 545.43	1 545.43	1 545.43	4 919.96
6	累计税后净现金流量	−1 500	−2 500	−5 289.27	−3 743.84	−2 198.41	−652.98	892.45	2 437.88	3 983.31	8 903.27
7	折现系数	0.909 1	0.826 4	0.751 3	0.683	0.620 9	0.564 5	0.513 2	0.466 5	0.424 1	0.385 5
8	税前净现金流量现值	−1 363.64	−2 066.12	−787.08	1 319.58	1 199.62	1 090.56	991.42	901.29	819.36	2 045.9
9	累计税前现金流量现值	−1 363.64	−3 429.75	−4 216.83	−2 897.25	−1 697.63	−607.06	384.36	1 285.65	2 105.02	4 150.9
10	税后净现金流量现值	−1 363.64	−2 066.12	−968.64	1 055.55	959.59	872.36	793.05	720.96	655.42	1 896.86
11	累计税后净现金流量现值	−1 363.63	−3 429.75	−4 398.4	−3 342.84	−2 383.25	−1 510.89	−717.84	3.12	658.53	2 555.39

税后个评价指标为:$NPV = 2\,555.39$　　　$Pt = 7-1+0.42 = 6.42$　　　$Pt' = 8-1+1 = 8$　　　$IRR = 20.3\%$

(七)项目资本金现金流量表

项目资本金现金流量表见表5.28。

表5.28　项目资本金流量表　　　　　　　　　　　单位:万元

序号	项目	建设期		投产期	达产期						
		1	2	3	4	5	6	7	8	9	10
1	现金流入			3 920	5 600	5 600	5 600	5 600	5 600	5 600	8 974.53
1.1	产品销售收入			3 920	5 600	5 600	5 600	5 600	5 600	5 600	5 600
1.2	固定资产回收										974.53
1.3	流动资金回收										2 400
2	现金流出	500	1 500	3 271.03	4 508.61	4 500.88	4 493.15	4 485.43	4 477.7	4 126.57	6 526.57
2.1	项目资本金	500	1 500								
2.2	借款本金偿还			343.41	343.41	343.41	343.41	343.41	343.41		2 400
2.3	借款利息支付			157.81	147.51	137.21	126.91	116.6	106.3	96	96
2.4	经营成本			2 450	3 500	3 500	3 500	3 500	3 500	3 500	3 500
2.5	销售税金			117.6	168	168	168	168	168	168	168
2.6	所得税			202.21	349.69	352.26	354.84	357.41	359.99	362.57	362.57
2.7	维持运营投资										
3	净现金流量(税后)	−500	−1 500	648.97	1 091.12	1 099.12	1 106.85	1 114.57	1 122.3	1 473.44	244.97
4	累计净现金流量(税后)	−500	−2000	−1 351.03	−259.64	839.48	1 946.33	3 060.9	4 183.2	5 656.63	8 104.6
5	折现系数	0.909 1	0.826 4	0.751 3	0.683	0.620 9	0.564 5	0.513 2	0.466 5	0.424 1	0.385 5
6	净现金流量现值(税后)	−454.55	−1 239.67	487.58	745.44	682.47	624.79	571.95	523.56	624.88	943.8
7	累计净现金流量现值(税后)	−454.55	−1 694.21	−1 206.64	−461.2	221.27	846.05	1 418	1 941.57	2 566.45	3 510.24

税后评价指标为:$NPV=3\ 510.24$　　　$Pt=5-1+0.24=4.24$　　　$Pt'=5-1+0.68=4.68$　　　$IRR=42.9\%$

(八)财务计划现金流量表

财务计划现金流量表见表5.29。

表5.29　财务计划现金流量表　　　　　　　　　　　单位:万元

序号	项目	合计	计算期									
			1	2	3	4	5	6	7	8	9	10
1	经营活动净现金流量				1 150.19	1 582.31	1 579.74	1 577.16	1 574.59	1 572.01	1 569.43	1 569.43

续表

序号	项 目	合计	计算期									
			1	2	3	4	5	6	7	8	9	10
1.1	现金流入				3 920	5 600	5 600	5 600	5 600	5 600	5 600	5 600
1.1.1	营业收入				3 920	5 600	5 600	5 600	5 600	5 600	5 600	5 600
1.1.2	增值税销项税											
1.1.3	补贴收入											
1.1.4	其他现金流入											
1.2	现金流出				2 769.81	4 017.69	4 020.26	4 022.84	4 025.41	4 027.99	4 030.57	4 030.57
1.2.1	经营成本				2 450	3 500	3 500	3 500	3 500	3 500	3 500	3 500
1.2.2	增值税进项税											
1.2.3	营业税金及附加				117.6	168	168	168	168	168	168	168
1.2.4	增值税											
1.2.5	所得税				202.21	349.69	352.26	354.84	357.41	359.99	362 ,57	262.57
1.2.6	其他现金流出											
2	投资活动净现金流量		−1 515	−2 545.45	−2 400							
2.1	现金流入		0	0	0							
2.2	现金流出		1 515	2 545.45	2 400							
2.2.1	建设活动		1 515	2 545.45								
2.2.2	维持运营投资											
2.2.3	流动资金		0	0	2 400							
2.2.4	其他现金流出											
3	筹资活动净现金流量		1 515	2 545.45	1 352.81	−1 435.07	−1 431.73	−1 425.03	−1 421.93	−1 421.68	−1 074.93	−1 074.93
3.1	现金流入		1 515	2 545.45	2 400							
3.1.1	资本金投入		500	1 500	0							
3.1.2	建设资金借款		1 015	1 045.45	0							
3.1.3	流动资金借款		0	0	2 400							
3.1.4	债券											
3.1.5	短期借款											
3.1.6	其他现金流入											
3.2	现金流出				1 047.19	1 435.08	1 431.73	1 428.38	1 425.03	1 421.68	1 074.93	1 074.93
3.2.1	各种利息支出				157.81	147.51	137.21	126.91	116.6	106.3	96	96

续表

序号	项 目	合计	计算期									
			1	2	3	4	5	6	7	8	9	10
3.2.2	偿还债务本金				343.41	343.41	343.41	343.41	343.41	343.41		
3.2.3	应付利息				545.97	944.16	951.11	958.06	965.02	971.97	978.93	978.93
3.2.4	其他现金流出											
4	净现金流量(1+2+3)		0	0	103	147.23	148.01	148.78	1 489.56	150.33	494.50	494.50
5	累计盈余资金				103	250.23	398.24	547.02	696.58	846.91	1 341.41	1 835.91

(九)资产负债表

资产负债表见表 5.30。

表 5.30　资产负债表　　　　　　　　　　　　　　　　　　　　　　单位:万元

序号	项 目	建设期		投产期	达产期						
		1	2	3	4	5	6	7	8	9	10
1	资产	1 515	4 060.45	6 177.71	5 939.20	5 701.47	5 464.52	5 228.33	4 992.92	5 101.69	5 210.46
1.1	流动资产总额	0	0	2 503	2 650.23	2 798.24	2 947.03	3 096.58	3 246.91	3 741.42	4 235.93
1.1.1	货币资金			2 503	2 650.23	2 798.24	2 947.03	3 096.58	3 246.91	3 741.42	4 235.93
1.1.2	应收账款										
1.1.3	预付账款										
1.1.4	存货										
1.2	在建工程	1 515	4 060.45								
1.3	固定资产净值			3 674.71	3 288.97	2 903.23	2 517.49	2 131.75	1 746.01	1 360.27	974.53
1.4	无形及递延资产净值										
2	负责及投资人权益	1 515	4 060.45	4 460.66	4 565.57	4 671.25	4 777.7	48 784.92	4 992.92	5 101.69	5 210.46
2.1	流动负债总额	0	0	2 400	2 400	2 400	2 400	2 400	2 400	2 400	2 400
2.1.1	应付账款										
2.1.2	流动资金借款			2 400	2 400	2 400	2 400	2 400	2 400	2 400	2 400
2.2	长期借款	1 015	2 060.45								
2.3	负债小计	1 015	2 060.45	2 400	2 400	2 400	2 400	2 400	2 400	2 400	2 400
2.4	投资人权益	500	2 000	2060.66	2 165.57	2 271.25	2 377.7	2 484.92	2 592.92	2 701.69	2 810.46

续表

序号	项 目	建设期		投产期	达产期							
		1	2	3	4	5	6	7	8	9	10
2.4.1	资本金	500	2 000	2 000	2 000	2 000	2 000	2 000	2 000	2 000	2 000
2.4.2	资本公积金										
2.4.3	累计盈余公积金			60.66	165.57	271.25	377.7	484.92	592.92	701.69	810.46
2.4.4	累计未分配利润										
	资产负债值/%	67	50.74	38.85	40.41	42.09	43.92	45.9	48.07	47.04	46.06
	流动比率/%			1.04	1.10	1.17	1.23	1.29	1.35	1.56	1.76
	速动比率/%			1.04	1.10	1.17	1.23	1.29	1.35	1.56	1.76

三、改、扩建和技术改造工程项目的财务评价

(一)改、扩建和技术改造工程项目的特点

由于改、扩建和技术改造工程项目都是在原有企业的基础上进行建设的,必然受现有企业技术装备水平、厂址、环境、配套设施等的制约,与新建项目相比,改、扩建和技术改造工程项目的特点可概括如下:

①在不同程度上利用了原有企业的经济资源,以增量调动存量,以较小的新增投入获得较大的新增效益。

②原有企业已在生产经营,而且随着改、扩建和技术改造工程项目的建设,其状况还会发生变化,因此项目的费用和效益的识别与计算比较复杂。

③建设期内建设与生产同步进行。

④项目与原有企业既有区别又有联系,有些问题的分析范围需要从项目扩展至企业。

(二)改、扩建和技术改造工程项目财务评价的步骤

1.识别改、扩建和技术改造工程项目费用与效益

改、扩建和技术改造工程项目的目标不同,实施方案各异。应科学地划分和界定效益与费用的计算范围。拟建项目建成后如果能够独立经营,或者通过适当的剥离,能够形成相对独立的核算单位,项目所涉及的范围就是财务评价对象;如果项目投产后的生产运营与现有企业无法分开,也不能单独计算项目产生的效益和发生的费用时,应将整个企业作为项目财务评价的对象。

另外,其效益可能表现为增加产量、扩大品种、提高质量、降低能耗、合理利用资源、提高

技术装备水平、改善劳动条件、降低劳动强度、有利于保护环境等一个或多个方面;其费用不仅包括新增投资、新增生产或经营费用,还包括由于项目建设可能带来的停产或减产损失,以及原有固定资产拆除费用等。对于难以定量计算的效益和费用应作定性描述。

由于识别改、扩建和技术改造工程项目的费用和效益较为复杂,必须对以下几种关于费用和效益的数据的内在含义真正了解和掌握,以免混淆概念、辨识不清。

1)现状数据

现状数据反映工程项目实施前的费用和效益,是单一的历史状态值。一般可用项目实施前一年的数据;当年数据不具有代表性时,可用近几年数据的平均值。

2)"无项目"数据

"无项目"数据是指不实施工程项目时,在现状基础上,考虑计算期内企业的费用和效益的变化趋势(变化率有可能大于、小于或等于零),经预测后得出的描述未来状况的数据序列。

3)"有项目"数据

"有项目"数据是指实施项目后,经预测后得出的描述未来状况的数据序列。

4)新增数据

新增数据是指"有项目"数据减去现状数据后的差额,反映实施项目后会对现状改变多少。

5)增量数据

增量数据是"有项目"数据减去"无项目"数据后的差额,反映实施项目与不实施项目会有什么差异。

可见,"无项目"数据不等于现状数据,因为"无项目"状态也是一种未来状态,是现状在未来的自然延续和演变;增量数据不等于新增数据,因为新增数据是未来与现在的比较,而增量数据是未来与未来的比较。

2. 编制改、扩建和技术改造工程项目财务评价基本报表

按增量效益和增量费用的数据编制项目增量财务现金流量表、资本金增量财务现金流量表。

在进行"有项目"与"无项目"对比时,效益和费用的计算范围、计算期应保持一致,具有可比性。为了使计算期保持一致,应以"有项目"的计算期为基准,对"无项目"的计算期进行调整。在一般情况下,可通过追加投资(局部更新或全部更新)来维持"无项目"时的生产运营,延长其寿命期直至与"有项目"的计算期相同,并在计算期末将固定资产余值回收。在某种情况下,通过追加投资延长其寿命,在技术上不可行或在经济上明显不合理时,可使"无项目"的生产运营适时终止,其后各年的现金流量为零。

按"有项目"的效益和费用数据编制项目损益和利润分配表、资金来源与运用表、借款偿还计划表。

各基本报表的编制原理、科目设置、格式与新建工程项目的财务评价报表基本相同,不同之处在于表内有关数据的计算口径不一样。

3.计算改、扩建和技术改造工程项目财务评价指标

1)盈利能力分析指标

改、扩建和技术改造工程项目的盈利能力分析指标,表达式与新建工程项目基本相同,不同之处在于改、扩建和技术改造工程采用增量指标作为判断项目是否可行的依据。当然,如果某一改、扩建或技术改造工程项目的效益、费用可以与企业完全分开、互不影响,则可视同新建项目,直接以"有项目"数据计算各评价指标。

2)偿债能力分析指标

改、扩建和技术改造工程项目的偿债能力分析是在现状基础上对项目实施后的状况进行评价,即只分析"有项目"数据。可以直接根据有关财务评价报表,计算借款偿还期或利息备付率和偿债备付率,分析拟建项目自身偿还债务的能力。

计算得到的项目偿债能力指标,表示项目用自身的各项收益(包括折旧)抵偿债务的最大能力,显示项目对企业整体财务状况的影响。项目最大偿债能力与项目债务的还款方式和责任不是一回事。如果项目的债务是由企业法人借入并负责偿还的,计算得到的项目偿债能力指标,可以给企业法人两种提示:一是靠拟建项目自身收益可以偿还债务,不需要企业法人另筹资金偿还;二是拟建项目自身收益不能偿还债务,需要企业法人另筹资金偿还债务。

同理,计算得到的拟建项目偿债能力指标对银行等金融部门显示两种情况:一是拟建项目自身有偿债能力;二是拟建项目自身无偿债能力,需要企业另外筹资偿还。由于银行贷款是贷给企业法人而不是贷给项目,银行进行信贷决策时,一般是根据企业的整体资产负债结构和偿债能力决定信贷取舍。有的时候,虽然项目自身无偿债能力,但是整个企业信誉好,偿债能力强,银行也可能给予贷款;有的时候虽然项目有偿债能力,但企业整体信誉差,负债高,偿债能力弱,银行也可能不予贷款。银行等金融部门为了考察企业的整体经济实力,决定是否贷款,需要评价现有企业的财务状况和各笔借款的综合偿债能力。为了满足债权人要求,不仅需要提供项目建设前 3 ~ 5 年企业的主要财务报表,还需要编制企业在拟建项目建设期和投产后 3 ~ 5 年内的损益和利润分配表、资金来源与运用表、资产负债表、企业借款偿还计划表,分析企业偿债能力。

(三)改、扩建和技术改造工程项目财务评价的方法

对改、扩建和技术改造工程项目进行财务评价,一般采用"有无对比"方法,即将有改、扩建(或技术改造)与无改、扩建(或技术改造)的未来状况进行比较。在比较中选用评价指标时,既可以用总量法,也可以用增量法。

1. 总量法

进行改、扩建(或技术改造)与不进行改、扩建(或技术改造)实质上是两个有待比较的互斥方案。对于互斥方案,可以先计算各自的绝对效果(如净现值);如果都获得通过,再比较其相对效果(如净现值率)。这就是所谓的"总量法",即从总量上衡量各自的经济效果,并加以比较选出最优方案,它具有同时显示绝对效果和相对效果的优点。需要特别说明的是,应用总量法进行评价时,必须将企业原有资产作为投资列入现金流量。

【例题 5.1】 某企业现有固定资产 800 万元,流动资产 200 万元,若进行改、扩建需投资 250 万元,改造当年生效。有项目与无项目时的收支预测见表 5.31,且寿命期均为 10 年,标准折现率为 10%,问企业是否应该进行改、扩建?

表 5.31　某企业改、扩建方案的收支预测数据

项目 ＼ 方案	有项目(A)		无项目(B)	
寿命期	1 ~ 9 年	第 10 年	1 ~ 9 年	第 10 年
销售收入	750	750	650	650
经营成本	550	550	500	500
资产回收		350		200

解:运用总量法进行净效益的分析和比较。该企业的原有固定资产和流动资产 1 000 万元均应计入投资。

计算有项目(A)方案和无项目(B)方案的净现值如下:

$$NPV_A = 750 \times (P/A,10\%,10) - 550 \times (P/A,10\%,10) + 350 \times (P/F,10\%,10) - 10\,000 - 250$$

$$= 113.85(万元)$$

$$NPV_B = 650 \times (P/A,10\%,10) - 500 \times (P/A,10\%,10) + 200 \times (P/F,10\%,10) - 10\,000$$

$$= -1.21(万元)$$

因为 $NPV_A > NPV_B$,且 $NPV_A > 0$,$NPV_B < 0$,所以该企业应进行改、扩建。

2. 增量法

采用总量法需将原有资产视为投资,从而必须对原有资产进行评估,而资产评估本身是一件十分复杂的工作,其难度有时超过了项目财务评价本身;此外,总量法只能对"有项目"和"无项目"两种状态进行评价,而不能显示在"有项目"的前提下多种建设方案的优劣排序。这时就应采用另一种方法 —— 增量法。

增量法实质上是对增量投资所带来的增量效益和增量费用进行考察,因此是一种相对

效果评价,它只解决了两个方案间的优劣问题,而未能反映它们是否达到所规定的最低标准问题。故在理论上,还应进行绝对效果评价。但在实际生活中,改、扩建项目如能通过增量效果的检验,一般就可视为可行;如必须做绝对效果评价,则可对"有项目"的状态进行总量效果的检验。

增量法的经济效果评价指标通常采用增量净现值、增量内部收益率等。应用增量法进行评价时,可不考虑原有资产问题。

【例题 5.2】 仍以【例题 5.1】中的情况为例,试以增量法进行项目决策。

解:对增量净现值计算如下:

$$NPV_{A-B} = (750 - 650) \times (P/A,10\%,10) + (350 - 200) \times (P/F,10\%,10) - 250 - (550 - 500)(P/A,10\%,10)$$
$$= 115.06(万元)$$

因为 $NPV_{A-B} > 0$,所以该企业应进行改、扩建。

四、资产评估

在工程项目财务评价中有时要进行资产评估,比如对技术改造项目进行总量分析时就需要对企业原有资产进行评估。

(一)资产评估概述

1. 资产评估的概念

资产评估是指通过对资产某一时点价值的估算,从而确定其价值的经济活动。具体来说,资产评估是指由专门机构和人员,依据国家规定和有关资料,根据特定的目的,遵循适用的原则,选择适当的价值类型,按照法定的程序,运用科学的方法,对资产价值进行评定和估算的过程。

2. 资产评估的特点

资产评估是资产交易等资产业务的中介环节,它是市场经济条件下资产交易和相关资产业务顺利进行的基础。这种以提供资产价值判断为主要内容的经济活动与其他经济活动相比,具有下述鲜明的特点。

1)市场性

资产评估是市场经济发展到一定阶段的产物,没有资产产权变动和资产交易的普遍进行,就不会有资产评估的存在。资产评估一般要估算的是资产的市场价值,因而资产评估专业人员必须凭借着自己对资产性质、功能等的认识,以及市场经验,模拟市场对特定条件下的资产价值进行估计和判断,评估结果是否客观需要接受市场价格的检验。因此,资产评估结论要经得起市场的检验,资产评估结论能否经得起市场检验是判断资产评估活动是否合理、规范,以及评估人员是否合格的根本标准。

2)系统性

对被评估资产的价值作出科学的估算和判断是一项系统的工程,必须用系统论的观点加以分析和开展工作。首先必须将被评估资产置于整个企业或整个行业中,必要时还要置于整个国家的范围进行分析和评价,因为,同样的资产在不同的企业、不同的行业、不同的国家可能发挥不同的作用,因而也就具有不同的价值;其次,必须对被评估资产相互之间的匹配问题进行系统考虑,主要是不同的有形资产、无形资产以及相互之间的匹配,因为,同样的有形资产与不同的其他有形资产匹配或与不同的无形资产匹配,可能发挥不同的作用,因而价值也可能会不同;此外,评估人员在评估工作过程中,也必须系统地收集、整理和分析被评估资产的相关资料,将影响资产价值的各种相关因素进行系统综合地考虑,并在此基础上对评估结论作出系统地判断。

3)技术性

资产评估人员在对被评估资产价值作出专业判断的过程中,需要依据大量的数据资料,经过复杂细致的技术性处理和必要的计算,不具备相应的专业知识就难以完成评估工作。如在对厂房或有关建筑物进行评估时,需要对其进行测量、了解建筑构造、工程造价、使用磨损程度等情况,缺乏建筑专业基础知识则难以进行;在对机器设备进行评估时,需要对被评估设备的有关技术性能、磨损程度、预计经济寿命等情况作出判断,这些都具有较强的专业技术性,不具备有关专业知识则难以得出客观的评估结果。

资产评估的技术性要求评估人员应当由具备一定专业知识的专业技术人员构成,如建筑、土地、机电设备、经济、财务等。

4)公正性

资产评估的公正性主要体现在资产评估是由交易双方以外的独立的第三者,站在客观公正的立场上对被评估资产所做的价值判断,评估结果具有公正性。资产评估的结果密切关系着资产业务有关各方的经济利益,如果背离客观公正的基本要求,就会使得资产业务的一方或几方蒙受不必要的损失,资产评估就失去了其存在的前提。

资产评估的公正性要求评估人员必须站在公正的立场,采取独立、公正、客观、中立的态度,不屈服于任何外来的压力和任何一方的片面要求,客观、公正地作出价值判断。对于资产评估机构而言,资产评估的公正性也是十分重要的,只有以客观公正的评估结果,为客户提供优质的服务,才能赢得客户的信任,逐步树立自己的品牌,评估机构才能不断得到发展,否则,必将逐步丧失信誉,丧失市场,最终走向破产。

5)咨询性

资产评估结论是评估人员在评估时点根据所能搜集到的数据资料,模拟市场对资产价值所作出的主观推论和判断。不论评估人员的评估依据有多么充分,评估结论仍然是评估人员的一种主观判断,而不是客观事实。因此,资产评估不是一种给资产定价的社会经济活动,它只是一种经济咨询或专家咨询活动。评估结果本身并没有强制执行的效力,评估人员只对评估结论的客观性负责,而不对资产交易价格的确定负责。评估结果只是为资产业务提供一个参考价值,最终的成交价格取决于交易双方在交易过程中的讨价还价能力。

3. 资产评估的要素

资产评估的基本要素由评估主体、评估对象、评估依据、评估目的、评估原则、价值类型、评估程序及评估方法 8 个要素构成。从事资产评估业务的机构和人员,是资产评估工作中的主体,必须符合国家在资产评估方面的有关规定,即具有从事该项业务的行业及职业资格并登记注册。特定资产是待评估的对象。国家的有关规定是指资产评估活动所应当遵守的有关法律、法规、政策文件等,它是资产评估的依据特定的。评估目的,是指资产业务发生的经济行为,它直接决定和制约资产评估价值类型的确定和评估方法及参数的选择。评估原则即资产评估工作的行为规范,是处理评估业务的行为准则。价值类型是对评估价值的质的规定,它取决于评估目的。评估程序是资产评估业务的工作步骤。评估方法是估算资产价值所必需的特定技术方法。

4. 资产评估的基本步骤

对项目进行资产评估,通常包括下述步骤。

①明确评估目的,确定评估对象。

②制订评估工作计划。评估工作计划的内容一般包括背景资料、资产内容与范围、对具体资产所采用的评估方法、评估程序、需用的资料清单、应纳入评估报告的具体内容、评估工作中的责任分配以及提交评估报告的日期等。

③进行具体资产的评估。根据评估目的及掌握的资料,选择适当的评估方法,对具体资产进行评定和估算,确定其价值。

④写出评估报告,得出评估结论。

(二)资产评估的基本方法

资产评估的基本方法有 3 种:现行市价法、重置成本法和收益现值法。

1. 现行市价法

现行市价法是以现行市场价格为依据的一种资产评估方法,其出发点是:构成资产的生产要素如同一般商品一样,可以在市场上交换,而且绝大多数资产也确实在市场上流通。按照替换原则,市场可比较价格就可作为被评估资产价值的依据。

用市场法评估的资产必须具备以下条件:第一,市场上存在与被评估资产相同或相类似的商品,这种商品称为市场参照物。市场法的可用性取决于市场参照物的丰富程度,而不仅仅依赖于充分发育的商品市场。第二,被评估资产的市场参照物的经济、技术参数可以获得。

现行市价法的具体操作方法如下所述。

1)直接法

当在市场上可以找到与被评估资产完全相同的资产或此种全新资产的现行市价时,可将参照物的市场价格作为被评估资产的价值。

2)类比法

当市场上找不到相同资产作参照物时,可寻找功能相似的资产作参照物。在技术进步快、产品更新换代周期短的情况下,市场上往往可找到的只是换型、换代的参照物。此时,可对参照物的功能、地域、应用环境、成交时间与评估时间等差异因素进行调整,据以确定被评估资产的价值。

【例题5.3】 土地甲面积1 000 m^2,需对其土地使用权的价值进行评估。同时收集到具有可比性的乙、丙两块土地使用权出让的有关情况作参照物,已知乙是在1年前出售,售价为100元/m^2;丙是在两年前出售,售价为80元/m^2。现在土地价格比1年前上涨10%;比两年前上涨25%。假设甲、乙、丙3块土地的综合评估系数分别为75%、80%、70%。

解:根据综合评估系数,乙地最好,丙地最差,甲地介于乙、丙两者之间,按综合评估看,甲地价值是乙地的93.75%,是丙地的107.14%。

若以乙地为依据,甲地每平方米的售价应为:

$$100 \times 93.75\% \times (1 + 10\%) = 103.13(元)$$

若以丙地为依据,甲地每平方米的售价为:

$$80 \times 107.14\% \times (1 + 25\%) = 107.17(元)$$

根据上述计算,甲地使用权的价格可在103.13元/m^{2}和107.17元/m^{2}之间,取中间值为105.15元/m^2。

3)物价指数调整法

物价指数调整法是以物价指数调整资产的原价,以求得资产的现行价格。计算公式为

$$被评估资产的现行市价 = 原价 \times 评估日定基物价指数 - 贬值 \tag{5.6}$$

贬值可以通过定量分析得出。选择一个相适应的参照物,将被评估资产所生产的产品成本与参照物所生产的产品成本相比较,找出两者差异原因及金额(超支或节约)。参照物的正常年生产成本低于被评估资产的正常年生产成本数额的现值,可视为被评估资产在尚可使用年限内功能性贬值的数额。其计算公式为

$$\frac{被评估资产}{功能性贬值} = \frac{被评估资产产品}{生产成本超支额} \times \frac{折现}{系数} \tag{5.7}$$

【例题5.4】 设备甲的已使用年限为10年,与同类先进设备相比,其产品生产成本每年多4 000元,根据资料,甲设备的原价为50 000元,同类物资物价指数比10年前上涨了20%,试确定甲设备的评估价值。假设折现率为10%。

解:计算物价变动差额:50 000 × 20% = 10 000(元)

计算功能性贬值额:4 000 × (P/A,10%,10) = 4 000 × 614 = 24 560(元)

则设备甲的重估价值为：$50\ 000 + 10\ 000 - 24\ 560 = 35\ 440$(元)

一般来说，现行市价法比较适合用于单项资产的评估。

2. 重置成本法

重置成本法是指在评估资产时，按被评估资产的完全重置成本减去应扣损耗或贬值来确定资产评估价值的一种方法。

重置成本可以分为复原重置成本（以现行市价购买与原资产完全相同的全新资产所需要的成本）和更新重置成本（以现行市价购买具有新技术标准的功能相同的全新资产所需要的成本）；选择重置成本时，在同时获得复原重置成本和更新重置成本时，应选择更新重置成本；在没有更新重置成本时，也可采用复原重置成本。

重置成本法的基本计算公式为

$$被评估资产的重置成本 = 重置全价 - 有形损耗 - 功能性贬值 \qquad (5.8)$$

1）重置全价的估算方法

（1）直接法

直接法，按资产成本构成，以现行市价为标准，计算被评估资产重置全价。资产成本包括现行市价的买价、运杂费、安装费等。

【**例题5.5**】 某厂重置一资产，该资产的市价为55 000元，运杂费1 000元，安装费4 000元，则该资产的重置全价为多少？

解：该资产的重置全价：

$$55\ 000 + 1\ 000 + 4\ 000 = 60\ 000(元)$$

（2）功能价值法

功能价值法，以生产产品相同或相似，但生产能力不同的全新资产作为参照物，按照生产能力的比例和参照物重置全价来确定被评估资产的重置全价。计算公式为

$$被评估资产的重置价格 = \frac{被评估资产生产能力}{参照物生产能力} \times 折现系数 \qquad (5.9)$$

【**例题5.6**】 某全新设备重置全价为40 000元，年生产能力为40 万 t，现有一待评估的相似设备年生产能力为30 万 t，则被评估设备的重置全价为多少？

解：被评估设备的重置全价为：

$$40\ 000 \times \frac{30}{40} = 30\ 000(元)$$

（3）物价指数法

物价指数法根据物价指数调整被评估资产的历史成本，计算公式和方法与现行市价法相同，这里不再赘述。

（4）规模经济效益指数法

规模经济效益指数法，此法常用于企业整体资产评估。计算公式为

$$\frac{规模经济}{效益指数} = \frac{资产甲重置全价}{资产乙重置全价} = \left(\frac{资产甲产量}{资产乙产量}\right)^n \qquad (5.10)$$

式中　n——一个经验数据。

【例题 5.7】　参照物甲的重置全价为 10 万元,其年生产能力为 3 000 台,被评估资产的年生产能力为 5 000 台。假设 n 为 0.7,则被评估资产的重置全价为多少?

解:被评估资产的重置全价为:

$$100\ 000 \times \left(\frac{5\ 000}{3\ 000}\right)^{0.7} = 142\ 986(元)$$

2)有形损耗的估算方法

(1)使用年限法

使用年限法,是利用经济寿命年限、已使用年限及重置全价等,用计算折旧的方法来求出被评估资产有形损耗的一种方法。计算公式为

$$\frac{被评估资产}{有形损耗} = \frac{重置全价 - 残值}{经济寿命年限} \times 实际使用年限 \qquad (5.11)$$

(2)观察法

观察法,是由具有专门知识的工程技术人员对被评估资产的各个方面进行技术鉴定,通过了解被评估资产的实际情况来确定其磨损程度,再与同类或相似的全新资产进行对比、分析、判断被评估资产的成新率,从而计算被评估资产的有形损耗的一种方法。计算公式为

$$\frac{被评估资产}{有形损耗} = (重置 - 残值) \times (1 - 成新率) \qquad (5.12)$$

3)功能性贬值的估算方法

关于功能性贬值的概念和计算公式已在现行市价法中介绍过,此处不再赘述。

3. 收益现值法

收益法是估测由于获得资产而带来的未来预期收益的现值来确定被评估资产价值的一种评估方法。

所谓收益是指因获得资产而取得的净收入。收益的计算与评价角度、被评估对象的具体情况、资产权益人的性质等有关,需根据实际情况处理,涉及收益的计算方法主要有税前收益和税后收益。

在使用该方法时,对被评估对象有以下要求:第一,被评估资产的未来预期收益可以预测,并可以用货币量来计量;第二,与获得资产未来预期收益相联系的风险报酬也可以估算出来。

收益法的基本计算公式为

$$PV = \sum_{t=1}^{n} B_t (1 + i)^t n \qquad (5.13)$$

式中　PV——资产评估值;

B_t——第 t 年的预期收益；

n——资产经营年限；

i——折现率。

需要指出的是,折现率的确定必须与收益计算相对应,例如,税前收益的折现率与税后收益的折现率不同;收益计算中是否考虑涨价因素将直接影响折现率是否包含通货膨胀率等。

收益现值法按收益期是否有限可分为两种:

①有限期间各年收益折现法。其计算与基本公式(5.13)相同。

②无限期收益现值法。其又分为两种方法,即年金法和分段法。

a. 年金法。适用于未来收益为等额年金的情况,其计算公式为

$$PV = \frac{A}{i} \tag{5.14}$$

式中　PV——资产评估值；

　　　A——年收益额；

　　　i——折现率。

b. 分段法。适用于未来预测收益高低不等,而且没有明显稳定增长趋势的情况,前期一般取 5 年,后期一般以第 5 年收益额作为第 6 年后的永续年金收益进行本金化处理,计算公式为

$$PV = \sum_{t=1}^{5} B_t (1 + i)^t + \frac{B_5}{i} \times (1 + i)^5 \tag{5.15}$$

式中　PV——资产评估值；

　　　B_t——第 t 年的预期收益；

　　　B_5——第 5 年的预期收益；

　　　i——折现率。

收益现值法评估资产能够比较真实和准确地反映资产的本金化价格,而且与投资决策相结合,所确定的评估价容易为资产交易各方所接受。但是在我国目前情况下,预期收益额的资料不易收集,对未来的预测易受主观因素的限制。所以,目前还不具备广泛应用收益现值法的成熟条件,应该在我国的经济建设中积极地为收益现值法的应用创造条件。

学习任务二　工程项目的经济费用效益分析

 **案例导入**

近年我国做出了关于环保两项承诺,即 2020 年的非化石能源消费比重占一次能源消费

量的 26% ;2020 年的碳排放量将比 2005 年下降 40% ~ 45%。按照我国已经承诺的非化石能源消费目标倒推可知,我国常规水电装机规模到 2020 年至少需要达到 3.3 亿千瓦时,而到 2015 年,常规水电装机规模也需要达到 2.7 亿千瓦时。这样,在"十二五"期间,水电的新开工量预计要达到接近 1 亿千瓦时才能够满足上述要求。而在"十一五"期间,我国水电开发已经大幅滞后于规划的目标。"十一五"期间原本规划水电开工量约为 7 000 万千瓦时,结果实际开工量只有约 2 000 万千瓦时,只有规划量的 30% 左右。

思考:

1. 水电项目和煤电项目相比具有哪些优势? 在"十一五"期间,水电开发滞后的原因。

2. 在水电项目决策问题上需要考虑的费用和效益。

进一步分析:

①水电项目与煤电项目相比,虽然初始投资较大,但具有经营成本低、规模大、调节性强的特征,最关键的是水电可以节省资源,减少碳化排放量,符合我国优化能源结构,发展低碳经济的趋势。"十一五"期间水电项目放缓的原因,除了少数水电项目自身的确存在移民补偿问题之外,很大程度上还在于舆论宣传的引导出现偏差。舆论过度强调水电开发面临的移民难题和环保的副作用,也为水电项目的开发带来了阻力。

②在水电项目的决策问题上,应该综合考虑其全部费用和全部效益,其中全部费用包括:建设费用、经营成本、移民费用、环境污染等;全部效益包括:发电、防洪、灌溉、航运、旅游等。

由于财务成本不能包含项目对资源的全部消耗,财务效益不能包含项目产出全部经济效果的项目,因此除对项目需要进行财务分析外,还需要进行经济费用效益分析。

经济费用效益分析从资源合理配置的角度,分析项目投资的经济效率和对社会福利所作出的贡献,评价项目的经济合理性。对于财务现金流量不能全面、真实地反映其经济价值,需要进行经济费用效益分析的项目,应将经济费用效益分析的结论作为项目决策的主要依据之一。经济费用效益分析是项目投资决策的主要内容之一,在加强和完善宏观调控,建立社会主义市场经济体制的过程中,应重视建设项目的经济费用效益分析。

一、经济费用效益分析的含义

经济费用效益分析是工程项目经济评价的重要组成部分。它是按资源合理配置的原则,从国民经济的角度考察耗费的社会资源和对社会的贡献,采用影子价格、影子工资、社会折现率等经济费用效益分析参数体系,分析、计算项目对国民经济带来的净贡献,以评价投资项目的经济合理性。

相对于人们的需要来说,任何一个国家的资源都是有限的,而一种资源用于某一方面,其他方面就不得不减少这种资源的使用量,这就使得国家必须按照一定的准则对资源的配置作出合理选择。例如公路建设项目,就该项目自身来说,如果是公益性的基础设施建设,不是收费公路,则在财务上项目是没有收益的,无法进行财务上的评价,但从国民经济的整体来看,公路的建设将大大增加旅客、货物的运输量,节约旅客、货物的在途时间,缓解其他道路的拥挤状况,给周边地区的土地带来增值,等等,这些都是经济费用效益。再例如小型冶炼厂,虽然在财务上有生存能力,也能为某一小区域的经济带来效益,但是,它所造成的严重的环境污染和资源浪费,都是国民经济付出的代价。因此,许多项目的实施,不仅要考虑项目本身的效益和费用情况,也要考虑到该项目对整个国民经济产生的影响,即由经济费用效益分析为该类项目是否可行提供决策依据。

(一)经济费用效益分析的意义

经济费用效益分析应从资源合理配置的角度,分析项目投资的经济效益和对社会福利所作出的贡献,评价项目的经济合理性。对于财务现金流量不能全面、真实地反映其经济价值而需要进行经济费用效益分析的项目,应将其经济费用效益分析的结论作为项目决策的主要依据之一。

正常运作的市场是将稀缺资源在不同用途和不同时间上合理配置的有效机制。然而,市场的正常运作要求具备若干条件,包括:资源的产权清晰、完全竞争、公共产品数量不多、短期行为不存在等。如果这些条件不能满足,市场就不能有效地配置资源,即市场失灵。市场失灵的原因有:一是无市场、薄市场(thin market)。首先,很多资源的市场还根本没有发育起来,或根本不存在。这些资源的价格为零,因而被过度使用,日益稀缺。其次,有些资源的市场虽然存在,但价格偏低,只反映了劳动和资本成本,没有反映生产中资源耗费的机会成本。毫无疑问,价格为零或偏低时,资源会被浪费。例如,我国一些地区的地下水和灌溉用水价格偏低,因而被大量浪费。二是外部效果(exter nalities)。外部效果是企业或个人的行为对活动以外的企业或个人造成的影响。外部效果造成私人成本(内部成本或直接成本)和社会成本不一致,导致实际价格不同于最优价格。外部效果可以是积极的也可以是消极的。河流上游农民种树,保持水土,使下游农民旱涝保收,这是积极的外部效果;河流上游滥砍滥伐,造成下游洪水泛滥和水土流失,这是消极的外部效果。三是公共物品(public goods)。公共物品的显著特点是,一个人对公共物品的消费不影响其他消费者对同一公共物品的消费。在许多情况下,个人不管付钱与否都不能被从公共物品的消费中排除出去,例如国防。因为没人能够或应该被排除,所以消费者就不愿为消费公共物品而付钱。消费者不愿付钱,私人企业赚不了钱,就不愿意提供公共物品。因此,自由市场很难提供充足的公共物品。四是短视计划(myopia planning)。自然资源的保护和可持续发展意味着为了未来利益而牺牲当前消费。因为人们偏好当前消费,未来利益被打折扣,因而造成应留给未来人的资源被提前使用。资源使用中的高贴现率和可再生资源的低增长率,有可能使某种自然资源提早耗尽。

市场失灵的存在使得财务评价的结果往往不能真实反映项目的全部利弊得失,必须通过经济费用效益分析对财务评价中失真的结果进行修正,进行经济费用效益分析具有重要意义。

1. 经济费用效益分析是宏观上合理配置国家有限资源的需要

国家的资源(资金、土地、劳动力等)总是有限的,而同一种资源可以有不同的用途,故必须从这些相互竞争的用途中作出选择。这时,人们就需要从国家整体利益的角度来考虑,借助于经济费用效益分析。国民经济是一个大系统,项目建设是这个大系统中的一个子系统,经济费用效益分析就是要分析项目从国民经济中所吸取的投入以及项目产出对国民经济这个大系统的经济目标的影响,从而选择对大系统目标最有利的项目或方案。

2. 经济费用效益分析是真实反映项目对国民经济净贡献的需要

在我国,不少商品的价格,不能反映价值,也不反映供求关系,即所谓的价格"失真"。在这样的条件下,按现行价格来考察项目的投入或产出,不能确切地反映项目建设给国民经济带来的效益和费用。

通过经济费用效益分析,进行价格调整,运用能反映资源真实价值的价格,来计算建设项目的费用和效益以便得出该项目的建设是否有利于国民经济总目标的结论。

3. 经济费用效益分析是投资决策科学化的需要

为提高投资决策科学化就需要对项目进行经济费用效益分析,不仅有利于引导投资建设的方向,而且有利于控制投资规模。① 有利于引导投资方向。运用经济费用效益分析的相关指标以及有关参数,可以影响经济费用效益分析的最终结论,进而起到鼓励或抑制某些行业或项目发展的作用,促进国家资源的合理分配。② 有利于抑制投资规模。当投资规模过长时,会引发通货膨胀,这时通过适当提高折现率,控制一些项目的通过,从而控制投资规模。

(二)经济费用效益分析的对象

在现实经济中,由于市场本身的原因及政府不恰当的干预,都可能导致市场配置资源的失灵,市场价格难以反映建设项目的真实经济价值,客观上需要通过经济费用效益分析来反映建设项目的真实经济价值,判断投资的经济合理性,为投资决策提供依据。需要进行经济费用效益分析的项目如下所述。

1. 自然垄断项目

对于电力、电信、交通运输等行业的项目,存在着规模效益递增的产业特征,企业一般不会按照帕累托最优规则进行运作,从而导致市场不能有效配置资源。如供电、给排水,供气和城市公共交通等公共事业项目,虽然具有收费和通过市场运作的可能,但因为这些产品和服务有较强的公益性,且具有自然垄断属性,有必要由政府或公共部门专营或授权经营。

2. 公共产品项目

项目提供的产品或服务在同一时间内可以被共同消费,具有"消费的非排他性"(未花钱购买公共产品的人不能被排除在此产品或服务的消费之外)和"消费的非竞争性"特征(一人消费一种公共产品并不以牺牲其他人的消费为代价)。由于市场价格机制只有通过将那些不愿意付费的消费者排除在该物品的消费之外才能得以有效运作,因此市场机制对公共产品项目的资源配置失灵。公共项目是指由各级政府或其他公共部门筹划、出资或运行的项目。市场经济中有相当数量的这类项目提供公共服务和实现各种目标,而这些目标又不能或不适合完全通过市场机制来实现。但是,这类项目同样耗费社会资源及提供社会服务。公共项目大致上可划分为纯公共项目、准公共项目、战略性或政策性经营项目。

(1)纯公共项目

纯公共项目是指提供公用物品的项目,项目产出具有非排他性和非竞争性,这类项目需要资源的投入,但是没有直接的现金流入,却具有为公众提供服务的效益,如国防建设、水利、义务教育、公共卫生、防洪治沙、环境生态保护和治理以及公检法司、工商、税务、海关和城镇化建设等。这些项目提供的服务是由社会成员共同享用的,既无法排除不付费的人享用(非排他性),一个人的享用也不会影响其他任何人的享用(非竞争性)。

(2)准公共项目

准公共项目是指提供准公用物品的项目,项目产出具有一定的竞争性和排他性,但这些产出或提供的服务涉及人们的基本需要,或者是因为存在外部效果,收费往往不足以反映项目的效益。因此需要政府对投入的补充,如农业、通信、教育、基本医疗服务和交通运输项目等。

(3)战略性或政策性项目

战略性或政策性项目是指对国家有战略意义的特大型的、或有较大风险但有重大前景的,或者是资源性的项目;或者出于领土完整和安全以及减少地区间经济发展差异的考虑的项目。显然,政府必须承担这些项目的发起和建设,而不论这些项目提供的产品是私用物品还是公用物品,也不论这些项目是否是经营性或营利性的。

3. 具有明显外部效果的项目

外部效果是指一个个体或厂商的行为对另一个个体或厂商产生了影响,而该影响的行为主体又没有负相应责任或没有获得应有报酬的现象。外部效果可分为技术性的外部效果和钱币性的外部效果。技术性的外部效果是指确实使社会总生产和社会总消费起变化的外部效果。钱币性的外部效果是指由于需求和相对价格的变化使第三者的效益变化的外部效果。例如城市轨道交通项目,具有节省出行时间、减少交通事故、减轻空气污染、缓解地面交通堵塞属于技术性外部效果,沿线土地、房产升值则属于钱币性的外部效果。产生外部效果的行为主体由于不受预算约束,因此常常不考虑外部效果结果承受者的损益情况。这样,这类行为主体在其行为过程中常常会低效率甚至无效率地使用资源,造成消费者剩余与生产者剩余的损失及市场失灵。

4.涉及国家控制的战略性资源开发及涉及国家经济安全的项目

该种项目往往具有公共性、外部效果等综合特征,不能完全依靠市场配置资源。

5.受过度行政干预的项目

政府对经济活动不正当干预的项目,如果干扰了正常的经济活动效率,这种干预也是导致市场失灵的重要因素。

(三)经济费用效益分析与财务评价的关系

1.经济费用效益分析与财务评价的共同之处

①评价方法相同。它们都是经济效果评价,都要寻求以最小的投入获取最大的产出,都使用基本的经济评价理论,即效益与费用比较的理论方法,都要考虑资金的时间价值,采用内部收益率、净现值等盈利性指标评价项目的经济效果。

②评价的基础工作相同。两种分析都要在完成产品需求预测、工艺技术选择、投资估算、资金筹措方案等可行性研究内容的基础上进行。

③评价的计算期相同。两种分析的计算期均包括项目的建设期、试生产期和生产期。

2.经济费用效益分析与财务评价的区别

①两种评价所站的层次不同。财务评价是站在项目的层次上,从项目经营者、投资者、未来债权人的角度,分析项目在财务上能够生存的可能性。经济费用效益分析则是站在政府部门的层次上,从全社会资源配置经济效益的角度分析项目的外部效果、公共性,从而判断项目的经济合理性。

②费用和效益的含义和划分范围不同。财务评价只根据项目直接发生的财务收支,计算项目的直接费用和直接效益。经济费用效益分析则从全社会的角度考察项目的费用和效益,不仅包括直接效益和直接费用,还包括间接效益和间接费用。同时应将项目费用中的转移支付剔除,例如,税金和补贴、银行贷款利息等。

③财务评价与经济费用效益分析所使用的价格体系不同。财务评价使用实际的财务价格,经济费用效益分析则使用一套专用的影子价格体系。

④两种评价使用的参数不同。如衡量盈利性指标内部收益率的判据,财务评价中用财务基准收益率,经济费用效益分析中则用社会折现率。财务基准收益率依行业的不同而不同,而社会折现率则是全国各行业各地区都一致的,目前为8%。

⑤评价内容不同。财务评价主要有两个方面,即盈利能力分析和清偿能力分析。而经济费用效益分析则只作盈利能力分析,不作清偿能力分析。

(四)经济费用效益分析的步骤

经济费用效益分析可以按照经济费用效益流量识别和计算的原则及方法直接进行,也可以在财务分析的基础上将财务现金流量转换为反映真正资源变动状况的经济费用效益流量。

1.直接进行经济费用效益流量的识别和计算

直接进行经济费用效益流量的识别和计算的基本步骤如下所述。

①对于项目的各种投入物,应按照机会成本的原则计算其经济价值。

②识别项目产出物可能带来的各种影响效果。

③对于具有市场价格的产出物,以市场价格为基础计算其经济价值。

④对于没有市场价格的产出效果,应按照支付意愿及接受补偿意愿的原则计算其经济价值。

⑤对于难以进行货币量化的产出效果,应尽可能地采用其他量纲进行量化。难以量化的,进行定性描述,以全面反映项目的产出效果。

⑥编制经济费用效益分析报表,计算经济费用效益分析评价指标。

2.在财务分析基础上进行经济费用效益流量的识别和计算

投资项目的经济费用效益分析在财务评价基础上进行,主要是将财务评价中的财务费用和财务效益调整为经济费用和经济效益,即调整不属于经济效益和费用的内容;剔除国民经济内部的转移支付;计算和分析项目的间接费用和效益;按投入物和产出物的影子价格及其他经济参数(如影子汇率、影子工资、社会折现率等)对有关经济数据进行调整,其基本步骤如下所述。

①剔除财务现金流量中的通货膨胀因素,得到以实价表示的财务现金流量。

②剔除运营期财务现金流量中不反映真实资源流量变动状况的转移支付因素。

③用影子价格和影子汇率调整建设投资各项组成,并剔除其费用中的转移支付项目。

④调整流动资金,将流动资产和流动负债中不反映实际资源耗费的有关现金、应收、应付、预收、预付款项,从流动资金中剔除。

⑤调整经营费用,用影子价格调整主要原材料、燃料及动力费用、工资及福利费等。

⑥调整营业收入,对于具有市场价格的产出物,以市场价格为基础计算其影子价格对于没有市场价格的产出效果,以支付意愿或接受补偿意愿的原则计算其影子价格。

⑦对于可货币化的外部效果,应将货币化的外部效果计入经济效益费用流量;对于难以进行货币化的外部效果,应尽可能地采用其他量纲进行量化。难以量化的,进行定性描述,以全面反映项目的产出效果。

⑧编制经济费用效益分析报表,计算经济费用效益分析评价指标。

二、经济效益与经济费用的识别

(一)经济效益与经济费用的识别原则

凡是项目对国民经济所作的贡献,均计为项目的效益。凡是国民经济为项目所付出的代价均计为项目的费用。经济效益和费用的识别应遵循下述原则。

1)增量分析的原则

项目经济费用效益分析应建立在增量效益和增量费用识别和计算的基础之上,不应考虑沉没成本和已实现的效益。应按照"有无对比"增量分析的原则,通过项目的实施效果与无项目情况下可能发生的情况进行对比分析,作为计算机会成本或增量效益的依据。

2)考虑关联效果原则

应考虑项目投资可能产生的其他关联效应。财务分析从项目自身的利益出发,其系统分析的边界是项目。凡是流入项目的资金,就是财务效益,如营业收入;凡是流出项目的资金,就是财务费用,如投资支出、经营成本和税金。经济费用效益分析则从国民经济的整体利益出发,其系统分析的边界是整个国民经济,对项目所涉及的所有成员及群体的费用和效益作全面分析,不仅要识别项目自身的内部效果,而且需要识别项目对国民经济其他部门和单位产生的外部效果。

3)以本国居民作为分析对象的原则

对于跨越国界,对本国之外的其他社会成员产生影响的项目,应重点分析对本国公民新增的效益和费用。项目对本国以外的社会群体所产生的效果,应进行单独陈述。

4)剔除转移支付的原则

转移支付代表购买力的转移行为,接受转移支付的一方所获得的效益与付出方所产生的费用相等,转移支付行为本身没有导致新增资源的发生。在经济费用效益分析中,税赋、补贴、借款和利息都属于转移支付。一般在进行经济费用效益分析时,不得再计算转移支付的影响。

(二)经济效益与经济费用

项目的经济效益是指项目对国民经济所作的贡献,包括项目的直接效益和间接效益;项目的经济费用是指国民经济为项目付出的代价,包括直接费用和间接费用。

1. 直接效益与直接费用

1)直接效益

直接效益是指由项目产出物产生并在项目范围内以影子价格计算的经济效益。它是项目产生的主要经济效益。一般表现为增加项目产出物或者服务的数量已满足国内需求的效益、替代效益较低的相同或类似企业的产出物或者服务使被替代企业减产（停产）而减少国家有用资源耗费或者损失的效益、增加出口或者减少进口而增加或者节支的外汇等。

2）直接费用

直接费用是指项目使用投入物所产生并在项目范围内以影子价格计算的经济费用，它是费用的主要内容。一般表现为其他部门为本项目提供投入物而需要扩大生产规模所耗用的资源费用、减少对其他项目或者最终消费投入物的供应而放弃的效益、增加进口或者减少出口而耗用或者减少的外汇等。

2. 间接效益与间接费用

1）间接效益

间接效益（也称外部效益）是指由项目引起的而在直接效益中未得到反映的那部分效益。例如项目使用劳动力，使得劳动力熟练化，由没有特别技术的非熟练劳动力经训练而转变为熟练劳动力；再比如技术扩散的效益；节能灯的节能效益等。

2）间接费用

间接费用（也称外部费用）是指由项目引起的，而在项目的直接费用中未得到反映的那部分费用。例如工业项目产生的废水、废气和废渣引起的环境污染及对生态平衡的破坏，项目并不支付任何费用，而国民经济为此付出了代价。

通常把与项目相关的间接效益（外部效益）和间接费用（外部费用）统称为外部效果。为防止外部效果计算扩大化，项目的外部效果一般只计算一次相关效果，不应连续计算。外部效果的计算范围应考虑环境及生态影响效果、技术扩散效果和产业关联效果。外部效果通常要考察下述几个方面。

（1）环境影响

某些项目对自然环境和生态环境造成的污染和破坏主要包括排放污水造成的水污染；排放有害气体和粉尘造成的大气污染；噪声污染；放射性污染；临时性的或永久性的交通阻塞；对自然生态造成的破坏。

为了对建设项目进行全面的经济费用效益分析，应重视对环境影响外部效果的经济费用效益分析，尽可能地对环境成本与效益进行量化，在可行的情况下赋予经济价值，并纳入整个项目经济费用效益分析的框架体系之中。

对于建设项目环境影响的量化分析，应从社会整体角度对建设项目环境影响的经济费用和效益进行识别和计算。

①如果项目对环境的影响可能导致受影响的区域生产能力发生变化，可以根据项目所造成的相关产出物的产出量变化，对环境影响效果进行量化。如果产出物具有完全竞争的市场价格，应直接采用市场价格计算其经济价值；如果存在市场扭曲现象，应对其市场价格进行相应调整。

②如果不能直接估算拟建项目环境影响对相关产出量的影响,可以通过有关成本费用信息来间接估算环境影响的费用或效益。其主要方法有替代成本法、预防性支出法、置换成本法、机会成本法、意愿调查评估法等。

③对于无法通过产出物市场价格或成本变化测算其影响的环境价值,应采用各种间接评估的方法进行量化。其主要方法有隐含价值分析法、产品替代法、成果参照法等。

（2）技术扩散效果

一个技术先进的项目的实施,会由于技术人员的流动,使先进的技术在社会上扩散和推广,整个社会都将受益。但这种技术扩散的外部效果很难定量计算,一般只作定性说明。

（3）产业关联效果

项目的"上游"企业是指为该项目提供原材料或半成品的企业,项目的实施可能会刺激这些"上游"企业得到发展,增加新的生产能力或是使原有生产能力得到更充分的利用。例如,房地产行业的快速发展会刺激钢材、水泥等建筑材料的生产企业加大生产能力或更充分利用现有的生产能力。项目的"下游"企业是指使用项目的产出物作为原材料或半成品的企业,项目的产品可能会对下游企业的经济效益产生影响,使其闲置的生产能力得到充分利用,或使其在生产上节约成本。例如在国内已经有了很大的电视机生产能力而显像管生产能力不足时,兴建显像管生产厂会对电视机厂的生产产生刺激。显像管产量增加,价格下降,可以刺激电视机的生产和消费。

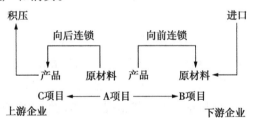

图 5.1　上、下游企业关联效果

通常,项目的产业关联效果可以在项目的投入和产出物的影子价格中得到反映,不应再计算间接效果。但也有些间接影响难于反映在影子价格中,需要作为项目的外部效果计算。

三、经济费用效益分析的参数

经济费用效益分析参数是经济费用效益分析的基本判据,对比选优化方案具有重要作用。经济费用效益分析参数主要包括:社会折现率、影子汇率、影子工资和影子价格等,这些参数由有关专门机构组织测算和发布。

（一）经济费用效益分析参数

1. 社会折现率

社会折现率是指建设项目经济费用效益分析中衡量经济内部收益率的基准值,也是计算项目经济净现值的折现率,代表社会资金被占用应获得的最低收益率,是项目经济可行性和方案比选的主要判据。

社会折现率应根据国家的社会经济发展目标、发展战略、发展优先顺序、发展水平、宏观调控意图、社会成员的费用效益时间偏好、社会投资收益水平、资金供给状况、资金机会成本等因素综合测定。

社会折现率根据社会经济发展多种因素综合测定,由专门机构统一测算发布。我国目前的社会折现率一般取值为 8%。对于永久性工程或者受益期超长的项目,如果远期效益较大,效益实现的风险较小,社会折现率可适当降低,但不应低于 6%。

社会折现率对经济的影响,一方面体现在社会折现率可用于间接调控投资规模;另一方面,社会折现率的取值高低会影响项目的选优和方案的比选。

2. 影子汇率

汇率是指两个国家不同货币之间的比价或交换比率。

影子汇率是指能正确反映国家外汇经济价值的汇率。影子汇率主要依据一个国家或地区一段时期内进出口的结构和水平、外汇的机会成本及发展趋势、外汇供需状况等因素确定。一旦上述因素发生较大变化时,影子汇率值需作相应的调整。

影子汇率可通过影子汇率换算系数得出。影子汇率换算系数是指影子汇率与外汇牌价之间的比值。影子汇率应按下式计算:

$$影子汇率 = 外汇牌价 \times 影子汇率换算系数 \tag{5.16}$$

在建设项目经济费用效益分析中,项目的进口投入物和出口产出物,应采用影子汇率换算系数调整计算进出口外汇收支的价值。目前根据我国外汇收支、外汇供求、进出口结构、进出口关税、进出口增值税及出口退税补贴等情况,我国的影子汇率换算系数取值为 1.08。

影子汇率对经济的影响主要体现为影子汇率换算系数越高,外汇的影子价格越高,产品是外贸货物的项目效益较高,评价结论会有利于出口方案。同时在外汇的影子价格较高时,项目引进投入物的方案费用较高,评价结论会不利于引进方案。

3. 影子工资

影子工资是指建设项目使用劳动力资源而使社会付出的代价。影子工资由劳动力的机会成本和新增资源消耗两部分构成。劳动力机会成本是指劳动力在本项目被使用,而不能在其他项目中使用而被迫放弃的劳动收益;新增资源消耗是指劳动力在本项目新就业或由其他就业岗位转移来本项目而发生的社会资源消耗,这些资源的消耗并没有提高劳动力的生活水平。建设项目经济费用效益分析中以影子工资计算劳动力费用。

技术性工作的劳动力的工资报酬一般由市场供求决定,影子工资换算系数一般取值为1,即影子工资可等同于财务分析中使用的工资。

影子工资可通过影子工资换算系数得到。影子工资换算系数是指影子工资与项目财务分析中的劳动力工资之间的比值,影子工资可按式(5.17)计算:

$$影子工资 = 财务工资 \times 影子工资换算系数 \tag{5.17}$$

影子工资的确定应符合下列规定：

①影子工资应根据项目所在地劳动力就业状况、劳动力就业或转移成本测定。

②技术劳动力的工资报酬一般可由市场供求决定，即影子工资一般可以用财务实际支付工资计算。

③对于非技术劳动力，根据我国非技术劳动力就业状况，其影子工资换算系数一般取 $0.25 \sim 0.8$；具体可根据当地的非技术劳动力供求状况确定，非技术劳动力较为富余的地区可取较低值，不太富余的地区可取较高值，中间状况可取 0.5。

4. 影子价格

影子价格理论最初来源于求解数学规划，在求解一个"目标"最大化数学规划的过程中，发现每种"资源"对于"目标"都有着边际贡献，即这种"资源"每增加一个单位，"目标"就会增加一定的单位，不同的"资源"有着不同的边际贡献。这种"资源"对于目标的边际贡献被定义为"资源"的影子价格。经济费用效益分析中采用了这种影子价格的基本思想，采取不同于财务价格的一种理论上的影子价格来衡量项目耗用资源及产出贡献的真实价值。理论上，如果有办法将国民经济归纳为一个数学规划，各种资源及产品的影子价格就可以由规划中求解统一确定，但实践中目前还不具备这样做的能力及条件。实践中是采取替代用途、替代方案分析来估算项目的各种投入和产出的影子价格的。对于项目的投入物，影子价格是其所有用途中价值最高的价格。对于项目的产出物，影子价格采用其替代供给产品的最低成本或用户的支付意愿中较低者。

影子价格是指依据一定原则确定的，能够反映投入物和产出物真实经济价值，反映市场供求状况，反映资源稀缺程度，使资源得到合理配置的价格。在进行经济费用效益分析时，项目的主要投入物和产出物价格，原则上都应采用影子价格。为了简化计算，在不影响评价结论的前提下，可只对其价值在效益或费用中占比重较大，或者国内价格明显不合理的产出物或投入物使用影子价格。

影子价格是根据国家经济增长的目标和资源的可获性来确定的。如果某种资源数量稀缺，同时，有许多用途完全依靠于它，那么它的影子价格就高。如果某种资源的供应量增多，那么它的影子价格就会下降。进行经济费用效益分析时，项目的主要投入物和产出物价格，原则上都应采用影子价格。

在确定影子价格时，对于投入物和产出物，首先要区分为市场定价货物、政府调控价格货物、特殊投入物和非市场定价货物这 4 大类别，然后根据投入物和产出物对国民经济的影响分别处理。

【例题5.8】　某货物 A 进口到岸价为100美元/t，某货物 B 出口离岸价也为100美元/t，用影子价格估算的进口费用和出口费用分别为50元/t和40元/t，影子汇率1美元 = 6.86元人民币，试计算货物 A 的影子价格（到厂价）以及货物 B 的影子价格（出厂价）。

解：货物 A 的影子价格为：$100 \times 6.86 + 50 = 736$ 元/t

货物 B 的影子价格为:100 × 6.86 − 40 = 646 元 /t

(二)市场定价货物的影子价格

1. 外贸货物的影子价格

外贸货物是指其生产或使用会直接或间接影响国家出口或进口的货物,原则上石油、金属材料、金属矿物、木材及可出口的商品煤,一般都划为外贸货物。

外贸货物影子价格的定价基础是国际市场价格。尽管国际市场价格并非就是完全理想的价格,存在着诸如发达国家有意压低发展中国家初级产品的价格,实行贸易保护主义,限制高技术向发展中国家转移,以维持高技术产品的垄断价格等问题,但在国际市场上起主导作用的还是市场机制,各种商品的价格主要由供需规律所决定,多数情况下不受个别国家和集团的控制,一般比较接近物品的真实价值。

外贸货物中进口品的国内生产成本应大于到岸价格(CIF),否则不应进口。外贸货物中的出口品应满足国内生产成本小于离岸价格(FOB),否则不应出口。到岸价格与离岸价格统称为口岸价格。

在经济费用效益分析中,口岸价格应按本国货币计算,故口岸价格的实际计算如下所示:

$$到岸价格(人民币) = 美元结算的到岸价格 × 影子汇率 \qquad (5.18)$$

$$离岸价格(人民币) = 美元结算的离岸价格 × 影子汇率 \qquad (5.19)$$

项目外贸货物的影子价格按下式计算:

$$产出物的影子价格(项目产出物的出厂价格) = 离岸价格(FOB) × 影子汇率 −$$
$$国内运杂费 − 贸易费用 \qquad (5.20)$$

$$投入物的影子价格(项目投入物的到厂价格) = 到岸价格(CIF) × 影子汇率 +$$
$$国内运杂费 + 贸易费用 \qquad (5.21)$$

贸易费用是指外贸机构为进出口货物所耗用的,用影子价格计算的流通费用,包括货物的储运、再包装、短途运输、装卸、国内保险、检验等环节的费用支出,以及资金占用的机会成本,但不包括长途运输费用。贸易费用一般用货物的口岸价乘以贸易费率计算。贸易费率由项目评价人员根据项目所在地区流通领域的特点和项目的实际情况测定。

2. 非外贸货物的影子价格

非外贸货物是指其生产或使用不影响国家出口或进口的货物。根据不能外贸的原因,非外贸货物分为天然非外贸货物和非天然的非外贸货物。

天然非外贸货物是指使用和服务天然地限于国内,包括国内施工和商业以及国内运输和其他国内服务。非天然的非外贸货物是指由于经济原因或政策原因不能外贸的货物,包括由于国家的政策和法令限制不能外贸的货物,还包括这样的货物:其国内生产成本加上到口岸的运输、贸易费用后的总费用高于离岸价格,致使出口得不偿失而不能出口,同时,国外商品的到岸价格又高于国内生产同样商品的经济成本,致使该商品也不能从国外进口。在忽略国内运输费用和贸易费用的前提下,由于经济性原因造成的非外贸货物满足以下条件:

$$离岸价格 < 国内生产成本 < 到岸价格 \qquad (5.22)$$

随着我国市场经济发展和贸易范围的扩大,大部分货物或服务都处于竞争性的市场环境中,市场价格可以近似反映其支付意愿和机会成本。进行费用效益分析可将这些货物的市场价格加上或者减去国内运杂费作为影子价格。项目非外贸货物的影子价格按下述公式计算:

$$产出物的影子价格(项目产出物的出厂价格) = 市场价格 - 国内运杂费 \qquad (5.23)$$

$$投入物的影子价格(项目投入物的到厂价格) = 市场价格 + 国内运杂费 \qquad (5.24)$$

非外贸货物的影子价格应根据下列要求计算:如果项目处于竞争性市场环境中,应采用市场价格作为计算项目投入或产出的影子价格的依据。如果项目的投入或产出的规模很大,项目的实施将足以影响其市场价格,导致"有项目"和"无项目"两种情况下市场价格不一致,在项目评价中,取二者的平均值作为测算影子价格的依据。影子价格中流转税(如消费税、增值税、营业税等)宜根据产品在整个市场中发挥的作用,分别计入或不计入影子价格。

如果项目的产出效果不具有市场价格,应遵循消费者支付意愿和(或)接受补偿意愿的原则,按下列方法测算其影子价格:

①采用"显示偏好"的方法,通过其他相关市场价格信号,间接估算产出效果的影子价格。

②利用"陈述偏好"的意愿调查方法,分析调查对象的支付意愿或接受补偿的意愿,推断出项目影响效果的影子价格。

(三)政府调控价格货物的影子价格

考虑到效率优先兼顾公平的原则,市场经济条件下有些货物或者服务不能完全由市场机制形成价格,而需由政府调控价格,例如政府为了帮助城市中低收入家庭解决住房问题,对经济适用房和廉租房制订指导价和最高限价。政府调控的货物或者服务的价格小能完全反映其真实价值,确定这些货物或者服务的影子价格的原则是:投入物按机会成本分解定价,产出物按对经济增长的边际贡献率或消费者支付意愿定价。下面是政府主要调控的水、电、铁路运输等作为投入物和产出物时的影子价格的确定方法。

① 水作为项目投入物时的影子价格,按后备水源的边际成本分解定价,或者按恢复水资源存量的成本计算。水作为项目产出物时的影子价格,按消费者支付意愿或者按消费者承受能力加政府补贴计算。

②电力作为项目投入物时的影子价格,一般按完全成本分解定价,电力过剩时按可变成本分解定价。电力作为项目产出物时的影子价格,可按电力对当地经济的边际贡献率定价。

③铁路运输作为项目投入物时的影子价格,一般按完全成本分解定价,对运能富余的地区,按可变成本分解定价。铁路运输作为项目产出物时的影子价格,可按铁路运输对国民经

济的边际贡献率定价。

(四)特殊投入物的影子价格

项目的特殊投入物是指项目在建设、生产运营中使用的人力资源、土地和自然资源等。项目使用这些特殊投入物发生的经济费用,应分别采用下列方法确定其影子价格。

1.人力资源

人力资源投入的影子价格主要包括劳动力的机会成本和新增资源消耗。劳动力的机会成本是指过去受雇于别处的劳动力,如果不被项目雇佣而从事其他生产经营活动所创造的最大效益;或项目使用自愿失业劳动力而支付的税后净工资;或项目使用非自愿失业劳动力而支付的大于最低生活保障的税后净工资。新增资源消耗是指社会为劳动力就业而付出的,但职工又未得到的其他代价,如为劳动力就业而支付的搬迁费、培训费、城市交通费等。影子工资与劳动力的技术熟练程度和供求状况(过剩与稀缺)有关,技术越熟练,稀缺程度越高,其机会成本越高,反之越低。

2.土地

土地影子价格是指建设项目使用土地资源而使社会付出的代价。在建设项目经济费用效益分析中以土地影子价格计算土地费用。土地影子价格应包括土地机会成本和新增资源消耗两部分内容。其中,土地机会成本按拟建项目占用土地而使国民经济为此放弃的该土地"最佳替代用途"的净效益计算;土地改变用途而发生的新增资源消耗主要包括拆迁补偿费、农民安置补助费等。在实践中,土地平整等开发成本通常计入工程建设费用中,在土地影子价格中不再重复计算。

土地是一种重要的资源,项目占用的土地无论是否支付费用,均应计算其影子价格。项目所占用的农业、林业、牧业、渔业及其他生产性用地,其影子价格应按照其未来对社会可提供的消费产品的支付意愿及因改变土地用途而发生的新增资源消耗进行计算;项目所占用的住宅、休闲用地等非生产性用地,市场完善的,应根据市场交易价格估算其影子价格;无市场交易价格或市场机制不完善的,应根据支付意愿价格估算其影子价格。

土地影子价格应根据项目占用土地所处地理位置、项目情况以及取得方式的不同分别确定,具体应符合下列规定:

①通过招标、拍卖和挂牌出让方式取得使用权的国有土地,其影子价格应按财务价格计算。

②通过划拨、双方协议方式取得使用权的土地,应分析价格优惠或扭曲情况,参照公平市场交易价格,对价格进行调整。

③经济开发区优惠出让使用权的国有土地,其影子价格应参照当地土地市场交易价格类比确定。

④当难以用市场交易价格类比方法确定土地影子价格时,可采用收益现值法或以开发

投资应得收益加土地开发成本确定。

建设项目如需占用农村土地,应以土地征用费调整计算土地影子价格。具体应符合下列规定:

①项目占用农村土地,土地征收补偿费中的土地补偿费及青苗补偿费应视为土地机会成本,地上附着物补偿费及安置补助费应视为新增资源消耗,征地管理费、耕地占用税、耕地开垦费、土地管理费、土地开发费等其他费用应视为转移支付,不列为费用。

②土地补偿费、青苗补偿费、安置补助费的确定,如与农民进行了充分的协商,且能够充分保证农民的应得利益时,土地影子价格可按土地征收补偿费中的相关费用确定。

③如果存在征地费用优惠,或在征地过程中缺乏充分协商,导致土地征收补偿费低于市场定价,不能充分保证农民利益时,土地影子价格应参照当地正常土地征收补偿费标准进行调整。

3. 自然资源

项目投入的自然资源,无论在财务上是否付费,在经济费用效益分析中都必须测算其经济费用。矿产等不可再生自然资源的影子价格应按资源的机会成本计算;水和森林等可再生自然资源的影子价格应按资源再生费用计算。

(五)非市场定价货物的影子价格

当项目的产出效果不具有市场价格,或市场价格难以真实反映其经济价值时需要采用下述方法对项目的产品或服务的影子价格进行重新测算。

1. 假设成本法

假设成本法,是指通过有关成本费用信息来间接估算环境影响的费用或效益。假设成本法包括替代成本法、置换成本法和机会成本法。替代成本法,是指为了消除项目对环境的影响而假设采取其他方案来替代拟建项目方案,其他方案的增量投资作为项目方案坏境影响的经济价值。置换成本法,是指当项目对其他产业造成生产性资产损失时,假设一个置换方案通过测算其置换成本,即为恢复其生产能力必须投入的价值,也可作为对环境影响进行量化的依据。机会成本法,是指通过评价因保护某种环境资源而放弃某项目方案而损失的机会成本,来评价该项目方案环境影响的损失。

2. 显示偏好法

显示偏好法,是指按照消费者支付意愿,通过其他相关市场价格信号,寻找揭示拟建项目间接产出物的隐含价值。如项目的建设,会导致环境生态等外部效果,从而对其他社会群体产生正面负面影响,就可以通过预防性支出法、产品替代法这类显示偏好的方法确定项目外部效果。预防性支出法,是以受影响的社会成员为了避免或减缓拟建项目对环境可能造成的危害,所愿意付出的费用,如社会成员为避免死亡而愿意支付的价格,人们对避免疾病而获得健康生活所愿意付出的代价,可作为对环境影响的经济价值进行计算的依据。产品替代法,是指对人们愿意改善目前的环境质量,而对其他替代项目或产品的价值进行分析,间接测算项目对环境造成的负面影响。如可以通过兴建一个绿色环保的高科技产业项目所需的投入,来度量某传统技术的钢铁企业对所在城市造成的环境影响。

3. 陈述偏好法

通过对被评估者的直接调查,直接评价调查对象的支付意愿或接受补偿的意愿,从中推断出项目造成的有关外部影响的影子价格。

四、经济费用效益分析的指标及计算

(一)经济费用效益分析的指标

1. 经济净现值(ENPV)

经济净现值是项目按照社会折现率将计算期内各年的经济净效益流量折现到建设期初的现值之和,是经济费用效益分析的主要评价指标。其计算公式为:

$$ENPV = \sum_{t=1}^{n} (B - C)_t (1 + i_s)^{-t} \tag{5.25}$$

式中　B——经济效益流量;

　　　C——经济费用流量;

　　　$(B - C)_t$——第 t 期的经济净效益流量;

　　　n——项目计算期;

　　　i_s——社会折现率。

在经济费用效益分析中,如果经济净现值等于或大于0,说明项目可以达到社会折现率要求的效率水平,认为该项目从经济资源配置的角度可以被接受。

2. 经济内部效益率(EIRR)

经济内部效益率是项目在计算期内经济净效益流量的现值累计等于0时的折现率,是经济费用效益分析的辅助评价指标。其计算公式为:

$$\sum_{t=1}^{n} (B - C)_t (1 + EIRR)^{-t} = 0 \tag{5.26}$$

式中　B——经济效益流量;

　　　C——经济费用流量;

　　　$(B - C)_t$——第 t 期的经济净效益流量;

　　　n——项目计算期;

$EIRR$——经济内部效益率。

如果经济内部效益率等于或者大于社会折现率,表明项目资源配置的经济效益达到了可以被接受的水平。

3. 效益费用比(R_{BC})

效益费用比是项目在计算期内效益流量的现值与费用流量的现值的比率,是经济费用效益分析的辅助评价指标。其计算公式为:

$$R_{BC} = \frac{\sum_{t=1}^{n} B_t (1 + i_s)^{-t}}{\sum_{t=1}^{n} C_t (1 + i_s)^{-t}} \tag{5.27}$$

式中　R_{BC}——效益费用比;

　　　B_t——第 t 期的经济效益;

　　　C_t——第 t 期的经济费用。

如果效益费用比大于1,表明项目资源配置的经济效率达到了可被接受的水平。

【例题5.9】　某地区常年患水灾,年平均受灾达240万元。为减少洪水灾害的损失,拟修建水坝。其投资预计为480万元,项目寿命按无限年考虑,年维护费12万元,设利率为5%,则该项目的效益费用比为多少?

解:先画出经济费用效益流量表,见表5.32。

表5.32　经济费用效益流量表　　　　　　　　　　　　单位:万元

年　份	0	1	2	3	…
经济效益流量	240	240	240	240	…
经济费用流量	480	12	12	12	…

$$\text{计算期内效益流量} = 240 \times \frac{(1 + 0.05)^n - 1}{0.05}$$

$$\text{计算期内费用流量} = 480(1 + 0.05)^n + 12 \times \frac{(1 + 0.05)^{n-1} - 1}{0.05}$$

$$\text{效益费用比} = \frac{4\,800(1 + 0.05)^n - 4\,800}{720(1 + 0.05)^n - 240} = 6.67。$$

(二)经济费用效益分析的报表

进行经济费用效益分析,一般只需编制国民经济效益费用流量表,分析国民经济盈利能力。国民经济效益费用流量表分为两种:一是全投资效益费用流量表;二是国内投资效益费用流量表。全投资效益费用流量表以全部投资作为分析对象,分析项目全部投资的盈利能力。国内投资效益费用流量表以国内投资作为分析对象,分析项目国内投资部分的盈利能力。

国民经济效益费用流量表可在财务评价基础上进行调整编制,也可以直接编制。经济费用效益分析的基本报表是经济费用效益流量表。经济费用效益流量表一般在项目财务评价的基础上进行调整编制,有些项目也可直接编制。经济费用效益分析的辅助报表包括:经济费用效益分析投资费用估算调整表、经济费用效益分析经营费用估算调整表、项目直接效益估算调整表、项目间接效益估算调整表、项目间接费用估算调整表。相关报表格式见表5.33至表5.37。

表 5.33　经济费用效益分析投资调整计算表　　单位:万元、万美元

序　号	项　目	财务评价				经济费用效益分析				经济费用效益分析比财务评价增减(±)
		合　计	其　中			合　计	其　中			
			外币	折合人民币	人民币		外币	折合人民币	人民币	
1	固定资产投资									
1.1	建筑工程									
1.2	设备									
1.2.1	进口设备									
1.2.2	国内设备									
1.3	安装设备									
1.3.1	进口材料									
1.3.2	国内部分材料及费用									
1.4	其他费用									
	其中:									
	(1)土地费用									
	(2)涨价预备费									
2	流动资金									
3	合计									

表 5.34　经济费用效益分析经营费用调查调整计算表　　单价单位:元
年费用单位:万元

序　号	项　目	单位	年耗量	财务评价		经济费用效益分析	
				单　价	年经营成本	单　价(或调整系数)	年经营费用
1	外购材料						
	⋮						

续表

序号	项目	单位	年耗量	财务评价		经济费用效益分析	
				单价	年经营成本	单价（或调整系数）	年经营费用
2	外购燃料和动力						
2.1	煤						
2.2	水						
2.3	电						
2.4	气						
2.5	重油						
	⋮						
3	工资及福利费						
4	修理费						
5	其他费用						
6	合计						

表5.35　经济费用效益分析销售收入调整计算表　　　　单价单位:元、美元

销售收入单位:万元、万美元

序号	产品名称	年销售量					财务评价				经济费用效益分析						合计
		单价	内销	代替进口	外销	合计	国内		国际		国内		代替进口		国际		
							单价	销售单价	单价	销售单价	单价	销售单价	单价	销售单价	单价	销售单价	
1	投产第一年生产负荷																
	(100%)																
	产品A																
	产品B																
	...																
2	投产第二年生产负荷																
	(100%)																
	产品A																
	产品B																

续表

序号	产品名称	年销售量					财务评价			经济费用效益分析					
							国内		国际	国内		代替进口	国际		合计
		单价	内销	代替进口	外销	合计	单价	销售单价	销售单价	单价	销售单价	销售单价	单价	销售单价	
	…														
3	正常生产年份生产负荷														
	（100%）														
	产品 A														
	产品 B														
	…														
4	小计														

表 5.36　国民经济效益费用流量表（国内投资）　　　　　单位:万元

序号	年份 项目	建设期		投产期		达到设计能力生产期					合计
		1	2	3	4	5	6	…	n		
1	效益流量										
1.1	销售（营业）收入										
1.2	回收固定资产余额										
1.3	回收流动资金										
1.4	项目间接效益										
2	费用流量										
2.1	固定资产投资中国内基金										
2.2	流动资金中国内基金										
2.3	经营费用										
2.4	流至国外的资金										
2.4.1	偿还国外借款本金										
2.4.2	支付国外借款利息										
2.4.3	其他费用										
2.5	项目间接费用										

续表

序 号	年 份 项 目	建设期		投产期		达到设计能力生产期				合 计
		1	2	3	4	5	6	…	n	
3	净效益流量(1 - 2)									

计算指标:经济内部收益率:%;

经济净现值(i_s = %):万元。

表5.37　　**国民经济效益费用流量表(全部投资)**　　　单位:万元

序 号	年 份 项 目	建设期		投产期		达到设计能力生产期				合 计
		1	2	3	4	5	6	…	n	
1	效益流量									
1.1	销售(营业)收入									
1.2	回收固定资产余额									
1.3	回收流动资金									
1.4	项目间接效益									
2	费用流量									
2.1	固定资产投资									
2.2	流动资金									
2.3	经营资金									
2.4	项目间接费用									
3	净效益流量(1 - 2)									

计算指标:经济内部收益率:%;

经济净现值(i_s = %):万元。

五、费用效果分析方法

(一)费用效果分析的概念

广义的费用效果分析泛指通过比较所达到的效果与所付出的耗费,用以分析判断所付出的代价是否值得;广义的费用效果分析并不刻意强调采用何种计量方式。狭义的费用效果分析专指耗费采用货币计量,效果采用非货币计量的分析方法。

费用效果分析应遵循多方案比选的原则,所分析的项目应满足下列条件:

①被选方案不少于两个,且为互斥型方案或可转化为互斥型方案。

②被选方案应具有共同的目标,目标不同的方案、不满足最低效果要求的方案不可进行比较。

③被选方案的费用应能货币化,且资金用量不应突破资金限制。

④效果应采用统一货币计量单位衡量,如果有多个效果,其指标加权处理形成单一综合指标。

⑤被选方案应具有可比的寿命周期。

(二)费用效果分析步骤

费用效果分析应按下述步骤进行。

①确立项目目标。

②构想和建立被选方案。

③将项目目标转化为具体的可量化的效果指标。

④识别费用与效果要素,并估算各个被选方案的费用与效果。

⑤利用指标关系,综合比较、分析各个方案的优缺点。

⑥推荐最佳方案或提出优先采用的次序。

费用效果分析回避了效果定价的难题,直接用非货币化的效果指标与费用进行比较,方法相对简单,最适用于效果难以货币化的领域。

费用效果分析即可以应用于财务现金流量,也可以用于经济费用效益流量。

(三)费用效果分析的计算

1. 费用现值(PC)

$$PC = \sum_{t=1}^{n} (co)_t (P/F, i, t) \tag{5.28}$$

式中　$(co)_t$——第 t 期现金流出量;

　　　n——计算期;

　　　i——折现率;

　　　$(P/F, i, t)$——现值系数。

2. 费用年值(AC)

$$AC = \left[\sum_{t=1}^{n} (co)_t (P/F, i, t) \right] (A/P, i, n) \tag{5.29}$$

式中　$(co)_t$——第 t 期现金流出量;

　　　n——计算期;

　　　i——折现率;

　　　$(A/P, i, n)$——资金回收系数。

3. 效果费用比

$$R_{\frac{E}{C}} = \frac{E}{C} \qquad R_{\frac{C}{E}} = \frac{C}{E} \tag{5.30}$$

式中　$R_{\frac{E}{C}}$——效果费用比；

　　　E——项目效果；

　　　C——项目的计算期费用,用现值或年值表示。

4. 效果分析的基本方法

1)最小费用法

在效果相同的条件下,选择满足效果的费用最小的备选方案,这种方法也称固定效果法。

2)最大效果法

在费用相同的条件下,应选取效果最大的备选方案,也称固定费用法。例如用于某一贫困地区扶贫的资金通常是事先固定的,扶贫效用最大化是通常要追求的目标,也就是采用最大效果法。

3)增量分析法

增量分析法在学习情境三中已有介绍,这里不再赘述。

4)项目有两个以上备选方案进行增量分析的方法

【例题 5.10】　某地方政府拟实行一个 5 年免疫接种计划项目,以减少国民的死亡率。设计了 A、B、C 3 个备选方案,效果为减少死亡人数,费用为方案实施的全部费用,3 个方案实施期和效果预测期相同。拟通过费用效果比的计算,在政府财力允许的情况下,决定采用何种方案。根据以往经验,设定基准指标 $[C/E]_0$ 为 400,即每减少死亡一人需要花费 400 元。

解: ① 预测的免疫接种项目 3 个方案的费用和效果现值及其费用效果比,方案费用效果比计算表见表 5.38。

表 5.38　方案费用效果比计算表

项　　目	A 方案	B 方案	C 方案
费　用	8 900 万元	10 000 万元	8 000 万元
效　果	26.5 万人	29.4 万人	18.5 万人
费用效果比	336 元／人	340 元／人	432 元／人

②C 方案费用效果比明显高于基准值,不符合备选方案的条件,应予放弃。

③A、B 两个方案费用效果比都低于基准值,符合备选方案的条件。计算 A 和 B 两个互

斥方案的增量费用效果比:

$$\frac{\Delta C}{\Delta E} = \frac{10\ 000 - 8\ 900}{29.4 - 26.5} = 379(元／人)$$

④由计算结果看,A和B两个方案费用效果比都低于设定的基准值400,而增量费用效果比也低于基准值400,说明费用高的B方案优于A方案,在政府财力许可的情况下可选择B方案。如果有资金限制,也可以选择A方案。

（四）费用效益分析和费用效果分析的优缺点和使用领域

费用效益分析的优点:简洁、明了、结果透明,易于被人们接受。在项目经济分析中,当项目效果或其中主要部分易于货币化时也采用费用效益分析方法。

费用效果分析的优点:回避了效果定价的难题,直接用非货币化的效果指标与费用进行比较,方法相对简单,最适用于效果难于货币化的领域。

情境小结

本情境学习主要介绍了项目财务评价和经济费用效益分析两个问题。一是通过项目财务评价可以获知项目在经济上是否有利可图,项目的经济性是衡量项目是否可行的重要标准之一。项目财务评价主要从项目的盈利能力、项目的偿债能力和项目的生存能力3个方面进行评价,每一个方面都需要依靠编制相应的财务报表,并计算评价指标来实现。二是介绍了工程项目方案经济费用效益分析的概念、费用效益分析识别的方法、影子价格及其确定、经济费用效益分析的指标体系和报表。

课后习题

一、简答题

1. 财务评价的概念是什么？内容包括哪些？

2. 在项目财务评价时,需要编制哪些主要辅助报表和基本报表？

3. 项目投资现金流量表和项目资本金现金流量表的主要差别有哪些？

4. 什么是经济费用效益分析？它与财务评价有什么异同？

5. 在经济费用效益分析中,识别经济费用和经济效益的原则是什么？

6. 在财务评价的基础上如何进行项目经济费用效益分析？

7. 什么是直接效益和直接费用？什么是间接效益和间接费用？

8. 外贸货物、非外贸货物、政府调控价格货物、特殊投入物、非市场定价货物的影子价格分别如何确定？

9. 经济费用效益分析评价指标有哪些？简述各自的评价标准。

10. 经济费用效益分析的基本报表有哪些？

二、单选题

1. 下列说法不正确的是( )。

A. 财务评价是站在项目层次上,以投资者角度分析项目在财务上的得失;国民经济评价是站在国家和地区的层次上,从全社会的角度分析评价项目对国民经济的费用和效益

B. 财务评价与国民经济评价只需计算项目的直接费用和效益

C. 财务评价采用预测价格,国民经济评价采用影子价格

D. 财务评价分析项目借款偿还能力,国民经济评价只有盈利性分析,没有清偿能力分析

2. 下列说法不正确的是( )。

A. 项目直接效益大多在财务评价中能够得以反映

B. 间接费用一般在项目财务评价中没有得到反映

C. 间接效益会在财务评价中得到反映

D. 直接费用一般表现为投入项目的各种物料、人工、资金技术以及自然资源而带来的社会资源的消耗

3. 下述说法不正确的是( )。

A. 技术扩散效果难于定量计算,一般只作定性说明

B. 项目的"上游"企业是指为该项目提供原材料或半成品的企业

C. 项目的"下游"企业是指使用项目的产出物作为原材料或半成品的企业

D. 项目"上、下游"企业的相邻效果应计算间接效果

4. 在国民经济评价中,下列财务支出科目中( )不被认为是费用。

A. 国内债务利息　　B. 原材料费　　C. 工资　　D. 管理费

5. 下列说法不正确的是( )。

A. 各种税金、补贴和国内银行利息这些国内不同社会成员之间的相互支付称为"转移支付"

B. 国民经济效益和费用不应包括"转移支付"

C. 工资也是社会内不同成员之间的相互支付,也是"转移支付"

D. 工资不能衡量劳动力费用

6. 国民经济评价专用价格是( )。

A. 固定价格　　B. 时价　　C. 影子价格　　D. 实价

7. 若到岸价为200欧元,影子汇率为10元/欧元,贸易费用为100元,国内运杂费为50元,求直接进口投入物的影子价格为( )。

A. 2 150 元　　B. 2 100 元　　C. 2 050 元　　D. 2 000 元

8. 下列( )不属于到岸价。

A. 货物进口货价　　　　　　　　B. 运抵我国口岸之前所发生的国外运费

C. 运抵我国口岸之前所发生的国外保险费　D. 国内出口商的经销费用

9. 下列(　　)不属于离岸价。

A. 货物进口的货价　　　　　　　　　B. 货物的出厂价

C. 国内运费　　　　　　　　　　　　D. 国内出口商的经销费用

三、多选题

1. 下列说法不正确的是(　　　　)。

A. 项目的效益是项目对国民经济所作的贡献

B. 项目的费用是国民经济为项目所提供的资金

C. 效益包括直接效益和间接效益

D. 间接效益不能在直接效益中得到反映

E. 项目的间接效益和间接费用又统称为外部作用

2. 环境影响包括(　　)。

A. 噪声污染　　　　B. 光污染　　　　C. 水污染

D. 绿化影响　　　　E. 以上都不对

3. 下列(　　)属于贸易费用。

A. 货物的储运　　　B. 再包装　　　　C. 保险

D. 流通中的损耗　　E. 长途运输费用

4. 影子价格是进行国民经济评价专用的价格,影子价格依据国民经济评价的定价原则确定,反映(　　)。

A. 政府调控意愿　　B. 市场供求关系　　C. 资源稀缺程度

D. 资源合理配置要求　E. 投入物和产出物真实经济价值

5. 项目的转移支付主要包括(　　)。

A. 项目向政府缴纳的税费　　　　　　B. 政府给予项目的补贴

C. 项目向国外银行支付的贷款利息　　D. 项目从国内银行获得的存款利息

E. 工资

6. 外部效果通常要考察(　　)方面。

A. 环境影响　　　　　　　　　　　　B. 技术扩散效果

C. "上、下游"企业相邻效果　　　　　D. 乘数效果

E. 市场利率影响

7. 国民经济评价与财务评价的区别在于(　　)。

A. 两种评价的角度和基本出发点不同

B. 项目的费用和效益的含义和范围划分不同

C. 使用的价格体系不同

D. 财务评价只有盈利性分析,国民经济评价还包括清偿能力分析

E. 使用的基本理论不同

8. 财务评价的作用有( )。

    A. 是确定项目赢利能力的依据

    B. 是项目资金筹措的依据

    C. 是确定中外合资项目必要性和可行性的依据

    D. 是项目可行性研究的依据

    E. 是编制项目国民经济评价的基础

9. 在项目财务评价中,涉及的税费有( )、所得税、城市维护建设税和教育附加等。

    A. 增值税   B. 营业税   C. 资源税

    D. 调节税   E. 消费税

10. 进行财务评价的盈亏平衡分析时,下列费用属于固定成本的有( )。

    A. 修理费   B. 管理费   C. 折旧费

    D. 产品包装费   E. 动力消耗

11. 新设项目法人项目财务评价的主要内容,是在编制财务报表的基础上进行( )分析。

    A. 赢利能力   B. 偿债能力   C. 融资能力

    D. 抗风险能力   E. 资金的回收能力

12. 借款偿还计划表用于反映项目计算期内各年借款的使用、还本付息及( )等指标。

    A. 偿债资金   B. 利润总额   C. 偿债备付率

    D. 利息备付率   E. 计算借款偿还期

▶学习情境六

技术改造和设备更新的技术经济分析

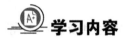

学习内容

　　技术改造的含义、特点、类型和内容,技术改造项目的经济效益评价的特点、原则和评价指标及计算。设备磨损的类型及磨损规律;设备磨损的实物补偿及价值补偿形式;设备折旧的计算方法;设备经济寿命的计算方法;设备更新的原则以及更新方法;设备更新方案的分析决策。

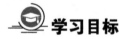

学习目标

1.知识目标

（1）掌握技术改造的原则;

（2）掌握技术改造项目的企业经济评价指标及计算;

（3）掌握设备经济寿命的概念;

（4）掌握不同设备更新方案的比较方法;

（5）熟悉设备折旧方法及计算;

（6）了解设备的磨损与补偿方式。

2.能力目标

（1）能够正确计算技术改造项目的企业经济评价指标;

（2）能够正确计算设备的经济寿命;

（3）能够选择合适的方法对设备更新方案进行比较。

案例导入

机器 A 在 5 年前以原始费用 400 000 元购置，估计可以使用 10 年，第十年末估计净残值为 20 000 元，年使用费为 75 000 元，目前相同型号相同损耗程度的机器市场售价是 60 000元。现在市场上同类机器 B 的原始费用为 240 000 元，估计可以使用 10 年，第十年末的净残值为 30 000 元，年使用费为 40 000 元。现有两个方案：方案一继续使用机器 A，方案二将机器 A 出售，然后购买机器 B。若基准折现率为 15%，问如何决策？

思考：

1. 此问题的决策首先应该确定采用哪种评价指标？

2. 对于机器 A 计算经济评价指标时，是采用原始费用 400 000 元，还是选用目前的市场售价 60 000 元作为初始的购置成本，为什么？

进一步分析：

首先这类问题属于设备更新问题，假设每种设备的经济效益都是相同的，在此基础上只要比较每种设备的费用即可，因此，选择费用年值作为评价指标是比较合理，也是最简单的一种评价方法。

其次，在计算机器 A 的费用年值时，应该采用设备 A 目前的市场售价 60 000 元作为初始购置成本，其原因为原始费用 400 000 元是过去发生的，与当前决策没有关系，属于沉没成本，故不应考虑。

学习任务一　技术改造的概述

一、技术改造的含义及特点

（一）技术改造的含义

技术改造是指在坚持科学技术进步的前提下，将科学技术成果应用于企业生产的各个环节，用先进的技术改造落后的技术，用先进的工艺和装备代替落后的工艺和装备，达到提高质量、节约能源、降低原材料消耗，全面提高社会综合效益的目的。这种技术改造的概念，主要是与基本建设相区别提出来的，称为传统的技术改造，或狭义的技术改造。

这种传统的技术改造概念，突出了科技进步，体现了实现技术改造的根本途径。但在面临科学技术迅速发展的 21 世纪，面临只是经济的挑战，以及市场经济的格局和竞争的多方面、多层次以及国际化趋势,传统的技术改造含义显得有一定的局限性。例如传统概念上的技术改造,其技术主要指工艺、装备,是单纯的技术含义,未将技术人员和技术工人的技术创新能力和技能放在应有的地位。在新的社会经济条件下,人员的技术素质的不断更新和提高,是应用单纯先进技术的必要条件。另外,传统的技术改造目的是提高社会综合经济效益,但尚未涉及通过技术改造实现企业可持续发展,提高企业自身整体素质和技术创新水平,增强自我发展能力,这也应是技术改造目标的重要内容。

(二)技术改造的特点

技术改造与生产维修、设备更新以及基本建设相比,具有下述特点。

1. 强调技术进步

只有应用先进的科学技术,才能提高技术改造的水平。先进的科学技术不仅包括通常所指的高新技术,也包括传统技术领域内的一些技术创新的内容。技术改造必须体现技术进步,必须有新的技术因素加入生产过程。

新项目的基本建设也强调技术进步,但由于是新建,它的技术水平不存在自身比较,一般不属技术改造的范畴。

设备更新与技术改造两者有重复的内容,例如设备更新的方式之一 —— 现代化改装也属技术改造。但如果设备更新仅是原水平的重复,则不属于技术改造。

生产维修与技术改造两者之间也有交叉但又不相同。例如,如果大修理仅是恢复设备原来的技术性能和技术水平,不是技术改造。但若有新的技术因素加入,能提高设备的技术水平,则应视为技术改造。

2. 强调以现有企业或生产过程为对象进行更新改造

技术改造是以现有企业或现有的生产过程、设备为对象,通过技术改造提高效益、扩大再生产,不涉及新建项目,通常不需要或很少需要增加新的基础设施和服务设施。因而,土建工程量较少,安装工程量也较少。这是与基本建设的重要区别。

3. 强调不仅要注重提高企业的经济效益,也要注重提高社会综合经济效益

提高企业的经济效益,包括提高产品质量,降低能源、原材料消耗,提高生产效率。技术改造也应和治理"三废"相结合,积极开展综合利用。而社会综合经济效益包括两方面的含义。一方面是指企业实力环境污染的效益,这种效益对企业和社会来说,都很难直接计量,其投资难以收回。但它是社会发展特别是企业要保持可持续发展和生存的必要投入,对企业和社会的效益是长期的、综合性的。另一方面是指企业为提高产品质量、降低能耗、治理环境污染,可能要增加额外的投资和生产成本。虽然不能从销售中获得等额的回报,但会给社会带来明显的经济效益。

4. 强调持续的、系统的技术改造

在不同的发展时期,对技术改造的内容和要求不同,这是由科学技术的不断进步和生产力不断发展所决定的。只要有新的科学技术出现,企业就应该为应用这些技术而不断地进行技术改造。另外,技术的含义包括食物形态的硬技术,也应包括智力形态的软技术。技术改造是要使原来比较落后的设备、工艺技术和产品更新为比较先进的设备、工艺技术和产品,同时也要使技术人员和技术工人的技术素质和技能不断地提高,适应新设备新工艺的运用和新产品生产的更高要求。所以,技术改造不是单方面的设备和工艺技术改造,是综合技术的提高,是系统的技术改造。

二、技术改造的类型及主要内容

(一)技术改造的类型

从不同角度,技术改造可分为不同的类型,比较常见的类型划分有下述几种。

1. 按技术改造的程度划分

1)全面的技术改造

全面的技术改造是企业对生产过程的各个环节和单元进行整体的技术改造。

2)专业的技术改造

专业的技术改造是指企业以专业性的项目,如环保、节能、提高产品质量、扩大品种、改善工艺、降低原材料消耗等为内容的技术改造。

3)局部的技术改造

局部的技术改造是指企业在局部进行的小规模技术改造。例如,挖潜改造项目,填平补齐项目或者成套配套项目等。

2. 按技术改造的目的划分

①以增加产品品种、产品更新换代为目的的技术改造。
②提高产品质量的技术改造。
③节能、降耗的技术改造。
④增加产量的技术改造。
⑤控制和治理"三废",改善劳动生产条件及"三废"综合利用的技术改造。

(二)技术改造的主要内容

1. 产品更新换代,增加产品品种

产品都具有其生命周期,陈旧、落后的产品就会失去竞争力。随着社会经济和文化生活的发展,人们对产品的需求更趋多样化、个性化,对产品性能有多种层次的要求。在科学技术迅速发展的时代,产品的寿命周期大大缩短;技术的发展也为新品种、新功能产品的开发提供了技术基础。只有不断地更新产品,才能提高竞争能力,保持长期、稳定的发展。所以,产品的更新对化工行业,特别是精细化工、制药、日用化工行业等尤为重要,应作为技术改造的核心内容。

2. 技术装备的改装更新

技术装备的改装更新,使用不断出现的先进设备取代落后的设备,提高生产效率,降低能源、原材料的消耗,稳定或提高产品质量。要能够采用先进的装备,必须掌握技术发展的方向,了解最新的技术成果。因此,人员素质的不断更新和提高,是重要的基础条件。结合工艺设备技术改造,对人员进行继续教育和再培训,应引起足够的重视。

3. 生产方法和工艺的改革

生产方法和工艺的改革,是指用新的生产方法或先进的工艺技术路线,取代原有落后的生产方法和工艺。对于不少化工产品的生产,只有采用先进的生产技术路线,才能显著地降低成本,从根本上减少或消除环境污染,或者能根据市场需求及时调整产品结构,增强竞争能力,保持稳定、可靠的发展。生产方法和工艺的技术改造所涉及的工作量较大,与技术装备的改革应配套进行,也是产品更新的重要保证。

4. 三废的治理和综合利用

废水、废气和废渣是化工过程常见的问题,也是影响企业可持续发展甚至生存的重要因素。所以,治理三废污染,减少或消除污染是技术改造的重要内容。对有的企业可能因没能有效地解决这类问题,而被主管部门关闭,或者其产量受到限制。治理污染的方法除了采用新工艺、新装备外,对三废的回收和综合利用以及原料的综合利用,也是技术改造的内容之一。

5. 生产环境的改造

生产环境或劳动条件的状况,对劳动者的心理状态和身体健康有很大的影响,从而对产品质量和产量等产生影响。生产环境或劳动条件的改善,是技术改造的一项重要内容。

三、技术改造的基本原则

在企业进行技术改造过程中,应始终围绕提高综合经济效益的基本目标。在技术改造过程中涉及各方面的因素,但综合起来,应注意遵循适应、适时、适度的原则,有计划、有步骤、有重点地进行技术改造。其中包括下述基本原则。

(一)选择先进、适宜的技术

进行技术改造,应结合我国社会经济发展的实际水平,选择适合我国资源条件、科技水平和管理水平,又能产生良好经济效益的先进技术,或者应选择与企业的承受能力相适应的技术。适宜的技术不一定是最尖端、最先进的技术,而是技术上可靠,生产上可行,经济投入合算,社会上合理,并有一定寿命期的一类技术。

(二)选择适当的时机进行技术改造

实施技术改造,应以市场的需要为导向,以技术的发展和产品寿命周期的预测为基础,选择适当时机进行。应注意追踪企业所感兴趣的工艺技术和技术装备的发展状况,适时采用先进而成熟的适用技术。同时,产品寿命周期分为成长期、成熟期和衰退期。应随时关注市场动向,做好市场预测,在产品进入衰退期之前实施技术改造项目,使企业原有产品的市场份额减少之前用新产品取而代之,从而确保企业的可持续发展。

(三)量力而行,有计划地适度进行技术改造

要使技术改造取得最大的综合经济效益,应以国家、本行业或本部门、本地区的技术发展规划为基本依据,对本企业的技术改造进行全面的规划,有重点、有步骤地实施技术改造,做好调查研究,选准重点抓住关键。技术改造的规模,应综合考虑各种因素,使项目效益达到最大。这就需要量力而行,决不能盲目追求规模,应根据企业资金的情况、产品的市场状况,以及原材料、能源供应情况和本企业的人员素质、管理水平等,确定适度的技术改造规模。也应针对技术改造的内容和目的尽可能地拟订多个实施方案,对其进行技术经济比较,选择最佳方案,才能使技术改造获得最大的经济效益。

学习任务二 技术改造项目的经济评价

企业技术改造项目选择之后,需要对不同的技术方案进行经济评价。经济评价是项目可行性研究的重要内容,是项目决策的主要依据之一。

技术改造项目是在原来基础上进行的建设,不可避免地与原有的生产和技术有种种的联系。例如,如何合理地计算技术改造后的经济效益和成本,涉及合理分摊费用等问题,所以,在经济评价方面与新建项目相比有其特点。

一、技术改造项目的经济效益及其评价的特点

(一)技术改造项目的经济效益

技术改造的经济效益,是实现技术改造项目所取得的收益与所发生费用的比较。所取得的收益包括由于该项技术改造项目实现而产生的扩大品种,提高产品质量,增加产量,提高劳动生产率,节约原材料和能源,降低成本,增加盈利,以及改善劳动条件,减少或消除环境污染和社会消费所得的效益。这包括企业的效益和社会效益。所发生的费用是指为实现该项技术改造项目而支出的一次性费用。这些费用包括技术开发和研究费用、涉及和试验费,土建费,以及设备的购置和安装费用。但不包括该项技术改造项目实现后在日常生产经营活动中经常发生的费用。

(二)技术改造项目经济评价的特点

技术改造投资是固定资产投资的一种类型,具有基本建设的共同特点,在经济评价的原则和方法上有很多一致。但技术改造项目也有其自身的特殊性,决定了其评价的特点。技术改造项目的最突出特点是对项目的收益和费用进行增量计算,从而以增量评价指标判别项目的经济性能。

技术改造项目的收益与费用的计算可采用两种方法。一是前后对比法,即项目改造前后的两种状态的对比;二是有无对比法,即用动态的分析方法对比有无项目时的状况。

综上所述,前后对比法与有无对比法有一定的差别和相同之处。对于技术改造项目仅是为了改变现状,如为了提高产品质量,如果不实施该项目其现状就不会改变,在这种情况下,两种方法的结果是一致的。但在大多数情况下,有无技术改造项目的实现,企业的净收益有明显的不同,衡量技术改造项目经济效益的基本方法就是看其净收益增量的大小。

二、技术改造项目经济效益评价的原则

(一)全面性原则

①技术改造的经济效益应包括企业经济效益和社会经济效益两方面。虽然在大多数情况下,企业的经济效益是评价的重点,但是如技术改造的实施会涉及社会问题时,例如三废的治理、替代进口产品或扩大出口创汇等,该项技术改造的社会效益评价就显得很重要。

②当技术改造项目涉及外贸、产品价格、原材料价格等因素明显不合理时,要着重进行

国民经济评价,以求客观、科学地评价技术改造的效果。

③对技术改造项目的经济效益应进行定量和定性两方面的评价,其中包括可用货币值表示的效益以及不能用货币值表示的效益等。

（二）统一性原则

①对于技术改造项目的经济收益,应以新增收益来计算。如果新增收益与企业原有收益难以明确划分,应用企业技术改造后的全部投资和全部收益进行经济效益计算。

②在对技术改造项目进行经济效益评价时,应遵循收益与费用的计算方式一致原则。应将项目的实际收益和实际投资进行比较,避免将该项目投资引起的收益计入项目的技术改造收益。

（三）相关性原则

对于技术改造项目收益的计算范围,一般只计算直接收益,而不计算二次或多次相关收益,即应遵循一次相关原则。

三、技术改造的企业经济评价指标及计算

技术改造的基本目的是全面提高社会综合经济效益,因而,其经济效益的评价应采用一套综合的指标体系,即基本指标体系和辅助指标体系。

（一）基本指标体系

基本指标体系是每一项技术改造项目需采用的,在技术改造决策时有很重要的作用。该指标体系包括 3 个重要的指标,其含义和计算方法在前述有关章节均有介绍。

1. 投资回收期

技术改造项目的投资回收期应短于标准投资回收期,该项目才可行。技术改造项目的标准投资回收期因行业、生产性质和技术特点而异,由国家有关部门确定。一般可参考新建项目的行业或部门平均投资回收期。

2. 投资收益率

技术改造项目的投资收益率应高于或等于标准投资收益率,其指标越高越好。通常标准投资收益率可参考行业的平均投资收益率,或者使技术改造项目投资收益率高于银行贷款利率。

3. 贷款偿还期

当技术改造投资是利用贷款或部分投资利用贷款时,应计算贷款偿还期。该偿还期应

比出贷方要求的偿还年限短,且越短越好。

(二)辅助指标体系

辅助指标体系是根据技术改造的具体情况而选用的指标,在技术改造决策时起参考作用。辅助指标体系中通常采用的有下述几个指标。

1. 技术改造后增加品种、提高产量的收益

这种收益可用增加的总产值计算为

$$S = \sum_{i=1}^{n} Q_i p_i - S_0 \tag{6.1}$$

式中 S—— 技术改造后增加的总产值(销售收入或利润);

Q_i—— 第 i 种产品的年产量或销售量;

p_i—— 第 i 种产品的不变价格或单位利润;

S_0—— 技术改造前的实际总产值(销售收入或利润);

n—— 产品种类数。

2. 技术改造后提高劳动生产率、节约劳动力和工时的收益

如果技术改造前后产品品种相同,则收益为

$$R = \left(\frac{q_1}{q_0} - 1 \right) \times 100\%$$

$$= \left(\frac{h_0}{h_1} - 1 \right) \times 100\% \tag{6.2}$$

式中 R—— 技术改造后劳动生产率提高的百分率;

q_0—— 技术改造前的产量定额;

q_1—— 技术改造后的产量定额;

h_0—— 技术改造前的工时定额;

h_1—— 技术改造后的工时定额。

如果技术改造前后产品品种不同,则收益为

$$R = \left(\frac{\dfrac{S_1}{N_1}}{R_0} - 1 \right) \times 100\% \tag{6.3}$$

式中 S_1—— 技术改造后的总产值;

N_1—— 技术改造后的平均职工人数;

R_0—— 技术改造前的劳动生产率。

对于劳动力和工时的节约,由于技术改造前后的产量和产值不同,应以相对节约量计算:

$$M = N_0(1 + \Delta S) - N_1 \tag{6.4}$$

式中 M——技术改造后劳动力或工时相对节约量;

   N_0——技术改造前所用工人数;

   N_1——技术改造后所用工人数;

   ΔS——技术改造后产值增加的百分率。

3. 技术改造后提高产品质量和减少废品带来的节约收益

$$G = \left(\frac{r_0}{1 - r_0} - \frac{r_1}{1 - r_1}\right) \times (c' - w) \tag{6.5}$$

式中 G——产品合格率提高带来的单位产品节约额;

   r_0——技术改造前的废品百分率;

   r_1——技术改造后的废品百分率;

   c'——单位废品平均成本;

   w——单位废品回收价值。

对于产品合格率,提高所带来的年节约额可按式 6.6 计算:

$$A = Q_1 \cdot G \tag{6.6}$$

式中 Q_1——技术改造后年合格品产量。

4. 技术改造后节约原材料、能源、工具及其他物资的收益

$$K = \left(\frac{E_0}{E_1} - 1\right) \times 100\% \tag{6.7}$$

式中 K——技术改造后,单位产品原材料和能源的消耗降低率;

   E_0——技术改造前原材料和能源的消耗定额;

   E_1——技术改造后原材料和能源的消耗定额。

以绝对量表示为:

$$V = E_0 \cdot P_0 - E_1 \cdot P_1 \tag{6.8}$$

式中 V——技术改造后单位产品原材料和能源节约金额;

   P_0——技术改造前所用原材料和能源单价;

   P_1——技术改造后所用原材料和能源单价;

   E_0, E_1——所示含义同式 6.7。

5. 技术改造后降低成本的收益

$$C_R = \left(1 - \frac{C_1}{C_0}\right) \times 100\% \tag{6.9}$$

式中 C_R——技术改造后可比产品成本降低率;

   C_1——技术改造后预计单位产品成本;

C_0—— 技术改造前单位产品成本。

上述 5 项辅助指标尚不能涵盖所有情况,应根据具体情况增加或减少一些指标。

四、技术改造项目的社会经济效益

技术改造经济效益的评价,除上述企业经济效益外,还应包括社会经济效益评价。技术改造项目的社会经济效益评价包括下述内容。

1. 替代进口产品,节约国家外汇支出

研制出新的产品,使国家减少或停止同类产品的进口,减少了外汇支出。尽管这些外汇节约额不是企业的实际收入,通常不计入企业效益中,但属于技术改造项目的社会经济效益。

2. 产品进入国际市场,为国家多创外汇

产品竞争能力增加,销售进入国际市场或扩大国际市场的份额,增强了国家的创汇能力,取得了更多的外汇收入,这也是社会经济效益的重要内容。

3. 产品生产的消耗降低,原材料和能源利用率提高

技术改造后生产消耗降低,提高了原材料的利用率,节约了能源,这不仅具有企业经济效益,也具有社会经济效益。

4. 产品质量改善,使用成本降低,使用寿命延长

通过技术改造,改善产品质量,降低了维护和使用费用,延长产品使用寿命。在产品价格基本不变或略有提高的情况下,为产品的使用者带来新增的经济效益,也提高了企业的信誉。

5. 减少环境污染,提高废旧物质综合利用率

减少或消除生产对环境的污染,改善了生活环境,有利于大众的健康,给社会创造收益。同时,也有利于企业的可持续发展。

6. 改善劳动生产条件,有利于劳动者的健康

技术改造可使劳动条件和劳动强度得到改善,使劳动者能在更为适宜的环境中工作,有利于提高工作效率,也能有利于劳动者的身体健康和心理健康,既带来企业的经济效益,也带来积极的社会经济效益。

7. 增加产品品种,更好地满足社会的需求

通过技术改造,增加产品品种、花色和规格,不仅可提高企业自身的市场竞争力,也能更好地满足用户需要,适应社会经济发展的需求,给相关企业和社会带来了经济效益。

8. 推广新技术,促进行业技术进步

采用新技术、新工艺和新设备,在对本企业带来良好经济效益的同时,也作为推广新技术的示范,促进同类企业进行技术改造,从而有利于行业和技术进步。

以上 8 个方面,并不是每一项技术改造项目都要涉及的,在评价其社会经济效益时,应根据项目的具体情况进行选取。

学习任务三　设备更新概述

一、设备更新的概念及意义

(一)设备更新的概念

设备更新是指对在技术上或经济上不宜继续使用的设备,用新的、比较先进的设备进行更换,或用先进的技术进行改造。设备更新和技术改造有密切的联系,它是技术改造的主要内容,当技术改造是以生产设备的更新改造为基本内容时,两者就趋于一致。但一般来说,技术改造的含义比设备更新更加广泛,设备更新可以认为是技术改造的一类形式。

(二)设备更新的意义

设备是企业进行现代化生产的重要物质和技术基础,其先进性是衡量一个国家或企业生产技术水平的重要标志。就实物形态而言,设备更新是用新的设备代替原来的旧设备;就价值形态而言,它使原有设备在运转中消耗掉的价值在设备更新中重新获得补偿。

一个国家、一个企业发展的过程,也就是其自身不断更新的过程。这种自身更新的明显标志之一就是技术装备即设备的更新。所以,设备更新具有重要的意义。

1. 设备更新是有效提高我国生产技术水平的重要途径

经过几十年的建设,我国已具备较为完整的工业体系和较好的工业基础。但同时也应看到,不少企业的设备仍较为落后,产品老化,已成为制约其继续发展和生存的重要问题。采用设备更新的方式,对老企业进行改造,投资少、见效快,是一条有效的途径。通过设备更新注入现代科学技术的新鲜血液,提高我国的生产技术水平,是推动我国经济继续高速发展的重要条件。

2.设备更新是提高工业企业经济效益的重要手段

设备和技术是工业生产的物质基础,是衡量生产技术水平的重要标志,从而决定劳动生产率和经济效益的高低。利用原来的基础,适时、适度地进行设备更新,投资省、效益大,可以取得比新建项目更佳的经济效益,是提高我国工业企业经济效益有效的手段之一。但工业企业的设备更新是一动态过程,影响设备更新的因素也较多。适时地设备更新,比较和选择适宜的更新方式,为更新决策提供依据,才能取得最大经济效益。

3.设备更新是我国经济继续发展的物质基础

由于技术装备是现代工业生产的重要物质和技术基础,经济的发展要求必须不断地进行设备更新,增强发展的实力,为社会经济的快速发展提供重要的物质和技术保障。第一次世界大战前英国和法国曾是发展最早的国家,但由于背上了旧设备的沉重包袱,过分依赖已经陈旧但仍可使用的设备和技术,不愿投入现代化更新所需的巨额投资,其结果是生产停滞不前。而同一时期的美国、德国则积极采用新技术、新工艺和新设备,结果只用了几十年时间就赶超英国和法国。第二次世界大战后,日本将国民收入的大部分用作改善和更新设备的投资,从而使工业获得迅猛的发展。发达国家的经济发展过程证明,要保障工业快速的发展,必须进行设备的更新。

二、设备磨损

设备是企业生产的重要物质条件。为了开展生产活动,企业必然要购置各种机器设备。随着时间的推移,无论是使用中的设备还是闲置的设备都会发生磨损。为使设备更好地发挥作用,就需要研究和掌握设备的磨损规律,才能适当地对设备进行价值和性能的补偿,从而正确地制订更新决策。

设备磨损是指设备在使用或闲置过程中,由于物理作用(如设冲击力、摩擦力、振动、扭转、弯曲等)、化学作用(如锈蚀、老化等)或技术进步的影响等,使设备磨损遭受了损耗。设备磨损既包括有形磨损,又包括无形磨损,设备磨损是有形磨损和无形磨损共同作用的结果。设备磨损分为两大类,即设备的有形磨损和无形磨损。

(一)设备的有形磨损

设备使用过程中,由于机械的磨损、振动和疲劳,以及热盈利和化学腐蚀等,造成设备实体上发生变形、损耗或破坏,称为有形磨损或物质磨损。磨损与使用的时间和使用的强度有关,磨损的结果会使设备的精度、性能降低,生产率下降,能耗增加。严重的磨损甚至会造成事故或导致设备报废等,这类有形磨损称为机械磨损。机械磨损通常可以进行修理,如更换零部件、采取加固措施等方法,可消除部分磨损,但不能使它恢复到与新设备一样的状况。

对于闲置未用的设备,由于自然力的作用和环境的化学腐蚀,也会造成设备的老化、腐蚀、锈蚀等损耗,从而形成对设备的有形磨损。此类有形磨损称为自然磨损。注意设备的维修和保养,可以减少或延缓磨损,但不能避免有形磨损。

(二)设备的无形磨损

设备磨损的另一种形式称为无形磨损。有形磨损反映了设备技术性能的下降,而无形磨损则反映了设备经济价值的降低。通常在设备受到有形磨损的同时,也有无形磨损。无形磨损根据发生的原因分为两种,如下所述。

第一种是由于科学技术的进步,管理水平的提高,使生产同样设备的社会平均必要劳动消耗降低,例如,成本降低,从而使原有设备贬值。但是,设备本身的技术特性和功能或其使用价值并未降低。

第二种是由于出现了结构更新颖、技术性能更完善、具有更高生产率和经济性的设备,使原有设备显得性能落后,技术陈旧,技术经济指标较差,从而使用价值和经济价值相对降低。如果继续使用原设备,将会降低生产的经济效益,就应该用性能更好的设备取代原有设备,即设备的更换或现代化改装。

(三)设备磨损的度量

化工设备与一般的机械设备不同,常常是在高温、高压或者低温、真空等条件下工作,而且还受到许多介质的侵蚀。设备的有形磨损除了因摩擦造成的磨损外,还因在高温、高压等条件下发生疲劳和腐蚀,造成有形磨损。因此,设备有形磨损的度量应根据摩擦、疲劳和腐蚀的状况进行综合的研究。此外,化工设备大都是装置性的设备,配置要求严格。因而,它的无形磨损也应该从整套装置的技术经济性能进行系统的分析,才能为设备的更新决策提供正确的依据。

1. 有形磨损的度量

对于整套装置或整机,其平均磨损程度可用有形磨损系数来表示

$$\alpha_P = \frac{\sum_{i=1}^{n} \alpha_i K_i}{\sum_{i=1}^{n} K_i} \tag{6.10}$$

式中　α_P——设备有形磨损程度系数;

α_i——第 i 个零部件的磨损程度系数;

K_i——第 i 个零部件的价值;

n——磨损零部件总数。

也有其他的建议,对于没有大修过的设备,其有形磨损程度系数为

$$\alpha_i = \frac{T_m}{T} \qquad (6.11)$$

式中　T——按有形磨损规定的服务期限;

　　　T_m——设备已使用年限。

对于不同类型的设备,其有形磨损的损失量不尽相同。例如,离心泵的有形磨损损失量常用扬程下降的程度或流量减少的程度来度量。但是,料液贮槽的四壁由于受腐蚀和疲劳的影响,强度降低,因而度量有形磨损的程度是强度指标。

为了使度量指标有一致性,通常可采用经济度量指标来度量,即

$$\alpha_P = \frac{R}{K_1} \qquad (6.12)$$

式中　R——修复全部磨损零部件的修理费用;

　　　K_1——在确定设备磨损程度时,该种设备的再生产价值。

从经济理论上分析,设备有形磨损程度指标 α_P 不能大于1,即 $\alpha_P \leq 1$。

2. 设备无形磨损的度量

无形磨损程度可用由于技术进步而降低的价值与设备的原始价值之比来表示。其公式为

$$\alpha_1 = \frac{K_0 - K_1}{K_0} = 1 - \frac{K_1}{K_0} \qquad (6.13)$$

式中　α_1——设备无形磨损系数;

　　　K_0——设备的原始价值(购置价格);

　　　K_1——设备的重置价值。

可由下式计算出来:

$$K_1 = K_n \left(\frac{q_0}{q_n}\right)^{\gamma} \left(\frac{C_n}{C_0}\right)^{\beta} \qquad (6.14)$$

式中　K_n——调整后的设备重置价值;

　　　q_0, q_n——使用相应的旧设备和新型设备时的生产率,件／单位时间;

　　　C_0, C_n——使用相应的旧设备和新型设备时的单位产品耗费,元／件;

　　　γ——劳动生产率提高系数;

　　　β——成本降低指数。

γ 和 β 的取值范围为 0 ~ 1,实际取值大小可以通过研究相似设备的有关数据得到。

3. 设备综合磨损的度量

设备的有形磨损和无形磨损往往是同时发生的,故需要对设备的综合磨损状况进行度量。设备综合磨损可用式(6.15)度量:

$$\alpha = 1 - (1 - \alpha_P)(1 - \alpha_1) \tag{6.15}$$

上式中，$(1 - \alpha_P)$反映了设备发生有形磨损后的残余价值，$(1 - \alpha_1)$则反映了设备发生无形磨损后的残余价值。因而，两种磨损同时发生后的残余价值是$(1 - \alpha_P)(1 - \alpha_1)$。式中$\alpha$表示设备综合磨损程度。

由上述分析，可得设备发生综合磨损后的净值为

$$K = \{1 - [1 - (1 - \alpha_P)(1 - \alpha_1)]\}K_0 \tag{6.16}$$

将式(6.12)和式(6.13)代入上式，得

$$K = \left(1 - \frac{R}{K_1}\right)\left(1 - \frac{K_0 - K_1}{K_0}\right)K_0 \tag{6.17}$$

$$= K_1 - R$$

由式(6.17)可以看出，当有形磨损中只存在可消除型有形磨损时，剩余价值K等于调整后的设备重置价值K_1减去修复费用，当设备只存在可消除型有形磨损且不存在第二种无形磨损时，即新设备的生产率与旧设备的生产率相同$q_0 = q_n$；新设备的单位产品耗费与旧设备的单位产品耗费相同$C_0 = C_n$，这时，设备的剩余价值等于设备的重置价值K减去设备的修复费用。

【例题6.1】 某设备原始价值$K_0 = 100\ 000$元，当前需要修理，修理费$R = 30\ 000$元，该设备有形磨损均为可消除型有形磨损，同类新设备的价值$K_1 = 80\ 000$元，新旧设备的生产率及单位产品消耗相同，求该设备的综合磨损程度及其剩余价值。

解： (1)该设备的无形磨损程度为

$$\alpha_1 = \frac{K_0 - K_1}{K_0} = \frac{100\ 000 - 80\ 000}{100\ 000} = 0.2$$

(2)有形磨损程度为

$$\alpha_P = \frac{R}{K_n} = \frac{30\ 000}{80\ 000} = 0.375$$

(3)综合磨损程度为

$$\alpha = 1 - (1 - \alpha_P)(1 - \alpha_1) = 1 - (1 - 0.375)(1 - 0.2) = 0.5$$

(4)剩余价值为

$$K = K_1 - R = 80\ 000 - 30\ 000 = 50\ 000(元)$$

由计算可得，该设备的综合磨损程度为0.5，其剩余价值为50 000元。

三、设备磨损的补偿

(一)设备磨损的实物补偿

设备发生磨损后，需要进行补偿，以恢复设备的生产能力。由于机器设备遭受磨损的形式不同，补偿磨损的方式也不同。设备有形磨损的局部补偿是修理，无形磨损的局部补偿是

现代化改装。有形磨损和无形磨损的完全补偿是更新,如图 6.1 所示。

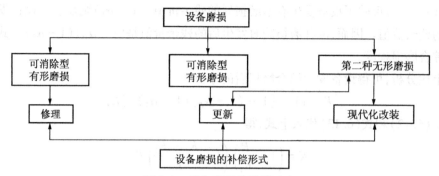

图 6.1　设备磨损的补偿形式

修理是按照原样更换部分已磨损的零部件和调整设备,以恢复设备的生产功能和效率为主;现代化改装是按照现有的新技术对设备的结构作局部的改进和技术上的革新,如增添新的、必需的零部件,以增加设备的生产功能和效率为主。这两者都属于局部补偿。修理的补偿价值不会超过原设备的价值,而现代化改造既能补偿有形磨损,又能补偿无形磨损。它的补偿价值有可能超过原设备的价值。更新是对整个设备进行更换,属于完全补偿。

由于设备总是同时遭受到有形磨损和无形磨损,因此,对其综合磨损后的补偿形式应进行更深入的研究,即应用财务评价方法确定究竟采用哪种补偿方式。

(二)设备磨损的价值补偿

设备在长期使用过程中,要经受有形磨损和无形磨损。有形磨损会造成设备使用价值和资产价值的降低;第一种无形磨损只会造成设备资产价值的降低,但不影响其使用价值。

为了保证生产过程连续进行,企业应该具有重置设备资产的能力。这就要求企业能在设备有效使用年限内将其磨损逐渐转移到它所生产的产品中去,这种按期或按活动量转为产品成本费用的设备资产的损耗价值就是折旧费。企业提取折旧费可以弥补设备在有形磨损和无形磨损中所造成的设备资产价值的降低,是设备磨损的价值补偿的主要方式。

(三)设备的折旧

1. 设备折旧的相关概念

设备折旧的方法取决于影响折旧的因素。影响设备折旧的因素多是时间的函数,有的是使用情况或业务活动的函数,也有的是时间与使用情况或业务活动两者结合的函数。

在计算与时间有关的设备折旧时,应考虑以下 3 个因素:设备资产的原值、净残值和折旧年限。

1)设备资产的原值

设备资产的原值一般为购置设备时一次性支付的费用,又称初始费用。设备资产的原值要与发生的时间一并考虑才有意义。

2）净残值和净残率

净残值即设备的残值减去其清理费用以后的余额。设备的残值是指设备报废清理时可供出售的残留部分的价值，它可以用作抵补设备原值的一部分。设备资产的清理费用是指设备在清理报废时，拆除、搬运、整理和办理手续等的各项费用支出，它是设备使用的一种必要的追加耗费。

净残值率是预计的企业固定资产净残值与固定资产原值的比率，根据行业会计制度规定，企业净残值率按照固定资产原值的 3% ～ 5% 确定。特殊情况为净残值率低于 3% 或高于 5% ，由企业自主确定，并报主管财政机关备案。在项目评估中，由于折旧年限是根据项目的固定资产经济寿命期决定的，项目经济寿命期定为 15 年，则综合折旧率为 6.7% ，固定资产的净残值率一般可选择为 5% ～ 10% 。

净残值具有很强的变现能力，设备在不同的使用年限末报废则具有不同的净残值。这里，应该注意净残值与设备账面价值的区别。设备的账面价值是依旧保留在企业账册中未摊销的资本成本。这笔款额只不过是过去折旧过程与过去决策的结果。因此，账面价值不是市场价值，不是资产变为现金的价值，它只是会计账册上的"虚构"值。

3）折旧年限

折旧年限即是按财政部规定的折旧率每年提取折旧，使设备的账面价值为零所需要的时间，它一般是根据设备的材料质量和属性、每日开工时间、负荷大小、化学侵蚀程度、维护修理质量等工艺技术和使用条件，以及技术进步等无形磨损的因素和设备的自然寿命、技术寿命、经济寿命等因素确定的。此外，还应考虑到正常的季节性停歇和大修理所需的时间等因素的影响。

国家有关部门在考虑到现代生产技术发展快、世界各国实行加速折旧的情况下，为适应资产更新和资本回收的需要，对各类固定资产折旧的最短年限作出了规定。如房屋、建筑物为 20 年；火车、轮船、机器、机械和其他生产设备为 10 年；电子设备和火车、轮船以外的运输工具以及与生产、经营业务有关的器具、工具、家具等为 5 年。若采用综合折旧，建设项目的生产期即为折旧年限。在工程经济分析中，对轻工、机械、电子等行业的折旧年限，一般确定为 8 ～ 15 年；其余项目的折旧年限确定为 15 年。

2. 设备折旧的计算方法

1）年限平均法

年限平均法是典型的正常折旧的方法。它是在设备资产估算的折旧年限里按期平均分摊资产价值的一种计算方法，即对资产价值按时间单位等额划分。它是最简单与最普遍应用的方法，也是我国多年使用的传统方法，所涉及的概念如下所述。

①固定资产原值是根据固定资产投资额、预备费和建设期利息计算求得的。

②净残值率是预计的企业固定资产净残值与固定资产原值的比率，根据行业会计制度规定，企业净残值率按照固定资产原值的 3% ～ 5% 确定。

特殊情况,净残值率低于 3% 或高于 5%,由企业自主确定,并报主管财政机关备案。在项目评估中,由于折旧年限是根据项目的固定资产经济寿命期决定的,项目经济寿命期定为 15 年,则综合折旧率为 6.7%,固定资产的净残值率一般可选择为 5% ~ 10%。

③折旧年限,国家有关部门在考虑到现代生产技术发展快、世界各国实行加速折旧的情况下,为适应资产更新和资本回收的需要,对各类固定资产折旧的最短年限作出了规定。如房屋、建筑物为 20 年;火车、轮船、机器、机械和其他生产设备为 10 年;电子设备和火车、轮船以外的运输工具以及与生产、经营业务有关的器具、工具、家具等为 5 年。若采用综合折旧,建设项目的生产期即为折旧年限。在工程经济分析中,对轻工、机械、电子等行业的折旧年限,一般确定为 8 ~ 15 年;其余项目的折旧年限确定为 15 年。

年折旧率及年折旧额的计算公式为

$$年折旧率 = \frac{1 - 预计净残值率}{折旧年限} \times 100\% \qquad (6.18)$$

$$年折旧额 = 设备资产原值 \times 年折旧率 \qquad (6.19)$$

【例题 6.2】 某设备的资产原值为 16 000 元,估计报废时的残值为 2 200 元,折旧年限为 6 年。试计算其年折旧率和年折旧额。

解:年折旧率 $= \dfrac{1 - 预计净残值率}{折旧年限} \times 100\% = \dfrac{1 - \dfrac{2\,200}{16\,000}}{6} \times 100\% = 14.375\%$

年折旧额 = 设备资产原值 × 年折旧率 = 16 000 × 14.375% = 2 300(元)

2)工作量法

工作量法又分为两种,一是按照行驶里程计算折旧;二是按照工作小时计算折旧,计算公式如下所述。

按照行驶里程计算折旧的公式为

$$单位里程折旧额 = \frac{原值 \times (1 - 预计净残值率)}{总行驶里程} \qquad (6.20)$$

$$年折旧率 = 单位里程折旧额 \times 年行驶里程 \qquad (6.21)$$

按照工作小时计算折旧的公式为

$$每工作小时折旧额 = \frac{原值 \times (1 - 预计净残值率)}{总工作小时} \qquad (6.22)$$

$$年折旧额 = 每工作小时折旧额 \times 年工作小时 \qquad (6.23)$$

【例题 6.3】 某公司有货运卡车一辆,原价为 150 000 元,预计净残值率为 5%,为预计总行驶里程 300 000 km,当月行驶里程为 5 000 km,计算该项固定资产的月折旧额。

解:该项固定资产的月折旧额计算如下:

单程里程折旧额 = 150 000 × (1 - 5%) ÷ 300 000 = 0.475(元/km)

本月折旧额 = 5 000 元 × 0.475 = 2 375(元)

工作量法也是直线法的一种,只不过是按照固定资产所完成的工作量来计算每期的折旧额。

3) 双倍余额递减法

双倍余额递减法,是在不考虑固定资产预计净残值的情况下,根据每年年初固定资产净值和双倍的年限平均法折旧率计算固定资产折旧额的一种方法。应用这种方法计算折旧额时,由于每年年初固定资产净值没有扣除预计净残值,所以在计算固定资产折旧额时,应在其折旧年限到期前两年内,将固定资产的净值扣除预计净残值后的余额平均摊销。计算公式为

$$年折旧率 = \frac{2}{折旧年限} \times 100\% \tag{6.24}$$

$$年折旧额 = 固定资产原值 \times 年折旧率 \tag{6.25}$$

【例题6.4】 某公司有一台机器设备原价为600 000元,预计使用寿命为5年,预计净残值率为4%。试按双倍余额递减法计算折旧。

解:年折旧率 = $\frac{2}{5}$ = 40%

第一年应提的折旧额 = 600 000 × 40% = 240 000(元)

第二年应提的折旧额 = (600 000 − 240 000) × 40% = 144 000(元)

第三年应提的折旧额 = (360 000 − 144 000) × 40% = 86 400(元)

从第四年起改按年限平均法(直线法)计提折旧:

第四、五年应提的折旧额 = $\frac{129\,600 − 600\,000 \times 4\%}{2}$ = 52 800(元)

4) 年数总和法

年数总和法,是将固定资产的原值减去预计净残值后的余额,乘以一个以固定资产可使用寿命为分子,以预计使用寿命逐年数字之和为分母的逐年递减的分数计算每年的折旧额。计算公式为

$$年折旧率 = \frac{折旧年限 − 已使用年数}{折旧年限 \times (折旧年限 + 1) \div 2} \tag{6.26}$$

$$年折旧额 = (固定资产原值 − 预计净残值) \times 年折旧率 \tag{6.27}$$

【例题6.5】 承上例,采用年数总和法计算的各年折旧额,见表6.1。

解:

表6.1 各年折旧额计算表 单位:元

年 份	尚可使用寿命	原值 − 净残值	年折现率	每年折旧额	累计折旧额
1	5	576 000	5/15	192 000	192 000
2	4	576 000	4/15	153 600	345 600
3	3	576 000	3/15	115 200	460 800
4	2	576 000	2/15	76 800	537 600
5	1	576 000	1/15	38 400	576 000

学习任务四　设备更新的技术经济分析

一、设备更新的概念

　　设备更新源于设备的磨损,是对设备磨损的补偿方式。从广义上讲,设备更新包括设备修理、现代化改装和设备更换。从狭义上讲,设备更新是指对在用设备的整体更换,也就是用原型新设备或结构更加合理、技术更加完善、性能和生产效率更高、比较经济的新型设备来更换已经陈旧、在技术上不能继续使用或在经济上不宜继续使用的旧设备。就实物形态而言,设备更新是用新的设备替换陈旧落后的设备;就价值形态而言,设备更新是设备在运动中消耗掉的价值的重新补偿。设备更新是消除设备有形磨损和无形磨损的重要手段,目的是为了提高企业生产的现代化水平,尽快地形成新的生产能力。

二、设备寿命

　　设备寿命是指设备从投入生产开始,经过有形磨损和无形磨损,直到在技术上或经济上不宜继续使用,需要进行更新所经历的时间。设备的寿命,由于研究角度不同其含义也不同,在对设备更新进行经济分析时需加以区别。设备寿命一般有下述 4 种。

(一)自然寿命

　　设备的自然寿命又称物质寿命。它是指设备从投入使用开始,直到因物质磨损而不能继续使用、报废为止所经历的全部时间。它主要是由设备的有形磨损所决定的。做好设备维修和保养可延长设备的物质寿命,但不能从根本上避免设备的磨损。任何一台设备在磨损到一定程度时,都必须进行更新。因为随着设备使用时间的延长,设备不断老化,维修所支出的费用也逐渐增加,从而出现恶性使用阶段,即经济上不合理的使用阶段。因此,设备的自然寿命不能成为设备更新的估算依据。

(二)技术寿命

　　由于科学技术迅速发展,一方面,对产品的质量和精度的要求越来越高;另一方面,也不断涌现出技术上更先进、性能更完美的机械设备,这就使得原有设备虽还能继续使用,但已不能保证产品的精度、质量和技术要求而被淘汰。因此,设备的技术寿命就是指设备从投入使用到因技术落后而被淘汰所延续的时间。由此可见,技术寿命主要是由设备的无形磨损所决定的,它一般比自然寿命要短,而且科学技术进步越快,技术寿命越短。所以,在估算设备寿命时,必须考虑设备技术寿命期限的变化特点及其使用的制约或影响。

(三)经济寿命

设备的经济寿命是指设备从投入使用开始,到因继续使用在经济上不合理而被更新所经历的时间。它是由维护费用的提高和使用价值的降低决定的。设备使用年限越长,每年所分摊的设备购置费(年资本费或年资产消耗成本)越少。但是随着设备使用年限的增加,一方面需要更多的维修费维持原有功能;另一方面机器设备的操作成本及原材料、能源耗费也会增加,年运行时间、生产效率、质量将下降。因此,年资产消耗成本的降低会被年度运行成本的增加或收益的下降所抵消。在整个变化过程中,年均总成本(或净年值)是时间的函数,这就存在着使用到某一年份,其净年值最高或等值年成本最低。

如图 6.2 所示,在 N_0 年时,净收益年值减去资产消耗年值最大,即净年值最大。

如图 6.3 所示,在 N_0 年时,等值年成本达到最低值,故称设备从开始使用到其净年值最高(或等值年成本最小)的使用年限 N_0 为设备的经济寿命。所以,设备的经济寿命就是从经济观点(即收益观点或成本观点)确定的设备更新最佳时刻。

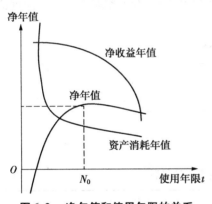

图 6.2 净年值和使用年限的关系

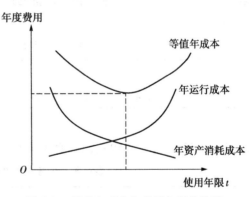

图 6.3 等值年成本与使用年限的关系

(四)折旧寿命

折旧寿命是计算设备折旧的年限,是指使用单位根据国家财政部规定的在固定资产使用中提取折旧费的年数。折旧寿命与提取折旧费的原则、方法及折旧政策有关。

三、设备经济寿命的计算

设备年度费用一般包含设备的资金费用和使用费用两部分。设备的资金费用就是该设备初始费用扣除设备的残值后,在服务年限内各年的分摊值;使用费用是指设备的年度运行成本(如人工、能源损耗等)和年度维修成本(如维护、修理费用等)。确定设备的经济寿命的方法可以分为静态模式和动态模式两种。

(一)静态模式下设备经济寿命的确定方法

在静态模式下,设备经济寿命的确定方法是指在不考虑资金时间价值的基础上计算设备年平均成本 C_0,使 C_0 为最小的 N_0 就是设备的经济寿命。其计算式为

$$\overline{C}_n = \frac{P - L_n}{n} + \frac{1}{n} \sum_{t=1}^{n} C_t \qquad (6.28)$$

式中　　$\overline{C}_n$——n 年内设备的平均使用成本;

　　　　P —— 设备目前的实际价值;

　　　　C_t—— 第 t 年的设备运行成本;

　　　　L_n—— 第 n 年末的设备净残值。

在式 6.28 中,$\dfrac{P - L_n}{n}$ 为设备的平均年度资产消耗成本,而 $\dfrac{1}{n} \sum\limits_{t=1}^{n} C_t$ 为设备的平均年度运行成本。

【例题 6.6】　某机器设备的原始费用为 15 000 元,估计寿命期为 10 年,各年的使用费用见表 6.2,假设不论什么时候弃置该设备的残值都为 500 元,若不考虑资金的时间价值,求该设备的经济寿命。

表 6.2　设备各年的使用费用　　　　　　　　　　单位:元

年份	1	2	3	4	5	6	7	8	9	10
使用费用	2 000	2 400	2 800	3 600	4 400	5 400	6 400	7 600	8 800	10 000

解:$P = 1\,500$ 元,$L_n = 500$ 元,计算见表 6.3。

表 6.3　设备的年度使用费用计算表　　　　　　　　单位:元

年份(t) 使用年限(n) (1)	使用费用 C_t (2)	累计使用费用 $\sum_{t=1}^{n} C_t$ (3) $= \sum$ 2	平均年度 运行成本 $\frac{1}{n} \sum_{t=1}^{n} C_t$ (4) $=$ (3) $\div$ (1)	平均年度 资产消耗成本 $\frac{P - L_n}{n}$ (5) $=$ (1 500 $-$ 500) $\div$ (1)	年度费用 $\overline{C}_n$ (6) $=$ (5) $+$ (4)
1	2 000	2 000	2 000	14 500	16 500
2	2 400	4 400	2 200	7 250	9 450
3	2 800	7 200	2 400	4 833	7 233
4	3 600	10 800	2 700	3 625	6 325
5	4 400	15 200	3 040	2 900	5 940
6	5 400	20 600	3 433	2 417	5 850
7	6 400	27 000	3 857	2 071	5 928

续表

年份(t) 使用年限(n) (1)	使用费用 C_t (2)	累计使用费用 $\sum_{t=1}^{n} C_t$ (3) $= \sum 2$	平均年度 运行成本 $\frac{1}{n}\sum_{t=1}^{n} C_t$ (4) $=$ (3) $\div$ (1)	平均年度 资产消耗成本 $\frac{P-L_n}{n}$ (5) $=$ (1 500 $-$ 500) $\div$ (1)	年度费用 $\overline{C}_n$ (6) $=$ (5) $+$ (4)
8	7 600	34 600	4 325	1 813	6 138
9	8 800	43 400	4 822	1 611	6 433
10	10 000	53 400	5 340	1 450	6 790

由表6.3中可以看出,该设备的使用年限为6年时,其年度费用最低,为5 850元,故其经济寿命在不考虑资金的时间价值的情况下是6年。

【例题6.7】　某机器设备的原始费用为15 000元,估计寿命期为10年,各年的使用费用和估计残值见表6.4,若不考虑资金的时间价值,求该设备的经济寿命。

表6.4　设备各年的使用费用和估计残值　　　　　　　　　单位:元

年份	1	2	3	4	5	6	7	8	9	10
使用费用	2 000	2 400	2 800	3 600	4 400	5 400	6 400	7 600	8 800	10 000
估计残值	11 000	8 000	6 000	4 500	3 500	2 700	2 000	1 400	900	500

解:有关计算结果见表6.5。

表6.5　设备年度费用计算表　　　　　　　　　单位:元

年份(t) 使用年限(n) (1)	使用费用 c_t (2)	残值 L_n (3)	累计使用费用 $\frac{1}{n}\sum_{t=1}^{n} C_t$ (4) $= \sum$ (2)	平均年度 资产消耗成本 $P-L_n$ (5) $=$ 1 500 $-$ (3)	年度费用 $\overline{C}_n$ (6) $=$ (5) $+$ (4)/(1)
1	2 000	11 000	2 000	4 000	6 000
2	2 400	8 000	4 400	7 000	5 700
3	2 800	6 000	7 200	9 000	5 400
4	3 600	4 500	10 800	10 500	5 325
5	4 400	3 500	15 200	11 500	5 340
6	5 400	2 700	20 600	12 300	5 483
7	6 400	2 000	27 000	13 000	5 714
8	7 600	1 400	34 600	13 600	6 025
9	8 800	900	43 400	14 100	6 389
10	10 000	500	53 400	145 000	6 790

从表6.5可以看出,该设备的使用年限为4年时,其年度费用(即等值年成本)最低,为5 325元,故其经济寿命在不考虑资金时间价值的情况下是4年。

设备的运营成本包括:能源费、保养费、修理费、停工损失、废品损失等。一般而言,随着设备使用期限的增加,年运营成本每年以某种速度在递增,这种运营成本的逐年递增称为设备的劣化。现假定每年运营成本的增量是均等的,即经营成本呈线性增长,如图6.4所示。

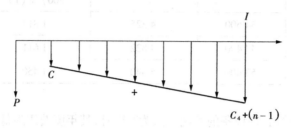

图6.4 经营成本线性增长图

假定运营成本均发生在年末,设每年运营成本增加额为A,若设备使用期限为n年,则第n年时的运营成本为

$$C_n = C_1 + (n - 1)\lambda \tag{6.29}$$

式中 C_1—— 运营成本的初始值,即第一年的运营成本;

n—— 设备使用年限。

n年内的设备运营成本的平均值为$C_1 + \dfrac{n-1}{2}\lambda$。

除运营成本外,在年等额总成本中还包括设备的年等额资产恢复成本,其金额为$\dfrac{P - L_n}{n}$,则年等额总成本的计算式为

$$AC_n = \frac{P - L_n}{n} + C_1 + \frac{n - 1}{2}\lambda \tag{6.30}$$

求导得其经济寿命m为

$$m = \sqrt{\frac{2(p - L_n)}{\lambda}} \tag{6.31}$$

【例题6.8】 设有一台设备,购置费为8 000元,预计残值800元,运营成本初始值为600元,年运行成本每年增长300元,求该设备的经济寿命。

解:

$$m = \sqrt{\frac{2(8\,000 - 800)}{300}} = 7(\text{年})$$

该设备的经济寿命为7年。

(二)动态模式下设备经济寿命的确定方法

一般情况下,设i为折现率,其余符号同上,则n年内设备的总成本现值为:

$$TC_n = P - L_n(P/F,i,n) + \sum_{j=1}^{n} C_j(P/F,i,j) \qquad (6.32)$$

n 年内设备的年等额总成本为

$$AC_n = TC_n(A/P,i,n) \qquad (6.33)$$

特殊情况

$$AC_n = P(A/P,i,n) - L_n(A/F,i,n) + C_1 + \lambda(A/G,i,j)$$

$$[(P - L_n)(A/P,i,n) + L_n \times i] + [C_1 + \lambda(A/G,i,n)] \qquad (6.34)$$

故可通过计算不同使用年限的年等额总成本 AC 来确定设备的经济寿命。若设备的经济寿命为 m 年,则应满足下列条件: $AC_m \leq AC_{m-1}, AC_m \leq AC_{m+1}$。

【例题 6.9】 资料同【例题 6.7】,若基准收益率为 15%,则该设备的经济寿命是多少年?

解:计算见表 6.6。

表 6.6 设备年度费用计算表 单位:元

年份(t)使用年限(n)(1)	使用费用 C_t (2)	$(P/F,15\%,t)$ (3)	使用费用现值 C_t $(P/F,15\%,t)$ (4)	累计使用费用现值 $\sum_{t=1}^{n} C_t(P/F,15\%,t)$ (5) = $\sum$ (4)	资金费用现值 $P - L_n$ $(P/F,15\%,n)$ (6) = 15 000 - 500 × (3)	$(P/F,15\%,n)$ (7)	年度费用 AC_n (8) = [(5) + (6)] × (7)
1	2 000	0.869 6	1 739	1 739	14 565	1.150 0	18 750
2	2 400	0.756 1	1 815	3 554	14 622	0.615 1	11 180
3	2 800	0.657 5	1 841	5 395	14 671	0.438 0	8 789
4	3 600	0.571 8	2 058	7 453	14 714	0.350 3	7 765
5	4 400	0.497 2	2 188	9 641	14 751	0.298 3	7 276
6	5 400	0.432 3	2 334	11 975	14 784	0.264 2	7 070
7	6 400	0.375 9	2 406	14 381	14 812	0.240 4	7 018
8	7 600	0.326 9	2 484	16 865	14 837	0.222 9	7 066
9	8 800	0.284 3	2 502	19 367	14 858	0.209 6	7 174
10	10 000	0.247 2	2 472	21 839	14 876	0.199 3	7 317

从表 6.6 可以看出,当该设备的使用年限为 7 年时,其年度费用(即等值年成本)最低为 7 018 元,故其经济寿命在考虑资金的时间价值,基准收益率为 15% 的情况下是 7 年。

【例题 6.10】 资料同【例 6-7】,若基准收益率为 15%,该设备的经济寿命是多少年?

解:列出计算表 6.7。

表 6.7　设备年度费用计算表　　　　　　　　　单位:元

年份(t)使用年限(n)(1)	使用费用C_t(2)	残值L_n(3)	$(P/F,15\%,t)$(4)	使用费用现值$C_t(P/F,15\%,t)$(5)=(2)×(4)	累计使用费用现值$\sum_{t=1}^{n}C_t(P/F,15\%,t)$(6)=$\sum$(5)	资金费用现值$P-L_n(P/F,15\%,n)$(7)=15000−(3)×(4)	$(P/F,15\%,n)$(8)	年度费用$AC_n(9)=$[(6)+(7)]×(8)
1	2 000	11 000	0.869 6	1 739	1 739	5 453	1.150 0	8 250
2	2 400	8 000	0.756 1	1 815	3 554	8 951	0.615 1	7 692
3	2 800	6 000	0.657 5	1 841	5 395	11 055	0.438 0	7 105
4	3 600	4 500	0.571 8	2 058	7 453	12 427	0.350 3	6 964
5	4 400	3 500	0.497 2	2 188	9 641	13 260	0.298 3	6 831
6	5 400	2 700	0.432 3	2 334	11 976	13 833	0.264 2	6 818
7	6 400	2 000	0.375 9	2 406	14 382	14 248	0.240 4	6 882
8	7 600	1 400	0.326 9	2 484	16 865	14 542	0.222 9	7 000
9	8 800	900	0.284 3	2 502	19 368	14 744	0.209 6	7 150
10	10 000	500	0.247 2	2 472	21 840	14 876	0.199 3	7 317

从表 6.7 可以看出,当该设备的使用年限为 6 年时,其年度费用(即等值年成本)最低为 6 818 元,故其经济寿命在考虑资金的时间价值,基准收益率为 15% 的情况下是 6 年。

一般在下面两种特殊情况下,经济寿命的计算就非常简单。第一种情况是如果设备的现在价值与未来任何时候的估计残值相等,年度使用费逐年递增,使用一年对设备的年度费用最低,所以经济寿命一般假设为一年。第二种情况是如果设备在物质寿命期间,年度使用费用固定不变,不同时期退出使用的估计残值也相同,设备使用越长,分摊的年度费用越小,则经济寿命等于服务寿命。

四、设备更新方案的综合比较

(一)设备更新决策的原则

由设备磨损形式与其补偿方式的相互关系可以看出,设备更新经济分析大部分可归结为互斥型方案的比较问题,但由于设备更新的特殊性,设备更新经济分析具有其自身的特点和原则。

1.不考虑沉没成本

沉没成本是过去发生的对现在决策没有影响的成本。因此在设备更新时,旧设备的原始成本和已提的折旧额都是无关的,在进行方案时,原设备的价值按目前情况计价。

2. 不按方案的直接现金流量进行比较,而应从客观的立场比较

在进行新、旧设备的经济效益比较分析时,分析者应以一个客观的身份进行研究,而不应在原有现状上进行主观分析。

所谓客观立场就是分析者无论取得新设备还是使用原有的旧设备都要假设按照市场价格付出一定的代价。只有这样才能客观地、正确地描述新、旧设备的现金流量。

3. 假定设备的收益相同,方案比选时只对其费用进行比较

这样做主要基于两点:一是企业使用设备的目的和要求是确定的,选择不同的设备均应达到共同的效用,取得相同的收益;二是只比较费用故可减少经济分析的工作量。

4. 不同设备方案的使用寿命不同,常采用计算年度费用进行比较

这是因为对于寿命期不同的互斥型方案,比较时计算年度费用可以大大减少计算工作量。

现举例说明。

【例题 6.11】　某设备在 4 年前以原始费用 2 200 元购置,估计可以使用 10 年,第十年末估计净残值为 200 元,年使用费用为 750 元,目前的售价是 600 元。现在市场上同类机器的原始费用为 2 800 元,估计可以使用 10 年,第十年末的净残值为 300 元,年使用费用 400 元。

现有两个方案:方案一是继续使用旧设备,方案二是将旧设备出售,然后购买新设备。已知基准折现率为 10%,比较这两个方案的优劣。

解:(1)两个方案的直接现金流量(从旧设备所有者角度分析),如图 6.5 所示。

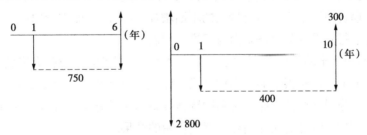

图 6.5　两个方案的直接现金流量图(错误解法)

两种方案的年费用分别为:

$$AC_{旧}(10\%) - 750 - 200(A/F, 10\%, 6) = 724.078(元)$$
$$AC_{新}(10\%) - 400 + (2\,800 - 600)(A/P, 10\%, 10) - 300(A/F, 10\%, 10) = 739.225(元)$$
$$AC_{旧}(10\%) < AC_{新}(10\%),因此应保留旧设备。$$

注意,将旧设备的售价作为新设备的收入显然是不妥的,因为这笔收入不是新设备本身所拥有的。

（2）正确的现金流量（从客观的角度分析），如图6.6所示。

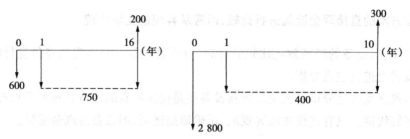

图6.6　两个方案的直接现金流量图（正确解法）

两种方案的年费用分别为：

$AC_{旧}(10\%) = 600(A/P,10\%,6)7\ 750 - 200(A/F,10\%,6) = 861.844(元)$

$AC_{新}(10\%) = 2\ 800(A/P,10\%,10) + 400\ 300(A/F,10\%,10) = 836.875(元)$

$AC_{旧}(10\%) > AC_{新}(10\%)$，因此正确的结论是应当更新。

在这个题目中应当注意两点：①旧设备方案中的期初投资是600元，而不是2 200元，也不是旧设备的账面价值2 200 - 4 × 200 = 1 400(元)。沉没成本在更新决策中是不应考虑的。②新、旧设备的经济效益比较应站在一个客观的立场，600元应是旧设备的现金支出，而非新设备的现金流入。

（二）设备更新的经济决策

设备更新经济分析就是确定是否应该以及什么时候应该用更经济的设备来替代或改进现有设备。设备更新有下述两种情况。

①有些设备在其整个使用期内并不会过时，即在一定时期内还没有更先进的设备出现。在这种情况下，设备在使用过程中避免不了有形磨损的作用。结果引起设备的维修费用，特别是大修理费用以及其他运行费用的不断增加，这时应立即进行原型设备的经济寿命评定，即当设备运行到设备的经济寿命时即进行更新。

②在技术不断进步的条件下，由于无形磨损的作用，很可能在设备尚未使用到其经济寿命期，就已出现了重置价格很低的同型设备或工作效率更高和经济效益更好的、更新型的同类设备，这时就要分析继续使用原设备和购置新设备的两种方案并进行选择，确定设备是否更新。在实际工作中，考虑的往往是综合磨损作用的结果。

1.因过时而发生的更新

因过时而发生的更新主要是无形磨损作用的结果，人们可能会因为新设备的购置费用较大，而会趋向于保留现有设备。然而新设备将带来运营费用、维修费用的减少以及产品质量的提高。设备更新的关键是，新设备与现有设备相比的节约额可能比新设备投入的购置费用的价值要大。

在设备更新分析中，对现有设备要注意的一个重要的问题，就是现有设备的价值不是其最初购置费或会计账面余值，从经济分析的角度来看，应是现有的已使用若干年的设备的转让价格,或购置这样的使用若干年的同样设备的价格。这是因为,以前的购置费及其会计折旧的账面余值,都是在新设备出现以前所确定的现有设备价值,新设备的出现,必然使得现有设备过时,并降低其价值。

【例题 6.12】　某企业 5 年前用 10 000 元购买了一设备,目前估计价值为 3 000 元。现在又出现了一种改进的新型号,售价为 12 500 元,寿命为 8 年,其运营费用低于现有设备。新、旧设备各年的残值(当年转让或处理价格)及使用费用见表 6.8。若基准收益率 $i = 15\%$,且企业该种设备只需要使用 3 年,问是否需要更新及何时更新?

表 6.8　新、旧设备的费用

单位:元

年　份	旧设备		新设备	
	使用费用 M_t	残值 L	使用费用 M	残值 k
1	2 000	1 500	500	9 000
2	3 000	700	800	800
3	4 000	300	1 100	7 000
4			1 400	6 000
5			1 700	5 000
6			2 100	4 000
7			2 700	3 000
8			3 300	2 000

解:(1)企业该种设备只需要使用 3 年。

画出新、旧设备接续使用方案组合示意图,如图 6.7 所示。

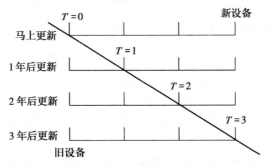

图 6.7　【例题 6.12】设备接续使用方案组合示意图(1)

计算各方案费用年值:

$AC_{马上更新}(15\%) = [12\ 500 + 500(P/F,15\%,1) + 800(P/F,15\%,2) + (1\ 100 - 7\ 000)(P/F,15\%,3)](A/P,15\%,3) = 4\ 231(元)$

$AC_{1年后更新}(15\%) = [3\,000 + (2\,000 - 1\,500 + 12\,500)(P/F,15\%,1) + 500(P/F,15\%,2) + (800 - 8\,000)(P/F,15\%,3)](A/P,15\%,3) = 4\,357(元)$

$AC_{2年后更新}(15\%) = [3\,000 + 2\,000(P/F,15\%,1) + (3\,000 - 700 + 12\,500)(P/F,15\%,2) + (500 - 9\,000)(P/F,15\%,3)](A/P,15\%,3) = 4\,529(元)$

$AC_{不更新}(15\%) = [3\,000 + 2\,000(P/F,15\%,1) + 3\,000(P/F,15\%,2) + (4\,000 - 300)(P/F,15\%,3)l(A/P,15\%,3) = 4\,135(元)$

设备在不更新的时候费用年值最小,为 4 135 元。所以,旧设备还可使用 3 年,不需要更新设备。

2. 企业在较长时间内需使用该种设备

【例题 6.13】 数据同【例题 6.12】,若企业在较长时间内需使用该种设备,问是否需要更新及何时更新?

首先,根据新设备的相关数据,算出其经济寿命,见表 6.9。

表 6.9　新设备经济寿命计算表　　　　　　　单位:元

年份 (t) 使用年限 (n) (1)	使用费用 M_t (2)	残值 L_n (3)	$(P/F, 15\%, t)$ (4)	使用费用现值 $M_t(P/F, 15\%, t)$ (5) = (2) × (4)	累计使用费用现值 $\sum_{i=1}^{n} C_t(P/F, 15\%, t)$ (6) = $\sum$ (5)	资金费用现值 $K_0 - L_n$ $(P/F,15\%,n)$ (7) = 12 500 − (3) × (4)	$(P/F, 15\%, n)$ (8)	年度费用 $C_n(9) = [(6) + (7)] \times (8)$
1	500	9 000	0.869 6	435	435	4 674	1.150 0	5 875
2	600	8 000	0.756 1	605	1 040	6 451	0.615 1	4 608
3	1 100	7 000	0.657 5	723	1 763	7 898	0.438 0	4 232
4	1 400	6 000	0.571 8	800	2 563	9 069	0.350 3	4 075
5	1 700	5 000	0.497 2	845	3 408	10 014	0.298 3	4 004
6	2 100	4 000	0.432 3	908	4 316	10 771	0.264 2	3 986
7	2 700	3 000	0.375 9	1 015	5 331	11 372	0.240 4	4 015
8	3 300	2 000	0.326 9	1 079	6 410	11 864	0.222 9	4 069

由表 6.9 可以看出,新设备使用 6 年,等值年度费用最小,为 3 986 元,因此其经济寿命为 6 年。

其次,画出设备接续使用方案组合示意图,如图 6.8 所示。

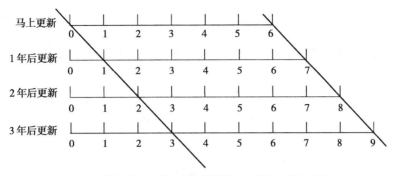

图 6.8　【例题 6.11】设备接续使用方案组合示意图(2)

最后,计算各方案的费用年值:

$AC_{马上更新}(15\%) = 3\,987(元)$

$AC_{1年后更新}(15\%) = \{3\,000 + [2\,000 - 1\,500 + 3\,987(P/A,15\%,6)](P/F,15\%,1)\}(A/P,15\%,7) = 3\,979(元)$

$AC_{2年后更新}(15\%) = \{3\,000 + 2\,000(P/F,15\%,1) + [3\,000 - 700 + 3\,987(P/A,15\%,6)](P/F,15\%,2)\}(A/P,15\%,8) = 3\,986(元)$

$AC_{3年后更新}(15\%) = \{3\,000 + 2\,000(P/F,15\%,1) + 3\,000(P/F,15\%,2) + [4\,000 - 300 + 3\,987(P/A,15\%,6)](P/F,15\%,3)\}(A/P,15\%,9) = 4\,058(元)$

$AC_{1年后更新}(15\%) = 3\,979$ 元,其值最小,所以,应当在使用 1 年后更新,即第二年更新。

3. 由于能力不足而发生的更新

当运行条件发生变化时,现有设备可能会出现生产能力不足的问题,一是老设备留着备用或转让;二是现有设备继续保持使用,同时再购买一台附加的新设备,或对现有设备进行改进,以满足生产能力的需要。

【例题 6.14】　某厂 6 年前花 8 400 元购置了设备 A,当时估计其寿命为 12 年,残值为 1 200 元,年使用费基本保持在 2 100 元。现在设备 A 加工的零件供不应求,为解决这个问题,有如下两个方案:

①购进与设备 A 完全相同的 A 型机器,现购买价为 9 600 元,寿命期和年使用费与设备 A 相同,残值为 1 600 元。

②现在设备 A 可折价 3 000 元转让,再购进加工相同零件的 B 型机器,生产能力是 A 型的 2 倍,购置费为 17 000 元,寿命期为 10 年,年使用费基本稳定在 3 100 元,残值估计为 4 000 元。设基准收益率 $i_0 = 10\%$,试比较选择更新方案。

解:第一个方案是以 3 000 元的机会成本使用旧的 A 型机器加上 9 600 元购置新的 A 型机器;第二个方案是花 17 000 元购置一台 B 型机器。

两个方案的现金流量图如图 10.11 所示。

分别计算方案 ① 和方案 ② 的费用年值为:

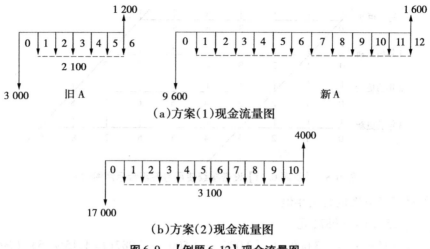

（a）方案（1）现金流量图

（b）方案（2）现金流量图

图6.9 【例题6.12】现金流量图

$AC(10\%)_1 = (3\,000 - 1\,200)(A/P, 10\%, 6) + 1\,200 \times 10\% + 2\,100 + (9\,600 - 1\,600)(A/P, 10\%, 12) + 1\,600 \times 10\% + 2\,100 = 6\,067(元)$

$AC(10\%)_2 = (17\,000 - 4\,000)(A/P, 10\%, 10) + 4\,000 \times 10\% + 3\,100 = 5\,256(元)$

$AC(10\%)_1 > AC(10\%)_2$，因此应该选择方案②，即将 A 型机器折价 3 000 元处理，购入 B 型机器。

（三）设备大修理经济分析

1. 设备大修理概述

设备是由不同材质的众多零部件组成的。这些零部件在设备中各自承担着不同的功能，工作条件也各不相同。在设备使用过程中，它们遭受的有形磨损是非均匀性的。在任何条件下，机器制造者都不可能制造出各个组成部分的寿命期限完全一样的机器。通常，在设备的实物构成中总有一部分是相对耐用的（机座、床身等），而另外的部分则易于损坏。

在实践中，通常把为保持设备在平均寿命期限内的完好使用状态而进行的局部更换或修复工作称为维修。维修的目的是消除设备的经常性的有形磨损和排除机器运行时遇到的各种故障，以保证设备在其寿命期内保持必要的性能（如生产能力、效率、精度等），发挥正常的效用。

维修按其经济内容可分为日常维护和计划修理（小修理、中修理、大修理）等几种形式。日常维护是指与拆除和更换设备中被磨损的零部件无关的一些维修内容，诸如设备的润滑与保洁，定期检验与调整，消除部分零部件的磨损等。小修理就是对设备进行局部检修，更换或修复少量的磨损零件，排除故障，清洗设备，调整机构，保证设备能正常使用到下次计划修理时间。中修理就是更换和修复部分的磨损零件（包括少数主要零部件），使修理的部分达到规定的精度、性能和工作效率，保证设备能够使用到下次中修理或大修理时间。大修理就是要更换和修复全部磨损的零部件，修理基础零件，排除一切故障，全面恢复和提高设备的原有性能,以达到设备原有出厂水平。

　　由于磨损是非均匀性的,大修理能够利用保留下来的零部件,比购买新设备花的钱少些,这就是大修理存在的经济前提,即使设备的使用期限得到延长。虽然设备的大修理对保持其在使用过程中的工作能力是非常必要的,但长期无休止地进行大修理也会引起很多弊端,其中较为明显的是对技术上陈旧的设备,长期修理在经济上是不合理的,大修理成本一次比一次高,效率却越来越低,性能越来越差,设备的使用费用也会越来越高。因此必须掌握好设备进行大修理的限度。

　　在做大修理决策时,还应注意以下两点:一是尽管要求大修理过的设备达到出厂水平,但实践中大修理过的设备不论从生产率、精度、速度等方面,还是从故障的频率、有效利用率等方面,都不如同类型的新设备。大修理后设备的综合质量会有某种程度的降低,这是客观事实,如图 6.10 所示。二是大修理的周期会随着设备使用时间的延长而越来越短。假如新设备投入使用到第一次大修理的间隔期定为 6～8 年,那么第二次大修理的间隔期就可能降至 4～6 年,也就是说,大修理间隔期会随着修理次数的增加而缩短,从而使大修理的经济性逐步降低。

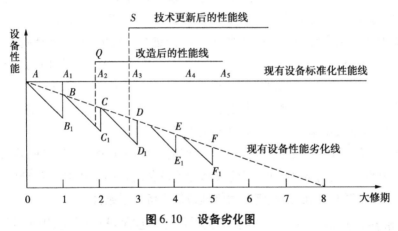

图 6.10　设备劣化图

　　图 6.10 中 OA 表示设备标准性能(初期效率)线。事实上,设备在使用过程中其性能或效率是沿 AB_1 线下降的。如果不及时修理,设备的寿命一定很短。如果在 B_1 点(即到第一个大修理期限)时就进行大修理,其性能恢复到 B 点。自 B 点开始起用,其性能又继续劣化到 C_1 点(即第二个大修理期),再进行第二次大修理,其性能又恢复到 C 点。这样,经过一次次大修理,其性能虽然能恢复到某种程度,但它难以恢复到原来(标准)的性能。可以看出,设备性能的劣化随着使用时间的延长而增加;设备大修理费用是随着性能的劣化程度的增加而增加的。

　　长期无止境地修理,设备性能随修理次数的增加而越来越低,且设备维修费用越来越高,性能的降低也会带来各种消耗的增加,在经济上不合理,同时严重阻碍了技术进步。

　　因此必须打破传统观念,不能只靠修理或大修理来维持生产,应对设备修理进行经济分析,依靠技术进步来发展生产。

2. 确定设备大修理的经济条件

设备大修理经济与否要进行具体分析。一般来说,大修理应满足下列条件中的一个或两个。

$$(1) \ R + L_n < K_{n_0} \tag{6.35}$$

式中　R——大修理费用;

　　　L_n——旧设备的残值;

　　　K_{n_0}——新置设备的价值。

即大修理费用 R 小于新置设备的价值 K_{n_0} 扣除其残值 L_n 的费用,则大修理合理。

$$(2) \ C_1 > C_2 \tag{6.36}$$

式中　C_1——新设备的单位产品成本;

　　　C_2——旧设备大修理后的单位产品成本。

即大修理后的单位产品成本小于使用新设备的单位产品成本,则大修理合理。

应注意的是,利用式 6.36 进行判断时要求大修理后的设备在技术性能上与同种新设备的性能大致相同时,才能成立,否则不如将旧设备卖掉,购置新设备使用。

【例题 6.15】　某厂有一台设备已使用 5 年,拟进行一次大修理,预计费用为 5 000 元,大修理前残值为 3 000 元,大修理后增至 6 400 元。大修理后每年生产 10 万件产品,年运行成本为 31 000 元。4 年后再大修理,这时设备的残值为 2 000 元。新设备的价值为 28 000 元预计使用 5 年后进行一次大修理,此时残值为 5 000 元,期间每年生产 12 万件产品,年运行成本为 30 000 元,基准收益率 $i = 10\%$,问大修理是否合理。

解: 从客观立场上看,该设备的第一次大修理后使用的代价为旧设备的残值 3 000 元加上大修理费 5 000 元,合计 8 000 元,因此大修理后设备的初始费用取为 8 000 元,小于更换新设备的投资费用 28 000 元,因此满足大修理最低经济界限条件。

旧设备单位产品成本 $C_0 = \dfrac{[8\,000 - 2\,000(P/L,10\%,4)](A/P,10\%,4) + 31\,000}{10} =$

3 309(元 / 万件)

新设备单位产品成本 $C_1 = \dfrac{[28\,000 - 5\,000(P/L,10\%,5)](A/P,10\%,5) + 30\,000}{12} =$

3 047(元 / 万件)

由于 $C_0 > C_1$,所以应当更换新设备。

设备磨损可以通过设备大修理来进行补偿,但是也不能无止境地一修再修,应有其技术经济界限。在下列情况下,设备必须进行更新。

①设备役龄长,精度丧失,结构陈旧,技术落后,无修理或改造价值的。

②设备先天不足,粗制滥造,生产效率低,不能满足产品工艺要求,且很难修好的。

③设备技术性能落后,工人劳动强度大,影响人身安全的。

④设备严重"四漏",能耗高,污染环境的。

⑤一般经过 3 次大修理,再修理也难以恢复到出厂精度和生产效率,且大修理费用超过设备原值的 60% 以上的。

(四)设备现代化改装经济分析

1. 设备现代化改装的概念

改变现有设备的结构,提高现有设备的技术性能,使之全部达到或局部达到新设备的水平。设备现代化改装是克服现有设备的技术陈旧状态,消除因技术进步而导致的无形磨损,促进技术进步的方法之一,也是扩大设备的生产能力,提高设备质量的重要途径。

现有设备通过现代化改装在技术上可以做到:

①提高设备所有技术特性,使之达到现代新设备的水平。

②改善设备某些技术特性,使之局部达到现代新设备的水平。

现代化改装属于广义更新概念的范围,它不同于其他更新形式的是:现代化改装是在企业内部自主完成的,更重要的是它只对设备的局部进行更新,而不改变主体的基本结构和技术性能。因此,它具有针对性强、适应性广的特点,而且在一般情况下,投入的资金比较少,而带来的收益和效益却比较显著,在设备的更新中,现代化改装的形式比较容易被接受和使用。

现代化改装的具体方式有:对原有设备的零部件进行更新;安装新的装置;增加新的附件等。在某些情况下,改装后的设备适应生产需要的程度和技术特性可以超过新设备,因此,其在经济上有很大的优越性,特别是在更新资金有限的情况下,更具有重要的现实意义。

2. 设备现代化改装的经济性决策

设备现代化改装在进行经济性决策时,所要考虑的问题与设备更新决策极为相似,就是在两个或两个以上的设计和实施方案中确定一个最佳方案。总费用现值最小的方案,就是最优方案。

3. 设备现代化改装、大修理与更新的比较

在一般情况下,与现代化改装并存的可行方案有:旧设备原封不动地继续使用;对旧设备进行大修理;用相同结构的新设备更换旧设备或用效率更高、结构更好的新设备更换旧设备。决策的任务就在于从中选择总费用现值最小的方案。公式如下:

旧设备　　　$PC_w = \dfrac{1}{\beta_w}\Big[K_{w0} - L_{wn}(P/L,i,n) + \sum_{t=1}^{n} M_{wt}(P/L,i,t)\Big]$ 　　　(6.37)

新设备　　　$PC_n = \dfrac{1}{\beta_n}\Big[K_{n0} - L_{nn}(P/L,i,n) + \sum_{t=1}^{n} M_{nt}(P/L,i,t)\Big]$ 　　　(6.38)

大修理　　　$PC_r = \dfrac{1}{\beta_r}\Big[K_{r0} - L_{rn}(P/L,i,n) + \sum_{t=1}^{n} M_{rt}(P/L,i,t)\Big]$ 　　　(6.39)

现代化改装 $PC_m = \dfrac{1}{\beta_m}\left[K_{m0} - L_{mn}(P/L,i,n) + \sum_{t=1}^{n} M_{mt}(P/L,i,t)\right]$ (6.40)

式中 PC_w, PC_n, PC_r, PC_m——分别为使用旧设备、更新、大修理、现代化改装的总费用现值;

$\qquad K_{w0}$——旧设备当前的重置价值;

$\qquad K_{n0}、K_{r0}K_{m0}$——分别为更新、大修理、现代化改装的投资;

$\qquad L_{wn}、L_{nn}、L_{rn}、L_{mn}$——分别为使用旧设备、更新、大修理、现代化改装后 n 年的残值;

$\qquad M_{wt}、M_{nt}、M_{rt}、M_{mt}$——分别为使用旧设备、更新、大修理、现代化改装后第 t 年的使用费用;

$\qquad \beta_w、\beta_n、\beta_r、\beta_m$——分别为使用旧设备、更新、大修理、现代化改装后的生产效率系数。

 情境小结

本学习情境介绍了技术改造与设备更新的技术经济分析。企业进行技术改造主要是为提高设备的技术水平,以满足生产要求,在注意经济效益的同时必须注意社会效益。设备更新的目的是维持生产能力、保证产品质量、降低产品成本、减少能耗。本情境的主要内容包括:技术改造的概念和经济评价方法,设备的磨损和寿命形态的介绍,设备经济寿命的计算,设备更新方案的经济性分析。

 课后习题

一、简答题

1.什么是技术改造?有何特点?

2.技术改造项目的经济评价指标有哪些?如何计算?

3.什么叫有形磨损?什么叫无形磨损?

4.设备的物理寿命、技术寿命、折旧寿命和经济寿命分别是指什么?

5.决定设备经济寿命的因素有哪些?经济寿命如何计算?

6.设备磨损的补偿主要有哪几种方式,具体内容是什么?

7.怎样选择设备更新时机?

二、单选题

1.某固定资产使用年限为 5 年,在采用年数总和法计提折旧的情况下,第一年的年折旧率为( )。

$\qquad$ A. 20% $\qquad\qquad$ B. 33% $\qquad\qquad$ C. 40% $\qquad\qquad$ D. 50%

2.某固定资产原值为 250 000 元,预计净残值 6 000 元,预计可使用 8 年,按照双倍余额递减法计算,第二年应提取的折旧( )元。

　　A. 46 875　　　　　　B. 45 750　　　　　　C. 61 000　　　　　　　　D. 30 500

　　3. 某项固定资产原值为 40 000 元,预计净残值为 2 000 元,折旧年限为 4 年,采用年数总和法计提折旧,则第三年折旧额为(　　)。

　　A. 7 600 元　　　　　B. 8 000 元　　　　　　C. 3 800 元　　　　　　　D. 12 000 元

　　4. 一台机器设备原值 80 000 元,估计净残值 8 000 元,预计可使用 12 年,按直线法计提折旧,则第二年应计提折旧为(　　)元。

　　A. 6 600　　　　　　B. 6 000　　　　　　　C. 7 000　　　　　　　　D. 8 000

　　5. 在下列各因素中,计提固定资产折旧时通常不考虑的是(　　)。

　　A. 固定资产原值　　　　　　　　　　B. 固定资产预计净残值

　　C. 固定资产使用年限　　　　　　　　D. 固定资产实际净残值

　　6. 某企业 2007 年 5 月期初固定资产原值为 100 000 元,5 月增加了一项固定资产入账,价值为 500 万元;同时 5 月份减少了固定资产原值 600 万元;则 5 月份该企业应提折旧的固定资产原值为(　　)万元。

　　A. 100 000　　　　　B. 100 500　　　　　　C. 99 900　　　　　　　　D. 99 400

　　7. 下面对固定资产折旧方法中,初期不需要考虑固定资产净残值的方法是(　　)。

　　A. 工作量法　　　　B. 平均年限法　　　　C. 双倍余额递减法　　　D. 年数总和法

三、多选题

　　1. 下列属于加速折旧法的是(　　)。

　　A. 平均年限法　　　B. 工作量法　　　　　C. 双倍余额递减法　　　D. 年数总和法

　　2. 下列固定资产中应计提折旧的有(　　)。

　　A. 融资租赁方式租入的固定资产

　　B. 按规定单独估价作为固定资产入账的土地

　　C. 以经营租赁方式租出的固定资产

　　D. 以经营租赁方式租入的固定资产

　　3. 企业计算固定资产折旧的主要依据有(　　)。

　　A. 固定资产的使用年限　　　　　　　B. 固定资产的原值

　　C. 固定资产的净残值　　　　　　　　D. 固定资产的使用部门

　　4. 按照现行会计制度的规定,企业可以采用的固定资产折旧方法有(　　)。

　　A. 工作量法　　　　　　　　　　　　B. 平均年限法

　　C. 年数总和法　　　　　　　　　　　D. 双倍余额递减法

四、计算题

　　1. 设备的原始价值 $K_0 = 10\,000$ 元,目前需要修理,其费用 $R = 4\,000$ 元,已知该设备目前再生产价值 $K_1 = 7\,000$ 元,问设备的综合磨损程度 α 是多少?

　　2. 某设备原始价值为 5 500 元,其他数据见表 6. 10,试计算其经济寿命周期。

表 6.10　设备各年使用费用与年末残值　　　　　单位:元

项目 ＼ 年数	1	2	3	4	5	6
使用费用	1 000	1 200	1 500	2 000	2 500	3 000
年末残值	4 000	3 000	2 500	2 000	1 500	1 000

3. 某设备原始价值为 62 000 元,其他数据见表 6.11,试计算其经济寿命周期。若考虑其资金的时间价值(设基准收益率为 10%),结论又如何?

表 6.11　设备各年使用费用与年末残值　　　　　单位:元

项目 ＼ 年数	1	2	3	4	5	6	7
使用费用	10 000	12 000	14 000	18 000	22 500	27 500	33 000
年末残值	32 000	17 000	9 500	5 750	4 000	2 000	1 000

4. 某设备现有残值 3 000 元,可继续使用 3 年,残值为 0,且 3 年中各年维修费用分别为 1 200 元,1 800 元,2 500 元。现在考虑对该设备采取更新措施,提出大修理、现代化改装和更新 3 种方案,具体数据见表 6.12。问该设备是否值得采取如下更新措施,若应该更新,在尚需持续 3、4、5 或 6 年时,各应选择哪种方案(i = 10%)?

表 6.12　各方案的原始资料　　　　　单位:元

方式 ＼ 项目	投资	λ	C_1	L_T					
				1	2	3	4	5	6
大修理	5 000	250	500	6 000	5 000	4 000	3 000	2 000	1 000
现代化改装	7 300	120	360	7 000	6 000	5 000	4 000	3 000	2 000
更新	15 650	80	320	8 000	7 000	6 000	5 000	4 000	3 000

5. 设备甲购买于 4 年前,购价为 10 500 元,使用寿命为 10 年,残值为 500 元,年维修费用为 2 400 元,按 10 年平均计提折旧。由于成功的营销活动使产品的需求增加了一倍,若购买相同设备价格为 9 000 元,使用寿命及维修费用与原设备相同,新设备到期残值仍为 500 元。现有一种设备乙,价格为 25 000,生产能力是设备甲的两倍,年维修费用为 3 300 元,使用寿命为 12 年,残值为 2 500 元。现在需要决策是买新的甲设备,还是购买乙设备来扩大生产能力,若购买设备乙,设备甲可折价 3 000 元,基准收益率为 10%,请选择合理方案。

6. 某企业现正使用的一种旧式水泵决定更新,若购买安装一套原型新水泵需要 1 925 元,每年耗电需要 900 元。现有一种新式水泵购买安装需要 2 450 元,电费每年不超过 500 元。以 8 年为计算期,新旧水泵残值均为 0,基准收益率为 12%,判断应选择哪种水泵进行更新。

7. 某叉车现需要更新或进行修理重新组装。该叉车购于 5 年前,现有残值为 4 000 元,修理重新组装后可使寿命延长 5 年,修理费用为 7 500 元／年,燃油费用为 6 000 元／年。若购买新车需要 15 000 元,使用寿命为 10 年,燃油费用比重新组装的旧叉车低 15%,新车的修理费用比重新组装的旧叉车少 1 000 元／年。两种叉车均无残值,基准收益率为 12%,判断应选择哪种叉车。

8. 某灌溉水泵原始价值为 10 000 元,第一年的操作维护费为 4 000 元,此后各年按 0.06 的几何比例增加,基准收益率为 8%,水泵的使用寿命为 4 年,各年残值见表 6.13,试求水泵的经济寿命。

表 6.13　设备各年残值　　　　　　　　　　　　　　单位:元

已使用年限 n	1	2	3	4
设备残值 L_n	6 000	3 500	2 000	500

9. 某设备原始价值为 9 200 元,使用寿命为 8 年,已使用 4 年,当前残值为 5 800 元,估计后 4 年的年维修费用为 6 000 元,残值为 1 000 元。现在有一种新设备价格为 14 000 元,年维修费用为 4 000 元,使用寿命为 4 年,残值为 3 000 元,如买入新设备,旧设备可以 3 600 元售出。若基准收益率为 15%,判断现在是否应更换设备。

学习情境七

价值工程

 **学习内容**

价值工程的基本概念;价值工程的工作程序;价值工程对象的选择;信息资料的收集;功能分析;功能评价;方案创造。

学习目标

1.知识目标

(1)掌握价值工程的基本概念及特点;

(2)掌握功能的定义及其作用;

(3)掌握功能整理的概念及方法;

(4)掌握功能评价的定义及评价的方法;

(5)熟悉价值工程的工作程序;

(6)熟悉选择对象的原则、方法;

(7)了解情报的概念、收集情报的原则、内容、方法;

(8)了解价值工程对象选择的必要性;

(9)了解创造能力的影响因素;

(10)了解方案评价的内容。

2.能力目标

(1)能够对产品进行功能定义、功能整理;

（2）能够运用功能评价方法对产品进行评价。

案例导入

　　洗衣机是一种家用日常电器,用来清洗脏衣物。某洗衣机厂面对激烈的市场竞争,从日本引进了新型技术和关键设备,安装全自动装配线,更新喷漆生产线,开发新产品洗衣机,准备专用于出口俄罗斯。这款新型洗衣机以8个月高速完成了从试制样机到正式投产的全过程。由于注重产品质量,忽视了成本,使单台成本高于国际市场价格近60元,显然缺乏竞争力。但对俄罗斯市场预测结果表明,俄罗斯市民对洗衣机的需求量很大,这是个很好的投资机会。在这种情况下,降低成本就成为生产此种类型洗衣机的关键。价值工程研究的目的就是为了在不影响原有质量和功能的情况下,改进洗衣机成本与功能的构成,大幅度降低成本,使成本尽可能地降低到国际市场的价格以下。任何变动的结果都是为了两个目的:既要保证洗衣机的质量,又要尽可能地降低单台成本。

　　价值工程研究小组研究成果包括:在不降低盖圈质量的前提下,洗衣机盖圈所用材料用另一种成本较低的材料取代;研究发现洗衣机电机的购买价格高,该厂成立了性能测试组,通过对国内几家电机厂生产的16台样机的全面测试,然后进行分析对比,从中选出了3种性能好、价格低的电机作为订货对象;还发现通过稍加大洗衣机风扇轮的尺寸就可以起到挡水和防止电机绕组受潮的作用,因此决定取消挡水板;将内筒冲压车间的下角边料,经重熔配成高强度铝合金,用来铸造皮带轮和风扇轮,节省了铝,又大幅度降低了成本;最后,改革了加工工艺,使单台洗衣机的工时下降到27 h,工时定额下降40%以上。

　　最终,每台洗衣机的成本降低了大约32%,为洗衣机厂创造了巨大的价值。分析本案例阐述价值工程的工作程序?

　　思考:价值工程的工作程序是围绕哪几个问题进行的,每个步骤的内容是什么?

　　进一步分析:在功能系统分析阶段应该如何绘制功能系统图,如何整理功能;在功能评价阶段应选择何种方法进行功能评价?

　　价值工程是一门现代管理技术,它通过对产品进行功能分析,合理解决功能和成本之间的矛盾,来达到以最小的投入而实现产品必要功能的目的。从第二次世界大战起,价值工程不断完善和发展,从最初主要用于解决物资短缺时选用代用品、新产品开发、机械设备的更新改造等问题,逐步发展为旨在提高企业的综合竞争力的新模式。如改革生产流程、重组管理体系等。至今,只要需要投入且要产出或取得特定功能的领域,都可以运用价值工程。

学习任务一 价值工程概述

价值工程作为一种工程技术经济方法,有别于前面的分析方法,主要研究如何以最少的人力、物力、财力和时间获得必要的功能的技术经济分析方法,强调的是产品的功能分析和功能改进。价值工程在工程建设中有着广泛的应用。

一、价值工程基本概念

价值工程是通过对产品功能的分析,正确处理功能与成本之间的关系来节约资源、降低产品成本的一种有效方法。不论是新产品设计,还是老产品改进都离不开技术和经济的组合,价值工程正是抓住了这一关键,在使产品的功能达到最佳状态下,使产品的结构更合理,从而提高企业经济效益。第二次世界大战后,价值工程与质量管理、系统工程、工业工程、行为科学、网络计划技术一起被称为先进且有价值的六大管理技术。目前,价值工程是国际上公认的有效的现代化管理方法之一。

(一)价值工程的起源和发展

1. 形成

价值工程发展历史上的第一件事情是美国通用电器(GE)公司的石棉事件,它的创始人被公认为美国工程师麦尔斯(L. D. Miles)。第二次世界大战期间,美国市场原材料供应十分紧张,GE急需石棉板,但该产品的货源不稳定,价格昂贵,时任GE工程师的Miles开始针对这一问题研究材料代用问题,通过对公司使用石棉板的功能进行分析,发现其用途是铺设在给产品喷漆的车间地板上,以避免涂料沾污地板引起火灾,后来,Miles在市场上找到一种防火纸,这种纸同样可以起到以上作用,并且成本低,容易买到,可获得很好的经济效益,这是最早的价值工程应用案例。通过这个改善,Miles将其推广到企业的其他地方,对产品的功能、费用与价值进行深入的系统研究,提出了功能分析、功能定义、功能评价以及如何区分必要和不必要功能并消除后者的方法,最后形成了以最小成本提供必要功能,获得较大价值的科学方法,1947年研究成果以"价值分析"发表。

美国通用电气公司工程师L. D. 迈尔斯在第二次世界大战后首先提出了购买的不是产品本身而是产品功能的概念,实现了同功能的不同材料之间的代用,进而发展成在保证产品功能前提下降低成本的技术经济分析方法。1947年他发表了《价值分析》一书,标志这门学科的正式诞生。

2. 发展

1954年,美国海军应用了这一方法,并改称为价值工程。由于它是节约资源、提高效用、降低成本的有效方法,因而引起了世界各国的普遍重视,20世纪50年代日本和德国学习和引进了这一方法。1965年前后,日本开始广泛应用。中国于1979年引进,现已在机械、电气、化工、纺织、建材、冶金、物资等多种行业中应用。

以后,价值工程在工程设计和施工、产品研究开发、工业生产、企业管理等方面取得了长足的发展,产生了巨大的经济效益和社会效益。世界各国先后引起和应用推广,开展培训、教学和研究。

值得注意的是,价值工程与一般的投资决策理论不同。一般的投资决策理论研究的是项目的投资效果,强调的是项目的可行性,而价值工程是研究如何以最少的人力、物力、财力和时间获得必要功能的技术经济分析方法,强调的是产品的功能分析和功能改进,故在学习价值工程时应充分认识到这一点。

(二)价值工程的定义

按照国家标准局发布的国标GB 8223—1987《价值工程基本术语和一般工作程序》的定义,价值工程的定义为:通过各相关领域的协作,对所研究对象的功能与费用进行系统分析,不断创新,旨在提高所研究对象价值的思想方法和管理技术。价值工程,就是以最低的寿命周期成本实现一定的产品或作业的必要功能,而致力于功能分析的有组织的活动。价值工程这一定义,涉及价值工程的3个基本概念,即价值、功能和寿命周期成本。

1. 价值

从消费者的角度看,在消费活动中只关心两个问题:其一,它(消费对象)能否满足需要;其二,得到这样的满足需要付出多大的代价。综合评价就是值不值得。这里的值得就是价值工程中价值的含义。第一个问题是效用问题,第二个问题是付出的代价问题。同样,从生产者(销售者)的角度也有相同的这样两个问题,第一个是收益问题,第二个是成本问题。消费者和生产者的这两个问题都体现在消费(生产)对象即产品上。因此可定义产品的价值为:产品所具有的功能与成本之比。价值的表达式为

$$V = \frac{F}{C} \tag{7.1}$$

式中　V——研究对象的价值;

　　　F——研究对象的功能;

　　　C——研究对象的成本,即寿命周期成本。

2. 功能

价值工程中的功能是对象能够满足某种需求的一种属性。任何产品都具有功能,如住

宅的功能是提供居住空间,建筑物基础的功能是承受荷载等。

价值工程认为,功能对于不同的对象有着不同的含义:对于物品来说,功能就是它的用途或效用;对于作业或方法来说,功能就是它所起的作用或要达到的目的;对于人来说,功能就是他应该完成的任务;对于企业来说,功能就是它应为社会提供的产品和效用。总之,功能是对象满足某种需求的一种属性。认真分析一下价值工程所阐述的"功能"内涵,实际上等同于使用价值的内涵,也就是说,价值工程中的功能是对象能够满足某种需求的一种属性。任何功能无论是针对机器还是针对工程,最终都是针对人类主体的一定需求目的,最终都是为了人类主体的生存与发展服务,如住宅的功能是提供居住空间,建筑物基础的功能是承受荷载等。

3. 寿命周期成本(费用)

产品在整个寿命周期过程中所发生的全部费用,称为寿命周期成本(费用),包括生产成本 C_1 和使用及维护成本 C_2 两部分,即

$$C = C_1 + C_2 \tag{7.2}$$

在一定范围内,产品的生产成本和使用及维护成本存在着此消彼长的关系。使用成本降低,建设成本增高;反之亦然。这种使用成本、建设成本与功能水平的变化规律决定了寿命周期成本与功能水平的马鞍形曲线变化关系,决定了寿命周期成本存在最低值 C_{min}。价值工程的目的就在于使寿命周期成本趋近于最低点 C_{min},而使产品的功能趋近于最佳功能 F_0。图 7.1 中原产品的寿命周期成本是 C 点,则 CC_0 为寿命周期成本下降的潜力,FF_0 为在可靠地实现必要功能前提下改进功能的余地。随着产品功能水平的提高,产品的生产成本 C_1 增加,使用及维护成本 C_2 降低;反之,产品功能水平降低,其生产成本 C_1 降低,但使用及维护成本 C_2 会增加。因此当功能水平逐步提高时,寿命 F 周期成本 $C = C_1 + C_2$ 呈马鞍形变化,如图 7.1 所示。寿命周期成本为最小值 C_{min} 时,所对应的功能水平是仅从功能方面考虑的最适宜的功能水平。

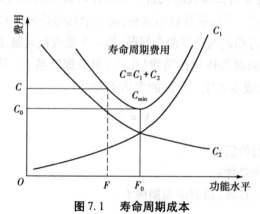

图 7.1　寿命周期成本

(三)价值工程的特点

价值工程是着重于功能分析,力求用最低的寿命周期成本可靠地实现必要功能的一种有组织的创造性活动。价值工程的特点包括下述内容。

1. 着眼于全寿命周期成本

全寿命周期成本是指产品在其寿命周期内所发生的全部费用,包括生产成本和使用及维护成本两部分。生产成本是指发生在生产企业内部的成本,包括研究开发、设计及制造过程中的费用。使用及维护成本是指用户在使用过程中支付的各种费用的总和,包括运输、安装、调试、管理、维修、耗能等方面的费用。

2. 工程的核心是功能分析

功能是指研究对象能够满足某种需求的一种属性,也即产品的具体用途。功能可分为必要功能和不必要功能,其中必要功能是指用户所要求的功能以及与实现用户所要求的功能有关的功能。

通过功能分析,可以区分对象的必要功能和不必要功能、主要功能和辅助功能,保证必要功能,取消不必要功能,降低产品成本,严格按用户的需求来设计产品。因为用户购买一项产品,其目的不是为了产品本身,而是通过购买该项产品来获得其所需要的功能。因此,价值工程对产品的分析,首先是对其功能的分析,通过功能分析,弄清哪些功能是必要的,哪些功能是不必要的,从而在改进方案中去掉不必要的功能,补充不足的功能,使产品的功能结构更加合理,达到可靠地实现使用者所需功能的目的。

3. 价值工程是一项有组织的管理活动

价值工程研究的问题涉及产品的整个寿命周期,涉及面广,研究过程复杂,比如一项产品从设计、开发到制作完成,要通过企业内部的许多部门;一个降低成本的改进方案,从提出、试验到最后付诸实施,要经过许多部门的配合才能收到良好的效果。因此,企业在开展价值工程活动时,一般需要由技术人员、经济管理人员、有经验的工作人员甚至用户,以适当的组织形式组织起来,共同研究,发挥集体智慧,灵活运用各方面的知识和经验,才能达到既定的目标。

4. 价值工程的目标表现为产品价值的提高

价值是指对象所具有的功能与获得该功能的全部费用之比,即价值是单位费用所实现的用途。随着功能水平的提高,使用成本降低,建设成本增高;反之亦然。这种使用成本、建设成本与功能水平的变化规律决定了寿命周期成本与功能水平的马鞍形曲线变化关系,决定了寿命周期成本存在最低值 C_{min}。价值工程的目的就在于使寿命周期成本趋近于最低点 C_{min},而使产品的功能趋近于最佳功能 F_0。图 7.1 中原产品的寿命周期成本是 C 点,则 CC_0

为寿命周期成本下降的潜力,FF_0 为在可靠地实现必要功能前提下改进功能的余地。

价值工程的目的是要从技术与经济的结合上去改进和创新产品,使产品既要在技术上能可靠实现,又要在经济上所支付费用最小,达到两者的最佳结合。"最低的寿命周期成本"是价值工程的经济指标,"可靠地实现所需功能"是价值工程的技术指标。因此,产品的价值越高,其技术与经济的结合也就越难,从这个角度上讲,价值工程的目标体现为产品价值的提高。

(四)价值工程提高产品价值的途径

由于价值工程以提高产品价值为目的,这既是用户的需要,又是生产经营者追求的目标,两者的根本利益是一致的。因此,企业应当研究产品功能与成本的最佳匹配。价值工程的基本原理公式 $V = F/C$,不仅深刻地反映出产品价值与产品功能和实现此功能所耗成本之间的关系,而且也为如何提高价值提供了下述 5 种途径。

1. 双向型

在提高产品功能的同时,又降低产品成本,这是提高价值较为理想的途径,也是对资源最有效的利用。但对生产者要求较高,往往要借助技术的突破和管理的改善才能实现。例如:重庆轻轨较新线一期工程,根据自身的城市特点,引进跨座式单轨技术。其梁轨一体化的构造,决定了施工要求的高精度,易造成工程返工甚至 PC 轨道梁报废的难题。在国外长期以来均采用"先墩后梁"的模式组织建设,缺点是建设周期太长。为实现建设目标,重庆轻轨在项目上打破常规,成功运用了"墩梁并举"的技术与管理模式。大幅缩短了工期(仅有 4 年工期,远少于常规 7 ~ 10 年的工期);各项精度水平均有大幅提高,确保了建设质量;减少了资金积压时间,降低了工程融资成本,降低了工程总造价;同时,减少了占用城市道路施工的时间,方便了市民出行,减少了堵车,既节省了宝贵的资源,又降低了环境污染。

2. 改进型

在产品成本不变的条件下,通过改进设计,提高产品的功能,提高利用资源的成果或效用(如提高产品的性能、可靠性、寿命、维修性),增加某些用户希望的功能等,达到提高产品价值的目的。例如:人防工程,若仅仅考虑战时的隐蔽功能,平时闲置不用,将需要投入大量的人力、财力予以维护。若在设计时,考虑战时能发挥隐蔽功能,平时能发挥多种功能,则可将人防工程平时利用为地下商场、地下停车场等。这些都大大提高了人防工程的功能,并增加了经济效益。

3. 节约型

在保持产品功能不变的前提下,通过降低成本达到提高价值的目的。从发展趋势上说,科学技术水平以及劳动生产率是在不断提高的,因此消耗在某种功能水平上的产品或系统的费用应不断降低。新设计、新材料、新结构、新技术、新的施工方法和新型高效管理方法,无疑会提高劳动生产率,在功能不发生变化的条件下,降低产品或系统的费用。例如:某市电影院,由于夏季气温高,需设计空调系统降温,以满足人们舒适度的要求。经过相关人员价值分析,决定采用人防地道风降温系统替代机械冷系统。该系统实施后,在满足电影院空调要求的前提下,不仅降低了造价,而且节约了运行费和维修费。

4. 投资型

产品功能有较大幅度提高,产品成本有较少提高。即成本虽然增加了一些,但功能的提高超过了成本的提高,因此价值还是提高了。例如:电视塔的主要功能是发射电视和广播节目,若只考虑塔的单一功能,塔建成后只能作为发射电视和广播节目,每年国家还要拿出数百万元对塔及内部设备进行维护和更新,经济效益差。但从价值工程应用来看,若利用塔的高度,在塔上部增加综合利用机房,可为气象、环保、交通、消防、通信等部门服务;在塔的上部增加观景厅和旋转餐厅等。工程造价虽增加了一些,但功能大增,每年的综合服务和游览收入显著增加,既可加快投资回收,又可实现"以塔养塔"。

5. 牺牲型

在产品功能略有下降、产品成本大幅度降低的情况下,也可达到提高产品价值的目的。这是一种灵活的企业经营策略,去除一些用户不需要的功能,从而较大幅度地降低费用,能够更好地满足用户的要求。例如:老年人手机,在保证接听拨打电话这一基本功能的基础上,根据老年人的实际需求,采用保留或增加有别于普通手机的大字体、大按键、大音量、一键亲情拨号、收音机、一键求救、手电筒、监护定位、助听等功能,减少普通手机的办公、游戏、拍照、多媒体娱乐、数据应用等功能,从总体来看老年手机功能比普通手机降低了些,但仍能满足老年顾客对手机特定功能的要求,而整体生产成本却大大地降低了。在实际中,对这种牺牲型途径要持慎重态度。

其中第4条、第5条两种途径的使用是有一定限制条件的,也就是在采用该经营策略时,必须保证企业利润不降低,这两种途径才有意义。第1条是一种最为理想的途径。企业必须在既提高生产技术水平又提高经营管理水平的基础上,考虑如何在提高产品功能水平的同时,降低其费用水平,增强企业的竞争能力。

总之,在产品形成的各个阶段都可以应用价值工程提高产品的价值。但在不同的阶段进行价值工程活动,其经济效果的提高幅度却是大不相同的。对于建设工程,应用价值工程的重点是在规划和设计阶段,因为这两个阶段是提高技术方案经济效果的关键环节。一旦设计完成并施工,建设工程的价值就基本决定了,这时再进行价值工程分析就变得更加复杂,不仅原来的许多工作成果要付诸东流,而且更改可能会造成很大的浪费,使价值工程活动的技术经济效果大大下降。当然,在施工阶段建造师也可开展大量价值工程活动,以寻求技术、经济、管理的突破,获得最佳的综合效果。如对施工项目展开价值工程活动,可以更加明确业主的要求,更加熟悉设计要求、结构特点和项目所在地的自然地理条件,从而更利于施工方案的制订,更能有效地组织和控制项目施工;通过价值工程活动,可以在保证质量的前提下,为用户节约投资,提高功能,降低寿命周期成本,从而赢得业主的信任,有利于甲乙双方关系的和谐与协作,同时可提高自身的社会知名度,增强市场竞争能力;通过对施工项目进行价值工程活动,对提高项目组织的素质,改善内部组织管理,降低不合理消耗等,也有积极的直接影响。

目前,价值工程在我国建筑业中的应用还处于比较初级的阶段。但从世界范围来看,建筑业一直是价值工程实践的热点领域,究其原因是它能适应建筑业发展的自身需求,在降低工程成本、保证业主投资效益方面具有显著的功效。根据美国建筑业应用价值工程的统计结果表明:一般情况下应用价值工程可以降低整个建设项目初始投资 5% ~ 10%,同时可以降低项目建成后的运行费用 5% ~ 10%。而在某些情况下这一节约的比例更是可以高达 35% 以上。而整个价值工程研究的投入经费仅为项目建设成本的 0.1% ~ 0.3%。资料显示,价值工程的收益是投入价值工程费用的 12 倍。因此,推动价值工程在我国建筑业中的发展和应用,不仅可以获得良好的经济效益,而且也可以提高我国建筑业的整体经营管理水平。

二、价值工程的工作原则和工作程序

(一)价值工程的工作原则

在长期的实践过程中,人们总结了一套开展价值工作的原则,用于指导价值工程活动的各步骤的工作。这些原则是:

①分析问题要避免一般化、概念化,要作具体分析。

②收集一切可用的成本资料。

③使用最好、最可靠的情报。

④打破现有条款,进行创新和提高。

⑤发挥真正的独创性。

⑥找出障碍,克服障碍。

⑦充分利用有关专家,扩大专业知识面。

⑧对于重要的公差,要换算成加工费用来认真考虑。

⑨尽量采用专业化工厂的现成产品。

⑩利用和购买专业化工厂的生产技术。

⑪采用专门生产工艺。

⑫尽量采用标准。

⑬以"我是否这样花自己的钱"作为判断标准。

在这 13 条原则中,第 1 条至第 5 条是属于思想方法和精神状态的要求,提出要实事求是,要有创新精神;第 6 条至第 12 条是组织方法和技术方法的要求,提出要重专家、重专业化、重标准化;第 13 条则提出了价值分析的判断标准。

(二)价值工程的工作程序

开展价值工程活动的过程是一个发现问题、解决问题的过程,针对价值工程的研究对象,逐步深入提出一系列问题,通过回答问题、寻找答案,直到解决问题。在一般的价值工程活动中,所提的问题通常有以下 7 个方面:

①价值工程的研究对象是什么?

②它的用途是什么?

③它的成本是多少?

④它的价值是多少?

⑤有无其他方法可以实现同样的功能?

⑥新方案的成本是多少?

⑦新方案能否满足要求?

围绕这 7 个问题,价值工程的一般工作程序见表 7.1。

表 7.1　价值工程的工作程序

阶　段	价值工程实施的具体步骤	说　　明
准备阶段	1. 对象选择	应明确目标、限制条件和分析范围
	2. 组成价值工程领导小组	一般由项目负责人、专业技术人员、熟悉价值工程的人员组成
	3. 制订工作计划	包括具体执行人、执行日期、工作目标等
分析阶段	4. 收集整理信息资料	此项工作应贯穿于价值过程的全工程
	5. 功能系统分析	明确工程特征要求,并绘制工程系统图
	6. 功能评价	确定工程目标成本,确定概念改进区域
创新阶段	7. 方案创新	提出不同的实现概念的方案
	8. 方案评价	从技术、经济和社会等方面综合各种方案达到预期目标的可能性
	9. 方案编写	将选出的方案及有关资料编写成册
实施阶段	10. 审核	由主管部门组织进行
	11. 实施和检查	制订实施计划,组织实施,并跟踪检查
	12. 成果鉴定	对实施后的技术经济效果进行成果鉴定

价值工程的工作程序明确回答了前面提到的 7 个问题。在准备阶段,回答了"价值工程的研究对象是什么";在分析阶段,回答了"它的用途是什么""它的成本是多少""它的价值是多少"等问题;在创新阶段,回答了"有无其他方法可以实现同样的功能""新方案的成本

是多少"等问题;在实施阶段,解决了"新方案能否满足要求"的问题。因此从本质上讲,价值工程活动实质上就是提出问题和解决问题的过程。

三、价值工程的对象选择

(一)选择对象的必要性

人们做事、干工作,首先应明确做什么事,干哪种工作。其次,才是怎样做的问题。企业开展价值工程,首先应做好价值工程的对象选择这个步骤的工作。所谓价值工程的对象选择,就是提出开展价值工程的目标(中心、范围),即确定在企业全部产品中以哪种产品作为价值工程对象,再进一步确定以某种产品的哪些零部件作为重点对象。回答"价值工程的对象是什么"的问题。价值工程对象确定以后,再根据所确定的对象,收集相关信息,并进一步进行功能分析、成本分析、价值分析以及创建方案等步骤的工作。

做好价值工程的对象选择对于整个价值工程活动的顺利开展及其效率的提高具有十分重要的意义。

首先,从经营管理工作来看。现代企业作为整个社会的一个支系统,是由若干个相互区别和相互作用的部分,结合起来完成特定功能的综合体。由于系统的复杂和工作的繁多,工作之间又相互影响和互相牵制,输出的产品品种、规格也往往较多。一种产品包括许多零部件,一个零部件又经过许多道工序。所以,经常会感到问题的存在,但又说不准到底存在于何处,想解决而无从着手。这种情况并不是个别现象,而是带有普遍性的。越是复杂的系统,这种状况越是严重。从经营管理的角度来讲,要解决问题就必须选准对象。对象确定得当,可以事半功倍。否则,将南辕北辙,事倍功半,甚至劳而无功。

其次,从管理力量上看。价值工程作为一种现代科学管理活动,总要投入一定的资源,如技术人员、材料、设备、工具、工时等。而管理的力量总是有限的。即使认为问题普遍存在,也不可能全面投入管理力量去解决,即使有足够的管理力量,考虑到经济效果,也没有必要不分巨细地全面推行。因此,做好价值工程的对象选择,可以将好钢用在刀刃上,保证节约资源,提高价值工程活动的效率。

最后,从价值工程本身来看。它是一个循环接着一个循环不断开展的。那么,作为一个循环的价值工程究竟以谁为对象?该从何处入手呢?总不能一次循环就解决所有的问题。只有在价值工程每一次循环中选好对象,才能使价值工程一开始就认准目标,走上正路,提纲挈领,保证价值工程有较高的成功率而避免失误。

应当指出,价值工程的对象选择,可以根据角度的不同,分为狭义和广义两种。

从狭义上来讲,价值工程活动的第一个具体步骤就是对象选择。这一步骤在整个价值工程活动中起着举足轻重的作用。没有这一步骤,其他各步骤也就无从谈起,在一定意义上说,这一步骤是决定价值工程活动成败的关键。

从广义上来讲,由于价值工程活动的对象(目标)选择和分析具有层次性,因此,每一层次的分析和确定目标都可以称为对象选择。纵观价值工程整个活动,实际上也就是不断反复确定分析对象的过程。针对一个对象(已确认解决的问题)进行分析,再进一步以此对象为新的对象,根据分析的结果选择和确定更具体的对象,再进一步对此具体对象进行分析。每经过一次对象选择和分析,目标便缩小了一层,直到最后找到一个具体的、基本的、可以进行改进的目标。这就完成了整个价值工程活动的任务。至于一项价值工程活动究竟有多少层次,这要看对象本身的特点和分析的水平。如果对象比较简单,通过一层分析选择就可以抓住改进的目标,开展改进的创造活动。但是,如果对象系统稍微复杂,对象选择就需要反复进行。所以,对象选择的方法也是反复使用的。随着分析的深入,选择方法也越加定量化。

上述对价值工程的对象选择,人们区分为狭义和广义两种,实际上,这二者并不矛盾。虽然介绍的对象选择是从狭义的角度研究的,但是,其具体方法对整个价值工程活动各层次对象(目标)的选择和分析有其普遍的适用性。

(二)选择对象的原则

开展价值工程活动,首先要正确选择价值工程活动的对象。一个企业有许多种产品,每种产品又由许多要素或成分组成。人们只有正确选择价值、工程分析的对象,抓住关键,才能取得明显的效果。价值工程选择对象一般应遵循下述几个原则。

1. 根据社会需求的程度选择对象

①优先考虑对国计民生有重大影响的产品。
②优先考虑市场需求量大或有潜在需求的产品。
③优先考虑用户对其质量不太满意的产品。

2. 根据产品的设计性能选择对象

①优先考虑结构复杂、零部件多的产品。
②优先考虑技术落后、工艺繁杂、材料性能差的产品。
③优先考虑体积大、质量大、耗用紧缺物资多的产品。

3. 根据生产成本的角度选择对象

①优先考虑工艺落后,生产成本高的产品。
②优先考虑原材料消耗多、次品率高、废品率高的产品。

4. 根据社会生态环境的要求选择对象

①优先考虑能耗高的产品。
②优先考虑"三废"问题严重的产品。

(三)选择对象的方法

在选择对象阶段往往需要运用一些特定技术方法进行定量分析。常用的价值工程的对象选择过程就是逐步收缩研究范围,寻找目标,确定主攻方向的过程。因为在生产、建设中的技术经济问题是很多的,涉及的范围也很广,为了提高产品的价值,需要改进设计的某些部分,并非企业生产的全部产品,也不是构成产品的所有零部件,而只需要对关键产品的关键因素进行分析即可。实际上,选择对象的过程就是寻找主要矛盾的过程。能否正确选择价值工程的对象是价值工程收效大小与成败的关键。选择时应注意将那些价格高、难以销售、生产环节复杂的产品作为价值工程的对象,同时,还应注意保持必要功能和降低成本潜力较大的项目。

选择对象的方法有多种,下面着重介绍经验分析法、ABC 分析法、强制确定法和寿命周期分析法 4 种方法。

1. 经验分析法

经验分析法,又称为因素分析法。这种方法是组织有经验的人员对已经收集和掌握的信息资料作详细而充分的分析和讨论,并在此基础上选择分析对象,因此,它是一种定性分析方法。其优点是简便易行,节省时间;缺点是缺乏定量的数据,不够精确。但是用于初选阶段是可行的。

运用此法选择对象时,可以从设计、施(加)工、制造、销售和成本等几方面进行综合分析。因为任何产品的功能和成本都是由多方面的因素构成的,关键是要找出主要因素,即抓住重点。一般具有下列特点的一些产品或零部件可以作为价值分析的重点对象:

①产品设计年代已久,技术已显陈旧。

②产品或零部件质量、体积很大,增加材料用量和工作量。

③质量差、用户意见大或销售量大、市场竞争激烈的产品。

④成本高、利润低的产品。

⑤组件或加工复杂,影响产量的零部件。

⑥成本占总费用比重大,功能不重要而成本高者。

总之要抓住主要矛盾,选择成功概率大、经济效益高的产品和零部件作为价值工程的重点分析对象。

2. ABC 分析法

ABC 分析法,又称帕累托分析法或巴雷托分析法,是一种定量分析方法,也是重点管理的方法。此法将成本百分比表示在纵坐标轴上,产品或零部件的数量百分比表示在横坐标轴上,绘出分配曲线图。

1897 年意大利经济学家 V. 帕累托在研究个人所得的分布状态时发现了"少数人的收入占总收入绝大部分,而多数人收入很少"的规律。1951 年,美国管理学家 H. F. 戴克发现库存物品中也存在类似的规律,用曲线描述这一规律,定名为 ABC 分析。目前,ABC 分析已发展成一种重要的技术经济分析方法和企业管理的基础方法。它是将产品的成本构成进行逐项统计,将每一种零件占产品成本的多少从高到低排列出来,分成 A、B、C 3 类,找出少数零件占多数成本的零件项目,以此作为价值工程的重点分析对象,如图 7.2 所示。

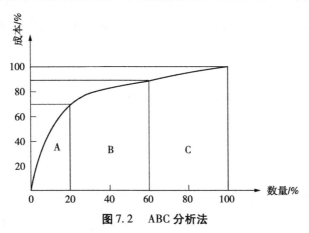

图 7.2　ABC 分析法

现以一件产品为例进行分析:把组成产品的零部件分为 A、B、C 3 大类,它们在数量上分别占 20%、40%、40%,而对应的成本却占总成本的 70%、20%、10%,将零部件数量占总数的20% 左右,成本却占总成本的 70% 左右的零部件,规定为 A 类;将零部件数量占总数的 40% 左右,而成本占总成本 20% 左右的零部件规定为 B 类;将零部件数量占总数的 40% 左右,而成本只占总成本的 10% 左右的零部件规定为 C 类。

从这种分类可以看出,在价值工程的选择对象中,应以 A 类零部件作为价值工程活动的重点分析对象,B 类只作一般分析,C 类可以不加分析。通过 ABC 分析法分析,产品零部件与成本之间的关系就能一目了然,即价值工程的重点在 A 类零部件,属于"关键的少数"。

ABC 分析法的优点是抓住重点,在对复杂产品的零部件作对象选择时,突出主要矛盾,常用它来进行主次分类。据此,价值工程分析小组可以结合一定的时间要求和分析条件,略去"次要的多数",抓住"关键的少数",卓有成效地开展工作。但是,该方法没有将成本与功能紧密地联系起来,因而容易使个别功能重要而成本比重较少的零部件遭到忽视。

3. 强制确定法

强制确定法也称为 FD 法。选择对象、功能评价和方案评价均可使用此法。

在选择对象中,通过计算功能重要性系数和成本系数,然后求出两个系数之比,即价值系数。根据价值系数大小判断对象的价值,并将价值低的选作价值活动的研究对象,因此,这种方法又称为价值系数法。

4. 寿命周期分析法

寿命周期分析法是一种以产品寿命周期来确定价值工程研究对象的方法。每一个产品,从开始研制、投放市场直至淘汰的全部时间即为寿命周期,它可分为初创期、成长期、成熟期及衰退期4个阶段。产品在各个不同阶段的营销情况、获利能力有很大差异,而价值工程对象的选择也有所区别。

1)初创期

产品具有投入成本大、生产技术不成熟、性能不完善的特点,而市场上,客户对产品的认同度也较低。因此,这一阶段,根据用户的信息反馈,价值工程的重点应放在改进产品的功能、降低成本上。

2)成长期

产品生产技术日益完善,市场销售量大增,但行业竞争日趋激烈。这一阶段价值工程的重点是:改善生产经营流程,降低营运成本;加强质量管理,提高产品的质量,从而增强产品的市场竞争能力。

3)成熟期

产品销售增势趋缓,企业一方面应居安思危积极研发新产品;另一方面,在产品市场销量大的情况下,仍应将重点放在增强和改善产品功能、降低成本上,以延长其寿命期。用这种方法选择对象时,可以从设计、制造、加工、销售和成本等方面进行综合分析。

4)衰退期

由于市场上出现了效用更大、售价更便宜的替代产品,使原产品的销售量一落千丈,此时,价值工程的重点应及时转向新产品的开发。

四、信息资料收集

价值工程的工作过程就是提出问题、分析问题、解决问题的决策过程。在此过程中,为了实现提高价值的目标所采取的每个行动和决策,都离不开必要的信息资料。在功能定义阶段,为弄清价值工程对象应该具有的必要功能,必须清楚地了解与对象有关的各种信息资料。在功能评价阶段,为确定功能的目标成本,以及在方案创造阶段,为创造和选择最优改进方案、实现最低寿命周期成本,都需要大量的信息资料。因此,收集、整理信息资料的工作贯穿价值工程的全过程。价值工程的工作过程同时也是对信息资料收集、整理和运用的过程。可以说,价值工程成果的大小在很大程度上取决于占有信息资料的质量、数量和取得的适宜时间。

(一)情报

情报是指一切对实现价值工程目标有益的知识、情况和资料。为了实现价值工程的目的,获得价值高的改进方案,必须掌握价值工程对象产生、发展和衰亡的全过程情报。情报收集是价值工程活动的重要环节,它可以使人们明确价值分析的目标。情报资料越多,价值工程活动的效果就越显著。收集情报资料应遵循下述原则。

1. 目的性

价值工程中的情报是指对实现目标有益的知识、信息和资料。价值工程收集情报必须围绕"致力于以最低寿命周期成本可靠地实现必要功能"这个目的来进行。这样才可以做到有的放矢,提高工作效率。

2. 完整性

收集到的情报必须系统完整,这样才可以防止分析问题的片面性,从而进行正确的分析判断。

3. 准确性

情报是决策的依据,不准确的情报常常导致错误的决策,如果收集到的情报"失真",就可能导致价值工程工作的失误。

4. 适时性

适时性是指收集的情报应当是先进的不过时的。这样才可能对价值工程活动有启发、有帮助、有益处。

5. 计划性

为了保证收集到的情报资料有目的性、完整性、准确性、适时性,就必须加强情报收集的计划性,通过编制计划更进一步明确收集的目的,收集的内容、范围,适当的时间以及可靠的情报来源,从而提高收集情报的工作质量。

6. 条理性

对收集到的各种情报资料,要有一个去粗取精、去伪存真的加工整理过程,将这些情报资料整理得系统有序,便于使用分析。

(二)收集情报的内容

价值工程所需要的信息资料,视具体情况而定,一般包括下述几方面的内容。

1. 使用及销售方面的内容

收集使用及销售方面的信息资料是为了充分理解用户对对象产品的期待、要求,如用户对产品规格、使用环境、使用条件、耐用寿命、价格、性能、可靠性、服务、操作及美观等方面的要求。

2. 技术方面的内容

收集技术方面的信息资料是为了明白如何进行产品的设计改进才能更好地满足用户的

要求,以及根据用户的要求内容如何进行设计和改造。例如,科技进步方面的有关科研成果、技术发明、专利、新材料、新结构、新技术、新工艺、国内外同类产品的发展趋势和技术资料,标准化要求及发展动态等;设计及制造方面的加工工艺,使用的设备、作业方法,合格品率、废品率,外协件供应者、外协方法等。

3. 经济方面的内容

成本是计算价值的必须依据,是功能成本分析的主要内容。实际的产品往往由于设计、生产、经营等方面的原因,其成本存在较大的改善潜力。在广泛占有经济资料(主要是成本资料)的基础上,通过实际的成本与标准成本之间的比较,以及不同企业之间的比较,揭露矛盾,分析差距,降低成本,提高产品价值,故掌握经济方面的信息资料是必不可少的。

4. 企业生产经营方面的内容

掌握企业生产经营方面的资料是为了明白价值工程活动的客观制约条件,使创造出的方案既先进又切实可行。这方面的资料包括企业设计研究能力,加工制造能力,质量保证能力,采购、供应、运输能力,以及筹措资金的能力。

5. 国家和社会方面诸如政策、方针、规定等方面的内容

了解这方面的内容是为了使企业的生产经营活动,包括开展价值工程活动必须与国民经济的发展方向协调一致。

(三)收集情报的方法

1. 询问法

询问法一般有:面谈、电话询问、书面询问、计算机网络询问等方式,询问法将要调查的内容告诉被调查者,并请其认真回答,从而获得满足自己需要的情报资料。

2. 查阅法

通过网络查询,查阅各种书籍、刊物、专利、样本、目录、广告、报纸、录音、论文等,以此寻找与调查内容有联系的情报资料。

3. 观察法

观察法是通过派遣调查人员到现场直接观察收集情报资料。这就要求调查人员十分熟悉各种情况,并要求他们具备较敏锐的洞察力和观察问题、分析问题的能力。运用这种方法可以收集到第一手资料。同时可以采用录音、摄像、拍照等方法协助收集。

4. 购买法

通过购买元件、样品、模型、样机、产品、科研资料、设计图纸、专利等来获取有关的情

报资料。

5. 试销试用法

将生产出的样品采取试销试用的方式来获取有关情报资料。利用这种方法,必须同时将调查表发给试销试用的单位或个人,请他们将使用情况和意见随时填写在调查表上,按规定期限寄回来。

五、功能分析

功能分析是价值工程活动的核心和基本内容,价值工程就是围绕着对产品和劳务进行功能分析而不断深入展开的,功能分析将决定价值工程的有效程度。功能分析的目的是合理确定价值工程活动对象的必备功能,消除多余的、不必要的功能,加强不足功能,削减过剩功能。

(一)功能定义

任何产品都具有使用价值,即任何产品的存在是由于它们具有能满足用户所需求的特有功能,这是存在于产品中的一种本质。人们购买产品的实质是为了获得产品的功能。

1. 功能分类

为了弄清功能的定义,根据功能的不同特性,可以先将功能分为下述几类。

1)按功能的重要程度分类,产品的功能一般可分为基本功能和辅助功能

基本功能就是要达到这种产品的目的所必不可少的功能,是产品的主要功能,如果不具备这种功能,这种产品就会失去其存在的价值。例如承重外墙的基本功能是承受荷载,室内间壁墙的基本功能是分隔空间。基本功能一般可以产品基本功能的作用为什么是必不可少的,其重要性如何表达,其作用是不是产品的主要目的,如果作用变化了则相应的工艺和构配件是否要改变等方面来确定。

辅助功能是为了更有效地实现基本功能而添加的功能,属次要功能,是为了实现基本功能而附加的功能。如墙体的隔声、隔热就是墙体的辅助功能。辅助功能可以从它是不是对基本功能起辅助作用,它的重要性和基本功能的重要性相比,是不是起次要作用等方面来确定。

2)按功能的性质分类,功能可划分为使用功能和美学功能

使用功能从功能的内涵上反映其使用属性(包括可用性、可靠性、安全性、易维修性等),如住宅的使用功能是提供人们"居住的空间功能",桥梁的使用功能是交通,使用功能最容易为用户所了解。而美学功能是从产品外观(造型、形状、色彩、图案等)反映功能的艺术属性。无论是使用功能和美学功能,都是通过基本功能和辅助功能来实现的。产品的使用功

能和美学功能要根据产品的特点而有所侧重。有的产品应突出其使用功能,例如地下电缆、地下管道等;有的应突出其美学功能,例如墙纸、陶瓷壁画等。当然,有的产品如房屋建筑、桥梁等应二者功能兼而有之。

3)按用户的需求分类,功能可分为必要功能和不必要功能

在价值工程分析中,功能水平是功能的实现程度。但并不是功能水平越高就越符合用户的要求,价值工程强调产品的功能水平必须符合用户的要求。必要功能就是指用户所要求的功能以及与实现用户所需求功能有关的功能,使用功能、美学功能、基本功能、辅助功能等均为必要功能;不必要功能是指不符合用户要求的功能。不必要的功能包括3类:一是多余功能,二是重复功能,三是过剩功能。不必要的功能必然产生不必要的费用,这不仅增加了用户的经济负担,而且还浪费资源。因此,价值工程的功能,一般是指必要功能,即充分满足用户必不可少的功能要求。

4)按功能的量化标准分类,产品的功能可分为过剩功能与不足功能

过剩功能是指某些功能虽属必要,但满足需要有余,在数量上超过了用户要求或标准功能水平,这将导致成本增加,给用户造成不合理的负担。不足功能是相对于过剩功能而言的,表现为产品整体功能或构配件功能水平在数量上低于标准功能水平,不能完全满足用户需要,将影响产品正常安全使用,最终也将给用户造成不合理的负担。因此,不足功能和过剩功能要作为价值工程的对象,通过设计进行改进和完善。

5)按总体与局部分类,产品的功能可划分为总体功能和局部功能

总体功能和局部功能是目的与手段的关系,产品各局部功能是实现产品总体功能的基础,而产品的总体功能又是产品各局部功能要达到的目的。

6)按功能整理的逻辑关系分类,产品功能可以分为并列功能和上下位功能

并列功能是指产品功能之间属于并列关系,如住宅必须具有遮风、避雨、保温、隔热、采光、通风、隔声、防潮、防火、防震等功能,这些功能之间是属于并列关系的。上下位功能也是目的与手段的关系,上位功能是目的性功能,下位功能是实现上位功能的手段性功能。如住宅的最基本功能是居住,是上位功能;而上述所列的并列功能则是实现居住目的所必需的下位功能。但上下位关系是相对的,如为达到居住的目的必须通风,则居住是目的,是上位功能;通风是手段,是下位功能。而为了通风必须组织自然通风,则通风又是目的,是上位功能;组织自然通风是手段,是下位功能。

上述功能的分类不是功能分析的必要步骤,而是用以分辨确定各种功能的性质、关系和其重要的程度。价值工程正是抓住产品功能这一本质,通过对产品功能的分析研究,正确、合理地确定产品的必要功能、消除不必要功能,加强不足功能、削弱过剩功能,改进设计,降低产品成本。因此,可以说价值工程是以功能为中心,在可靠地实现必要的功能基础上来考虑降低产品成本的。

2. 功能定义

功能定义是透过产品实物形象,运用简明扼要的语言将隐藏在产品结构背后的本质功能,并揭示出来,从而从定性的角度解决"对象有哪些功能"这一问题,功能定义的过程如图7.3所示。

图 7.3　功能定义的过程

功能定义是功能整理的先导性工作,也是进行功能评价的基本条件,因此在进行功能定义时,应该把握既简明准确,便于测定,又系统全面,一一对应,只有这样才能满足后续工作的需要。通常用一个动词加一个名词表述,如传递荷载、分隔空间、保温、采光等。这里要求描述的是产品的"功能",而不是对象的结构、外形或材质。因此,对产品功能进行定义,必须对产品的作用有深刻的认识和理解,功能定义的过程就是解剖分析的过程。

1)功能定义的作用

功能定义是价值工程活动获得成功的基础,是决定价值工程活动方向的阶段。它有下述几个方面的重要作用。

(1)正确认识和准确界定产品及零部件的功能

价值工程活动的核心是功能分析,功能定义是功能分析的基础。通过功能定义能够正确认识产品和零部件的每一个功能,以此准确界定每一个功能的属性、类别,从而把握住问题的实质。

(2)恰当地进行功能评价

功能评价就是通过定量的计算揭示每一个功能的价值,为方案创新工作提供依据。因此,首先要充分认识功能。如果产品的功能都没有搞清楚,则实现这些必要功能的最低成本便无法确定,也就不可能进行功能评价。功能定义是功能评价的先决条件。

(3)有利于开拓设计思路

功能定义要摆脱现行结构的束缚,使人们将注意力从产品(零部件)实体本身,转移到产品(零部件)所承载的功能上来。这样就能开拓设计思路,有利于功能的改进和创新。

2)功能定义的要求

功能定义要发挥上述作用,就要符合一定的要求。

(1)确切、简洁

功能定义要确切,不可含糊。定义表达要简洁,一般可用一个动词和一个名词来定义。如手表的功能定义为"显示时间";电冰箱的功能定义为"冷藏食物";电线的功能定义为"传导电流"等。

（2）抽象、概括

对功能的描述要适当抽象和概括，不要过分具体直白。即功能定义中的动词要尽量采用比较抽象的词汇来概括。例如，定义一种在零件上作孔的工艺的功能，若定义为"钻孔"，人们自然会联想到用钻床；如果定义为"打孔"，人们就会想到除了钻床以外，还可以用冲床、电加工、激光等方法；如果定义为"作孔"，人们不仅会想到上述方法，而且还会想到在零件上直接铸出或锻出孔来。可见，动词"钻""打""作"虽然仅一字之差，但一个比一个抽象，更容易开阔思路。

（3）可测量性、定量性

功能的定义要尽可能做到定量表达，即功能定义中的名词要尽量使用可测量的词汇，以利于功能评价及创新方案的提出和选择。例如，电线功能定义为"传电"就不如定义为"传导电流"好，发电机的功能定义为"发电"就不如定义为"发出电能"好。

（4）全面性、系统性

如果对象具有复合功能，要分别下定义，即一个功能下一个定义。切忌只注意某些主要功能而忽略次要功能；或只注意表面功能，而忽视潜在的深层次功能；或只注意子系统的功能，而忽视其与系统总功能间的关系。

（二）功能整理

所谓功能整理，就是按照目的 — 手段的逻辑关系，将价值工程对象的各个功能有机地连接起来，建立起功能的系统网络。功能整理在功能定义的基础上进行，功能定义是"由表及里""化整为零"的过程，即先从产品入手，而后逐渐深入，从而认识产品的每一个功能；功能整理是"由里及表""化零为整"的过程，即将零散的功能按照其内在关系系统地连接起来。

1. 功能系统图

功能系统图是按照一定的原则，将定义的功能连接起来，从单个到局部，从局部到整体形成的一个完整的功能体系。功能系统图的一般形式如图 7.4 所示。

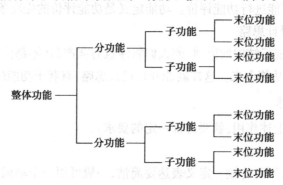

图 7.4 功能系统图的一般形式

在图 7.4 中，从整体功能开始，由左向右逐级展开，在位于不同级的相邻两个功能之间，左边功能(上位)称为右边功能(下位)的目标功能,而右边功能称为左边功能的手段功能。

2. 功能整理的方法

功能整理的主要任务是建立功能系统图,因此,功能整理的方法也就是绘制功能系统图的方法,其一般步骤如下所述。

1)分析出产品的基本功能和辅助功能

依据用户对产品的功能要求,挑出基本功能,并将其中最基本的排出,称之为上位功能。基本功能一般总是上位功能,它通常可以通过回答以下几个问题来判别:

①取消了这个功能,产品本身是不是就没有存在的必要了?

②对于功能的主要目的而言,它的作用是否必不可少?

③这个功能改变之后,是否会引起其他一连串的工艺和零部件的改变? 如果回答是肯定的,那么这个功能就是基本功能。除了基本功能,剩下的功能就是辅助功能。

2)明确功能的上下位和并列关系

在一个系统中,功能的上下位关系就是指功能之间的从属关系。上位功能是目的,下位功能是手段。例如,在热水瓶功能中"保持水温"和"减少散热"的关系就是上下位功能关系。"保持水温"是上位功能,而"减少散热"是为了能够"保持水温",是实现"保持水温"的一种手段,是下位功能。需要指出的是,目的和手段是相对的,一个功能对它的上位功能来说是手段,对它的下位功能来说又是目的。

功能的并列关系是指两个功能,谁也不从属于谁,但却同属于一个上位功能的关系。例如,为了能使热水瓶保持水温,有 3 条减少散热的措施,即涂银以减少辐射散热;抽真空以减少传导散热;盖瓶盖(木塞)以减少对流散热。很显然,这 3 个功能相对于"保持水温"来讲都属于下位功能,而这 3 个功能之间又属于并列关系。

3)排列功能系统图

在弄清功能之间的关系以后,就可以着手排列功能系统图了。所谓功能系统图,就是产品应有的功能结构图。如图 7.5 所示为建筑物的平屋顶功能系统的主要部分。

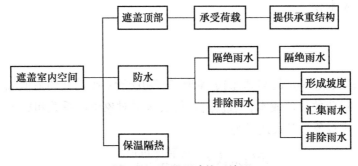

图 7.5　平屋顶功能系统图

六、功能评价

在进行了功能定义和功能整理后,剔除了一些不必要的功能,能够准确地掌握用户的功能要求。在这两个阶段中,仅仅解决了功能的定性问题,这是不够的。还需要根据功能系统图,对各功能进行定量评价,以确定提高价值的重点改进对象。

功能评价是指在功能分析的基础上,应用一定的科学方法,进一步求出实现某种功能的最低成本(或称目标成本),并以此作为评价的基准。

(一)功能评价的步骤

功能评价的一般步骤如下所述。

①确定对象的功能评价值 F。

②计算对象功能的目前成本 C。

③计算和分析对象的价值系数 V。

④计算成本改进期望值 ΔC。

⑤根据对象价值的高低及成本降低期望值的大小,确定改进的重点对象及优先次序。

功能评价程序如图 7.6 所示。

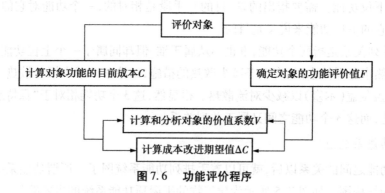

图 7.6 功能评价程序

(二)功能成本法

1. 基本公式

功能成本法是通过一定的测算,测定实现应有功能所必须消耗的最低成本,同时计算为实现应有功能所耗费的目前成本,经过分析对比,求得对象价值系数和成本降低期望值,确定价值工程的改进对象。其表达式为

$$价值指数 = \frac{功能评价值(F)}{功能目前成本(C)} \tag{7.3}$$

2. 功能目前成本的计算

成本历来是以产品或构配件为对象进行计算的。而功能目前成本(现实成本)的计算则与此不同,它是以功能为对象进行计算的。在产品中构配件与功能之间常常呈现出一种相互交叉的复杂情况,即一个构配件往往具有几种功能,而一种功能往往通过多个构配件才能实现。因此,计算功能现实成本,就是采用适当方法将构配件成本转移分配到某一功能中去。

当一个构配件只实现一项功能,且这项功能只由这个构配件实现时,构配件的成本就是功能的现实成本。当一项功能由多个构配件实现,且这多个构配件只为实现这项功能服务时,这多个构配件的成本之和就是该功能的现实成本。当一个构配件实现多项功能,且这多项功能只由这个构配件实现时,则按该构配件实现各功能所起作用的比重将该构配件的成本分配到各项功能上去,即为各项功能的现实成本。

更多的情况是多个构配件交叉实现多项功能,且这多项功能只由这多个构配件交叉地实现。计算各项功能的现实成本,可通过填表进行。首先将各构配件成本按该构配件对实现各项功能所起作用的比重分配到各项功能上去,然后将各项功能从有关构配件中分配到的成本相加,便可得出各项功能的现实成本。

构配件对实现功能所起作用的比重,可请几位有经验的人员集体研究确定,或者采用评分方法确定。

3. 功能评价值的推算

功能评价值的推算,常用的方法有方案估算法和实际价值标准法。

方案估算法是由一些有经验的专家,根据预先收集的技术、经济情报,先初步构思出几个能实现预定功能的设想方案,并大致估算实现这些方案所需要的成本,经过分析、对比,以其中最低的成本作为功能评价值。

实际价值标准法是根据同类产品的调查结果,从中选取成本最低者作为制订功能评价值的基准。

4. 功能价值分析

根据价值系数的公式,功能的价值系数有下述 3 种情况。

1) $V = 1$

$V = 1$ 即功能评价值等于功能目前成本,这表明研究对象该功能部分的功能现实成本与实现功能所必需的最低成本大致相当。此时评价对象该功能部分的价值为最佳,一般无须改进。

2) $V < 1$

$V < 1$ 即功能目前成本大于功能评价值。表明评价对象该功能部分的目前成本偏高。

这时一种可能是由于存在着过剩功能,另一种可能是虽无过剩功能,但实现功能的条件或方法不佳,以致实现功能的成本大于功能的实际需要。这两种情况都应列入功能改进的范围,并且以剔除过剩功能及降低现实成本为改进方向,使成本与功能比例趋于合理。

3)$V > 1$

$V > 1$ 即功能目前成本低于功能评价值。表明评价对象的功能目前成本低于实现该功能所应投入的最低成本,评价对象功能不足。应增加成本,提高功能水平。

(三)功能指数法

1. 基本公式

功能指数法是通过评定各对象功能的重要程度,用功能指数来表示其功能程度的大小,然后将评价对象的功能指数与相对应的成本指数进行比较,得出该评价对象的价值指数,从而确定改进对象,并指出该对象的成本改进期望值。其表达式为

$$价值指数 = \frac{功能指数(FI)}{成本指数(CI)} \tag{7.4}$$

式中,功能指数是指评价对象功能在整体功能中所占的比重,又称功能评价系数。成本指数是指评价对象的目前成本在全部成本中所占的比重。

2. 成本指数的计算

成本指数的计算可按下式进行:

$$第 i 个评价对象的成本指数(CI_i) = \frac{第 i 个评价对象的目前成本 C_i}{全部成本 \sum C_i} \tag{7.5}$$

3. 功能指数的推算

功能指数的推算主要就是评定功能分值,即按用户要求应该达到的功能程度,采用适当的评分方法,评定各功能应有的分值。主要方法有:直接评分法、强制评分法和环比评分法等。

1)直接评分法

由 m 位专家或用户对产品的 n 项功能要素的第 i 个功能,根据重要程度,采用五分制、十分制或百分制进行评分,记为 i,则功能评价系数 FI_i 为

$$FI_i = \frac{f_i}{\sum_{i=1}^{n} \sum_{j=1}^{m} f_{ij}} \tag{7.6}$$

2)强制评分法

强制评分法又称 FD 法,包括 0—1 评分法与 0—4 评分法两种。强制评分法适用于被评价对象在功能程度上差异不大,并且评价对象的子功能数目不太多的情况。

①0—1 评分法

0—1 评分法是请 5～15 名对产品熟悉的人员参加功能的评价。首先按照功能的重要程度一一对比打分,重要者得 1 分,不重要者得 0 分,要分析的对象自己与自己对比不得分,用"×"表示。最后,根据每个参与人员选择该功能得到的功能重要性系数 W,可以得到该功能的功能重要性系数平均值 W,其表达式为

$$W = \frac{\sum_{i=1}^{k} W_i}{k} \tag{7.7}$$

式中 k—— 参加功能评价的人数。

为避免功能指数中出现零的情况,可将各功能累计得分加 1 进行修正,用修正得分除以总得分即为功能重要性系数。

【案例 7.1】   承包商 B 在某高层住宅楼的现浇楼板施工中,拟采用钢木组合模板体系或小钢模体系施工。经有关专家讨论,决定从模板总摊销费用(F1)、楼板浇筑质量(F2)、模板人工费(F3)、模板周转时间(F4)、模板装拆便利性(F5)5 个技术经济指标对该两个方案进行评价,并采用 0—1 评分法对各技术经济指标的重要程度进行评分,其部分结果见表7.2,两方案各技术经济指标的得分见表 7.3。

经造价工程师估算,钢木组合模板在该工程的总摊销费用为 40 万元,每平方米楼板的模板人工费为 8.5 元;小钢模在该工程的总摊销费用为 50 万元,每平方米楼板的模板人工费为 6.8 元。该住宅楼的楼板工程量为 2.5 万 m^2。

表 7.2   指标重要程度评分表

指标方案	F1	F2	F3	F4	F5
F1	×	0	1	1	1
F2		×	1	1	1
F3			×	1	1
F4				×	1
F5					×

表 7.3   指标得分表

指标方案	钢木组合模板	小钢模
总摊销费用	10	8
楼板浇筑质量	8	10
模板人工费	8	10
模板周转时间	10	7
模板装拆便利性	10	9

问题:

1. 试确定各技术经济指标的权重(计算结果保留3位小数)。

2. 若以楼板工程的单方模板费用作为成本比较对象,试用价值指数法选择较经济的模板体系(功能指数、成本指数、价值指数的计算结果均保留3位小数)。

3. 若该承包商准备参加另一幢高层办公楼的投标,为提高竞争能力,公司决定模板总摊销费用仍按本住宅楼考虑,其他有关条件均不变。该办公楼的现浇楼板工程量至少要达到多少平方米才应采用小钢模体系(计算结果保留两位小数)?

 参考答案

问题1:

解:本案例主要考核0—1评分法的运用和成本指数的确定。根据0—1评分法的计分办法将表7.2中的空缺部分补齐后再计算各技术经济指标的得分,进而确定其权重。0—1评分法的特点是:两指标(或功能)相比较时,不论两者的重要程度相差多大,较重要的得1分,较不重要的得0分。在运用0—1评分法时还需注意,采用0—1评分法确定指标重要程度得分时,会出现合计得分为零的指标(或功能),需要将各指标合计得分分别加1进行修正后再计算其权重。

根据0—1评分法的计分办法,两指标(或功能)相比较时,较重要的指标得1分,另一较不重要的指标得0分。例如,在表7.2中,F1相对于F2较不重要,故得0分(已给出),而F2相对于F1较重要,故应得1分(未给出)。各技术经济指标得分和权重的计算结果见表7.4。

表7.4 指标权重计算表

指标方案	F1	F2	F3	F4	F5	得 分	修正得分	权 重
F1	×	0	1	1	1	3	4	4/15 = 0.267
F2	0	×	1	1	1	4	5	5/15 = 0.333
F3	0	0	×	0	1	1	2	2/15 = 0.133
F4	0	0	1	×	1	2	3	3/15 = 0.200
F5	0	0	0	0	×	0	1	1/15 = 0.067
合 计						10	15	1.000

问题2:

解:需要根据背景资料所给出的数据计算两方案楼板工程量的单方模板费用,再计算其成本指数。

(1)计算两方案的功能指数,结果见表7.5。

表7.5 功能指数计算表

技术经济指标	权 重	钢木组合模板	小钢模
总摊销费用	0.276	10 × 0.276 = 2.76	8 × 0.276 = 2.14

续表

技术经济指标	权重	钢木组合模板	小钢模
楼板浇筑质量	0.333	8 × 0.333 = 2.66	10 × 0.333 = 1.33
模板人工费	0.133	8 × 0.133 = 1.06	10 × 0.133 = 1.33
模板周转时间	0.200	10 × 0.200 = 2.00	7 × 0.200 = 1.40
模板装拆便利性	0.067	10 × 0.067 = 0.67	9 × 0.067 = 0.60
合　计	1.000	9.06	8.80
功能指数		9.06/(9.06 + 8.80) = 0.507	8.08/(9.06 + 8.08) = 0.493

(2)计算两方案的成本指数

钢木组合模板的单方模板费用为:$40/2.5 + 8.5 = 24.5$(元/m²)

小钢模的单方模板费用为:$50/2.5 + 6.8 = 26.8$(元/m²)

则钢木组合模板的成本指数为:$24.5/(24.5 + 26.8) = 0.478$

小钢模的成本指数为:$26.8/(24.5 + 26.8) = 0.522$

(3)计算两方案的价值指数

钢木组合模板的价值指数为:$0.507/0.478 = 1.061$

小钢模的价值指数为:$0.493/0.522 = 0.944$

因为钢木组合模板的价值指数高于小钢模的价值指数,故应选用钢木组合模板体系。

问题3:应从建立单方模板费用函数入手,再令两模板体系的单方模板费用之比与其功能指数之比相等,然后求解该方程。

解:单方模板费用函数为:

$$C = C_1/Q + C_2$$

式中　C——单方模板费用,元/m²;

　　　　C_1——模板总摊销费用,万元;

　　　　C_2——每平方米楼板的模板人工费,元/m²;

　　　　Q——现浇楼板工程量,万/m²。

则钢木组合模板的单方模板费用为:$CZ = 40/Q + 8.5$

小钢模的单方模板费用为:$CX = 50/Q + 6.8$

令该两模板体系的单方模板费用之比(即成本指数之比)等于其功能指数之比,有:

$$\frac{(40/Q + 8.5)}{(50/Q + 6.8)} = \frac{0.507}{0.493}$$

即:

$$0.507(50 + 6.8Q) - 0.493(40 + 8.5Q) = 0$$

所以,得　　　　　　　　$Q = 7.58$(万 m²)

因此,该办公楼的现浇楼板工程量至少达到7.58万 m²才应采用小钢模体系。

②0—4 评分法

0—4 评分法是为弥补 0—1 评分法中重要程度差别仅为 1 分而不能拉开档次的不足,将分档扩大为 4 级,当 f_i 与 f_j 相比较时:很重要则 $f_{ij} = 4$,$f_{ji} = 0$;较重要则 $f_{ij} = 3$,$f_{ji} = 1$;同等重要则 $f_{ij} = 2$,$f_{ji} = 2$;较不重要与较重要相反;不重要与很重要相反。

【案例 7.2】 某房地产公司对某公寓项目的开发征集到若干设计方案,经筛选后对其中较为出色的 4 个设计方案作进一步的技术经济评价。有关专家决定从 5 个方面(分别以 F1 ~ F5 表示)对不同方案的功能进行评价,并对各功能的重要性达成以下共识:F2 和 F3 同样重要,F4 和 F5 同样重要,F1 相对于 F4 很重要,F1 相对于 F2 较重要;此后,各专家对该 4 个方案的功能满足程度分别打分,其结果见表 7.6。

据造价工程师估算,A、B、C、D 4 个方案的单方造价分别为 1 420、1 230、1 150、1 360 元 /m²。

表 7.6　方案功能得分表

方　案	A	B	C
功能指数	0.358	0.347	0.295
成本指数	0.396	0.305	0.298
价值指数	0.904	1.138	0.990

问题:

1. 计算各功能的权重。

2. 用价值指数法选择最佳设计方案。

 参考答案

问题 1:

本案例主要考核 0—4 评分法的运用。本案例给出各功能因素重要性之间的关系,各功能因素的权重需要根据 0—4 评分法的计分办法自行计算。按 0—4 评分法的规定,两个功能因素比较时,其相对重要程度有以下 3 种基本情况:

①很重要的功能因素得 4 分,另一很不重要的功能因素得 0 分。

②较重要的功能因素得 3 分,另一较不重要的功能因素得 1 分。

③同样重要或基本同样重要时,则两个功能因素各得 2 分。

解:根据背景资料所给出的条件,各功能权重的计算结果见表 7.7。

表 7.7　功能权重计算表

指标方案	F1	F2	F3	F4	F5	得　分	权　重
F1	×	3	3	4	4	14	14/40 = 0.350
F2	1	×	2	3	3	9	9/40 = 0.225

续表

指标方案	F1	F2	F3	F4	F5	得 分	权 重
F3	1	2	×	3	3	9	9/40 = 0.225
F4	0	1	1	×	2	4	4/40 = 0.100
F5	0	1	1	2	×	4	4/40 = 0.100
合 计						40	1.000

问题2:

解:分别计算各方案的功能指数、成本指数、价值指数如下:

(1)计算功能指数

将各方案的各功能得分分别与该功能的权重相乘,然后汇总即为该方案的功能加权得分,各方案的功能加权得分为:

$W_A = 9 \times 0.350 + 10 \times 0.225 + 9 \times 0.225 + 8 \times 0.100 + 9 \times 0.100 = 9.125$

$W_B = 10 \times 0.350 + 10 \times 0.225 + 9 \times 0.225 + 8 \times 0.100 + 7 \times 0.100 = 9.275$

$W_C = 9 \times 0.350 + 8 \times 0.225 + 10 \times 0.225 + 8 \times 0.100 + 9 \times 0.100 = 8.900$

$W_D = 8 \times 0.350 + 9 \times 0.225 + 9 \times 0.225 + 7 \times 0.100 + 6 \times 0.100 = 8.150$

各方案功能的总加权得分为 $W = W_A + W_B + W_C + W_D = 9.125 + 9.275 + 8.900 + 8.150 = 35.45$

因此,各方案的功能指数为:

$F_A = 9.125/35.45 = 0.257$

$F_B = 9.275/35.45 = 0.262$

$F_C = 8.900/35.45 = 0.251$

$F_D = 2$,则计算各方案的成本指数:

(2)各方案的成本指数为:

$C_A = \dfrac{1\ 420}{1\ 420 + 1\ 230 + 1\ 150 + 1\ 360} = \dfrac{1\ 420}{5\ 160} = 0.275$

$C_B = \dfrac{1\ 230}{5\ 160} = 0.238$

$C_C = \dfrac{1\ 150}{5\ 160} = 0.223$

$C_D = \dfrac{1\ 360}{5\ 160} = 0.264$

(3)计算各方案的价值指数

各方案的价值指数为:

$V_A = F_A/C_A = 0.257/0.275 = 0.935$

$V_B = F_B/C_B = 0.262/0.238 = 1.101$

$$V_C = F_C/C_C = 0.251/0.223 = 1.126$$

$$V_D = F_D/C_D = 0.230/0.264 = 0.871$$

由于 C 方案的价值指数最大,所以 C 方案为最佳方案。

(4)环比评分法

环比评分法又称 DARE 法,此方法是先从上至下依次比较相邻两个功能的重要程度,给出功能重要度比值,然后令最后一个被比较功能的重要度值为 1(作为基数),依次修正重要度比值。其修正的方法是用排列在下面的功能修正重要度比值乘以与其相邻的上一个功能的重要度比值,即得出上一个功能的修正重要度比值。在求出所有功能的修正重要度比值后,用其去除以总和数,得出各个功能的功能系数。

4. 功能价值系数分析

应用功能成本法计算功能价值 V,是通过一定的测算方法,测定实现应有功能所必须消耗的最低成本,同时计算为实现应有功能所耗费的现实成本,经过分析、对比,求得对象的价值系数和成本降低期望值,确定价值工程的改进对象。由公式(7.3)其表达式为

$$V_i = \frac{F_i}{C_i} \tag{7.8}$$

【**例题 7.1**】 某项目施工方案 A 的生产成本 500 万元;在相同条件下,其他项目生产成本 450 万元。这可以表示为:

施工方案 A 功能评价值:	450 万元
施工方案 A 功能的实际投入:	500 万元
施工方案 A 的价值:	450/500 = 0.9

如果施工方案 B 花费 450 万元能完成该项目施工,则:

施工方案 B 功能评价值:	450 万元
施工方案 B 功能的实际投入:	450 万元
施工方案 B 的价值:	450/450 = 1

从【例题 7.1】可以看出,最恰当的价值应该为 1,因为满足用户要求的功能最理想、最值得的投入与实际投入一致。但在一般情况下价值往往小于 1,因为技术不断进步,"低成本"战略将日趋被重视,竞争也将更激烈。随之,同一产品的功能评价值也将降低。

根据公式(7.7),功能的价值系数不外以下几种结果:

$V_i = 1$,表示功能评价值等于功能现实成本。这表明评价对象的功能现实成本与实现功能所必需的最低成本大致相当,说明评价对象的价值为最佳,一般无须改进。

$V_i < 1$,此时功能现实成本大于功能评价值。表明评价对象的现实成本偏高,而功能要求不高,一种可能是存在着过剩的功能;另一种可能是功能虽无过剩,但实现功能的条件或方法不佳,以致实现功能的成本大于功能的实际需要。

$V_i > 1$,说明该评价对象的功能比较重要,但分配的成本较少,即功能现实成本低于功能评价值。应具体分析,可能功能与成本分配已较理想,或者有不必要的功能,或者应该提

高成本。

$V=0$ 时,因为只有分子为 0,或分母为 ∞ 时,才能是 $V=0$。根据上述对功能评价值 F 的定义,分子不应为 0,而分母也不会为 ∞,要进一步分析。如果是不必要的功能,则取消该评价对象;但如果是最不重要的必要功能,要根据实际情况处理。

从以上分析可以看出,对产品进行价值分析,就是使产品每个构配件的价值系数尽可能趋近于 1。为此,确定的改进对象是:

1)F_i/C_i 值低的功能

计算出来的 $V_i < 1$ 的功能区域,基本上都应进行改进,特别是 V_i 值比 1 小得较多的功能区域,力求使 $V_i = 1$。

2)$\Delta C_i = (C_i - F_i)$ 值大的功能

ΔC_i 是成本降低期望值,也是成本应降低的绝对值。当 n 个功能区域的价值系数同样低时,就要优先选择 ΔC_i;即数值大的功能区域作为重点对象。

3)复杂的功能

复杂的功能区域,说明其功能是通过很多构配件(或作业)来实现的,通常复杂的功能区域其价值系数也较低。

4)问题多的功能

尽管在功能系统图上的任何一级改进都可以达到提高价值的目的,但是改进的多少、取得效果的大小却是不同的。越接近功能系统图的末端,改进的余地越小,越只能作结构上的小改小革;相反,越接近功能系统图的前端,功能改进就可以越大,就越有可能作原理上的改变,从而带来显著效益。

七、方案创造

为了提高产品的功能和降低成本,达到有效地利用资源的目的,需要寻求最佳的代替方案。寻求或构思这种最佳方案的过程就是方案的创造过程。创造也可以理解为"组织人们通过对过去经验和知识的分析与综合以实现新的功能"。价值工程能否取得成功,关键是功能分析评价之后能否构思出可行的方案,这是一个创造、突破、精制的过程。

(一)创造能力的影响因素

1.方案创造要求

1)积极思维,敢于创造

要求参与价值工程的有关人员,千方百计,开动脑筋,积极思维,产生创造性设想。在积极思维的基础上,解放思想,打破框框,不因循守旧,不墨守成规,敢于改革,敢于创新,克服困难,发挥创造能力。

2)认识事物,多提设想

要求参与价值工程的有关人员,思维敏捷,经验丰富,对事物具有综合分析能力,能灵活运用掌握的知识和情报资料,寻求解决问题的多种改进方案。通过评价,克服困难。不放过一个有价值的方案,并能克服种种障碍,使之发展成为一个最优方案。

3)组织起来,集中思考

在方案创造过程中,要组织各类专员和各方面专家,一方面要发挥他们的特长,鼓励他们独立思考;另一方面还要发挥集体的智慧,将他们组织起来集中思考,提出更多的改进方案。国外有的学者认为,组织起来比个别思考提出的设想方案,效率和质量要高出一倍。

2. 影响因素

1)认识障碍

认识障碍主要是没有认识关键问题或错误地理解了问题,从而阻碍了方案的构思。主要表现为:被表面现象所迷惑,抓不住问题的实质;在不同的问题中找不出它们的共同点;思想不解放,受到条条框框的约束;目的与手段没有弄清楚,颠倒了因果关系等思想认识上的问题。

2)文化障碍

在现代社会中,随着文化和科学技术水平的不断发展,人们过着安逸舒适的生活,给人们带来莫大的好处。但是,它也使人们缺乏动力和钻研精神,产生了消极的一面,阻碍了方案的创造。

3)思想问题

由于感情上、性格上和思想上的原因,产生了思想僵化和自卑感,妨碍了设计构思的创造性。怕别人批评,拘泥于一件小事,过分急躁,感情用事,没有魄力,天生保守,怕麻烦,都是思想问题的具体体现。

3. 开发创造力的措施

1)开展开发创造性培训,提高创造能力

在价值工程活动中,有一种开发创造能力的训练方法,称为创造性工程开发计划。这种为了开发创造能力的专门训练,是培养和提高创造能力的有效方法,大大推动了价值工程活动。据美国通用电气公司统计,受过创造性工程开发计划训练和未受过训练的人在取得专利方面的比例为 3:1。

2)学习和研究前人的创造能力

在历史上,许多科学家具有非凡的创造能力,例如,他们对事物有浓厚的兴趣,对问题极其敏感、碰到问题能提出很多解决方法,能从各个角度分析问题和提出方案以及具有卓越的分析能力和综合能力,能积极地利用和吸收他人的方案,具有丰富的知识等特点。通过对前人创造能力的学习和研究,能使价值工程工作人员的创造能力,得到进一步的提高。

3)有效地应用创造发明的方法

创造性工程有一套科学的方法,有智力激发方法、列举创造方法、类比创造方法等。正确有效地应用这些创造方法,可以增加价值工程的方案创造设想。

(二)方案创造的方法

1. BS 法

BS 法是"brain storming"的缩写,原意为"忽然想到的好主意"或"突如其来的好想法",中文译法不一,有的译为"畅谈会法",有的直译为"头脑风暴法",而国外则多简称"BS 法"。

这种方法是由美国 BBDO 广告公司的奥斯本于 1941 年首次提出的,他通过这种方法创造出许多新的广告创意。

这种方法是通过召集一些专家以会议的形式来讨论价值工程问题。会前将讨论的内容通知各位专家。要求主持人头脑清醒,思路敏捷,作风民主,让与会者能自由奔放地发表自己的见解和设想,在专家之间形成启发和诱导的良好氛围,实现连锁反应,从而提出更多的创新方案。要求会议的气氛热烈、协调。

BS 法遵循 4 个基本原则:

①不许评论别人的意见。

②鼓励自由奔放地提出设想。

③要求多提构思方案。

④欢迎结合别人意见提出自己的设想。

这种方法的特点是可以相互启发,相互鼓励,把与会者的知识、才能和经验都调动起来。

因此,往往可以使专家的思维高度活跃,潜能得以发挥,从而取得良好的效果。

2. 哥顿法(Gordon)

哥顿法是由美国人哥顿在 1964 年提出的方法,其指导思想是把要研究的问题适当抽象,以利于开阔思路。这种方法也是在专家小组会上提方案,但主持人在会议开始时不会把要研究的问题全部摊开,即研究什么问题、目的是什么,先不向与会者说明,而只把问题抽象地介绍给大家,要求专家们海阔天空地提出各种设想。待会议进行到一定程度,即时机成熟时,再阐明所要研究的具体问题,以作进一步研究。这种方法实际上是先用抽象功能定义的方法,然后循序渐进、步步深入,直到获得新方案为止。它的优点是常常可以得到一些新奇的设想。

例如,要研究改进割草机的方案,开始只是提出"用什么方法可以把一种东西切断和分离？"当与会者提出一些诸如剪切、刀切、铝切等方案之后，再宣布会议的目的是要研究割草机的改进方案，让与会者再具体思考，舍去不可行方案，对可行方案进一步发展完善。这样就可能提出用旋转刀片、圆盘形刀片等各种方案，便于对照选择。

3. 德尔菲法（Delphi）

德尔菲法是由组织者将研究对象的问题和要求函寄给若干有关专家，在互不商量的情况下提出各种建议和设想，专家返回设想意见，经整理分析后，归纳出若干较合理的方案和建议，再函寄给有关专家征求意见，再回收整理，如此经过几次反复后，专家意见趋向一致，从而最后确定出新的功能实现方案。

德尔菲法的特点是专家们彼此不见面，研究问题时间充裕，可以无顾虑、不受约束地从各种角度提出意见和方案。其缺点是花费时间较长，缺乏面对面的交谈和商议。

（三）方案的评价

方案评价是在方案创造的基础上对若干新构思的方案进行技术、经济、社会和环境效果等方面的评价，以便于选择最佳方案。方案评价分为概略评价和详细评价两个阶段，其过程如图7.7所示。

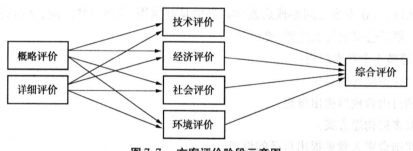

图 7.7　方案评价阶段示意图

概略评价是对创造出的方案从技术、经济和社会3个方面进行初步研究，其目的是从众多的方案中进行粗略的筛选，使精力集中于优秀的方案，为详细评价做准备。概略评价可采用定性分析法对方案进行初选，舍弃明显不合理的方案。

详细评价是在掌握大量数据资料的基础上，对概略评价获得的少数方案进行详尽的技术评价、经济评价、社会评价和综合评价，为提案的编写和审批提供依据。详细评价是多目标决策问题，常用的方法有打分法、加权法等。

方案评价的内容包括技术评价、经济评价和社会评价。技术评价是对方案功能的必要性、必要程度（如性能、质量、寿命等）及实施的可能性进行分析评价；经济评价是对方案实施的经济效果（如成本、利润、节约额等）的大小进行分析评价；社会评价是对方案给国家和社会带来的影响（如环境污染、生态平衡、国民经济效益等）进行分析评价。

用于方案综合评价的方法很多，定性方法常用的有德尔菲法（Delphi）、优缺点法等；定量方法常用的有加权评分法、比较价值法、环比评分法、强制评分法、几何平均值评分法等。

在对方案进行评价时,无论是概略评价还是详细评价,都应该包括技术评价、经济评价和社会评价 3 个方面的内容。一般可先做技术评价,再分别做经济评价和社会评价,最后做综合评价。

学习任务二 价值工程在工程建设中的应用

价值工程是一种将功能与成本、技术与经济结合起来进行技术经济评价的方法。它不仅广泛应用于产品设计和产品开发,而且也应用于工程建设中。

价值工程是一门管理技术,又不同于一般的工业工程和全面质量管理技术。从 20 世纪初的工业工程,着重于研究作业、工序、时间等从材料到工艺流程等问题,这种管理技术主要是降低加工费用,到 20 世纪 20 年代创始的全面质量管理是按照设计图纸把产品可靠地制造出来,是从结果分析问题原因帮助消除不良产品的一种管理技术。但它们都是以产品设计图纸已给定的技术条件为前提的,因此,降低产品成本都有局限性。而价值工程改变过去以物品或结构为中心的思考方法,从产品的功能出发,在设计过程中,重新审核设计图纸,对产品作设计改进,把与用户需求功能无关的构配件消除掉,更改具有过剩功能的材质和构配件,设计出价值更高的产品。由于它冲破了原来设计图纸的界限,故能大幅度地降低成本。

价值工程与一般的投资决策理论也不同。一般的投资决策理论研究的是项目的投资效果,强调的是项目的可行性,而价值工程是研究如何以最少的人力、物力、财力和时间获得必要功能的技术经济分析方法,强调的是产品的功能分析和功能改进。

价值工程废弃了会计制度上沿用的事后成本和与产品费用无关的计算成本办法,采用以产品功能为中心分析成本的事前成本计算方法,保证了成本的正确可靠性。

总之,价值工程是采用系统的工作方法,通过各相关领域的协作,对所研究对象功能与成本、效益与费用之间进行系统分析,不断创新,旨在提高所研究对象价值的思想方法和管理技术。

【案例7.3】 某市高新技术开发区预开发建设集科研和办公于一体的综合大楼,其设计方案主体土建工程结构型式对比如下:

A 方案:结构方案为大柱网框架剪力墙轻墙体系,采用预应力大跨度叠合楼板,墙体材料采用多孔砖及移动式可拆装式分室隔墙,窗户采用中空玻璃断桥铝合金窗,面积利用系数为 93%,单方造价为 1 438 元 /m²。

B 方案:结构方案同 A 方案,墙体采用内浇外砌,窗户采用双玻塑钢窗,面积利用系数为 87%,单方造价为 1 108 元 /m²。

C 方案:结构方案采用框架结构,采用全现浇楼板,墙体材料采用标准黏土砖,窗户采用双玻铝合金窗,面积利用系数为79%,单方造价为1 082元/m²。

方案各功能的权重及各方案的功能得分见表7.8。

表7.8　各方案功能的权重及得分表

功能项目	功能权重	各方案功能得分		
		A	B	C
结构体系	0.25	10	10	8
楼板类型	0.05	10	10	9
墙体材料	0.25	8	9	7
面积系数	0.35	9	8	7
窗户类型	0.10	9	7	8

问题:

1.试应用价值工程方法选择最优设计方案。

2.为控制工程造价和进一步降低费用,拟针对所选的最优设计方案的土建工程部分,以分部分项工程费用为对象开展价值工程分析。将土建工程划分为4个功能项目,各功能项目得分值及其目前成本见表7.9。按限额和优化设计要求,目标成本额应控制在12 170万元。

表7.9　功能项目得分及目前成本表

功能项目	功能得分	目前成本 / 万元
A.装机维护工程	10	1 520
B.地下室工程	11	1 482
C.主体结构工程	35	4 705
D.装饰工程	38	5 105
合　计	94	121 812

试分析各功能项目的目标成本及其可能降低的额度,并确定功能改进顺序。

3.若某承包商以表7.9中的总成本加3.98%的利润报价(不含税)中标并与业主签订了固定总价合同,而在施工过程中该承包商的实际成本为12 170万元,则该承包商在该工程上的实际利润率为多少?

4.若要使实际利润率达到10%,成本降低额应为多少?

 参考答案

问题1:考核运用价值工程进行设计方案评价的方法、过程和原理。

解:分别计算各方案的功能指数、成本指数和价值指数,并根据价值指数选择最

优方案。

1. 计算各方案的功能指数,见表7.10。

表7.10　功能指数计算表

功能项目	功能权重	方案功能加权得分		
		A	B	C
结构体系	0.25	10 × 0.25 = 2.50	10 × 0.25 = 2.50	8 × 0.25 = 2.00
楼板类型	0.05	10 × 0.05 = 0.50	10 × 0.05 = 0.50	9 × 0.05 = 0.45
墙体材料	0.25	8 × 0.25 = 2.00	9 × 0.25 = 2.25	7 × 0.25 = 1.75
面积系数	0.35	9 × 0.35 = 3.15	8 × 0.35 = 2.80	7 × 0.35 = 2.45
窗户类型	0.10	9 × 0.10 = 0.90	7 × 0.10 = 0.70	8 × 0.10 = 0.80
合　计		9.05	8.75	7.45
功能指数		9.05/25.25 = 0.358	8.75/25.25 = 0.347	7.45/25.25 = 0.295

注:表7.10中各方案功能加权得分之和为:9.05 + 8.75 + 7.45 = 25.25。

2. 计算各方案的成本指数,见表7.11。

表7.11　成本指数计算表

方　案	A	B	C	合　计
单方造价/(元·m⁻²)	1.438	1.108	1.082	3.628
成本指数	0.396	0.305	0.298	0.999

3. 计算各方案的价值指数,见表7.12。

表7.12　价值指数计算表

功　能	方案功能得分			
	A	B	C	D
F1	9	10	9	8
F2	10	10	8	9
F3	9	9	10	9
F4	8	8	8	7
F5	9	7	9	6

由表7.12的计算结果可知,B方案的价值指数最高,为最优方案。

问题2:考核运用价值工程进行设计方案优化和工程造价控制的方法。

解:根据表7.9所列数据,分别计算桩基围护工程、地下室工程、主体结构工程和装饰工程的功能指数、成本指数和价值指数;再根据给定的总目标成本额,计算各工程内容的目标成本额,从而确定其成本降低额度。具体计算结果汇总见表 7.13。

表 7.13　功能指数、成本指数、价值指数和目标成本降低额计算表

功能项目	功能评分	功能指数	目前成本/万元	成本指数	价值指数	目标成本/万元	成本降低额/万元
桩基础维护工程	10	0.106 4	1 520	0.118 6	0.897 1	1 295	225
地下室工程	11	0.117 0	1 482	0.115 7	1.011 2	1 424	58
主体结构工程	35	0.372 3	4 705	0.367 2	1.013 9	4 531	174
装饰基础	38	0.404 3	5 105	0.398 5	1.014 6	4 920	185
合计	94	1.000 0	12 812	1.000 0		12 170	642

由表 7.13 的计算结果可知,桩基围护工程、地下室工程、主体结构工程和装饰工程均应通过适当方式降低成本。根据成本降低额的大小,功能改进顺序依此为:桩基围护工程、装饰工程、主体结构工程、地下室工程。

问题 3:考核预期利润率与实际利润率之间的关系。

解:由本题的计算结果可以看出,若承包商能有效地降低成本,就可以大幅度提高利润率。在本题计算中需注意的是,成本降低额亦即利润的增加额,实际利润为预期利润与利润增加额之和。

$$该承包商在该工程上的实际利润率 = \frac{实际利润额}{实际成本额}$$

$$= \frac{12\ 812 \times 3.98\% + 12\ 812 - 12\ 170}{12\ 170}$$

$$= 9.47\%$$

问题 4:

解:设成本降低额为 x 万元,则 $\dfrac{12\ 812 \times 3.98\% + x}{12\ 812 - x} = 10\%$

解得　　　　　　　　　　　$x = 701.17$ 万元

因此,若要使实际利润率达到 10%,成本降低额应为 701.17 万元。

情境小结

价值工程是以最低的总费用,可靠地实现所研究对象的必要功能,着重于功能分析的有组织的活动。价值工程致力于提高价值,提高价值有 5 条基本途径。价值工程的工作过程实质上就是分析问题、发现问题和解决问题的过程。

开展价值工程活动,首先要正确选择价值工程分析对象(即生产中存在的问题)。选择价值工程分析对象常用的方法有经验分析法、ABC 分析法、强制确定法和寿命周期分析法。通常,在选择价值分析对象的同时,应进行情报资料的收集,情报资料的收集是价值工程实施过程中不可缺少的重要环节。

价值工程的核心是功能分析,价值工程区别于其他成本管理方法的一个突出特点就是进行功能分析。功能分析包括功能定义和功能整理两部分内容。

经过功能评价,确定了目标成本之后就进入了价值工程方案的评价和选择阶段。

创造价值改进方案的常用方法有 BS 法、哥顿法、德尔斐法等。方案评价分为概略评价和详细评价两种。

 课后习题

一、简答题

1.什么是功能、成本和价值?

2.什么是价值工程? 其特点是什么?

3.简述寿命周期分析法?

4.什么是情报? 收集情报的方法有哪些?

5.试对你所熟悉的产品进行功能定义。

二、案例题

某施工单位承接了某项工程的总包施工任务,该工程由 A、B、C、D 4 项工作组成,施工场地狭小。为了进行成本控制,项目经理部对各项工作进行了分析,其结果见表 7.14。

表 7.14　功能成本分析表

工　作	功能评分	预算成本 / 万元
A	15	650
B	35	1 200
C	30	1 030
D	20	720
合　计	100	3 600

工程进展到第 25 周 5 层结构时,公司各职能部门联合对该项目进行突击综合大检查。

检查成本时发现:

C 工作,实际完成预算费用 960 万元,计划完成预算费用为 910 万元,实际成本 855 万元,计划成本 801 万元。

检查现场时发现:

(1)塔吊与临时生活设施共用一个配电箱:无配电箱检查记录。

(2)塔吊由木工班长指挥。

(3)现场单行消防通道上乱堆材料,仅剩 1 m 左右宽通道,端头 20 m × 20 m 场地堆满大模板。

(4)脚手架和楼板模板拆除后乱堆乱放,无交底记录。

工程进展到第28周4层结构拆模后,劳务分包方作业人员直接从窗口向外乱抛垃圾,造成施工扬尘,工程周围居民因受扬尘影响,有的找到项目经理要求停止施工,有的向有关部门投诉。

问题:

1. 计算下表中 A,B,C,D 4 项工作的评价系数、成本系数和价值系数(见表 7.15,计算结果保留小数点后两位)。

表 7.15　A,B,C,D 4 项工作的评价系数、成本系数和价值系数计算表

工　作	功能评分	预算成本／万元	评价(功能)系数	成本系数	价值系数
A	15	650			
B	35	1 200			
C	30	1 030			
D	20	720			
合计	100	3 600			

2. 在 A,B,C,D 4 项工作中,施工单位应首选哪项工作作为降低成本的对象? 说明理由。

3. 计算并分析 C 工作的费用偏差和进度偏差情况?

4. 根据公司检查现场发现的问题,项目经理部应如何进行整改?

5. 针对本次扬尘事件,项目经理应如何协调和管理?

复利系数表

复利系数表见附表 1 至附表 19。

附表 1   0.5%

n	(F/P,i,n)	(P/F,i,n)	(F/A,i,n)	(A/F,i,n)	(A/P,i,n)	(P/A,i,n)
1	1.005	0.995 0	1.000	1.000 00	1.005 00	0.995
2	1.010	0.990 1	2.005	0.498 75	0.503 75	1.985
3	1.015	0.985 1	3.015	0.331 67	0.336 67	2.970
4	1.020	0.980 2	4.030	0.248 13	0.253 13	3.950
5	1.025	0.975 4	5.050	0.198 01	0.203 01	4.926
6	1.030	0.970 5	6.076	0.164 60	0.169 60	5.896
7	1.036	0.965 7	7.106	0.140 73	0.145 73	6.862
8	1.041	0.960 9	8.141	0.122 83	0.127 83	7.823
9	1.046	0.956 1	9.182	0.108 91	0.113 91	8.779
10	1.051	0.951 3	10.228	0.097 77	0.102 77	9.730
11	1.056	0.946 6	11.279	0.088 66	0.093 66	10.677
12	1.062	0.941 9	12.336	0.081 07	0.086 07	11.619
13	1.067	0.937 2	13.397	0.074 64	0.079 64	12.556
14	1.072	0.932 6	14.464	0.069 14	0.074 14	13.489
15	1.078	0.927 9	15.537	0.064 36	0.069 36	14.417
16	1.083	0.923 3	16.614	0.060 19	0.065 19	15.340

续表

n	$(F/P,i,n)$	$(P/F,i,n)$	$(F/A,i,n)$	$(A/F,i,n)$	$(A/P,i,n)$	$(P/A,i,n)$
17	1.088	0.918 7	17.697	0.056 51	0.061 51	16.259
18	1.094	0.914 1	18.786	0.053 23	0.058 23	17.173
19	1.099	0.909 6	19.880	0.050 30	0.055 30	18.082
20	1.105	0.905 1	20.979	0.047 67	0.052 67	18.987
21	1.110	0.900 6	22.084	0.045 28	0.050 28	19.888
22	1.116	0.896 1	23.194	0.043 11	0.048 11	20.784
23	1.122	0.891 6	24.310	0.041 13	0.046 13	21.676
24	1.127	0.887 2	25.432	0.039 32	0.044 32	22.563
25	1.133	0.882 8	26.559	0.037 65	0.042 65	23.446
26	1.138	0.878 4	27.692	0.036 11	0.041 11	24.324
27	1.144	0.874 0	28.830	0.034 69	0.039 69	25.198
28	1.150	0.869 7	29.975	0.033 36	0.038 36	26.068
29	1.156	0.865 3	31.124	0.032 13	0.037 13	26.933
30	1.161	0.861 0	32.280	0.030 98	0.035 98	27.794
35	1.191	0.839 8	38.145	0.026 22	0.031 22	32.035
40	1.221	0.819 1	44.159	0.022 65	0.027 65	36.172
45	1.252	0.799 0	50.324	0.019 87	0.024 87	40.207
50	1.283	0.779 3	56.645	0.017 65	0.022 65	44.143
55	1.316	0.760 1	63.126	0.015 84	0.020 84	47.981
60	1.349	0.741 4	69.770	0.014 33	0.019 33	51.726
65	1.383	0.723 1	76.582	0.013 06	0.018 06	55.377
70	1.418	0.705 3	83.566	0.011 97	0.016 97	58.939
75	1.454	0.687 9	90.727	0.011 02	0.016 02	62.414
80	1.490	0.671 0	98.068	0.010 20	0.015 20	65.802
85	1.528	0.654 5	105.594	0.009 47	0.014 47	69.108
90	1.567	0.638 3	113.311	0.008 83	0.013 83	72.331
95	1.606	0.622 6	121.222	0.008 25	0.013 25	75.476
100	1.647	0.607 3	129.334	0.007 73	0.012 73	78.543

附表2 1%

n	$(F/P,i,n)$	$(P/F,i,n)$	$(F/A,i,n)$	$(A/F,i,n)$	$(A/P,i,n)$	$(P/A,i,n)$
1	1.010	0.990 1	1.000	1.000 00	1.010 00	0.990
2	1.020	0.980 3	2.010	0.497 51	0.507 51	1.970
3	1.030	0.970 6	3.030	0.330 02	0.340 02	2.941
4	1.041	0.961 0	4.060	0.246 28	0.256 28	3.902
5	1.051	0.951 5	5.101	0.196 04	0.206 04	4.853
6	1.062	0.942 0	6.152	0.162 55	0.172 55	5.795
7	1.072	0.932 7	7.214	0.138 63	0.148 63	6.728
8	1.083	0.923 5	8.286	0.120 69	0.130 69	7.651
9	1.094	0.914 3	9.369	0.106 74	0.116 74	8.566
10	1.105	0.905 3	10.462	0.095 58	0.105 58	9.471
11	1.116	0.896 3	11.567	0.086 45	0.096 45	10.368
12	1.127	0.887 4	12.683	0.078 85	0.088 85	11.255
13	1.138	0.878 7	13.809	0.072 41	0.082 41	12.134
14	1.149	0.870 0	14.947	0.066 90	0.076 90	13.004
15	1.161	0.861 3	16.097	0.062 12	0.072 12	13.865
16	1.173	0.852 8	17.258	0.057 94	0.067 94	14.718
17	1.184	0.844 4	18.430	0.054 26	0.064 26	15.562
18	1.196	0.836 0	19 615	0.050 98	0.060 98	16.398
19	1.208	0.827 7	20.811	0.048 05	0.058 05	17.226
20	1.220	0.819 5	22.019	0.045 42	0.055 42	18.046
21	1.232	0.811 4	23.239	0.043 03	0.053 03	18.857
22	1.245	0.803 4	24.472	0.040 86	0.050 86	19.660
23	1.257	0.795 4	25.716	0.038 89	0.048 89	20.456
24	1.270	0.787 6	26.973	0.037 07	0.047 07	21.243
25	1.282	0.779 8	28.243	0.035 41	0.045 41	22.023
26	1.295	0.772 0	29.526	0.033 87	0.043 87	22.795
27	1.308	0.764 4	30.821	0.032 45	0.042 45	23.560
28	1.321	0.756 8	32.129	0.031 12	0.041 12	24.316
29	1.335	0.749 3	33.450	0.029 90	0.039 90	25.066
30	1.348	0.741 9	34.785	0.028 75	0.038 75	25.808
35	1.417	0.705 9	41.660	0.024 00	0.034 00	29.409
40	1.489	0.671 7	48.886	0.020 46	0.030 46	32.835
45	1.565	0.639 1	56.481	0.017 71	0.027 71	36.095
50	1.645	0.608 0	64.463	0.015 51	0.025 51	39.196
55	1.729	0.578 5	72.852	0.013 73	0.023 73	42.147
60	1.817	0.550 4	81.670	0.012 24	0.022 24	44.955
65	1.909	0.523 7	90.937	0.011 00	0.021 00	47.627
70	2.007	0.498 3	100.676	0.009 93	0.019 93	50.169
75	2.109	0.474 1	110.913	0.009 02	0.019 02	52.587
80	2.217	0.451 1	121.672	0.008 22	0.018 22	54.888
85	2.330	0.429 2	132.979	0.007 52	0.017 52	57.078
90	2.449	0.408 4	144.863	0.006 90	0.016 90	59.161
95	2.574	0.388 6	157.354	0.006 36	0.016 36	61.143
100	2.705	0.369 7	170.481	0.005 87	0.015 87	63.029

附表3　1.5%

n	$(F/P,i,n)$	$(P/F,i,n)$	$(F/A,i,n)$	$(A/F,i,n)$	$(A/P,i,n)$	$(P/A,i,n)$
1	1.015	0.985 2	1.000	1.000 0	1.015 0	0.985
2	1.030	0.970 7	2.015	0.496 3	0.511 3	1.956
3	1.046	0.956 3	3.045	0.328 4	0.343 4	2.912
4	1.061	0.942 2	4.091	0.244 4	0.259 4	3.854
5	1.077	0.928 3	5.152	0.194 1	0.209 1	4.783
6	1.093	0.914 5	6.230	0.160 5	0.175 5	5.697
7	1.110	0.901 0	7.323	0.136 6	0.151 6	6.598
8	1.126	0.887 7	8.433	0.118 6	0.133 6	7.486
9	1.143	0.874 6	9.559	0.104 6	0.119 6	8.361
10	1.161	0.861 7	10.703	0.093 4	0.108 4	9.222
11	1.178	0.848 9	11.863	0.084 3	0.099 3	10.071
12	1.196	0.836 4	13.041	0.076 7	0.091 7	10.908
13	1.214	0.824 0	14.237	0.070 2	0.085 2	11.732
14	1.232	0.811 8	15.450	0.064 7	0.079 7	12.543
15	1.250	0.799 9	16.682	0.059 9	0.074 9	13.343
16	1.269	0.788 0	17.932	0.055 8	0.070 8	14.131
17	1.288	0.776 4	19.201	0.052 1	0.067 1	14.908
18	1.307	0.764 9	20.489	0.048 8	0.063 8	15.673
19	1.327	0.753 6	21.797	0.045 9	0.060 9	16.426
20	1.347	0.742 5	23.124	0.043 2	0.058 2	17.169
21	1.367	0.731 5	24.471	0.040 9	0.055 9	17.900
22	1.388	0.720 7	25.838	0.038 7	0.053 7	18.621
23	1.408	0.710 0	27.225	0.036 7	0.051 7	19.331
24	1.430	0.699 5	28.634	0.034 9	0.049 9	20.030
25	1.451	0.689 2	30.063	0.033 3	0.048 3	20.720
26	1.473	0.679 0	31.514	0.031 7	0.046 7	21.399
27	1.495	0.669 0	32.987	0.030 3	0.045 3	22.068
28	1.517	0.659 1	34.481	0.029 0	0.044 0	22.727
29	1.540	0.649 4	35.999	0.027 8	0.042 8	23.376
30	1.563	0.639 8	37.539	0.026 6	0.041 6	24.016
35	1.684	0.593 9	45.592	0.021 9	0.036 9	27.076
40	1.814	0.551 3	54.268	0.018 4	0.033 4	29.916
45	1.954	0.511 7	63.614	0.015 7	0.030 7	32.552
50	2.105	0.475 0	73.683	0.013 6	0.028 6	35.000
55	2.268	0.440 9	84.529	0.011 8	0.026 8	37.271
60	2.443	0.409 3	96.215	0.010 4	0.025 4	39.380
65	2.632	0.379 9	108.803	0.009 2	0.024 2	41.338
70	2.836	0.352 7	122.364	0.008 2	0.023 2	43.155
75	3.055	0.327 4	136.973	0.007 3	0.022 3	44.842
80	3.291	0.303 9	152.711	0.006 5	0.021 5	46.407
85	3.545	0.282 1	169.665	0.005 9	0.020 9	47.861
90	3.819	0.261 9	187.930	0.005 3	0.020 3	49.210
95	4.114	0.243 1	207.606	0.004 8	0.019 8	50.462
100	4.432	0.225 6	228.803	0.004 4	0.019 4	51.625

附表4　2%

n	$(F/P,i,n)$	$(P/F,i,n)$	$(F/A,i,n)$	$(A/F,i,n)$	$(A/P,i,n)$	$(P/A,i,n)$
1	1.020	0.980 4	1.000	1.000 00	1.020 00	0.980
2	1.040	0.961 2	2.020	0.495 05	0.515 05	1.942
3	1.061	0.942 3	3.060	0.326 75	0.346 75	2.884
4	1.082	0.923 8	4.122	0.242 62	0.262 62	3.808
5	1.104	0.905 7	5.204	0.192 16	0.212 16	4.713
6	1.126	0.888 0	6.308	0.158 53	0.178 53	5.601
7	1.149	0.870 6	7.434	0.134 51	0.154 51	6.472
8	1.172	0.853 5	8.583	0.116 51	0.136 51	7.325
9	1.195	0.836 8	9.755	0.102 52	0.122 52	8.162
10	1.219	0.820 3	10.950	0.091 33	0.111 33	8.983
11	1.243	0.804 3	12.169	0.082 18	0.102 18	9.787
12	1.268	0.788 5	13.412	0.074 56	0.094 56	10.575
13	1.294	0.773 0	14.680	0.068 12	0.088 12	11.348
14	1.319	0.757 9	15.974	0.062 60	0.082 60	12.106
15	1.346	0.743 0	17.293	0.057 83	0.077 83	12.849
16	1.373	0.728 4	18.639	0.053 65	0.073 65	13.578
17	1.400	0.714 2	20.012	0.049 97	0.069 97	14.292
18	1.428	0.700 2	21.412	0.046 70	0.066 70	14.992
19	1.457	0.686 4	22.841	0.043 78	0.063 78	15.678
20	1.486	0.673 0	24.297	0.041 16	0.061 16	16.351
21	1.516	0.659 8	25.783	0.038 78	0.058 78	17.011
22	1.546	0.646 8	27.299	0.036 63	0.056 63	17.658
23	1.577	0.634 2	28.845	0.034 67	0.054 67	18.292
24	1.608	0.621 7	30.422	0.032 87	0.052 87	18.914
25	1.641	0.609 5	32.030	0.031 22	0.051 22	19.523
26	1.673	0.597 6	33.671	0.029 70	0.049 70	20.121
27	1.707	0.585 9	35.344	0.028 29	0.048 29	20.707
28	1.741	0.574 4	37.051	0.026 99	0.046 99	21.281
29	1.776	0.563 1	38.792	0.025 78	0.045 78	21.844
30	1.811	0.552 1	40.568	0.024 65	0.044 65	22.396
35	2.000	0.500 0	49.994	0.020 00	0.040 00	24.999
40	2.208	0.452 9	60.402	0.016 56	0.036 56	27.355
45	2.438	0.410 2	71.893	0.013 91	0.033 91	29.490
50	2.692	0.371 5	84.579	0.011 82	0.031 82	31.424
55	2.972	0.336 5	98.587	0.010 14	0.030 14	33.175
60	3.281	0.304 8	114.052	0.008 77	0.028 77	34.761
65	3.623	0.276 1	131.126	0.007 63	0.027 63	36.197
70	4.000	0.250 0	149.978	0.006 67	0.026 67	37.499
75	4.416	0.226 5	170.792	0.005 86	0.025 86	38.677
80	4.875	0.205 1	193.772	0.005 16	0.025 16	39.745
85	5.383	0.185 8	219.144	0.004 56	0.024 56	40.711
90	5.943	0.168 3	247.157	0.004 05	0.024 05	41.587
95	6.562	0.152 4	278.085	0.003 60	0.023 60	42.380
100	7.245	0.138 0	312.232	0.003 20	0.023 20	43.098

附表 5   2.5%

n	$(F/P,i,n)$	$(P/F,i,n)$	$(F/A,i,n)$	$(A/F,i,n)$	$(A/P,i,n)$	$(P/A,i,n)$
1	1.025	0.975 6	1.000	1.000 00	1.025 00	0.976
2	1.051	0.951 8	2.025	0.493 83	0.518 83	1.927
3	1.077	0.928 6	3.076	0.325 14	0.350 14	2.856
4	1.104	0.906 0	4.153	0.240 28	0.265 82	3.762
5	1.131	0.883 9	5.256	0.190 25	0.215 25	4.646
6	1.160	0.862 3	6.388	0.156 55	0.181 55	5.508
7	1.189	0.841 3	7.547	0.132 50	0.157 50	6.349
8	1.218	0.820 7	8.736	0.114 47	0.139 47	7.170
9	1.249	0.800 7	9.955	0.100 46	0.125 46	7.971
10	1.280	0.781 2	11.203	0.089 26	0.114 26	8.752
11	1.312	0.762 1	12.483	0.080 11	0.105 11	9.514
12	1.345	0.743 6	13.796	0.072 49	0.097 49	10.258
13	1.379	0.725 4	15.140	0.066 05	0.091 05	10.983
14	1.413	0.707 7	16.519	0.060 54	0.085 54	11.691
15	1.448	0.690 5	17.932	0.055 77	0.080 77	12.381
16	1.485	0.673 6	19.380	0.051 60	0.076 60	13.055
17	1.522	0.657 2	20.865	0.047 93	0.072 93	13.712
18	1.560	0.641 2	22.386	0.044 67	0.069 67	14.353
19	1.599	0.625 5	23.946	0.041 76	0.066 76	14.979
20	1.639	0.610 3	25.545	0.039 15	0.064 15	15.589
21	1.680	0.595 4	27.183	0.036 79	0.061 79	16.185
22	1.722	0.580 9	28.863	0.034 65	0.059 65	16.765
23	1.765	0.566 7	30.584	0.032 70	0.057 70	17.332
24	1.809	0.552 9	32.349	0.030 91	0.055 91	17.885
25	1.854	0.539 4	34.158	0.029 28	0.054 28	18.424
26	1.900	0.526 2	36.012	0.027 77	0.052 77	18.951
27	1.948	0.513 4	37.912	0.026 38	0.051 38	19.464
28	1.996	0.500 9	39.860	0.025 09	0.050 09	19.965
29	2.046	0.488 7	41.856	0.023 89	0.048 89	20.454
30	2.098	0.476 7	43.903	0.022 78	0.047 78	20.930
35	2.373	0.421 4	54.928	0.018 21	0.043 21	23.145
40	2.685	0.372 4	67.403	0.014 84	0.039 81	25.103
45	3.038	0.329 2	81.516	0.012 27	0.037 27	26.833
50	3.437	0.290 9	97.484	0.010 26	0.035 26	28.362
55	3.889	0.257 1	115.551	0.008 65	0.033 65	29.714
60	4.400	0.227 3	135.992	0.007 35	0.032 35	30.909
65	4.978	0.200 9	159.118	0.006 28	0.031 28	31.965
70	5.632	0.177 6	185.284	0.005 40	0.030 40	32.898
75	6.372	0.156 9	214.888	0.004 65	0.029 65	33.723
80	7.210	0.138 7	248.383	0.004 03	0.029 03	34.452
85	8.157	0.122 6	286.279	0.003 49	0.028 49	35.096
90	9.229	0.108 4	329.154	0.003 04	0.028 04	35.666
95	10.442	0.095 8	377.664	0.002 65	0.027 65	36.169
100	11.814	0.084 6	432.549	0.002 31	0.027 31	36.614

附表6   3%

n	$(F/P,i,n)$	$(P/F,i,n)$	$(F/A,i,n)$	$(A/F,i,n)$	$(A/P,i,n)$	$(P/A,i,n)$
1	1.030	0.970 9	1.000	1.000 00	1.030 00	0.971
2	1.061	0.942 6	2.030	0.492 61	0.522 61	1.913
3	1.093	0.915 1	3.091	0.323 53	0.353 53	2.829
4	1.126	0.888 5	4.184	0.239 03	0.269 03	3.717
5	1.159	0.862 6	5.309	0.188 35	0.218 35	4.580
6	1.194	0.837 5	6.468	0.154 60	0.184 60	5.417
7	1.230	0.813 1	7.662	0.130 51	0.160 51	6.230
8	1.267	0.789 4	8.892	0.112 46	0.142 46	7.020
9	1.305	0.766 4	10.159	0.098 43	0.128 43	7.786
10	1.344	0.744 1	11.464	0.087 23	0.117 23	8.530
11	1.384	0.722 4	12.808	0.078 08	0.108 08	9.253
12	1.426	0.701 4	14.192	0.070 46	0.100 46	9.954
13	1.469	0.681 0	15.618	0.064 03	0.094 03	10.635
14	1.513	0.661 1	17.086	0.058 53	0.088 53	11.296
15	1.558	0.641 9	18.599	0.053 77	0.083 77	11.938
16	1.605	0.623 2	20.157	0.049 61	0.079 61	12.561
17	1.653	0.605 0	21.762	0.045 95	0.075 95	13.166
18	1.702	0.587 4	23.414	0.042 71	0.072 71	13.754
19	1.754	0.570 3	25.117	0.039 81	0.069 81	14.324
20	1.806	0.553 7	26.870	0.037 22	0.067 22	14.877
21	1.860	0.537 5	28.676	0.034 87	0.064 87	15.415
22	1.916	0.521 9	30.537	0.032 75	0.062 75	15.937
23	1.974	0.506 7	32.453	0.030 81	0.060 81	16.444
24	2.033	0.491 9	34.426	0.029 05	0.059 05	16.936
25	2.094	0.477 6	36.459	0.027 43	0.057 43	17.413
26	2.157	0.463 7	38.553	0.025 94	0.055 94	17.877
27	2.221	0.450 2	40.710	0.024 56	0.054 56	18.327
28	2.288	0.437 1	42.931	0.023 29	0.053 29	18.764
29	2.357	0.424 3	45.219	0.022 11	0.052 11	19.188
30	2.427	0.412 0	47.575	0.021 02	0.051 02	19.600
35	2.814	0.355 4	60.462	0.016 54	0.046 54	21.487
40	3.262	0.306 6	75.401	0.013 26	0.043 26	23.115
45	3.782	0.264 4	92.720	0.010 79	0.040 79	24.519
50	4.384	0.228 1	112.797	0.008 87	0.038 87	25.730
55	5.082	0.196 8	136.072	0.007 35	0.037 35	26.774
60	5.892	0.169 7	163.053	0.006 13	0.036 13	27.676
65	6.830	0.146 4	194.333	0.005 15	0.035 15	28.453
70	7.918	0.126 3	230.594	0.004 34	0.034 34	29.123
75	9.179	0.108 9	272.631	0.003 67	0.033 67	29.702
80	10.641	0.094 0	321.363	0.003 11	0.033 11	30.201
85	12.336	0.081 1	377.857	0.002 65	0.032 65	30.631
90	14.300	0.069 9	443.349	0.002 26	0.032 26	31.002
95	16.578	0.060 3	519.272	0.001 93	0.031 93	31.323
100	19.219	0.052 0	607.288	0.001 65	0.031 65	31.599

附表7 4%

n	$(F/P,i,n)$	$(P/F,i,n)$	$(F/A,i,n)$	$(A/F,i,n)$	$(A/P,i,n)$	$(P/A,i,n)$
1	1.040	0.961 5	1.000	1.000 00	1.040 00	0.962
2	1.082	0.924 6	2.040	0.490 20	0.530 20	1.886
3	1.125	0.889 0	3.122	0.320 35	0.360 35	2.775
4	1.170	0.854 8	4.246	0.235 49	0.275 49	3.630
5	1.217	0.821 9	5.416	0.184 63	0.224 63	4.452
6	1.265	0.790 3	6.633	0.150 76	0.190 76	5.242
7	1.316	0.759 9	7.898	0.126 61	0.166 61	6.002
8	1.369	0.730 7	9.214	0.108 53	0.148 53	6.733
9	1.423	0.702 6	10.583	0.094 49	0.134 49	7.435
10	1.480	0.675 6	12.006	0.083 29	0.123 29	8.111
11	1.539	0.649 6	13.486	0.074 15	0.114 15	8.760
12	1.601	0.624 6	15.026	0.066 55	0.106 55	9.385
13	1.665	0.600 6	16.627	0.060 14	0.100 14	9.986
14	1.732	0.577 5	18.292	0.054 67	0.094 67	10.563
15	1.801	0.555 3	20.024	0.049 94	0.089 94	11.118
16	1.873	0.533 9	21.825	0.045 82	0.085 82	11.652
17	1.948	0.513 4	23.698	0.042 20	0.082 20	12.166
18	2.026	0.493 6	25.645	0.038 99	0.078 99	12.659
19	2.107	0.474 6	27.671	0.036 14	0.076 14	13.134
20	2.191	0.456 4	29.778	0.033 58	0.073 58	13.590
21	2.279	0.438 8	31.969	0.031 28	0.071 28	14.029
22	2.370	0.422 0	34.248	0.029 20	0.069 20	14.451
23	2.465	0.405 7	36.618	0.027 31	0.067 31	14.857
24	2.563	0.390 1	39.083	0.025 59	0.065 59	15.247
25	2.666	0.375 1	41.646	0.024 00	0.064 01	15.622
26	2.772	0.360 7	44.312	0.022 57	0.062 57	15.983
27	2.883	0.346 8	47.084	0.021 24	0.061 24	16.330
28	2.999	0.333 5	49.968	0.020 01	0.060 01	16.663
29	3.119	0.320 7	52.966	0.018 88	0.058 88	16.984
30	3.243	0.308 3	56.085	0.017 83	0.057 83	17.292
35	3.946	0.253 4	73.652	0.013 58	0.053 58	18.665
40	4.801	0.208 3	95.026	0.010 52	0.050 52	19.793
45	5.841	0.171 2	121.029	0.008 26	0.048 26	20.720
50	7.107	0.140 7	152.667	0.006 55	0.046 55	21.482
55	8.646	0.115 7	191.159	0.005 23	0.045 23	22.109
60	10.520	0.095 1	237.991	0.004 20	0.044 20	22.623
65	12.799	0.078 1	294.968	0.003 39	0.043 39	23.047
70	15.572	0.064 2	364.290	0.002 75	0.042 75	23.395
75	18.945	0.052 8	448.631	0.002 23	0.042 23	23.680
80	23.050	0.043 4	551.245	0.001 81	0.041 81	23.915
85	28.044	0.035 7	676.090	0.001 48	0.041 48	24.109
90	34.119	0.029 3	827.983	0.001 21	0.041 21	24.267
95	41.511	0.024 1	1 012.785	0.000 99	0.040 99	24.398
100	50.505	0.019 8	1 237.624	0.000 81	0.040 81	24.505

附表8 5%

n	$(F/P,i,n)$	$(P/F,i,n)$	$(F/A,i,n)$	$(A/F,i,n)$	$(A/P,i,n)$	$(P/A,i,n)$
1	1.050	0.952 4	1.000	1.000 00	1.050 00	0.952
2	1.103	0.907 0	2.050	0.487 80	0.537 80	1.859
3	1.158	0.863 8	3.153	0.317 21	0.367 21	2.723
4	1.216	0.822 7	4.310	0.232 01	0.282 01	3.546
5	1.276	0.783 5	5.526	0.180 97	0.230 97	4.329
6	1.340	0.746 2	6.802	0.147 02	0.197 02	5.076
7	1.407	0.710 7	8.142	0.122 82	0.172 82	5.786
8	1.477	0.676 8	9.549	0.104 72	0.154 72	6.463
9	1.551	0.644 6	11.027	0.090 69	0.140 69	7.108
10	1.629	0.613 9	12.578	0.079 50	0.129 50	7.722
11	1.710	0.584 7	14.207	0.070 39	0.120 39	8.306
12	1.796	0.556 8	15.917	0.062 83	0.112 83	8.863
13	1.886	0.530 3	17.713	0.056 46	0.106 46	9.394
14	1.980	0.505 1	19.599	0.051 02	0.101 02	9.899
15	2.079	0.481 0	21.579	0.046 34	0.096 34	10.380
16	2.183	0.458 1	23.657	0.042 27	0.092 27	10.838
17	2.292	0.436 3	25.840	0.038 70	0.088 70	11.274
18	2.407	0.415 5	25.132	0.035 55	0.085 55	11.690
19	2.527	0.395 7	30.539	0.032 75	0.082 75	12.085
20	2.653	0.376 9	33.066	0.030 24	0.080 24	12.462
21	2.786	0.358 9	35.719	0.028 00	0.078 00	12.821
22	2.925	0.341 8	38.505	0.025 97	0.075 97	13.163
23	3.072	0.325 6	41.430	0.024 14	0.074 14	13.489
24	3.225	0.310 1	44.502	0.022 47	0.072 47	13.799
25	3.386	0.295 3	47.727	0.020 95	0.070 95	14.094
26	3.556	0.281 2	51.113	0.019 56	0.069 56	14.375
27	3.733	0.267 8	54.669	0.018 29	0.068 29	14.643
28	3.920	0.255 1	58.403	0.017 12	0.067 12	14.898
29	4.116	0.242 9	62.323	0.016 05	0.066 05	15.141
30	4.322	0.231 4	66.139	0.015 05	0.065 05	15.372
35	5.516	0.181 3	90.320	0.011 07	0.061 07	16.374
40	7.040	0.142 0	120.800	0.008 28	0.058 28	17.159
45	8.985	0.111 3	159.700	0.006 26	0.056 26	17.774
50	11.467	0.087 2	209.348	0.004 78	0.054 78	18.256
55	14.636	0.068 3	272.713	0.003 67	0.053 67	18.633
60	18.679	0.053 5	353.584	0.002 83	0.052 83	18.929
65	23.840	0.041 9	456.798	0.002 19	0.052 19	19.161
70	30.426	0.032 9	588.529	0.001 70	0.051 70	19.343
75	38.833	0.025 8	756.654	0.001 32	0.051 32	19.485
80	49.561	0.020 0	971.229	0.001 03	0.051 03	19.596
85	63.254	0.015 8	1 245.087	0.000 80	0.050 80	19.684
90	80.730	0.012 4	1 594.607	0.000 63	0.050 63	19.752
95	103.035	0.009 7	2 040.694	0.000 49	0.050 49	19.806
100	131.501	0.007 6	2 610.025	0.000 38	0.050 38	19.848

附表9 6%

n	$(F/P,i,n)$	$(P/F,i,n)$	$(F/A,i,n)$	$(A/F,i,n)$	$(A/P,i,n)$	$(P/A,i,n)$
1	1.060	0.943 4	1.000	1.000 00	1.060 00	0.943
2	1.124	0.890 0	2.06	0.485 44	0.545 44	1.833
3	1.191	0.839 6	3.184	0.314 11	0.374 11	2.673
4	1.262	0.792 1	4.37	0.228 59	0.288 59	3.465
5	1.338	0.747 3	5.63	0.177 40	0.237 40	4.212
6	1.419	0.705 0	6.975	0.143 36	0.203 36	4.917
7	1.504	0.665 1	8.394	0.119 14	0.179 14	5.582
8	1.594	0.627 4	9.897	0.101 04	0.161 04	6.210
9	1.689	0.591 9	11.491	0.087 02	0.147 02	6.802
10	1.791	0.558 4	13.181	0.075 87	0.135 87	7.360
11	1.898	0.526 8	14.972	0.066 79	0.126 79	7.887
12	2.012	0.497 0	16.870	0.059 28	0.119 28	8.384
13	2.133	0.468 8	18.882	0.052 96	0.112 96	8.853
14	2.261	0.442 3	21.015	0.047 58	0.107 58	9.295
15	2.397	0.417 3	23.276	0.042 96	0.102 96	9.712
16	2.540	0.393 6	25.673	0.038 95	0.098 95	10.106
17	2.693	0.371 4	28.213	0.035 44	0.095 44	10.477
18	2.854	0.350 3	30.906	0.032 36	0.092 36	10.828
19	3.026	0.330 5	33.760	0.029 62	0.089 62	11.158
20	3.207	0.311 8	36.786	0.027 18	0.087 18	11.470
21	3.400	0.294 2	39.993	0.025 00	0.085 00	11.764
22	3.604	0.277 5	43.392	0.023 05	0.083 05	12.042
23	3.820	0.261 8	46.996	0.021 28	0.081 28	12.303
24	4.049	0.247 0	50.816	0.019 68	0.079 68	12.550
25	4.292	0.233 0	54.865	0.018 23	0.078 23	12.783
26	4.549	0.219 8	59.156	0.016 90	0.076 90	13.003
27	4.822	0.207 4	63.706	0.015 70	0.075 70	13.211
28	5.112	0.195 6	68.528	0.014 59	0.074 59	13.406
29	5.418	0.184 6	73.640	0.013 58	0.073 58	13.591
30	5.743	0.174 1	79.058	0.012 65	0.072 65	13.765
35	7.686	0.130 1	111.435	0.008 97	0.068 97	14.498
40	10.286	0.097 2	154.762	0.006 46	0.066 46	15.046
45	13.765	0.072 7	212.744	0.004 70	0.064 70	15.456
50	18.420	0.054 3	290.336	0.003 44	0.063 44	15.762
55	24.650	0.040 6	394.172	0.002 54	0.062 54	15.991
60	32.988	0.030 3	533.128	0.001 88	0.061 88	16.161
65	44.145	0.022 7	719.083	0.001 39	0.061 39	16.289
70	59.076	0.016 9	967.932	0.001 03	0.061 03	16.385
75	79.057	0.012 6	1 300.949	0.000 77	0.060 77	16.456
80	105.796	0.009 5	1 746.600	0.000 57	0.060 57	16.509
85	141.579	0.007 1	2 342.982	0.000 43	0.060 43	16.549
90	189.465	0.005 3	3 141.075	0.000 32	0.060 32	16.579
95	253.546	0.003 9	4 209.104	0.000 24	0.060 24	16.601
100	339.302	0.002 9	5 638.368	0.000 18	0.060 18	16.618

附表 10   7%

n	$(F/P,i,n)$	$(P/F,i,n)$	$(F/A,i,n)$	$(A/F,i,n)$	$(A/P,i,n)$	$(P/A,i,n)$
1	1.070	0.934 6	1.000	1.000 0	1.070 0	0.935
2	1.145	0.873 4	2.070	0.483 1	0.553 1	1.808
3	1.225	0.816 3	3.215	0.311 1	0.381 1	2.624
4	1.311	0.762 9	4.440	0.225 2	0.295 2	3.387
5	1.403	0.713 0	5.751	0.173 9	0.243 9	4.100
6	1.501	0.666 3	7.153	0.139 8	0.209 8	4.767
7	1.606	0.622 7	8.654	0.115 6	0.185 6	5.389
8	1.718	0.582 0	10.260	0.097 5	0.167 5	5.971
9	1.838	0.543 9	11.978	0.083 5	0.153 5	6.515
10	1.967	0.508 3	13.816	0.072 4	0.142 4	7.024
11	2.105	0.475 1	15.784	0.063 4	0.133 4	7.499
12	2.252	0.444 0	17.888	0.055 9	0.125 9	7.943
13	2.410	0.415 0	20.141	0.049 7	0.119 7	8.358
14	2.579	0.387 8	22.550	0.044 3	0.114 3	8.745
15	2.759	0.362 4	25.129	0.039 8	0.109 8	9.108
16	2.952	0.338 7	27.888	0.035 9	0.105 9	9.447
17	3.159	0.316 6	30.840	0.032 4	0.102 4	9.763
18	3.380	0.295 9	33.999	0.029 4	0.099 4	10.059
19	3.617	0.276 5	37.379	0.026 8	0.096 8	10.336
20	3.870	0.258 4	40.995	0.024 4	0.094 4	10.594
21	4.141	0.241 5	44.865	0.022 3	0.092 3	10.836
22	4.430	0.225 7	49.006	0.020 4	0.090 4	11.061
23	4.741	0.210 9	53.436	0.018 7	0.088 7	11.272
24	5.072	0.197 1	58.177	0.017 2	0.087 2	11.469
25	5.427	0.184 2	63.249	0.015 8	0.085 8	11.654
26	5.807	0.172 2	68.676	0.014 6	0.084 6	11.826
27	6.214	0.160 9	74.484	0.013 4	0.083 4	11.987
28	6.649	0.150 4	80.698	0.012 4	0.082 4	12.137
29	7.114	0.140 6	87.347	0.011 4	0.081 4	12.278
30	7.612	0.131 4	94.461	0.010 6	0.080 6	12.409
35	10.677	0.093 7	138.237	0.007 2	0.077 2	12.948
40	14.974	0.066 8	199.635	0.005 0	0.075 0	13.332
45	21.007	0.047 6	285.749	0.003 5	0.073 5	13.606
50	29.457	0.033 9	406.529	0.002 5	0.072 5	13.801
55	41.315	0.024 2	575.929	0.001 7	0.071 7	13.940
60	57.946	0.017 3	813.520	0.001 2	0.071 2	14.039
65	81.273	0.012 3	1 146.755	0.000 9	0.070 9	14.110
70	113.989	0.008 8	1 614.134	0.000 6	0.070 6	14.160
75	159.876	0.006 3	2 269.657	0.000 4	0.070 4	14.196
80	224.234	0.004 5	3 189.063	0.000 3	0.070 3	14.222
85	314.500	0.003 2	4 478.576	0.000 2	0.070 2	14.240
90	441.103	0.002 3	6 287.185	0.000 2	0.070 2	14.253
95	618.670	0.001 6	8 823.854	0.000 1	0.070 1	14.263
100	867.716	0.001 2	12 381.662	0.000 1	0.070 1	14.269

附表 11   8%

n	$(F/P,i,n)$	$(P/F,i,n)$	$(F/A,i,n)$	$(A/F,i,n)$	$(A/P,i,n)$	$(P/A,i,n)$
1	1.080	0.925 9	1.000	1.000 00	1.080 00	0.926
2	1.166	0.857 3	2.080	0.480 77	0.560 77	1.783
3	1.260	0.793 8	3.246	0.308 03	0.388 03	2.577
4	1.360	0.735 0	4.506	0.221 92	0.301 92	3.312
5	1.469	0.680 6	5.867	0.170 46	0.250 46	3.993
6	1.587	0.630 2	7.336	0.136 32	0.216 32	4.623
7	1.714	0.583 5	8.932	0.112 07	0.192 07	5.206
8	1.851	0.540 3	10.637	0.094 01	0.174 01	5.747
9	1.999	0.500 2	12.488	0.080 08	0.160 08	6.247
10	2.159	0.463 2	14.487	0.069 30	0.149 03	6.710
11	2.332	0.428 9	16.645	0.060 08	0.140 08	7.139
12	2.518	0.397 1	18.977	0.052 70	0.132 70	7.536
13	2.720	0.367 7	21.495	0.046 52	0.126 52	7.904
14	2.937	0.340 5	24.215	0.041 30	0.121 30	8.244
15	3.172	0.315 2	27.152	0.036 83	0.116 83	8.559
16	3.426	0.291 9	30.324	0.032 98	0.112 98	8.851
17	3.700	0.270 3	33.750	0.029 63	0.109 63	9.122
18	3.996	0.250 2	37.450	0.026 70	0.106 70	9.372
19	4.316	0.231 7	41.446	0.024 13	0.104 13	9.604
20	4.661	0.214 5	45.762	0.021 85	0.101 85	9.818
21	5.034	0.198 7	50.423	0.019 83	0.099 83	10.017
22	5.437	0.183 9	55.457	0.018 03	0.098 03	10.201
23	5.871	0.170 3	60.893	0.016 42	0.096 42	10.371
24	6.341	0.157 7	66.765	0.014 98	0.094 98	10.529
25	6.848	0.146 0	73.106	0.013 68	0.093 68	10.675
26	7.396	0.135 2	79.954	0.012 51	0.092 51	10.810
27	7.988	0.125 2	87.351	0.011 45	0.091 45	10.935
28	8.627	0.115 9	95.339	0.010 49	0.090 49	11.051
29	9.317	0.107 3	103.966	0.009 62	0.089 62	11.158
30	10.063	0.099 4	113.283	0.008 83	0.088 83	11.258
35	14.785	0.067 6	172.317	0.005 80	0.085 80	11.655
40	21.725	0.046 0	259.057	0.003 86	0.083 86	11.925
45	31.920	0.031 3	386.506	0.002 59	0.082 59	12.108
50	46.902	0.021 3	573.770	0.001 74	0.081 74	12.233
55	68.914	0.014 5	848.923	0.001 18	0.081 18	12.319
60	101.257	0.009 9	1 253.213	0.000 80	0.080 80	12.377
65	148.780	0.006 7	1 847.248	0.000 54	0.080 54	12.416
70	218.606	0.004 6	2 720.080	0.000 37	0.080 37	12.443
75	321.205	0.003 1	4 002.557	0.000 25	0.080 25	12.461
80	471.955	0.002 1	5 886.935	0.000 17	0.080 17	12.474
85	693.456	0.001 4	8 655.706	0.000 12	0.080 12	12.482
90	1 018.915	0.001 0	12 723.939	0.000 08	0.080 08	12.488
95	1 497.121	0.000 7	18 701.507	0.000 05	0.080 05	12.492
100	2 199.761	0.000 5	27 484.516	0.000 04	0.080 04	12.494

附表 12　10%

n	$(F/P,i,n)$	$(P/F,i,n)$	$(F/A,i,n)$	$(A/F,i,n)$	$(A/P,i,n)$	$(P/A,i,n)$
1	1.100	0.909 1	1.000	1.000 00	1.100 00	0.909
2	1.210	0.826 4	2.100	0.476 19	0.576 19	1.736
3	1.331	0.751 3	3.310	0.302 11	0.402 11	2.487
4	1.464	0.683 0	4.641	0.215 47	0.315 47	3.170
5	1.611	0.620 9	6.105	0.163 80	0.263 80	3.791
6	1.772	0.564 5	7.716	0.129 61	0.229 61	4.355
7	1.949	0.513 2	9.487	0.105 41	0.205 41	4.868
8	2.144	0.466 5	11.436	0.087 44	0.187 44	5.335
9	2.358	0.424 1	13.579	0.073 64	0.173 64	5.759
10	2.594	0.385 5	15.937	0.062 75	0.162 75	6.144
11	2.853	0.350 5	18.531	0.053 96	0.153 96	6.495
12	3.138	0.318 6	21.384	0.046 76	0.146 76	6.814
13	3.452	0.289 7	24.523	0.040 78	0.140 78	7.103
14	3.797	0.263 3	27.975	0.035 75	0.135 75	7.367
15	4.177	0.239 4	31.772	0.031 47	0.131 47	7.606
16	4.595	0.217 6	35.950	0.027 82	0.127 82	7.824
17	5.054	0.197 8	40.545	0.024 66	0.124 66	8.022
18	5.560	0.179 9	45.599	0.021 93	0.121 93	8.201
19	6.116	0.163 5	51.159	0.019 55	0.119 55	8.365
20	6.727	0.148 6	57.275	0.017 46	0.117 46	8.514
21	7.400	0.135 1	64.002	0.015 62	0.115 62	8.649
22	8.140	0.122 8	71.403	0.014 01	0.114 01	8.772
23	8.954	0.111 7	79.543	0.012 57	0.112 57	8.883
24	9.850	0.101 5	88.497	0.011 30	0.111 30	8.985
25	10.835	0.092 3	98.347	0.010 17	0.110 17	9.077
26	11.918	0.083 9	109.182	0.009 16	0.109 16	9.161
27	13.110	0.076 3	121.100	0.008 26	0.108 26	9.237
28	14.421	0.069 3	134.210	0.007 45	0.107 45	9.307
29	15.863	0.063 0	148.631	0.006 73	0.106 73	9.370
30	17.449	0.057 3	164.494	0.006 08	0.106 08	9.427
35	28.102	0.035 6	271.024	0.003 69	0.103 69	9.644
40	45.259	0.022 1	442.593	0.002 26	0.102 26	9.779
45	72.890	0.013 7	718.905	0.001 39	0.101 39	9.863
50	117.391	0.008 5	1 163.909	0.000 86	0.100 86	9.915
55	189.059	0.005 3	1 880.591	0.000 53	0.100 53	9.947
60	304.482	0.003 3	3 034.816	0.000 33	0.100 33	9.967
65	490.371	0.002 0	4 893.707	0.000 20	0.100 20	9.980
70	789.747	0.001 3	7 887.470	0.000 13	0.100 13	9.987
75	1 271.895	0.000 8	12 708.954	0.000 08	0.100 08	9.992
80	2 048.400	0.000 5	20 474.002	0.000 05	0.100 05	9.995
85	3 298.969	0.000 3	32 979.690	0.000 03	0.100 03	9.997
90	5 313.023	0.000 2	53 120.226	0.000 02	0.100 02	9.998
95	8 556.676	0.000 1	85 556.760	0.000 01	0.100 01	9.999

附表 13   12%

n	$(F/P,i,n)$	$(P/F,i,n)$	$(F/A,i,n)$	$(A/F,i,n)$	$(A/P,i,n)$	$(P/A,i,n)$
1	1.120	0.892 9	1.000	1.000 00	1.120 00	0.893
2	1.254	0.797 2	2.120	0.471 70	0.591 70	1.690
3	1.405	0.711 8	3.374	0.296 35	0.416 35	2.402
4	1.574	0.635 5	4.779	0.209 23	0.329 23	3.037
5	1.762	0.567 4	6.353	0.157 41	0.277 41	3.605
6	1.974	0.506 6	8.115	0.123 23	0.243 23	4.111
7	2.211	0.452 3	10.089	0.099 12	0.219 12	4.564
8	2.476	0.403 9	12.300	0.081 30	0.201 30	4.968
9	2.773	0.360 6	14.776	0.067 68	0.187 68	5.328
10	3.106	0.322 0	17.549	0.056 98	0.176 98	5.650
11	3.479	0.287 5	20.655	0.048 42	0.168 42	5.938
12	3.896	0.256 7	24.133	0.041 44	0.161 44	6.194
13	4.363	0.229 2	28.029	0.035 68	0.155 68	6.424
14	4.887	0.204 6	32.393	0.030 87	0.150 87	6.628
15	5.474	0.182 7	37.280	0.026 82	0.146 82	6.811
16	6.130	0.163 1	42.753	0.023 39	0.143 39	6.974
17	6.866	0.145 6	48.884	0.020 46	0.140 46	7.120
18	7.690	0.130 0	55.750	0.017 94	0.137 94	7.250
19	8.613	0.116 1	63.440	0.015 76	0.135 76	7.366
20	9.646	0.103 7	72.052	0.013 88	0.133 88	7.469
21	10.804	0.092 6	81.699	0.012 24	0.132 24	7.562
22	12.100	0.082 6	92.503	0.010 81	0.130 81	7.645
23	13.552	0.073 8	104.603	0.009 56	0.129 56	7.718
24	15.179	0.065 9	118.155	0.008 46	0.128 46	7.784
25	17.000	0.058 8	133.334	0.007 50	0.127 50	7.843
26	19.040	0.052 5	150.334	0.006 65	0.126 65	7.896
27	21.325	0.046 9	169.374	0.005 90	0.125 90	7.943
28	23.884	0.041 9	190.699	0.005 24	0.125 24	7.984
29	26.750	0.037 4	214.583	0.004 66	0.124 66	8.022
30	29.960	0.033 4	241.333	0.004 14	0.124 14	8.055
35	52.800	0.018 9	431.663	0.002 32	0.122 32	8.176
40	93.051	0.010 7	767.091	0.001 30	0.121 30	8.244
45	163.988	0.006 1	1 358.230	0.000 74	0.120 74	8.283
50	289.002	0.003 5	2 400.018	0.000 42	0.120 42	8.304
55	509.321	0.002 0	4 236.005	0.000 24	0.120 24	8.317
60	897.597	0.001 1	7 471.641	0.000 13	0.120 13	8.324
65	1 581.872	0.000 6	13 173.937	0.000 08	0.120 08	8.328
70	2 787.800	0.000 4	23 223.332	0.000 04	0.120 04	8.330
75	4 913.056	0.000 2	40 933.799	0.000 02	0.120 02	8.332
80	8 658.483	0.000 1	72 145.692	0.000 01	0.120 01	8.332

附表 14　15%

n	$(F/P,i,n)$	$(P/F,i,n)$	$(F/A,i,n)$	$(A/F,i,n)$	$(A/P,i,n)$	$(P/A,i,n)$
1	1. 150	0. 869 6	1. 000	1. 000 00	1. 150 00	0. 870
2	1. 322	0. 756 1	2. 150	0. 465 12	0. 615 12	1. 626
3	1. 521	0. 657 5	3. 472	0. 287 98	0. 437 98	2. 283
4	1. 749	0. 571 8	4. 993	0. 200 27	0. 350 27	2. 855
5	2. 011	0. 497 2	6. 742	0. 148 32	0. 298 32	3. 352
6	2. 313	0. 432 3	8. 754	0. 114 24	0. 264 24	3. 784
7	2. 660	0. 375 9	11. 067	0. 090 36	0. 240 36	4. 160
8	3. 059	0. 326 9	13. 727	0. 072 85	0. 222 85	4. 487
9	3. 518	0. 284 3	16. 786	0. 059 57	0. 209 57	4. 772
10	4. 046	0. 247 2	20. 304	0. 049 25	0. 199 30	5. 019
11	4. 652	0. 214 9	24. 349	0. 041 07	0. 191 07	5. 234
12	5. 350	0. 186 9	29. 002	0. 034 48	0. 184 48	5. 421
13	6. 153	0. 162 5	34. 352	0. 029 11	0. 179 11	5. 583
14	7. 076	0. 141 3	40. 505	0. 024 69	0. 174 69	5. 724
15	8. 137	0. 122 9	47. 580	0. 021 02	0. 171 02	5. 847
16	9. 358	0. 106 9	55. 717	0. 017 95	0. 167 95	5. 954
17	10. 761	0. 092 9	65. 075	0. 015 37	0. 165 37	6. 047
18	12. 375	0. 080 8	75. 836	0. 013 19	0. 163 19	6. 128
19	14. 232	0. 070 3	88. 212	0. 011 34	0. 161 34	6. 198
20	16. 367	0. 061 1	102. 444	0. 009 76	0. 159 76	6. 259
21	18. 822	0. 053 1	118. 810	0. 008 42	0. 158 42	6. 312
22	21 645	0. 046 2	137. 632	0. 007 27	0. 157 27	6. 359
23	24. 891	0. 040 2	159. 276	0. 006 28	0. 156 28	6. 399
24	28. 625	0. 034 9	184. 168	0. 005 43	0. 155 43	6. 434
25	32. 919	0. 030 4	212. 793	0. 004 70	0. 154 70	6. 464
26	37. 857	0. 026 4	245. 712	0. 004 07	0. 154 07	6. 491
27	43. 535	0. 023 0	283. 569	0. 003 53	0. 153 53	6. 514
28	50. 066	0. 020 0	327. 104	0. 003 06	0. 153 06	6. 534
29	57. 575	0. 017 4	377. 170	0. 002 65	0. 152 65	6. 551
30	66. 212	0. 015 1	434. 745	0. 002 30	0. 152 30	6. 566
35	133. 176	0. 007 5	881. 170	0. 001 13	0. 151 13	6. 617
40	267. 864	0. 003 7	1 779. 090	0. 000 56	0. 150 56	6. 642
45	538. 769	0. 001 9	3 585. 128	0. 000 28	0. 150 28	6. 654
50	1 083. 657	0. 000 9	7 217. 716	0. 000 14	0. 150 14	6. 661
55	2 179. 622	0. 000 5	14 524. 148	0. 000 07	0. 150 07	6. 664
60	4 383. 999	0. 000 2	29 219. 992	0. 000 03	0. 150 03	6. 665
65	8 817. 787	0. 000 1	58 778. 583	0. 000 02	0. 150 02	6. 666

附表15　20%

n	$(F/P,i,n)$	$(P/F,i,n)$	$(F/A,i,n)$	$(A/F,i,n)$	$(A/P,i,n)$	$(P/A,i,n)$
1	1.200	0.833 3	1.000	1.000 00	1.200 00	0.833
2	1.440	0.694 4	2.200	0.454 55	0.654 55	1.528
3	1.728	0.578 7	3.640	0.274 73	0.474 73	2.106
4	2.074	0.482 3	5.368	0.186 29	0.386 29	2.589
5	2.488	0.401 9	7.442	0.134 38	0.334 38	2.991
6	2.986	0.334 9	9.930	0.100 71	0.300 71	3.326
7	3.583	0.279 1	12.916	0.077 42	0.277 42	3.605
8	4.300	0.232 6	16.499	0.060 61	0.260 61	3.837
9	5.160	0.193 8	20.799	0.048 08	0.248 08	4.031
10	6.192	0.161 5	25.959	0.038 52	0.238 52	4.192
11	7.430	0.134 6	32.150	0.031 10	0.231 10	4.327
12	8.916	0.112 2	39.581	0.025 28	0.225 26	4.439
13	10.699	0.093 5	48.497	0.020 62	0.220 62	4.533
14	12.839	0.077 9	59.196	0.016 89	0.216 89	4.611
15	15.407	0.064 9	72.035	0.013 88	0.213 88	4.675
16	18.488	0.054 1	87.442	0.011 44	0.211 44	4.730
17	22.186	0.045 1	105.931	0.009 44	0.209 44	4.775
18	26.623	0.037 6	128.117	0.007 81	0.207 81	4.812
19	31.948	0.031 3	154.740	0.006 46	0.206 46	4.843
20	38.338	0.026 1	186.688	0.005 38	0.205 36	4.870
21	46.005	0.021 7	225.026	0.004 44	0.204 44	4.891
22	55.206	0.018 1	271.031	0.003 69	0.203 69	4.909
23	66.247	0.015 1	326.237	0.003 07	0.203 07	4.925
24	79.497	0.012 6	392.484	0.002 55	0.202 55	4.937
25	95.396	0.010 5	471.981	0.002 12	0.202 12	4.948
26	114.475	0.008 7	567.377	0.001 76	0.201 76	4.956
27	137.371	0.007 3	681.853	0.001 47	0.201 47	4.964
28	164.845	0.006 1	819.223	0.001 22	0.201 22	4.970
29	197.814	0.005 1	984.068	0.001 02	0.201 02	4.975
30	237.376	0.004 2	1 181.882	0.000 85	0.200 85	4.979
35	590.668	0.001 7	2 948.341	0.000 34	0.200 34	4.992
40	1 469.772	0.000 7	7 343.858	0.000 14	0.200 14	4.997
45	3 657.262	0.000 3	18 281.310	0.000 05	0.200 05	4.999
50	9 100.438	0.000 1	45 497.191	0.000 02	0.200 02	4.999

附表 16   25%

n	$(F/P,i,n)$	$(P/F,i,n)$	$(F/A,i,n)$	$(A/F,i,n)$	$(A/P,i,n)$	$(P/A,i,n)$
1	1.250	0.800 0	1.000	1.000 00	1.250 00	0.800
2	1.562	0.640 0	2.250	0.444 44	0.694 44	1.440
3	1.953	0.512 0	3.812	0.262 30	0.512 30	1.952
4	2.441	0.409 6	5.766	0.173 44	0.423 44	2.362
5	3.052	0.327 7	8.207	0.121 85	0.371 85	2.689
6	3.815	0.262 1	11.259	0.088 82	0.338 82	2.951
7	4.768	0.209 7	15.073	0.066 34	0.316 34	3.161
8	5.960	0.167 8	19.842	0.050 40	0.300 40	3.329
9	7.451	0.134 2	25.802	0.038 76	0.288 76	3.463
10	9.313	0.107 4	33.253	0.030 07	0.280 07	3.571
11	11.642	0.085 9	42.566	0.023 49	0.273 49	3.656
12	14.552	0.068 7	54.208	0.018 45	0.268 45	3.725
13	18.190	0.055 0	68.760	0.014 54	0.264 54	3.780
14	22.737	0.044 0	86.949	0.011 50	0.261 50	3.824
15	28.422	0.035 2	109.687	0.009 12	0.259 12	3.859
16	35.527	0.028 1	138.109	0.007 24	0.257 24	3.887
17	44.409	0.022 5	173.636	0.005 76	0.255 76	3.910
18	55.511	0.018 0	218.045	0.004 59	0.254 59	3.928
19	69.389	0.014 4	273.556	0.003 66	0.253 66	3.942
20	86.736	0.011 5	342.945	0.002 92	0.252 92	3.954
21	108.420	0.009 2	429.681	0.002 33	0.252 33	3.963
22	135.525	0.007 4	538.101	0.001 86	0.251 86	3.970
23	169.407	0.005 9	673.626	0.001 48	0.251 48	3.976
24	211.758	0.004 7	843.033	0.001 19	0.251 19	3.981
25	264.698	0.003 8	1 054.791	0.000 95	0.250 95	3.985
26	330.872	0.003 0	1 319.489	0.000 76	0.250 76	3.988
27	413.590	0.002 4	1 650.361	0.000 61	0.250 61	3.990
28	516.988	0.001 9	2 063.952	0.000 48	0.250 48	3.992
29	646.235	0.001 5	2 580.939	0.000 39	0.250 39	3.994
30	807.794	0.001 2	3 227.174	0.000 31	0.250 31	3.995
35	2 465.190	0.000 4	9 856.761	0.000 10	0.250 10	3.998
40	7 523.164	0.000 1	30 088.655	0.000 03	0.250 03	3.999

附表 17 30%

n	$(F/P,i,n)$	$(P/F,i,n)$	$(F/A,i,n)$	$(A/F,i,n)$	$(A/P,i,n)$	$(P/A,i,n)$
1	1.300	0.769 2	1.000	1.000 00	1.300 00	0.769
2	1.690	0.591 7	2.300	0.434 78	0.734 78	1.361
3	2.197	0.455 2	3.990	0.250 63	0.550 63	1.816
4	2.856	0.350 1	6.187	0.161 63	0.461 63	2.166
5	3.713	0.269 3	9.043	0.110 58	0.410 58	2.436
6	4.827	0.207 2	12.756	0.078 39	0.378 39	2.643
7	6.275	0.159 4	17.583	0.056 87	0.356 87	2.802
8	8.157	0.122 6	23.858	0.041 92	0.341 92	2.925
9	10.604	0.094 3	32.015	0.031 24	0.331 24	3.019
10	13.786	0.072 5	42.619	0.023 46	0.323 46	3.092
11	17.922	0.055 8	56.405	0.017 73	0.317 73	3.147
12	23.298	0.042 9	74.327	0.013 45	0.313 45	3.190
13	30.288	0.033 0	97.625	0.010 24	0.310 24	3.223
14	39.374	0.025 4	127.913	0.007 82	0.307 82	3.249
15	51.186	0.019 5	167.286	0.005 98	0.305 98	3.268
16	66.542	0.015 0	218.472	0.004 58	0.304 58	3.283
17	86.504	0.011 6	285.014	0.003 51	0.303 51	3.295
18	112.455	0.008 9	371.518	0.002 69	0.302 69	3.304
19	146.192	0.006 8	483.973	0.002 07	0.302 07	3.311
20	190.050	0.005 3	630.165	0.001 59	0.301 59	3.316
21	247.065	0.004 0	820.215	0.001 22	0.301 22	3.320
22	321.184	0.003 1	1 067.280	0.000 94	0.300 94	3.323
23	417.539	0.002 4	1 388.464	0.000 72	0.300 72	3.325
24	542.801	0.001 8	1 806.003	0.000 55	0.300 55	3.327
25	705.641	0.001 4	2 348.803	0.000 43	0.300 43	3.329
26	917.333	0.001 1	3 054.444	0.000 33	0.300 33	3.330
27	1 192.533	0.000 8	3 971.778	0.000 25	0.300 25	3.331
28	1 550.293	0.000 6	5 164.311	0.000 19	0.300 19	3.331
29	2 015.381	0.000 5	6 714.604	0.000 15	0.300 15	3.332
30	2 619.996	0.000 4	8 729.985	0.000 11	0.300 11	3.332
35	9 727.860	0.000 1	32 422.868	0.000 03	0.300 03	3.333

附表 18　等差系列年金系数$(A/G,i,n)$

i n	0.75%	1%	1.50%	2%	2.50%	3%	4%	5%	6%
1	0.000 0	0.000 0	0.000 0	0.000 0	0.000 0	0.000 0	0.000 0	0.000 0	0.000 0
2	0.498 1	0.497 5	0.496 3	0.495 0	0.493 8	0.492 6	0.490 2	0.487 8	0.485 4
3	0.995 0	0.993 4	0.990 1	0.986 8	0.983 5	0.980 3	0.973 9	0.967 5	0.961 2
4	1.490 7	1.487 6	1.481 4	1.475 2	1.469 1	1.463 1	1.451 0	1.439 1	1.427 2
5	1.985 1	1.980 1	1.970 2	1.960 4	1.950 6	1.940 9	1.921 6	1.902 5	1.883 6
6	2.473 2	2.471 0	2.456 6	2.442 3	2.428 0	2.413 8	2.385 7	2.357 9	2.330 4
7	2.970 1	2.960 2	2.940 5	2.920 8	2.901 3	2.881 9	2.843 3	2.805 2	2.767 6
8	3.460 8	3.447 8	3.421 9	3.396 1	3.370 4	3.345 0	3.294 4	3.244 5	3.195 2
9	3.950 2	3.933 7	3.900 8	3.868 1	3.835 5	3.803 2	3.739 1	3.675 8	3.613 3
10	4.438 4	4.417 9	4.377 2	4.336 7	4.296 5	4.256 5	4.177 3	4.099 1	4.022 0
11	4.925 3	4.900 5	4.851 8	4.802 1	4.753 4	4.704 9	4.609 0	4.514 4	4.421 3
12	5.411 0	5.381 5	5.322 7	5.264 2	5.206 2	5.148 5	5.034 3	4.921 9	4.811 3
13	5.895 4	5.860 7	5.791 7	5.723 1	5.654 9	5.587 2	5.453 3	5.321 5	5.192 0
14	6.378 6	6.338 4	6.258 2	6.178 6	6.099 5	6.021 0	5.865 9	5.713 3	5.563 5
15	6.860 6	6.814 3	6.722 3	6.630 9	6.540 1	6.450 0	6.272 1	6.097 3	5.926 0
16	7.341 3	7.288 6	7.183 9	7.079 9	6.978 6	6.874 2	6.672 0	6.473 6	6.279 4
17	7.820 7	7.761 3	7.643 1	7.525 6	7.409 1	7.293 6	7.065 6	6.842 3	6.624 0
18	8.298 9	8.232 3	8.099 7	7.968 1	7.837 5	7.708 1	7.453 0	7.203 4	6.959 7
19	8.775 9	8.701 7	8.553 9	8.407 3	8.261 9	8.117 9	7.834 2	7.556 9	7.286 7
20	9.251 6	9.169 4	9.005 9	8.843 3	8.682 3	8.522 9	8.209 1	7.903 0	7.605 1
21	9.726 1	9.635 4	9.455 0	9.276 0	9.098 6	8.923 1	8.577 9	8.241 6	7.915 1
22	10.199 4	10.099 8	9.901 8	9.705 5	9.511 0	9.318 6	8.940 7	8.573 0	8.216 6
23	10.671 4	10.562 6	10.346 2	10.131 7	9.919 3	9.709 3	9.297 3	8.897 1	8.509 9
24	11.142 2	11.023 7	10.788 1	10.554 7	10.323 7	10.095 4	9.647 9	9.214 0	8.795 1
25	11.611 7	11.483 1	11.227 6	10.974 5	10.724 1	10.476 8	9.992 5	9.523 8	9.072 2
26	12.080 0	11.940 9	11.664 6	11.391 0	11.120 5	10.853 5	10.331 2	9.826 6	9.341 4
27	12.547 0	12.397 1	12.039 2	11.804 3	11.513 0	11.225 5	10.664 0	10.122 4	9.602 9
28	13.012 8	12.851 6	12.531 3	12.214 5	11.901 5	11.593 0	10.990 9	10.411 4	9.856 8
29	13.477 4	13.304 4	12.961 0	12.621 4	12.286 1	11.955 8	11.312 0	10.693 6	10.103 2
30	13.940 7	13.755 7	13.388 3	13.095 1	12.666 8	12.314 1	11.627 4	10.969 1	10.342 2
31	14.402 8	14.205 2	13.813 1	13.425 7	13.043 6	12.667 8	11.937 1	11.238 1	10.574 0
32	14.863 6	14.653 3	14.235 5	13.823 0	13.416 6	13.016 9	12.241 1	11.500 5	10.798 8
33	15.233 2	15.099 5	14.655 5	14.217 2	13.785 6	13.361 6	12.539 6	11.756 6	11.016 5
34	15.781 6	15.544 1	15.073 1	14.668 3	14.150 8	13.701 8	12.832 4	12.006 3	11.227 6
35	16.238 7	15.887 1	15.488 2	14.996 1	14.512 2	14.037 5	13.119 8	12.249 8	11.431 9
40	18.505 8	18.177 8	17.527 7	16.888 5	16.262 0	15.650 2	14.476 5	13.377 5	12.359 0
45	20.742 1	20.327 3	19.507 4	18.703 4	17.918 5	17.155 6	15.704 7	14.384 4	13.141 3
50	22.947 6	22.436 3	21.427 7	20.442 0	19.483 9	18.557 5	16.812 2	15.223 3	13.796 4
55	25.122 3	24.504 9	23.289 4	22.105 4	20.960 8	19.860 0	17.807 0	15.966 4	14.341 1
60	27.266 5	26.533 3	25.093 0	23.696 1	22.351 8	21.067 4	18.697 2	16.606 2	14.790 9
65	29.380 1	28.521 7	26.839 3	25.214 7	23.660 0	22.184 1	19.490 9	17.154 1	15.160 1
70	31.463 4	30.470 3	28.529 0	26.663 2	24.888 1	23.214 5	20.196 1	17.621 2	15.461 3
75	33.516 3	32.379 3	30.163 1	28.043 4	26.039 3	24.163 4	20.820 6	18.017 6	15.705 8
80	35.539 1	34.249 2	31.742 3	29.357 2	27.116 7	25.035 3	21.371 8	18.352 6	15.993 3
85	37.531 8	36.080 1	33.267 6	30.606 4	28.123 5	25.834 9	21.856 9	18.634 6	16.062 0
90	39.494 6	37.872 4	34.739 9	31.792 9	29.062 9	26.566 7	22.282 6	18.871 2	16.189 1
95	41.427 7	39.626 5	36.160 2	32.918 9	29.938 2	27.235 1	22.655 0	19.068 9	16.290 5
100	43.331 1	41.342 6	37.529 5	33.986 3	30.752 5	27.844 4	22.980 0	19.233 7	16.371 1

续表

n \ i	7%	8%	9%	10%	12%	15%	20%	25%	30%
1	0.000 0	0.000 0	0.000 0	0.000 0	0.000 0	0.000 0	0.000 0	0.000 0	0.000 0
2	0.483 1	0.480 8	0.478 5	0.476 2	0.471 7	0.465 1	0.454 4	0.444 4	0.434 8
3	0.954 9	0.948 7	0.942 6	0.936 6	0.924 6	0.907 1	0.879 1	0.859 5	0.827 1
4	1.415 5	1.404 0	1.392 5	1.381 2	1.358 9	1.326 3	1.274 2	1.224 9	1.178 3
5	1.865 0	1.846 5	1.828 2	1.810 1	1.774 6	1.722 8	1.640 5	1.563 1	1.490 3
6	2.303 2	2.276 3	2.249 8	2.223 6	2.172 0	2.097 2	1.978 8	1.868 3	1.765 4
7	2.730 4	2.693 7	2.657 4	2.621 6	2.551 5	2.449 8	2.290 2	2.142 4	2.006 3
8	3.146 5	3.098 5	3.051 2	3.004 5	2.913 1	2.781 3	2.575 6	2.387 2	2.215 6
9	3.551 7	3.491 0	3.431 2	3.372 4	3.257 4	3.092 2	2.836 4	2.604 8	2.396 3
10	3.946 1	3.871 3	3.797 8	3.725 5	3.584 7	3.383 2	3.073 9	2.797 1	2.551 2
11	4.329 6	4.239 5	4.151 0	4.064 1	3.895 3	3.654 9	3.289 3	2.966 3	2.683 3
12	4.702 5	4.595 7	4.491 0	4.388 4	4.189 7	3.908 2	3.484 1	3.114 5	2.795 2
13	5.064 8	4.940 2	4.818 2	4.698 8	4.468 3	4.143 8	3.659 7	3.243 7	2.889 5
14	5.416 7	5.273 1	5.132 6	4.995 5	4.731 7	4.362 4	3.817 5	3.355 9	2.968 5
15	5.758 3	5.594 5	5.434 6	5.278 9	4.980 3	4.565 0	3.958 8	3.453 0	3.034 4
16	6.089 7	5.904 6	5.724 5	5.549 3	5.214 7	4.752 2	4.085 1	3.536 6	3.089 2
17	6.411 0	6.203 7	6.002 4	5.807 1	5.435 3	4.925 1	4.197 6	3.608 4	3.134 5
18	6.722 5	6.492 0	6.268 7	6.052 6	5.642 7	5.084 3	4.297 5	3.669 8	3.171 8
19	7.024 2	6.769 7	6.523 6	6.286 1	5.837 5	5.230 7	4.386 1	3.722 2	3.202 5
20	7.316 3	7.036 9	6.767 4	6.508 1	6.020 2	5.365 1	4.464 3	3.766 7	3.227 5
21	7.599 0	7.294 0	7.000 6	6.718 9	6.191 3	5.488 3	4.533 4	3.804 5	3.248 0
22	7.872 5	7.541 2	7.223 2	6.918 9	6.351 4	5.601 0	4.594 1	3.836 5	3.264 6
23	8.136 9	7.778 6	7.435 7	7.108 5	6.501 0	5.704 0	4.647 5	3.863 4	3.278 1
24	8.392 3	8.006 6	7.638 4	7.288 1	6.640 6	5.797 9	4.694 3	3.886 1	3.289 0
25	8.639 1	8.225 4	7.831 6	7.458 0	6.770 8	5.883 4	4.735 2	3.905 2	3.297 9
26	8.877 3	8.435 2	8.015 6	7.618 6	6.892 1	5.961 2	4.770 9	3.921 2	3.305 0
27	9.107 2	8.636 3	8.190 6	7.770 4	7.004 9	6.031 9	4.802 0	3.934 6	3.310 7
28	9.328 9	8.828 9	8.357 1	7.913 7	7.109 8	6.090 6	4.829 1	3.945 7	3.315 3
29	9.542 7	9.013 3	8.515 4	8.048 9	7.207 1	6.154 1	4.852 7	3.955 1	3.318 9
30	9.748 7	9.189 7	8.665 7	8.176 2	7.297 4	6.206 6	4.873 1	3.962 8	3.321 9
31	9.947 1	9.358 4	8.808 3	8.296 2	7.381 1	6.254 1	4.890 8	3.969 3	3.324 2
32	10.138 1	9.619 7	8.943 6	8.409 1	7.458 6	6.297 0	4.906 1	3.974 6	3.326 1
33	10.321 9	9.673 7	9.071 8	8.515 2	7.530 2	6.335 7	4.919 4	3.979 1	3.327 6
34	10.498 7	9.820 8	9.193 3	8.614 9	7.596 5	6.370 5	4.930 8	3.982 8	3.328 8
35	10.668 7	9.961 1	9.308 3	8.708 6	7.657 7	6.401 9	4.940 6	3.985 8	3.329 7
40	11.423 3	10.569 9	9.795 7	9.096 2	7.898 8	6.516 8	4.972 8		
45	12.036 0	11.044 7	10.160 3	9.374 0	8.057 2	6.583 0	4.987 7		
50	12.528 7	11.410 7	10.429 5	9.570 4	8.159 7	6.620 5	4.994 5		
55	12.921 5	11.690 2	10.626 1	9.707 5					
60	13.232 1	11.901 5	10.768 3	9.802 3					
65	13.476 0	12.060 2	10.870 2	9.867 2					
70	13.666 2	12.178 3	10.942 7	9.911 3					
75	13.813 6	12.265 8	10.994 0	9.941 0					
80	13.927 3	12.330 1	11.029 9	9.960 9					
85	14.014 6	12.377 2	11.055 1	9.974 2					
90	14.081 2	12.411 6	11.072 6	9.983 1					
95	14.131 9	12.436 5	11.084 7	9.988 9					
100	14.170 3	12.454 5	11.093 0	9.992 7					

附表 19　等差系列年金系数 $(A/G, i, n)$

n \ i	1%	2%	3%	4%	5%	6%
2	0.980	0.958	0.941	0.924	0.906	0.890
3	2.895	2.841	2.772	2.702	2.634	2.569
4	5.773	5.612	5.437	5.267	5.101	4.945
5	9.566	9.233	8.887	8.544	8.235	7.934
6	14.271	13.372	13.074	12.506	11.966	11.458
7	19.860	18.895	17.952	17.066	16.230	15.449
8	26.324	24.868	23.748	22.180	20.968	19.840
9	33.626	31.559	29.609	27.801	26.124	24.576
10	41.764	38.945	36.305	33.881	31.649	29.601
11	50.721	46.984	43.530	40.377	37.496	34.869
12	60.479	55.657	51.245	47.248	43.621	40.335
13	71.018	64.984	59.416	54.454	49.984	45.961
14	82.314	74.783	68.010	61.961	56.550	51.711
15	94.374	85.183	76.996	69.735	63.284	57.553
16	107.154	96.109	86.343	77.744	70.156	63.457
17	120.662	107.535	96.063	85.958	77.136	69.399
18	143.865	119.436	106.009	94.350	84.200	75.355
19	149.754	131.792	116.274	102.893	91.323	81.304
20	165.320	144.577	126.794	111.564	98.484	87.228
21	181.546	157.772	137.544	120.341	105.663	93.111
22	198.407	171.354	148.504	129.202	112.841	98.939
23	215.903	185.305	159.651	138.128	120.004	104.699
24	234.009	199.604	170.965	147.101	127.135	110.379
25	252.717	214.231	182.428	156.103	134.223	115.971
26	272.011	229.169	194.020	165.121	141.253	121.466
27	291.875	244.401	205.725	174.138	148.217	126.858
28	312.309	259.908	217.525	183.142	155.105	132.140
29	333.280	275.674	229.407	192.120	161.907	137.307
30	354.790	291.684	241.355	201.061	168.617	142.357
31	376.822	307.921	253.354	209.955	175.228	147.284
32	399.360	324.369	265.392	218.792	181.734	152.088
33	422.398	341.016	277.457	227.563	188.130	156.766
34	445.919	357.845	289.536	236.260	194.120	161.317
35	469.916	374.846	301.619	244.876	200.575	165.741
36	494.375	392.003	313.695	253.405	206.618	170.037
37	519.279	409.305	325.755	261.839	212.538	174.205
38	544.622	426.738	337.788	270.175	218.333	178.247
39	570.396	444.291	349.786	278.406	244.000	182.163
40	596.676	461.953	361.742	286.530	229.540	185.955
42	650.167	497.560	385.495	302.437	240.234	193.172
44	705.288	533.474	408.989	317.869	250.412	199.911
46	761.870	569.618	432.177	332.81	260.079	206.192
48	819.089	605.931	455.017	347.244	269.242	212.033
50	879.089	642.316	477.472	361.133	277.910	217.456

续表

n \ i	7%	8%	9%	10%	15%	20%
2	0.873	0.857	0.841	0.826	0.756	0.694
3	2.506	2.445	2.386	2.329	2.071	1.852
4	4.794	4.650	4.511	4.378	3.786	3.299
5	7.646	7.372	7.111	6.862	5.775	4.906
6	10.978	10.523	10.092	9.684	7.937	6.581
7	14.714	14.204	13.374	12.763	10.192	8.255
8	18.788	17.806	16.887	16.028	12.481	9.883
9	23.14	21.808	20.570	19.421	14.755	11.434
10	27.715	25.977	24.372	22.891	16.979	12.887
11	32.466	30.266	28.247	26.396	19.129	14.233
12	37.350	34.634	32.158	29.901	21.185	15.467
13	42.330	39.046	36.072	33.377	23.135	16.588
14	47.371	43.472	39.962	36.800	24.972	17.601
15	52.445	47.886	43.806	40.152	26.693	18.509
16	57.526	52.264	47.584	43.416	28.296	19.321
17	62.592	56.588	51.281	46.581	29.783	20.042
18	67.621	60.842	54.884	49.690	31.156	20.680
19	72.598	65013	58.386	52.582	32.421	21.244
20	77.508	69.09	61.776	55.608	33.582	21.739
21	82.339	73.063	65.056	58.109	34.645	22.174
22	87.079	76.926	68.204	60.689	35.615	22.555
23	91.719	80.672	71.235	63.146	36.499	22.887
24	96.254	84.300	74.142	65.481	37.320	23.176
25	100.676	87.804	76.926	67.696	38.031	23.428
26	104.981	91.184	79.586	69.794	38.692	23.646
27	109.165	94.439	82.123	71.777	39.289	23.835
28	113.226	97.569	84.541	73.649	39.828	23.999
29	117.161	100.574	86.842	75.414	40.315	24.141
30	120.971	103.456	89.027	77.076	40.753	24.263
31	124.654	106.216	91.120	78.639	41.147	24.368
32	128.211	108.857	93.068	80.108	41.501	24.459
33	131.643	111.382	94.931	81.485	41.818	24.537
34	134.95	113.792	96.693	82.777	42.103	24.604
35	138.135	116.092	98.358	83.987	42.359	24.661
36	141.198	118.284	99.931	85.119	42.587	24.711
37	144.144	120.371	101.416	86.178	42.792	24.753
38	146.972	122.358	102.815	87.167	42.974	24.789
39	149.688	124.247	104.134	88.091	43.137	24.820
40	152.292	126.042	105.376	88.952	43.283	24.847
42	157.18	129.365	107.643	90.505	43.529	24.889
44	161.66	132.355	109.645	91.851	43.723	24.92
46	165.758	135.038	111.410	93.016	43.878	24.942
48	169.498	137.443	112.962	94.022	44.000	24.958
50	172.905	139.593	114.325	94.889	44.096	24.970

n \ i	25%	30%	35%	40%	45%	50%
2	0.640	0.592	0.549	0.510	0.476	0.444
3	1 664	1.502	1.362	1.239	1.132	1.037
4	2.893	2.552	2.265	2.020	1.810	1.630
5	4.204	3.630	3.157	2.764	2.434	2.156
6	5.514	4.666	3.983	3.428	2.972	2.595
7	6.743	5.622	4.717	3.997	3.418	2.946
8	7.947	6.480	5.352	4.471	3.776	3.220
9	9.021	7.234	5.889	4.858	4.058	3.428
10	9.987	7.887	6.336	5.170	4.277	3.584
11	10.846	8.445	6.705	5.417	4.445	3.699
12	11.602	8.917	7.005	5.611	4.572	3.784
13	12.262	9.314	7.247	5.762	4.668	3.846
14	12.833	9.644	7.442	5.879	4.740	3.890
15	13.326	9.917	7.597	5.969	4.793	3.922
16	13.748	10.143	7.721	6.038	4.832	3.945
17	14.108	10.328	7.818	6.090	4.861	3.961
18	14.415	10.479	7.895	6.130	4.882	3.973
19	14.674	10.602	7.955	6.160	4.898	3.981
20	14.893	10.702	8.002	6.183	4.909	3.987
21	15.078	10.783	8.038	6.200	4.917	3.991
22	15.233	10.848	8.067	6.213	4.923	3.994
23	15.362	10.901	8.089	6.222	4.927	3.996
24	15.471	10.943	8.106	6.229	4.930	3.997
25	15.562	10.977	8.119	6.235	4.933	3.998
26	15.637	11.005	8.130	6.239	4.934	3.999
27	15.700	11.026	8.137	6.242	4.935	3.999
28	15.752	11.044	8.143	6.244	4.936	3.999
29	15.796	11.058	8.148	6.245	4.937	4.000
30	15.832	11.069	8.152	6.247	4.937	4.000
31	15.861	11.078	8.154	6.248	4.938	4.000
32	15.886	11.085	8.157	6.248	4.938	4.000
33	15.906	11.090	8.158	6.249	4.938	4.000
34	15.923	11.094	8.159	6.249	4.938	4.000
35	15.937	11.098	8.160	6.249	4.938	4.000
36	15.948	11.101	8.161	6.249	4.938	4.000
37	15.957	11.103	8.162	6.250	4.938	4.000
38	15.965	11.105	8.162	6.250	4.938	4.000
39	15.971	11.106	8.163	6.250	4.938	4.000
40	15.977	11.107	8.163	6.250	4.938	4.000
42	15.984	11.109	8.163	6.250	4.938	4.000
44	15.990	11.110	8.163	6.250	4.938	4.000
46	15.993	11.110	8.163	6.250	4.938	4.000
48	15.995	11.111	8.163	6.250	4.938	4.000
50	15.997	11.111	8.163	6.250	4.938	4.000

参考文献

[1] 国家发展和改革委员会,建设部.建设项目经济评价方法与参数[M].3 版.北京:中国计划出版社,2006.

[2] 都沁军.工程经济学[M].大连:大连理工大学,2012.

[3] 郭伟.工程经济学[M].北京:电子工业出版社,2009.

[4] 杨庆丰,侯聪霞.建筑工程经济[M].北京:北京大学出版社,2009.

[5] 潘艳珠,侯聪霞.工程经济学[M].北京:清华大学出版社,2009.

[6] 全国造价工程师执业资格考试培训教材编审组.工程造价计划与控制[M].北京:中国计划出版社,2009.

[7] 刘晓君.工程经济学[M].2 版.北京:建筑工业出版社,2008.

[8] 时思.工程经济学[M].北京:科学出版社,2009.

[9] 姚玲玲,华锦阳.工程经济学[M].北京:中国建材工业出版社,2004.

[10] 李玲.线性内插法在资金时间价值计算中的应用技巧[J].吉林教育,2009(2),24.

[11] 傅家冀,仝允桓.工业技术经济学[M].3 版.北京:清华大学出版社,1996.

[12] 陈锡璞.工程经济[M].北京:机械工业出版社,1994.

[13] 王克强,王洪卫,刘红梅.Excel 在工程技术经济学中的应用[M].上海:上海财经大学出版社,2005.

[14] 杨克磊.工程经济学[M].上海:复旦大学出版社,2010.

[15] 邵颖红,黄渝祥,工程经济学概论[M].北京:电子工业出版社,2003.

[16] 赵彬.工程技术经济[M].北京:高等教育出版社,2003.

[17] 张加瑁.工程技术经济学[M].北京:中国电力出版社,2009.